刘建强

著

我所知道的
谭延闿

人民东方出版传媒
东方出版社

序

刘建强先生邀我为《我所知道的谭延闿》作序，这是第四次为建强先生的专著为文了。第一次是他的《谭延闿大传》，为其题跋；第二、三次分别是他的《谭延闿文集·论稿》、《谭延闿年谱长编》，为其作序。

谭公延闿是我的外祖父，字祖庵，湖南省茶陵县高陇乡石床村人。1880年1月25日（清光绪五年十二月十四日）出生于浙江杭州，曾任南京国民政府主席、第一任行政院院长。

祖庵先生一生三次督湘，虽每次为时短暂，前后也仅三年零五个月的时间。但就在这不长的任期中，他积极致力于湖南的实业建设，在湖南治理财税，修建公路，开采矿山，重视教育，提倡舆论，宣导省宪自治运动，对湖南的早期现代化进程作出了重要贡献。

祖庵先生是辛亥革命中具有重要历史地位和影响的人物。他是直接引起辛亥革命的湖南保路运动的领导人；他在焦达峰、陈作新被杀后，继任湖南都督，稳定了辛亥革命中的湖南局势；他积极推动广西、福建等省独立；他还在孙中山最困难、最关键的时刻，变卖家产以支持孙中山革命大业，成为孙中山的重要助手，担任过大元帅府大本营秘书长、建国军北伐总司令，对广东革命根据地的统一起了重大作用。孙中山先生当年在国民党内人事关系复杂多变的现实环境下，选择祖庵先生作为主要助手，特别是在北上入京之前，将北伐战争的重任交给他，这是孙中山通过对他的多年考察而作出的一种理想而合乎

我所知道的谭延闿

实际的选择。祖庵先生在孙中山先生逝世后,继续执行孙中山先生既定的政策,同共产党人合作,成了广州和武汉国民政府的主要领导人。

祖庵先生作为国民政府首任行政院长,无论是在促进团结北伐,还是促进全国统一、稳定局势方面都起到了重大作用。传统观点说祖庵先生一切唯蒋介石之命是从,为人处世抱定"三不"主义,一不负责,二不建言,三不得罪人。其实不然。1929年"济南惨案"发生后,5月9日,祖庵先生邀约吴稚晖、张静江、黄郛、于右任、李烈钧等在他的住处召开紧急会议,要求北路军继续前进,冀于最短时期完成北伐。5月10日,祖庵先生从南京到达兖州参加南京国民政府党政联席会议,商讨"济南惨案"的善后对策。会上,蒋介石坚持将军队退回南京划江而治,保住蒋家半壁江山。祖庵先生从国民党政权的根本利益出发,不赞同放弃北伐的计划。他的建议得到了与会大多数人的赞同,蒋介石最终也表示同意。

我仔细阅览了《我所知道的谭延闿》一书。本书涵括了祖庵先生与重要历史人物(如孙中山、毛泽东、蒋介石、汪精卫等人)和一些重大历史事件(如辛亥革命、"二次革命"、第一次国共合作、中山舰事件)的关系及祖庵先生在一些重要历史阶段中,如广州国民政府、武汉国民政府、南京国民政府中的作用。这不仅是对祖庵先生的较全方位研究,而且,我还注意到,许多文章除了充分使用公开的历史资料外,很多是基于我本人于2014年提供给建强先生的《谭延闿日记》作为核心史料,从而使涉及时间和史实更细,史料征引空间也更大。

作序的过程也是我见证建强先生不断深入研究祖庵先生的过程,特别是得悉东方出版社计划出版《我所知道的谭延闿》一书,这也是对祖庵先生的历史作用的另一种肯定,作为后人,由衷感到欣慰。

是为序!

陈履安

2021年11月20日于台北

目　　录

序 …………………………………………………… 陈履安　1

休休有容谭延闿 ………………………………………………… 1
湖南唯一"会元" ……………………………………………… 10
谭延闿与孙中山 ………………………………………………… 17
谭延闿与毛泽东 ………………………………………………… 28
谭延闿与黄兴 …………………………………………………… 45
谭延闿与鲍罗廷 ………………………………………………… 61
谭延闿与蒋介石 ………………………………………………… 90
谭延闿与宋美龄 ………………………………………………… 97
谭延闿与汪精卫 ……………………………………………… 110
谭延闿与熊希龄 ……………………………………………… 127
谭延闿与胡汉民 ……………………………………………… 167
谭延闿与宋教仁 ……………………………………………… 174
谭延闿与黎元洪 ……………………………………………… 186
谭延闿与湖南自治运动 ……………………………………… 197
谭延闿与湖南早期现代化 …………………………………… 210

谭延闿与湖南近代教育 …………………………………… 220

"二次革命"中的谭延闿 …………………………………… 260

谭延闿与济南惨案 ………………………………………… 274

谭延闿与宁汉合流 ………………………………………… 285

谭延闿与第一次国共合作 ………………………………… 292

谭延闿与武汉国民政府 …………………………………… 318

谭延闿与南京国民政府 …………………………………… 330

谭延闿简谱 ………………………………………………… 351

后　　记 …………………………………………………… 371

休休有容谭延闿

谭延闿是中国现代史上的风云人物,一生名位鼎隆,从清末会元到湖南谘议局议长,从湖南都督到国民政府主席、行政院长,在清末民初纷繁复杂的时局中,驰骋政坛二十年之久。他虽为清廷翰林,但与时偕行,支持立宪;辛亥鼎革,又赞成革命,关键时刻,放弃自治,追随孙中山,后与汪精卫合作,又同蒋介石结盟。既有"攸往咸宜"之称,又有"通而有节"之誉。文治武功,诗词书法,少有人及;居官风范,美食甘饴,尤具特色。孙中山称他为"一时人望";青年毛泽东曾称之为"乡邦英俊";蒋介石称颂他"文武兼资",为"党国英奇";胡汉民赞赏他"休休有容","和气中正",誉以"药中甘草";于右任称他为"民国一完人"。

精擅美食是谭延闿的一大雅好。谭延闿尝说:"吃喝嫖赌,人生四大嗜好,嫖赌与我无缘,吃喝在所不辞。"有一次胡汉民请客,谭延闿前往,胡汉民明明知道谭延闿每天如果没有鱼翅就睡不好,却大谈鱼翅没什么吃头,味同嚼蜡。谭延闿虽然十分想吃,但一听胡汉民这样讲,也就不好意思了。菜上齐后,还真没有鱼翅,吃来吃去,谭延闿终于忍受不住了,就对胡汉民说:"给我来一盘嚼蜡如何?"胡汉民听后大笑,说是逗他玩的。说完就命人把已经准备好的鱼翅端了上来,谭延闿这才高兴起来。

当时有位名厨曹荩臣,因排行第四,人称曹四,长沙东乡人。清末光绪年间，庄赓良任湖南布政使（藩台），曹四在藩台衙门司厨。1910年湖南发生饥民抢米风潮，庄赓良被革职，带曹荩臣回到老家江苏。因这一段机缘，曹得以深识淮扬菜精髓。曹四做事极其认真，精于水案、红案，尤善治海味，但因人缘不佳，嗜好抽鸦片，一直都没走过什么好运道。直到他55岁时，才因为偶然的因缘际会，在饮宴业一飞冲天，成为近代湘菜革故鼎新的代表性人物。其时，谭延闿第三次督湘被赵恒惕驱逐，正闲居上海。此时曹四在杭州自营饭店，一位政要请谭吃饭，请他前来掌厨。餐后谭延闿问曹四："愿不愿意跟我到家里做菜？"曹四欣然应诺。1921年6月14日，《谭延闿日记》记载了这件事："曹厨来自杭州，留之治庖。"

无论谭延闿居家或外出，只要吃饭，曹四必定随侍在侧，很快便摸透了谭的食好。谭延闿满口假牙，曹四秉承"滚、烂、淡"的原则，精心将菜肴炖烂，让谭延闿尽情享用。他所做的鱼翅最为谭延闿所赞赏，事前以肥鸡一只、火腿一方与鱼翅合炖经日，使其烂熟。上桌时只有长须排翅，鲜亮登场，不见任何其他杂饰。谭延闿最喜欢吃的一道菜叫"神仙鱼"，这道菜做法更让人惊叹：先用砂锅炖土鸡汤，然后在鸡汤上悬挂一条鲫鱼，用锡纸把砂锅和鲫鱼密封好，用文火炖四小时，让鸡汤的蒸汽把鱼肉全部蒸熟，并且一点点掉入鸡汤中，直到鲫鱼变成了一副空骨架。这样的鱼羹无刺，入口即化，味道异常鲜美。

谭延闿应酬多，经常与各省主管、政要餐叙，即使有人设宴款待，一定被要求在谭家用餐，由曹四掌厨，对方出资。1921年至1930年的十年里，曹四在谭的指点下，将湘菜、粤菜、江浙菜融会贯通，自成一体，使谭公馆的菜名气大振，谭家菜几乎成了湘菜的代名词。

谭延闿不可一日无美食，也就不可一日无曹四。有传闻说，蒋介石推行"新生活运动"时，三令五申发出禁烟令，听说谭延闿家厨曹四爱抽大烟，曾当面问谭："你家曹厨抽大烟，怎么处理？"谭延闿应声答道："把他关起来！"接着又说，"我要吃饭时再把他放出来。"蒋介石啼笑皆非，不再过问。

谭延闿宴客时，曹厨子常在帘后偷听客人对菜肴的评价，并按照他们所说的加以改进，日后做出的东西，使来客赞叹不已。菜好，自然价格就高。曹荩臣做的菜，价格是出奇的昂贵。有一次谭延闿接待张学良派来商谈"东北易帜"的大员莫德惠，一席花了一百银元。莫吃得过瘾，加赏给曹五十银元。那时，一桌最讲究的鱼翅席也不过二三十银元。有人问："为什么你做的菜比别人贵得多？"曹四解释道："没有别的，只是选料不同。如别人炒一盘麻辣子鸡只用一只鸡，我炒的要三四只，只取其胸脯肉；辣椒只取全红的，红中带绿的全不要，先用猪油炸好，再下锅加盐酱等。出锅时，鸡肉与辣椒的大小、厚薄相同，红白相间。价随值高，理所当然。"

谭延闿逝世，曹厨子备感哀痛，请湘籍名士周鳌山代写了一副挽联：

  趋庭退食忆当年，公子来时，我亦同尝甘苦味；
  治国烹鲜非两事，先生去矣，谁识调和鼎鼐心。

此联曾刊登京、沪、湘各报，传诵一时。其中"谁识调和鼎鼐心"，既可解释为"知味"，又可看作谭延闿本人身居行政院长，位同宰相，具有政治上的"调和鼎鼐"之心。

谭延闿去世前，向谭伯羽交代后事时说："曹厨侍候我多年，我死后你要好好照顾他。"办完丧事后，谭伯羽问曹四："你还愿不愿在我家做事？"曹四回答说："很感谢你们的关照，但现已年老，不能再侍候人了，只想返乡度余生。"据谭伯羽后来的记载，谭府"以曹厨伙食太贵，无力留之，次年遣之还湘"。为此差人到长沙，为曹四买了三十几担田作为报酬，实现了曹四"衣锦还乡"的愿望。曹四于1933年在坡子街开设"健乐园"餐馆（谭延闿号健乐老人），把在谭家所烹调的菜肴，以及自己新研发的菜式，都冠以"组庵"二字。

谭延闿的另一大嗜好是导致他送了性命的骑马、看马。他有副对联："不好名马非英雄，要与秋虫斗方略。"上联即自述喜好宝马名驹。谭延闿督湘时，每天早晨出外骑马是他必备的功课，而且从未间断。他的马栏中都是名贵的骏马，或以形状命名，或以性能取号，有大小白龙（毛色纯白的）、风云飞（毛色铁青的）、四颗珠（毛色为黑色，且背脊左右各有两个玉点）等。谭延闿刻有闲章两枚：一枚为画家齐白石所刻，"生为南人，不能乘船食稻，而喜餐麦跨鞍"；另一枚是篆刻家冯康候所刻，"马癖"。每当给人书写时，往往会自鸣得意地盖上这两枚闲章。

据说，宋美龄曾在叶挺处见到一匹好马，闹着要骑，叶挺告诉她，马刚购来，性子烈，还近不得人，宋美龄不服气，硬要试试，果然一走过去，马便狂暴踢人，不能靠近。宋美龄当时只得作罢，却丢下话：我唤我阿哥来，非骑上这马不可。这"阿哥"，便是她的干哥哥谭延闿。果然，第二天谭延闿就陪着宋美龄来了，他走上去，那马居然不踢他，老老实实，任他在耳边轻言细语，过了一会儿，招呼宋美龄过去，扶她上马，要她只管跑。宋美龄策马驰骋，马居然十分听话，再没有一点脾气，把个叶挺看傻了眼。有人说谭延闿通马语，当然是笑话，但谭延闿自幼习骑射，深通马性，确实是一时无匹。

谭延闿对下宽厚。民国元年（1912），谭延闿任湖南都督时，守卫兵因按日轮流调用，多不识都督真面目。都督府规定，往来人等，必须检查。一日大雨，谭延闿乘轿入府，轿门关闭，卫兵喝令检查。谭下轿，冒雨受检。事后，卫兵营长鲁涤平知晓，欲责罚卫兵对都督无礼。谭延闿立即制止说："卫兵初来，能尽职检查，乃好兵，不必责罚。"并亲自慰勉卫兵。民国二年（1913），谭延闿为人写寿屏，侍卫周桂生捧砚不慎，失手将墨水泼在写好之寿屏上，吓得胆战心惊。谭延闿却毫无怒色，心平气和地说："不要紧，再买两张格子联来重写就是。"

谭延闿处世豁达。他50岁生日时，长子谭伯羽从德国携俄国夫人及孙女回国祝寿。这时，一个叫张冥飞的湖南同乡为他作了一篇寿序，在报上发表，挪揄备至，侮慢兼施。文曰："茶陵谭氏，五十其年，喝绍兴酒，打太极拳，好酒贪杯，大腹便便，投机取巧，废话连篇。……堂亦钤山，写几笔严嵩之字；老宜长乐，做一生冯道之官；用人惟其才，老五之妻舅吕（指吕苾筹）；内举不避亲，夫人之女婿袁（指袁思彦，谭延闿长女谭淑的丈夫）……立德立功，两无闻焉。"把谭比作明代奸相严嵩和历四朝五姓、遭人非议的冯道，一时传遍大街小巷。许多同乡及其僚属都主张将张氏送交法院,治其侮辱长官及诽谤之罪。据鲁荡平云:谭延闿读到此文后征求他的意见,鲁说:"此等小事不足介怀,见怪不怪,其怪自败。昔者陈琳为袁本初草檄,辱及曹操祖宗。其后本初失败,陈琳被捕,曹操不加之罪,并委以记室。不如请张某来一谈,教训他几句。"谭延闿听后极为赞成,说:"若衡(鲁荡平,字若衡)你的见解超人百倍,就在今晚请他来吃晚饭。"随即发帖邀张冥飞赴晚宴,由鲁荡平、吕苾筹等人作陪。张冥飞一进门,谭延闿马上与他握手。席间,谭延闿请张上座,并说:"阁下你是我的好朋友,当今之人,没有不恭维我的,而阁下能骂我,实在难得,但是有过于揶揄之处。"见张面红耳赤,一味低头喝酒,谭延闿接着说:"延闿如有不是之处,希望以书面告之,湖南有阁下这样的人才,延闿不知,深为抱歉。行政院并无好的名义位置阁下,只有四百元俸薪一月的参议,暂为屈就一时,并非因阁下骂了我,我即委你做官,实在是阁下的文笔雄俊,借重长才。"张冥飞饭后逢人便说:"谭畏公真伟大"。

一年后,谭延闿去世,张冥飞抚棺恸哭:"平生知我者乃谭畏公也。"[①]

同盟会会员陈荆,貌不扬,言不畅,又不修边幅,但抱负不凡,深得孙中山器重。1908年协助黄兴组织中华国民军,策划钦州、廉州和上恩起义,因积劳成疾,返内地养病。刚到汉口,被奸徒刘筱霖所觉,密电湘乡,派队赶往住所捕拿,幸得好友黄忠浩掩护脱险。尔后化名"四把子"潜往益阳二堡双和堂妓馆当琴师,故谭延闿为陈荆作一联云:"一身蹦塌多虱子;四把荒唐作伟人。"辛亥革命后,从南京抵岳阳时,他询悉黄忠浩、陈作新等就义,自念革命既成,恩人、契友被害,无心返家,决志投君山为僧,为谭延闿所悉,两次派人迎迓下山,拟聘其为都督府顾问,月俸为一百元,但陈坚拒不受。人问何以到妓院当琴师而不做顾问?他振振有词地说:"你以为都督比妓女高贵吗?"话传到谭延闿那里,谭只是淡淡一笑了之。

[①] 鲁荡平:《谭祖安先生之伟大》,朱传誉编:《谭延闿传记资料》(二),台湾天一出版社1985年版,第148页。

书法家王运长小有名气,谭延闿出于对书法艺术的爱好,聘其为顾问,以备探讨。谁知谭的聘书竟被王当众撕毁,投入痰盂中,并"解衣溺之"。谭延闿受此污辱,也不追究,只是说:"人各有志,毋庸勉强。"

谭延闿风雅热肠,反应敏锐,做事果毅,更有一目十行的本领。无论故交同事还是昔日政敌,均评价极高。

何应钦1923年在广州和谭延闿相识,当时一个是大本营总参议兼黄埔军校总教官,一个是湘军总司令。北伐开始时,何应钦担任国民革命军第一军军长;谭延闿已出任国民政府主席,但仍拥有第二军军长的名义,部队实际上是由副军长鲁涤平率领。第二军最初编列在东路军,是由何应钦兼任总指挥,因此他们之间有六年多的相交。90岁的何应钦在1979年追忆谭延闿时说:"谭先生待人诚恳,是仁厚长者。处事缜密思考,不轻下判断,往往料事如神。"

陈立夫对谭延闿的评价是,"谭延闿先生拥有宰相之才","谭先生真聪明,可以一目十行。"他说,起先他虽听人说过,但一直将信将疑,于是便想在哪一天来试试谭延闿是否真有这种快读的本领。当时陈立夫是蒋介石的机要秘书,他回忆说,"我先将一件公事看得非常仔细,谭先生来了,他拿起公事,正面一看,就翻到反面看看,只见到很快地翻了几下,他就将公事放下了。我立刻向他提出问题,谭先生都回答得清清楚楚,对公事的内容很熟悉。这时,我才相信,谭先生真有一目十行的本领。"陈立夫说,"聪明、经验和国文基础的深厚,才使得谭先生有着快速阅读的能力。"

赵恒惕原为谭延闿的心腹干将,后来为争夺湖南地盘而交恶,与谭"恩深义重成轻绝",谭由此耿耿于怀。1928年蒋介石在津浦路与孙传芳、张宗昌作战,赵的旧部均在前方,蒋迎赵到南京拟加重用,但谭延闿力言赵恒惕不可靠,蒋介石只到扬子江饭店回访赵一次,从此就没有下文了。蒋介石兼收并蓄南北军阀,即使是背叛孙中山的陈炯明亦予以特赦,唯独赵恒惕终未见用,个中原因就非常明白了。纵是如此,晚年赵恒惕谈及谭延闿时,亦是赞颂有加:

谭公记忆力极强,掌故熟悉,对古今名人名、讳、别号,均能过目不忘。

除勤习书法外,别无嗜好。唯于政治极感兴趣。余每谓谭公为极适合之行政长官人才,盖别无旁骛,专心一志于政治也。担任总统幕僚长,尤为一等角色。尝任广东大元帅府之秘书长,卓著功效,其后遂任国府主席。下笔既敏捷,尤长于周旋应对,且精力过人,能同时会客、批公文、听电话,八方应付,面面俱到。

谭公之性格极圆融冲和,待人亲切而周到。余曾隶蔡(松坡)公,蔡公亦敏达,且勤奋细密;但对人绝不敷衍,作事最重计划步骤。

谭公之克己功夫,极难能可贵。三十余岁丧偶后,即未续娶,有人介绍续弦,谭公辄笑却之。任湖南都督时,所着之布鞋,系太夫人手制,其俭朴类此。①

另有一则谭延闿才思卓绝、信口成章的故事。台湾著名诗家李渔叔先生记云:

那是在上海的时候,这一天有许多文人在畏公座上,偶然谈到科举时代的八股文。一位朋友说:"八股文也有做得极美的,如像前代某先达一篇传诵一时的文章,中间两股实在工致得很,可惜下股记不得了。"说罢便将上股一字一字背出来,大家同声赞叹!这种文体,是一股套一股的,股亦称作"比",两比便是两股散文,但却要句句作对,也像骈文,也像一副长的对联,构思时极费经营。那年头士子们的毕生精力,就当断送于此,可见为之不易了。这位朋友刚刚念完,畏公忽然接口道,这下股我倒记得,于是他立即应声背诵如流。众人听到是那样的字斟句酌,音调铿锵,自然都以为是原文无疑了。过一会,畏公在书橱中找出那书本来,笑着说道:"这篇文章的下股,我其实也记不得。方才我是信口胡诌的。现在原文在此,各位请来共赏。"大家至此才知道是畏公以此为戏。而表现这种捷才,不觉同声叹服。

---

① 郭廷以、沈云龙、谢文孙:《联省自治前后:湖南参议会赵恒惕议长访问纪录》,《口述历史》1989年第1期。

谭延闿的诗与字都极负盛誉。1979年，台湾国民党党史委以原稿影印发行了一套《谭组安先生手写诗册》，共四册，包括《慈卫室诗草》《粤行集》、《讱斋诗稿》等，共645首。不少名家评价谭的诗，"妙在纯任天然，不假雕饰，味醇而永，最最难及。""看似容易，意在深远。用力恰到好处，即平平写过，态度亦佳，是唐诗非宋诗，宋人惟半山能之。……沉潜汉魏，得其神髓，扫去陈迹，力出清新，机杼虽变，胎息自深。旋之于古体，则神理弥完；施之于近体，则风味犹上。唐宋作者，莫不如此。"

谭延闿每逢元旦，都要写一首甚至数首新诗，或即时写景，或抒情感。不料，他的最后一首元日诗《庚午元旦》竟成"谶诗"，诗中末句为"我忆童时犹昨日，居然最后饮屠苏。"苏东坡有句"不辞最后饮屠苏"，古时规矩，元旦饮屠苏酒时，年少者先饮，年长者后饮，因而"最后"之语，原属寻常。然是年庚午为1930年，这年9月22日谭延闿病逝，"最后"二字无意而言中了。

谭延闿的诗固卓然成家，字更冠绝一时。民初，在国民党内身居要职，在书法艺术上同时也有极高造诣之人有不少，其中尤以谭延闿（楷书）、胡汉民（隶书）、吴稚晖（篆书）、于右任（草书）最为突出，此四人的书法成就足以与当时最优秀的书法家相媲美，并称为"民国四大书法家"，而谭延闿享有"民国四大书法家"之首的美誉。他一生专攻颜书，颜体楷书名满天下，而且字如其人，有种大权在握的气象，结体宽博，顾盼自雄。黄埔军校大门上的校名"陆军军官学校"，南京孙中山陵园那座高大石碑，上面刻的"中国国民党葬总理孙先生于此 中华民国十八年六月一日"二十四个大字，都是出于谭延闿的手笔。1928年，鲁涤平出任湖南省主席，筹设湖南省银行，请他的老上司谭延闿书题行名等内容，并于1930年将谭延闿书迹起用在湖南省银行发行的票券上。此外，毛泽东所开"文化书社"的招牌，也是找谭延闿书写的。有资料记载："延闿先生任湘督时，在夏季，由于体胖怕热，常常赤膊挥扇，以驱暑气，一领旧的绸质长衫，经常搭在椅背，客人来了，便随手拿起朝身上一套，就一面挥扇，一面侃侃而谈，客去仍又卸下。像这样穿穿脱脱，半晌工夫，不下十余次，不厌其烦。而求字的人日渐增多,令他应接不暇。他写字的方式不一定要明窗净几,往往或坐或立,随处拈笔即书。有时躺在藤椅上,令人牵纸悬空,也能一挥而就。后来求的越发多了,幕僚们也仿其笔势,私底下代为送人。"

谭延闿幕僚谢奄评价道:"谭祖庵出身科第,而无科第骄人之习;身为贵公子,而无裘马轻肥之狂;是名士而无白眼看人之习;是六朝人而无稽元之疏放;有谢安救世之怀,而不狎东山之妓;有曾左匡济之心,而不学其硬干。然则祖奄果为何等人乎?则答之曰:祖奄为一个诗书涵养之雅人,为一个审时度势之政治家。总而言之,可以称之为一个绝顶聪明人。"

(本文从专著《谭延闿大传》中选取,收入本书时标题作了修改。)

湖南唯一"会元"

谭延闿幼时及青少年的生活,几乎完全以读书科考为重心。他6岁开始进私塾读书,拜兰州人张宝斋为老师。张老先生是一位饱学之士,"喜谈字学",谭延闿对他的印象颇深,1926年在广州所作的《儿时杂忆》诗中还曾提及:

霜鬓庞眉一尺须,万言撑腹注虫鱼;

熏笼围坐听闲话,更乞先生为甚酥。

当时陪同他一起读书的有姐姐谭福梅和弟弟谭恩闿等人,放学后,与兄弟姐妹常常相互嬉耍,或高声朗诵诗书,童年生活快乐。他描述道:

兄弟跟跄放学时,迎门阿姊指加颐;

书声噪比晚鸦急,惟有慈亲堕泪知。①

谭延闿父亲虽公务繁忙,但在公事之余,经常督促他们姐弟三人,对表现好的孩子还常常给予一定的物质鼓励。三十年后谭延闿仍清楚地记得当时的情景:"余始九岁,是岁丁亥,先公方以目疾乞假,每上灯独坐签押房,使人读公事文牍毕,呼余及亡姊亡弟共坐室隅,各作破题一或试帖二句,间日互易,皆先公口授,无所谓作也。有时不知书写,则先兄从旁代书之,复诵无讹,则各与

---

① 谭伯羽:《茶陵谭公年谱》,沈云龙主编:《近代中国史料丛刊》第68辑,台湾文海出版社1973年版,第8页。

钱十文,乃起就睡。"①1889年,谭钟麟因目疾加剧,经多次向清廷奏请,最后获准辞去陕甘总督之职。在养病期间,谭钟麟课子更严,常常在灯下口授言教。正是其父亲的指教,这一年,谭延闿开始学习作文。他后来回忆说:"吾十岁时,始学为文。皆先公于灯下口授,次日书之,而张宝斋先生评点之,及己丑至陕西从姚先生世贞亦然。"②1889年,谭钟麟到西安就医,谭延闿随父亲到西安,受教于姚世贞先生。

这年10月,谭钟麟目疾治愈,举家迁往湖南长沙荷花池。谭延闿在湘先后受教于李少苏、陈春坞先生。谭延闿的少年时代,授业老师不少,但因经常迁居,授课的时间都较短,惟跟陈春坞先生学习的时间最长,受其学识影响也很大。他在诗中忆及陈春坞先生道:

篝灯写记记吾师,绝似长安夜学时;

惭愧雕虫亦无技,卅年赢得鬓成丝。③

1890年12月,谭钟麟奉诏入京,任吏部侍郎。次年5月,谭延闿偕母亲进京。谭钟麟因对儿子的习作非常得意,常交给翁同龢等朋友们传阅。谭延闿在自记中回忆说:"此数文最为先公所赏,尝示友朋。翁文恭、徐颂师皆尝来索看,吾亦常拜翁丈于厅。"④身为"帝王师"同时亦为晚清书坛巨擘的翁同龢对谭延闿一见惊奇,赞不绝口,他在光绪十七年十月二十五日日记云:"访文卿,见其第三子,秀发,年十三,所作制义奇横可喜,殆非常之才也。"⑤

1892年6月,谭延闿随赴任闽浙总督的谭钟麟到福州。同年7月,回湖

---

① 谭伯羽:《茶陵谭公年谱》,沈云龙主编:《近代中国史料丛刊》第68辑,台湾文海出版社1973年版,第9—10页。
② 谭伯羽:《茶陵谭公年谱》,沈云龙主编:《近代中国史料丛刊》第68辑,台湾文海出版社1973年版,第11—12页。
③ 谭伯羽:《茶陵谭公年谱》,沈云龙主编:《近代中国史料丛刊》第68辑,台湾文海出版社1973年版,第15页。
④ 谭伯羽:《茶陵谭公年谱》,沈云龙主编:《近代中国史料丛刊》第68辑,台湾文海出版社1973年版,第15页。
⑤ 转引自《岳峙渊渟——谭延闿传》,近代中国出版社1988年版,第8页。

南应童子试，入府学为附生，考试后仍回福州。这次谭延闿以小小年纪入了府学，在人们眼里自是前程无量，所以，以前有些人因他是庶出而喊他为"小老三"，此后就改称为"三大人"了。1893年和1894年，两次回湘应乡试，拜谭铭三为师，致力于宋儒之学。

1895年，谭钟麟任两广总督，谭延闿随居广州，从南海人丁伯厚先生课时艺。丁伯厚以翰林院编修在籍主讲粤秀书院，要求学生每三、八日作文一篇。谭延闿1929年在《自记课艺后》中说："丁先生谨身慎行，躬行实践，下笔不苟，勤勤不稍假借。今日读此，犹见循循善诱之衷，至为可感。"[①]1896年，谭延闿从广州回到湖南参加科考，列一等。1897年6月再回湘应优贡试，在学政江标主持的优贡考试中，谭延闿获得正取第二名。1899年，谭钟麟请假南归，谭延闿随父返湘，受教于主讲长沙城南书院的刘采九先生。1902年8月谭延闿参加乡试，中湖南第99名举人。

1904年3月，谭延闿到河南开封贡院参加清政府最后一次科举考试—甲辰科会试。

会试在乡试后的第二年三月举行，也叫春闱。会试考场设在北京顺天府贡院，共试三场，每场三天，连考九天。考中者称贡士，第一名为会元，成贡士后可参加殿试，通过殿试（也称廷试）分出等次。殿试由皇帝亲自主持，名次也由皇帝裁定。殿试结果，分为三等，称为"三甲"。一甲三人，赐"进士及第"称号，第一名状元（古代科场的最高荣誉是"独占三元"，即一个人得了三个第一名：乡试第一解元，会试第一会元，殿试第一状元），第二名榜眼，第三名探花。二甲若干名，赐"进士出身"称号；三甲若干名，赐"同进士出身"称号。一、二、三甲统称进士。进士不是官职，而是一种资格，意指可进授官爵之士。学子考中进士被视为一生中最大的喜事之一。古谚云："久旱逢甘雨，他乡遇故知，洞房花烛夜，金榜题名时。"金榜题名即指中进士。中了"进士"，一般都

---

① 谭伯羽：《茶陵谭公年谱》，沈云龙主编：《近代中国史料丛刊》第68辑，台湾文海出版社1973年版，第22页。

可做官。但是官大官小,是留在京城还是发往外地,则取决于殿试的成绩。

1904年(甲辰年)的会试本为正科,但这一年是慈禧太后的七十大寿,当时称为"万寿节",普天同庆,于是,这一年的科也就称为"恩正并科"了。

会试共三场,十三个考题。谭廷闿的答卷令考官极为赏识。第一场考试有五篇史论,其考题之一为:《周唐外重内轻、秦魏外轻内重各有得失论》。谭廷闿论述道:

> 自封建之天下一变而为郡县之天下,而天下卒。不蒙郡县之利者,秦为之也。由秦而上,以封建之法治封建之世,故有失政,而无失制,而周特持其终。由秦而下,以封建之法治郡县之世,故有失制,而更有失政,而魏与唐交承其敝。夫封建之法安,可以治郡县之世哉?而历千余年无所非之者,则以内重外轻之说深便其私也。不然,生民之初,各为部族,始以相长继,进而封建,再进而郡县。世日进则治日进,此宇内之所同。而独秦以来,补偏救弊不暇,视封建时转若不及,何哉?此不得不剧论秦也。故夫内重外轻者,封建之制宜尔也。外重内轻者,又封建之势所必至也。周之初兴,众建子弟,大者百里,小或数十,而王畿十倍之。夫非强干弱枝之意欤,曾不数博,已成守府时至势,会而一统于秦,三代之封,更置殆尽。天特开大公之世,以异之秦,此治乱之枢纽也。秦人不察,徒矫周之弊,重内以自封,固卒。封建之法,以畛域郡县之民卒用败亡,魏承汉后,一循秦法,剥夺宗支敛兵为固,司马取之,若拾芥陵夷。至于有唐,府兵八百,强半居阙下,内非不重也。天宝而后,征戍频仍,京邑空虚,藩镇跋扈,转以内轻,蹈周之覆辙。此二代者,其自谋非不善,而所患每出于所谋,无治郡县之法,而循秦之旧致使然也。夫郡县之天下,安有所轻重于内外哉?标举其所都,挟重兵以自固,外视诸夏防之若寇雠,以矜其居中驭外之略,此诚封建之余习,意偏隘。不足与于治天下之道也,治天下岂有他哉?举郡县之法而治郡县而已。盖封建之势,天子与诸侯并治,治主分,分故争,争故睽;郡县之世,天子与庶民共治,治主合,合故通,通故亲,夫至于亲,而

天下固已。大治矣,合天下之民,同风俗一,礼教均,政刑入,安其业,物得其所,其尊君也。若圣师爱之,若赤子之恋,慈母卫之,若足之捍头自目。夫如是莫于芭桑,固于盘石,乌睹所谓强藩权臣之患哉!惜乎!秦之不知而乃以自私者,自蘖也。世之论者不审秦之谬,与所以为治之,非断断以复古为断。举秦魏之末柞与周较短长,若甚羡夫唐藩镇之为者。嗟乎!彼乌知乎?秦者,固天所以界古今也。是故周之制得失参者也,秦有失无得者也,魏与唐无得失之可言者也,有国者必欲有百得而无一失。其在以郡县之法治郡县哉,其在以郡县之法治天下哉!

湖南一省,文风素盛,可是在清朝268年共进行科考112科,其中三鼎甲,亦即状元、榜眼、探花,湖南人都一中再中过了,唯独欠缺一位会元,这在三湘人士看来是莫大的遗憾。特别是在1898年百日维新时,清廷曾停过一次科举,到了1903年恢复举行,朝野人士谁都知道这一次恩正并科过后,持续了一千多年的科举取士制度马上就要废止了。

会试的大主考,系由朝廷指定的四位重臣,即协办大学士裕德(满洲正白旗人)、管学大臣张百熙(湖南长沙人)、工部尚书陆润庠(江苏苏州人)、法部尚书戴鸿慈(广东南海人)。这四位大主考的籍贯分布是华北一、华中一、华东一、华南一,同时也是按照清廷抡才大典的惯例,暗中有着"正大光明"的次序。也就是说,"正"是裕德,他有权决定会元——第一名的人选,"大"是张百熙,他只有会魁——第二名的决定权,陆润庠、戴鸿慈就只能决定三、四名了。

清朝遗老陈夔龙在1924年所发表的《梦蕉亭杂记》中讲了一段甲辰科会元的幕后故事。甲辰那年开封会试时,他正当河南巡抚,因此,他也被派为考官之一。考试揭晓的那一天,考官们齐集公堂,升座、拆卷、填榜。大家正在忙碌,会试大主考之一的陆润庠,手里拿着一本卷子告诉他说:"这本卷子书法工整,通场无出其右者,殿试时,可能大魁有望。"他说时顺手将卷子上的封条拆开,大家挤上去一看,卷子上的名字是刘春霖。当时就有一位刘春霖的同乡考官阎志廉说:"刘春霖的字的确很出名,他平日所写的大卷,就不下数十本之多。"众考官正在欣赏称羡,另一位大主考、湖南长沙人张百熙,也指着一本卷子,扬扬得意地跟那位河南巡抚陈夔龙说:"我们湖南自从国朝定鼎,二百六十来年,状元、榜眼、探花三鼎甲齐全,解元也得了不少,就只差一位会元。正好我在场中看到湖南省举子的一卷,写作俱佳,确实够得上会元之选。可是按照'正大光明'的次序而论,我班次第二,就只能取个会魁。科举将停,机会难再,所以我特地跟裕相(指协办大学士裕德)情商,请他将这本卷子作为会元,也好免使我湘科名有个会元的缺陷。承蒙裕相允让,你看,这一本就是会元卷子了。"说完,他当着陈夔龙的面,把手里的那本会元卷子的封条拆开,卷子上的姓名恰是湖南人谭延闿。

有幸运者,当然也就有不幸运者。甲辰那科会试照例由"正"字号大主考裕德决定会元人选,他在张百熙力请以湖南第一卷为会元以前,有考官向他推荐福建省闽县人一卷,裕德也认为那本卷子不错,并决定了以此取为会元。可是当张百熙跟他一请商,裕德的官阶虽然高过张百熙,可是张百熙却比他先进翰林院,科场素重辈分,裕德在私底下还得尊称张百熙一声老前辈,因此他唯有欣然应允。另外,张百熙如果不是有此把握,也不会作此一请了。

谭延闿填补了湖南在清代二百余年无会元的空白,整个三湘为之震动,当作湖南的无上光荣。就连大学问家王闿运也禁不住说:"看京报,文卿儿得会元,补湘人三百年缺憾,龚榜眼流辈也。"

1904年7月4日,会试中选拔出来的包括谭廷闿在内的273名贡士,进入保和殿,历经点名、散卷、赞律、行礼等种种仪式礼节,参加由皇帝主考的殿试。这是全国科举考试的最后一关,贡士们按这次考试的成绩重新排定名次。

上午10时,试题发下,是以皇帝名义提出的时务策问,题长大约五六百字。贡士们立即开始撰写对策文,对皇帝提出的问题发表自己的见解和建议。对策文不限长短,常例为两千字,规定字必正体、文必到行、工整有格、不容疏忽。日暮为交卷时限。这次殿试的前三名为:状元刘春霖、榜眼朱汝珍、探花商衍鎏。

我所知道的谭延闿

在会试中考中第一名的谭延闿,不仅文章好,且字亦极为漂亮,点进三鼎甲应是没问题的。但就在慈禧要下笔圈其名字时,发现谭延闿既是湖南人,且又姓谭,忽然想起那位令她最为痛恨的湖南籍"乱臣贼子"谭嗣同,没有把他列进去,最后以二甲第三十五名,赐"进士出身",并选任翰林院庶吉士。谭延闿父子俩同为翰林,成为当时科举场上的佳话。

1905年,直隶总督袁世凯主稿,会同盛京将军赵尔巽、湖广总督张之洞、两江总督周馥、两广总督岑春煊、湖南巡抚端方同奏,请立废科举。不久,清廷宣布:"自丙午科(光绪三十二年)为始,所有乡试、会试一律停止,各省岁科考试亦即停止。"一个持续了整整1300年的科举时代就此寿终正寝。1904年的这场考试便成了中国历史上最后一次科举考试。

谭延闿从6岁进私塾,到24岁中进士,先后近二十年,从读名师,九入科场,最后会试抢元,因而博得实至名归;自幼年、童年到青年,东至浙省,西迄陕甘,南及闽粤,北达幽燕,读万卷书,行万里路,广见博闻,这些无疑都是成就他一生事业的基础。

(本文从专著《谭延闿大传》中选取,收入本书时作了较大修改,标题为新拟。)

谭延闿与孙中山

谭延闿为什么在第一次国共合作的革命时期,摆脱军阀内部角逐的纠纷,走上了追随孙中山的革命道路?两人为什么能走向结合?如何评价两人的关系及由此产生的积极作用?

一、谭延闿和孙中山的结合,经历一个较长时期曲折变化、相互了解、不断深化的过程

孙中山在反对北洋军阀的斗争中,曾一再把谭延闿作为争取对象,但素以八面玲珑而有"水晶球"之称的谭延闿在很长一段时间内态度暧昧,南北依违。

1912年9月,宋教仁委派国民党员仇鳌回到自己的家乡湖南,组织国民党湖南支部。时任湖南都督的谭延闿为取信于北京总部的国民党,凡是仇鳌提出的办法,他都"欣然乐从"。9月中旬,国民党湖南支部成立,谭延闿任支部长。1913年7月,孙中山发动"二次革命"讨袁,可谭延闿一直不敢响应孙中山的号召宣布湖南独立,等到周边的赣、苏、皖、闽、粤、川等省都已纷纷宣布独立了,谭延闿在内受激进国民党人的压力,外受独立各省的连电催促下,拖了半个月,才不得已在7月25日挂出了讨袁大旗。当江西、江苏传来讨袁军失利、黄兴在南京兵败出走的消息时,谭延闿连忙于8月13日宣布取消独立,并给徐世昌发去密电,说"湖南独立,水到渠成,延闿不任其咎;湖南取消独立,瓜熟蒂落,延闿不居其功",一副自解自办之态,但还是被袁世凯解除了湖南都督职务。

1917年5月,继袁世凯称帝败亡之后掌握北洋政府实权的段祺瑞,叫嚣毁弃民元约法,解散国会。孙中山毅然举起护法旗帜。6月,孙中山致电包括谭延闿(已于一年前第二次担任湖南都督)在内的西南六省督军、省长,"国会为民国中心,宪法为立国根本",呼吁他们"戮日誓师,救此危局"。[1] 此时的谭延闿立即对孙中山的护法号召公开表示响应。他通电指责段祺瑞及其亲信,强调"使旧法以命令废止,新法由命令出生"的途径,是"违立法之精神,蹈专制覆辙",表示要"率三湘军民,秣马厉兵,以为前驱"。

谭延闿这一态度,引起了段祺瑞的忌恨。段祺瑞于1917年8月委任傅良佐为湖南督军。被剥夺军权的谭延闿于是电辞湖南省长职务,退居上海。1918年2月25日,孙中山委托去上海的陈家鼎代为问候在那里"闲居"的谭延闿,并转给谭一信函,信中说:"文始终护法,罔识其他,区区之心,当为国人共亮。……倘关于时局,执事有待商榷之处,统希不吝指示。"[2]衷心希望谭延闿继续赞助护法,共同对付北洋政府。是年4月,谭延闿从上海经广州前往广西,分别会晤桂系军阀陆荣廷、谭浩明,约定共同抵制北军。当时,陆荣廷等人虽也是孙中山争取的对象,但谭延闿并非受孙中山命联络陆荣廷与北洋政府相对抗,而是为了赶走北军,让自己再主湘政。及至张敬尧督湘后,谭延闿一方面试图联络陆荣廷、谭浩明、莫荣新等人,尽快赶张敬尧下台;同时,又想得到孙中山的支持,故曾派人并致函与孙中山联系。1920年4月中旬,孙中山在复谭延闿的信函中,一方面赞其"与同胞辛苦奋斗,为国为民,此意当为海内外所感服"。同时,又提醒谭延闿,"湘之外敌,北兵也;其隐患则桂系也……欲复湖南(人)之湖南,尤非打破桂系势(势)力不为功。"并建议湖南与

---

[1] 《孙中山全集》第4卷,中华书局2006年版,第102页。
[2] 《孙中山全集》第4卷,中华书局2006年版,第325页。

广州、云南、贵州配合,一举消灭桂系。信中强调,"事机已迫,是非利害,均不待言而共喻,所望左右与同志诸公,速定大计,示我好音。"①但是,谭延闿仍与桂系打得火热。1920年5月下旬,孙中山再次致电谭延闿,如"湘为桂所左右,纵胜北方,无异为渊驱鱼"②,"望速决定"配合粤军陈炯明讨伐桂系军阀,"以绝后患"。然而,谭延闿态度依旧,只是在陈炯明等粤军回广东后,才于9月初分别致电陆荣廷、陈炯明等人,劝双方早息干戈,陆退出广东,让粤人自治。针对谭延闿这一态度,10月初,孙中山一方面致电批评他所"倡调和之说",为桂系莫荣新等"利用之以缓兵,且要求条件,离间粤人,以遂狡计";另一方面,先后派黄一欧、阎鸿飞、周震鳞、姚大愿、姚大慈、柏文蔚、覃振等到湖南做谭的工作。因谭延闿已于1920年6月第三次主政湖南,孙中山曾指示回湖南活动的周震鳞等人:"如果谭延闿不愿意革命,就把他拿下来;谁把谭延闿拿下来,我就让他做湖南督军。"③周震鳞等回到湖南后,持孙中山手书交谭延闿,传达孙中山的决策和对湖南的要求。这时,徐世昌也授意范源濂以同乡关系劝告谭延闿赞助和平统一。"这位八面玲珑的督军,一时举足轻重,成了南北双方争取的对象。"④他打着"湘省自治"、"联省自治"的旗号,超然于南北政府之外,游离于粤桂之间,这使孙中山大为恼火,孙于是转而让黄一欧、周震鳞等国民党人策动程潜联赵反谭。其时,国内形势发生了重大变化:桂系陆荣廷、岑春煊等人因在广东遭到挫败,明电宣布取消广东军政府,且令各省亦取消自主,有投向北洋政府的迹象;原来宣称四川自治的熊克武在南方军政府的命令下,宣布取消自主,也有承认北洋政府的打算;北洋政府也下达了所谓

---

① 《孙中山全集》第5卷,中华书局2006年版,第265页。
② 《孙中山全集》第5卷,中华书局2006年版,第265页。
③ 黄一欧:《谭延闿被迫下台和李仲麟等被杀的回忆》,中国人民政治协商会议湖南省委员会文史资料研究委员会编:《湖南文史资料选辑(第2集)》第4辑,湖南人民出版社1982年版,第2页。
④ 黄一欧:《谭延闿被迫下台和李仲麟等被杀的回忆》,中国人民政治协商会议湖南省委员会文史资料研究委员会编:《湖南文史资料选辑(第2集)》第4辑,湖南人民出版社1982年版,第5页。

"统一令"。这样一来,谭延闿顿感手足无措,认为南北对峙的局面一旦结束,"联省自治"就会陷入孤掌难鸣的境地。为稳定湖南乃至整个西南地区的形势,谭延闿于11月初发出通电,公开表示与桂系彻底决裂,明确响应孙中山的讨桂战争。孙中山在人力物力极为吃紧的时刻,对于谭延闿态度的转变,感到非常高兴。他多次肯定谭深明大义,义举"可嘉",认为"组庵护法决心,至所佩仰,前沪报载其反对桂系单独媾和,义正词严,尤足慑服群奸"①。在给谭延闿本人的信中,孙中山赞扬他"支持危局,始终不渝,盖志在卫国,劳怨有所不辞;区区之忱,亦正如此"②。

　　1920年11月,谭延闿在湘军内讧中倒台,再次离湘赴沪,赵恒惕接任湘军总司令。孙中山为争取赵恒惕,任命他为湖南督军兼省长之职,但赵拒不受命。1921年10月,孙中山统一了两广,在桂林设大本营,准备出兵北伐,赵恒惕以湖南自治为名,派出省议会议员团赴桂林请愿,不让北伐军借道湖南,迫使孙中山只能取道江西。孙中山对此十分愤怒,说这是"一为阻我前进,一为断我归路"。1922年2月,孙中山再次照会湖南,欲借道北伐,又被赵恒惕以刚刚通过的省宪法挡了回去。赵恒惕通电声称:"依据省宪法,客军入境,当迎痛击!"③孙中山为了扫除北伐的障碍,拟在湖南重新联络和组织革命力量。恰在此时,谭延闿的政治立场因被赵恒惕赶出湖南而发生了重大变化,日益向革命靠拢。孙中山因势利导,又转而寄希望于谭延闿。其时,国民党人杨庶堪也住在上海,与谭延闿常有往来,向谭介绍孙中山的政治主张和伟大人格,劝谭诚心助孙,政治上才有前途。孙中山还采纳周震鳞的建议,派同是湖南人的大本营参军张国元携亲笔信,并附手令任命谭延闿为北伐讨贼湘军总司令兼湖南省长,在沪筹划湖南方面的军事。张国元由粤赴沪,专做联络谭延闿的工作。

---

① 《孙中山全集》第5卷,中华书局2006年版,第427页。
② 《孙中山全集》第5卷,中华书局2006年版,第265页。
③ 《南侨月报》1922年第2期,第11页。

至于谭延闿,在第三次被赶出湖南后,很长一段时间,对湖南的制宪仍十分关注;赵恒惕在表面上也一直尊谭延闿为老长官,显得恭敬有加。1922年1月,《湖南省宪法》正式公布时,谭延闿致电祝贺。1922年6月,直奉战争后,出任总统的黎元洪任命谭延闿为内务总长,并派代表携亲笔信和旅费到上海,促谭北上任职,谭复函拒绝说:"今如承命,内既负心,外亦负友,尤某所不敢出也。"①几天后,谭又致电黎元洪等人表示:"延闿从西南义师之后,不能悖护法政府之主张;为湖南人民之一,当服从联省自治之主义。人各有志,幸无相浼。"②显然。这时的谭延闿虽拒绝了北洋政府的内务总长,但在追随孙中山护法与联治主义中举棋未定。1922年8下旬,在湖南依省宪举行的省长选举中,谭延闿是七名候选人之一,但最终还是败在赵恒惕手下(赵以1581票当选省长,谭以885票居第二),谭延闿对通过自治途径重主湘政失去了最后一线希望。正在这时,孙中山因陈炯明叛变而被迫离粤赴沪。苦于无处安身的谭延闿最后下定了跟随孙中山的决心,并重新加入国民党,晋谒孙中山。他的部下石陶钧攻击他说:"孙、谭从此沉瀣一气,才与联省自治派脱去纠缠。"③1923年1月,陈炯明被滇、桂军赶出广州后,谭延闿跟随孙中山,由沪赴粤,并被孙中山任命为大本营内政部长,随后又被任命为建设部长。

二、谭延闿在关键时刻成为孙中山国民革命的重要助手,对统一和巩固广东革命根据地发挥了重要作用

1923年至1925年,孙中山虽然在广东建立了革命政权,但面临的形势非常严峻。政治上,处境孤立;经济上,广东百业凋敝;军事上,革命政权控制下的军队不仅数量不如敌军,而且政治、军事素质差。就是在这样一个艰难时

---

① 转引自谭光:《我所知道的谭延闿》(未刊稿)。转引自西南军阀史研究会编:《西南军阀史研究丛刊》,四川人民出版社1982年版,第347页。
② 《东方杂志》1922年第19卷第13号,第141页。
③ 《石醉六先生自述》,《湖南历史资料》编辑室:《湖南历史资料》第2辑,湖南人民出版社1981年版,第36页。

期,谭延闿追随孙中山,随侍左右,深得孙中山的倚重,在湖南的讨赵战争、粤赣边境的南始战役以及平定商团叛乱、讨伐陈炯明和北伐赣南等重要军事斗争中作出了重要贡献。

如前所述,谭延闿与赵恒惕有矛盾;但同时,赵恒惕又一直是孙中山北伐的障碍。因此,孙中山在广东开展军事斗争的同时,委任谭延闿为北伐讨贼湘军总司令兼湖南省长职,率湘军进讨湖南。讨赵战争自1923年7月开始,打了三个多月。整个战争中,孙中山亲自部署战略方针,指示作战机宜;谭延闿自始至终,一直以三民主义为旗帜,宣称:"此次延闿回湘,奉大元帅的命令及主义,欲有所设施。很希望诸君一致来帮助。中山的三民主义、五权宪法,是医治中国的良药。……以主义救湘救中国,纵有困难的地方,自愿甘心。但以湖南人打湖南人我却不愿意。若是阻止我的主义,我就要打他。这就是我此回所抱的决心。"[1]谭延闿唯孙中山马首是瞻。10月,盘踞广东东江的陈炯明叛军洪兆麟进犯广州,形势危急,孙中山急电谭延闿:"此间军事吃紧……仰该总司令迅率所部星夜来援"[2]。于是谭延闿将自己的旧将宋鹤庚、鲁涤平、蔡巨猷、吴剑学、谢国光、陈嘉佑及两万多湘军在11月底以前带入广东。洪兆麟见谭延闿带领的湘军到广州后,便迅速东撤。因此,谭部虽未直接参战,但作为一支有实力的援军来到广东,对扭转局势有重要意义;而一部分湖南官兵从此归向广东革命政权,也壮大了革命阵营。

谭延闿到达广州后,按照孙中山的命令,于1923年12月,率所部湘军驱逐北军方本仁出广东,收复南雄、始兴,挫败了吴佩孚和陈炯明的军事配合,为广东局势的初步稳定作出了贡献,为国民党"一大"的召开提供了有利的军事、政治条件。孙中山在给谭延闿的祝捷电报中说:"贵军间关跋涉,仗义增

---

[1] 广州《民国日报》1923年8月24日。转引自成晓军著:《谭延闿评传》,岳麓书社1993年版,第231页。
[2] 《孙中山全集》第8卷,中华书局2006年版,第393页。

援,巩固北江,克驱丑虏,而东之师亦振,裨益大局。"①在国民党"一大"上,经孙中山提名,谭延闿被选为国民党中央执行委员、常务委员。国民党"一大"闭幕时,孙中山令谭延闿兼任大本营秘书长,协助贯彻大会所制定的对内对外、政治、军事方面的主要工作。"一大"后,孙中山决定再次讨伐陈炯明,肃清东江叛军,然后出师北伐。这时,湘军虽刚刚结束南始战役,喘息未定,却没有一丝迟疑,奉命东征,讨伐陈炯明。谭延闿再三声称:"现在敌军既已退回东江,我们也不应该逗留后方,自求暇逸,应该赶紧前进,将敌人消灭,扫除我们革命的障碍。"②孙中山原本是"因东江滇军有不愿积极作战意,故调湘军赴东江巩固石滩石友防务"③。但湘军却因孤军深入,给养不足,又水土不服,伤亡近半。孙中山"见得湘军太痛苦,十分受不了"④,让谭延闿携巨款到前线慰劳。正在东讨陈炯明之际,江浙战争爆发,孙中山认为这是开展北伐的一个好机会,决定北伐赣南。但孙中山本人因应冯玉祥等人之邀北上共商国是,于是,命谭延闿为建国北伐军总司令,全权办理北伐事宜,统一指挥北伐各军;胡汉民代行大元帅职权,留守广州。当时,胡汉民很是担心地对孙中山说,他"不能不替组庵(谭延闿)为难。第一,组庵统率的湘军,只是北伐军队中的一部,其他五六部,是否能受命组庵,便是一个极大的疑问;第二,组庵究竟不是军人,即使其他部队,能受组庵指挥,但组庵是否胜任,也不能不稍稍顾虑"。孙中山听后说:"一切的事,我都知道,你们尽管去做吧。"可见孙中山对谭延闿的特别信任。谭延闿明知困难重重,但仍表示:"既是总理主张了,不管难不难,我们不能赞一词,只有努力去干。"⑤事实上,在北伐赣南的行动中,滇桂等军不服调遣,拒绝出兵,只有谭延闿的湘军能服从命令,并深入赣州,占

---

① 《南始战役记》,广州1924年印,第49页。
② 《胡汉民回忆录》,东方出版社2013年版,第199页。
③ 长沙《大公报》1924年2月20日。
④ 《汪主席报告两年来政治军事概况》,《军事政治月刊》1926年第1期。
⑤ 《胡汉民回忆录》,东方出版社2013年版,第200页。

有吉安、吉水等地。北伐战争中,得知孙中山在北京逝世的消息,谭延闿立即赶回广州致祭,表示要遵循孙中山遗训,"努力奋斗,誓必扫除一切国际帝国主义、一切国内军阀。"① 并与国民党其他领导人联名发表通电,表示将"秉承孙大元帅所著《建国方略》、《建国大纲》、《三民主义》、《第一次全国代表大会宣言》及遗嘱,……勠力同心,并期有以发扬光大,以完成国民革命之工作。"②

孙中山逝世后,滇桂军叛乱。谭延闿按照大本营计划,与回师的东征军一起很快将叛乱镇压。随后,又南征邓本殷。至此,广东全境完全为革命政府所统一。

三、孙中山争取谭延闿,是革命事业的需要;谭延闿作为湖南制宪自治的首倡者,投奔到孙中山的旗帜下,是内外因作用的结果

就孙中山争取谭延闿的原因来说,其一,湖南的地理位置,对巩固广东革命根据地,极其重要。湖南地处南北要冲,北阻长江,南接粤桂,西通黔滇,北洋军阀以湖南为攻占两广的据点,南方军阀以湖南为北进的阵地。若湖南军队服从于革命事业,就能扼阻北军南下,捍卫广东的安全。孙中山在1920年派黄一欧等回湖南劝谭延闿共同讨伐桂系时就说:"湖南这个地方很要紧","由广东北伐,湖南首当要冲;湖南的动静,关系到西南大局"。③ 其二,谭延闿是民初政坛上极其活跃的人物。他先后任湖南谘议局局长、中央资政院议员、湖南宪友会干事等职,从1911年至1920年三次督湘,于政局动荡、南北军阀逐鹿湖南的艰难岁月里,在湖南治理财税,修建公路,开采矿山,发展实业和教育,倡导省宪自治运动。特别是谭延闿久绾兵符,在湖南军界的势力很大,湖

---

① 孙中山先生国葬纪念委员会编:《哀思录》,台湾文海出版社1970年版,第144页。
② 罗家伦主编:《革命文献》第11辑,台湾文物供应社1995年版,第253页。
③ 黄一欧:《谭延闿被迫下台和李仲麟等被杀的回忆》。中国人民政治协商会议湖南省委员会文史资料研究委员会编:《湖南文史资料选辑(第2集)》第4辑,湖南人民出版社1982年版,第2页。

南军队中不少将领如鲁涤平、谢国光、吴剑学、宋鹤庚、张辉瓒等都是拥护谭延闿的,谭延闿虽然下台,但仍对湖南政局有不可忽视的影响;作为西南地方势力派,又与北洋军阀在较大程度上存在着矛盾和斗争。另外,自"二次革命"失败以后,资产阶级革命派在南方本来就不大的力量,已被袁世凯通过各种手段削弱得几乎荡然无存。孙中山既然看不到工农群众的力量,而赖以直接指挥和领导的力量已是微乎其微,他曾在给胡汉民的信中说道:"吾党缺乏政治人才,今后必须多联系国内知名人士以为我助,如北孙南谭,均一时人望。"①这里所说的谭,就是指谭延闿。

就谭延闿来说,其一,他想利用孙中山的名望,报当年赵恒惕逼宫之仇,实现自己的抱负。其二,他受孙中山革命思想的影响,政治上日益倾向孙中山,服膺三民主义。辛亥革命以前,谭延闿对孙中山的认识是肤浅的,即使1912年加入了国民党,并担任国民党湖南支部长,也多是实用主义。那时的谭延闿"以为孙是只会讲外国话而没有读多少中国书的一个革命党人。所以也就开口闭口跟着一些骂孙中山为只会说大话、放大炮的一个人,亦呼孙中山为孙大炮。"②谭延闿第三次卸任湘督后,有机会与孙中山"信使书札往还,讨论国是"③。受孙中山的教诲颇多。他与杨庶堪、周震鳞和胡汉民等革命党人接触频繁,对孙中山的三民主义有了进一步了解。孙中山到达上海时,谭延闿到码头迎接,并连续数周每天前往孙中山的寓所谈话,两人"过从几无虚日"④。经过这段时间与孙中山的接触,谭感到孙中山的博大精深远非自己所能企及,常

---

① 《西南军阀史研究丛刊》第1辑,四川人民出版社1982年版,第346页。
② 方鼎英:《谭延闿的湘军及其与孙中山的关系》,中国人民政治协商会议广东省委员会文史资料研究委员会编:《广东文史资料》第15辑,1964年内部发行,第6页。
③ 转引自谭伯羽:《茶陵谭公年谱》,沈云龙:《近代中国史料丛刊》第68辑,台湾文海出版社1973年版,第110页。
④ 转引自谭伯羽:《茶陵谭公年谱》,沈云龙:《近代中国史料丛刊》第68辑,台湾文海出版社1973年版,第112页。

对人说："革命领袖,非孙公莫属。"①他在给部属的信中写道："我们不但救国要跟孙先生,即做人亦非以孙先生为师表不可。"②谈及自己对孙中山认识的变化,谭延闿说："我自追随孙先生左右,朝夕领教以来,才逐渐认识到孙先生是不如我从前所听说的孙大炮,而确是一个文通中外学贯古今的有真才实学的人,是排满、反袁、打倒北洋军阀的一个真正领导人。"③"我一生佩服的只有孙先生,除孙先生外,再没有第二人了。"④

诚然,谭延闿和孙中山从一开始,在各自的政治立场上都存在着差异。孙中山在他的革命生涯中,同不少军人、政客打过交道,最后感到"南与北如一丘之貉"。像陆荣廷、唐继尧、陈炯明等人并不真心拥护和支持孙中山的事业,甚至反而公开背叛孙中山,这是由军阀的本性决定的。而谭延闿虽在起初持"骑墙"态度,但最终在严酷的事实中受到教育,顺应时代潮流而选择了追随孙中山的道路。两人的这一结合,主要是他们共同的目的——反对北洋军阀的反动统治决定的。因而出现一个明显的对比是,北洋政府两次任命谭延闿为内政部长,孙中山也任命谭延闿为大本营内政部长。但谭延闿却拒绝北洋政府的任命,欣然应命孙中山。谭延闿与孙中山的合作是诚心诚意的。谭延闿自跟随孙中山后,在讨伐陈炯明、平定商团叛乱及开展北伐战争等几个大是大非问题上旗帜鲜明,公开站在孙中山一边,积极支持孙中山的革命斗争。而孙中山在国民党内人事关系复杂多变的现实环境下,选择谭延闿作为他的主要助手。特别是在北上入京之前,将北伐战争的重任交给谭延闿,这是孙中山通过对谭延闿的多年考察而作出的一种理想而合乎实际的选择。谭延闿在

---

① 转引自谭伯羽:《茶陵谭公年谱》,沈云龙:《近代中国史料丛刊》第68辑,台湾文海出版社1973年版,第113页。

② 谢慕韩:《记大革命时期的谭延闿》,《西南军阀史研究丛刊》第1辑,四川人民出版社1982年版,第348页。

③ 方鼎英:《谭延闿的湘军及其与孙中山的关系》,《广东文史资料》第15辑,第6页。

④ 胡汉民:《悼谭组庵先生》,中国国民党中央党史史料编纂委员会编辑:《革命先烈先进传》,台北,1965年版,第982页。

孙中山逝世后,继续执行孙中山既定的政策,同共产党人合作,成了广州和武汉国民政府的主要领导人。

(本文原载《湖南工程学院学报(社会科学版)》2010年第1期,其中部分内容曾以《谭延闿追随孙中山动因辨析》为题,发表于《光明日报》(理论版)2009年12月8日。)

谭延闿与毛泽东

谭延闿与毛泽东同为湖南人,一个是国民党元老,一个是中共领导人。他们早期都曾主张湖南自治,但两人一个是官治派的代表,一个是民治派的代表。在第一次国共合作时期,谭延闿积极奉行"三大政策",成为共产党人的朋友,因而,与毛泽东有过合作和共事。无论在湖南自治运动,还是在第一次国共合作中,两人之间既有过斗争,又有过配合、合作,青年毛泽东甚至赞扬谭为"乡邦英俊"、"一个聪明的官僚"。大革命后期,谭延闿渐次右转,最后附蒋分共,成了以毛泽东为代表的中国共产党人革命的对象。

一、谭延闿与毛泽东都曾主张湖南自治,虽然两人一个是官治派的代表,一个是民治派的代表;但是,青年毛泽东对谭延闿在总体上是肯定和赞赏的

湖南自治,谭延闿是"首倡者",青年毛泽东却是先行者。早在新民学会成立时,毛泽东就有了湖南自治的想法。他说:"当时新民学会有一个争取湖南'独立'的纲领,所谓独立,实际上是指自治。……当时我是美国的'门罗主义'和'门户开放'的坚决拥护者。"[1]在湖南驱张运动中,毛泽东进一步想到

---

[1] [美]埃德加·斯诺:《西行漫记》,董乐山译,生活·读书·新知三联书店1979年版,第130页。

了以自治建设湖南的问题。1919年底,他率领驱张代表团到北京,向北洋政府提出驱张和发展湖南的要求。1920年3月,由新民学会会员彭璜等在上海发起成立的"湖南改造促成会",就废督裁兵、地方自治等问题,提出了《湖南建设问题条件商榷》草案。在北京的毛泽东接到这个草案后,就张敬尧被赶走后湖南下一步怎么办,如何对湖南进行一次"根本改造"等问题进行了仔细思考,认为"湖南建设问题条件……有好些处所尚应大加斟酌";湖南作为中国的一个省,应从"根本解决"下手。①

1920年6月,张敬尧被逐出长沙,在上海的毛泽东获悉这一消息,当即在《时事新报》发表题为《湖南人再进一步》的文章,倡导在湖南"废去督军,建设民治"。6月14日、15日,毛泽东将拟定的《湖南改造促成会宣言》在上海《申报》、《民国日报》发表,提出废督裁兵、银行民办、教育独立,以达到推倒武力和实行民治的目的。6月18日,毛泽东又在《时事新报》发表了《湖南人民的自决》一文,提出"'湖南者,现在及将来住在湖南地域营正当职业之人之湖南也'。湖南的事,应由全体湖南人民自决之。"6月23日,毛泽东在给老同盟会员曾毅信中,公开提出"湘人自决主义"的主张和湖南"们罗主义"的口号。他强调:"吾人主张'湘人自决主义',其意义并非部落主义,又非割据主义,乃以在湖南一块地域之文明,湖南人应自负其创造之责任,不敢辞亦不能辞……湖南人得从容发展其本性,创造其文明,此吾人所谓湘人自决主义也。""湘人自决主义者,们罗主义也。湖南者湖南人之湖南。湖南人不干涉外省事,外省人亦切不可干涉湖南事,有干涉者仍抵抗之。"②

20世纪20年代的湖南,不仅以青年毛泽东为代表的广大人民群众要求自治,以省长谭延闿为代表的地方实力派也几乎同时提出了地方自治的要求。

谭延闿是湖南立宪派的核心人物,先后任湖南谘议局局长、中央资政院议

---

① 《致黎锦熙信》,《毛泽东早期文稿》(内部发行),湖南出版社1990年版,第470页。
② 《湖南改造促成会复曾毅书》,《毛泽东早期文稿》(内部发行),湖南出版社1990年版,第489—490页。

29

我所知道的谭延闿

员、湖南宪友会干事等职,从 1911 年至 1920 年曾经三次督湘,对北洋军阀的"武力统一"政策一直心存余悸。也就是在 1920 年 7 月,他第三次主政湖南后,面对湖南人民强烈的自治要求,于 7 月 22 日发布"祃电",宣布在湖南废除督军制,实行地方自治和民选省长。电文称:"民国之实际,纯在民治之实行;民治之实行,尤在各省人民组织地方政府,施行地方自治,……频年以来,中外人士,奔走呼号,打破军阀,注重民治,已成舆论,而废止督军声浪,尤为一般人所赞同。……鄙见以为吾人苟有根本救国决心,当以各省人民确立地方政府,方为民治切实办法。……湘人此次用兵,纯本湘人救湘、湘人治湘一致决心。……爰本湘民公意,决定参合国会讨论之地方制度,采用民选省长及参事制,分别制定暂行条例,公布实行。"① 8 月 22 日,谭延闿再次通电全国,进一步提出实行联邦制、民选省长的主张。9 月上旬,谭延闿拟以省长身份在其官邸召开自治会议,邀请湘省各界要人讨论自治问题。但因邀请名单中只有省议会和军政两界的几个官绅,因而遭到社会各界的强烈反对。随即,谭延闿宣布将原打算以省长名义召集的第一次自治会议改为以个人名义召集。但这种"以私人名义召集自治法会议,与会的人又都用私人名义"的做法仍遭到社会质疑和抨击。

显然,谭延闿和青年毛泽东都提倡地方自治,但两人的目的迥异。谭延闿是以"自治"为招牌,抵拒南北势力对湖南省政的干涉,以维护自己在湖南的统治,实际上是一种官治。正如陈独秀揭示说:"这种主张……不过是联省自治其名,联督割据其实,不啻明目张胆提倡武人割据,替武人割据的现状加上一层宪法保障。"②青年毛泽东设计的则是建立湖南人民当家作主的政权,目的是反帝、反封建,弘扬民主主义。他们对自治寄予厚望,认为自治就是走向民治。于是,在 20 世纪 20 年代风起云涌的湖南自治运动中,出现了两个性质迥异的"自治运动"。

因为目的不同,所以谭延闿的做法是通过官绅包办自治,而毛泽东则强调

---

① 《谭督声明治湘根本办法电》,长沙《大公报》1920 年 8 月 16 日。
② 陈独秀:《对于现在中国政治问题的我见》,上海《东方杂志》1922 年第 19 卷第 15 号。

工农的作用。毛泽东说:"湖南自治运动是应该由'民'来发起的"①,自治的根本目的是以人民主权取代军阀主权,是民治;它必须是由人民——种田的农人、做工的工人、转运贸易的商人以及殷勤向学的学生等最大多数人开会投票,才能作数;假如不是由人民发起的,不是由人民当家作主的,这种非农非工非商非学的少数人办的"自治"一定是不能长久的,内容一定是虚伪的、腐败的、空洞的。

青年毛泽东明确表示不赞成谭延闿在"祃电"中提出的"湘人治湘"的主张。毛泽东说,湖南人民要求的,不是"湘人治湘",而是"湘人自治"。他说:"'湘人治湘',是对'非湘人治湘'如鄂人治湘皖人治湘等而言,仍是一种官治,不是民治。""'湘人治湘'一语,我们根本要反对。""我们所主张所欢迎的,只在'湘人自治'一语。不仅不愿被外省人来治;并且不愿被本省的少数特殊人来治。""我们主张组织完全的乡自治,完全的县自治,和完全的省自治。乡长民选,县长民选,省长民选,自己选出同辈中靠得住的人去执行公役,这才叫做'湘人自治'。"②

青年毛泽东极力反对谭延闿的官治,但对谭延闿本人还是赞誉有加,充满希望。1920年7月6日、7日,毛泽东在长沙《大公报》上发表文章,称谭延闿为"驱张将士,劳苦功高,乡邦英俊"。并对他提了两点希望:"第一能遵守自决主义,不引虎入室,已入室将入室之虎又能正式拒而去之。第二能遵守民治主义,自认为平民之一,干净洗脱其丘八气、官僚气、绅士气,往后举措,一以三千万平民之公意为从违。最重要者,废督裁兵,钱不浪用,教育力图普及,三千万人都有言论、出版、集会、结社之自由,此同人最大之希望也。"③至于谭延闿,他虽然对毛泽东这个年轻人并不相识,但在1920年8月,当听说毛泽东要

---

① 《"湖南自治运动"应该发起了》,《毛泽东早期文稿》(内部发行),湖南出版社1990年版,第517页。
② 《"湘人治湘"与"湘人自治"》,《毛泽东早期文稿》(内部发行),湖南出版社1990年版,第523—524页。
③ 《湖南改造促成会复曾毅书》,《毛泽东早期文稿》(内部发行),湖南出版社1990年版,第491页。

我所知道的谭延闿

在长沙创办文化书社以启迪民智、传播文化时,谭延闿不仅口头上给予大力支持,而且应毛泽东的要求为书社题写了招牌。更为难得的是,在9月9日文化书社开张时,他还亲临文化书社开业剪彩贺喜。时任湖南省长兼督军的谭延闿的这一举动,既为文化书社做了义务"广告",又为毛泽东等以书社名义开展革命活动充当了"保护伞"。1926年1月,任国民党中央宣传部代理部长的毛泽东到广州参加国民党第二次全国代表大会时,与书社经理易礼容商议,给国民革命军第二军军长谭延闿写信,请求拨款支持书社的发展。谭延闿接受请求,再给文化书社拨款400毫洋(旧中国广东、广西等省通行的本位货币),解决了书社的经费困难。

青年毛泽东称谭延闿为首的湖南政府为"革命政府",因而给予了高度肯定。他不仅明确地说:"现在湖南以谭延闿氏为首领所组织的政府,实在是一个革命政府。"还为此进行了论证:"(一)谭氏出兵推翻北政府的命官张敬尧,是对张敬尧以及北政府取革命的行动,这是显而易见的。(二)谭氏通电,宣言此次驱张,是湘人自决,与西南大局无关。而西南政府首席总裁岑春煊氏电告北政府,说西南并无命令谭延闿攻张敬尧之事。此次驱张,纯系湘人自决。【是】谭氏在驱张以前,和西南政府有主属的关系是事实,惟从发动驱张日起,此种关系即告断绝,全属自由意志行动,即全属革命的行动。(三)九月十三日谭氏在总司令部召集湖南自治会议,尤其是革命行动之表著者。谭氏以革命军不顾西南政府推翻北方命官,因而在长沙建设革命政府,因而在革命政府里面召集为约法所不许的自治会议,这本来是可以的,是应该的。但若不说是革命政府,就有违法及叛逆之嫌。何则?非革命政府而召集为约法所不许的自治会议(约法上没有规定各省长官可以随意变更地方组织),岂不是违法而且叛逆的行动吗?""准上理由,则湖南现在的政府并不是从前的所谓省政府,而确是一个革命政府,己(已)无疑义。"[①]有论者谓,毛泽东此文中并不认为

---

① 《由"湖南革命政府"召集"湖南人民宪法会议"制定"湖南宪法"以建设"新湖南"之建议》,《毛泽东早期文稿》(内部发行),湖南出版社1990年版,第690—691页。

谭延闿政府是真正意义上的革命政府,笔者不以为然。如果是那样的话,毛泽东也没必要对此进行充分的论述。

谭延闿政府既是一个"革命政府",由是,青年毛泽东期望由它召集"湖南人民宪法会议"制定"湖南宪法"。1920年10月5日、6日,他同湖南各界代表377人联名在长沙《大公报》上发表了长达四千余字的《由"湖南革命政府"召集"湖南人民宪法会议"制定"湖南宪法"以建设"新湖南"之建议》①,即建议通过谭延闿政府召集全省人民代表到省城,由代表自行集会,推举代表,起草湖南宪法草案,再将宪法草案议决成为正式宪法,然后用湖南宪法会议全体代表名义,将正式宪法公布。当然,毛泽东等在建议书中特别强调两点:一是召集"人民宪法会议代表"的"方法","名义上由湖南革命政府拟定,实质上,至少要参入在省城里的住民",代表选举必须是"直接的、平等的、普遍的选举";二是"宪法"起草权与公布权属于"宪法会议","革命政府"虽有召集"人民宪法会议"之权,但并没有起草宪法之权。这两个问题是制定省宪的关键,因此,谭延闿对毛泽东等人的建议根本不予理睬。10月10日,毛泽东等人组织两万多人,冒雨进行游行请愿,"要求革命政府召集宪法会议"。在此情形下,谭延闿虽口头表示同意召集人民宪法会议,但最后又借故确定由省议会单独起草湖南人民宪法会议组织法及选举法。毛泽东四千余字的建议变成一纸空文,从此,以毛泽东为代表的民治派放弃了对谭延闿政府的幻想,退出了湖南自治运动;而谭延闿本人也在是年11月底的湘军内讧中,被赶出湖南,其自治活动亦于此时宣告停止。

二、谭延闿作为孙中山的得力助手,在第一次国共合作前后,奉行"三大政策",成为共产党人的朋友,因而,与毛泽东有过积极的合作和共事

辛亥革命以前,谭延闿对孙中山的认识是肤浅的。那时的谭延闿"以为

---

① 长沙《大公报》1920年5月6日、7日。

孙是只会讲外国话而没有读多少中国书的一个革命党人。所以也就开口闭口跟着一些骂孙中山为只会说大话、放大炮的一个人,亦呼孙中山为孙大炮。"①孙中山在反对北洋军阀的斗争中,曾一再把谭延闿作为争取对象,可谭延闿一直持骑墙态度,甚至在第三次被赶出湖南后的很长一段时间内,对湖南的自治制宪仍兴致勃勃。但也就在这段时间,因有机会与孙中山"信使书札往还,讨论国是"②。受孙中山的教诲颇多,对孙中山的三民主义有了进一步了解。孙中山到达上海时,谭延闿到码头迎接,并连续数周每天前往孙中山的寓所谈话,两人"过从几无虚日"③。经过与孙中山的接触,谭感到孙中山的博大精深远非自己所能企及,常对人说:"革命领袖,非孙公莫属。"④他在给部属的信中写道:"我们不但救国要跟孙先生,即做人亦非以孙先生为师表不可。"⑤谈及自己对孙中山认识的变化,谭延闿说:"我自追随孙先生左右,朝夕领教以来,才逐渐认识到孙先生是不如我从前所听说的孙大炮,而确是一个文通中外、学贯古今的有真才实学的人,是排满、反袁、打倒北洋军阀的一个真正领导人。"⑥而孙中山对谭延闿也是信任有加。1923年1月,谭延闿跟随孙中山到广州后,被孙中山任命为大本营内政部长、建设部长,1923年7月,被任命为北伐讨贼湘军总司令兼湖南省省长职,率湘军进讨湖南。三个多月的讨赵战争中,孙中山亲自部署战略方针,指示作战机宜;谭延闿自始至终,以三民主义为旗帜,唯孙中山马首是瞻。在战争前,他宣称"此次延闿回湘,奉大元帅的

---

① 方鼎英:《谭延闿的湘军及其与孙中山的关系》,中国人民政治协商会议广东省委员会文史资料研究委员会编:《广东文史资料》第15辑,1964年内部发行,第6页。
② 谭伯羽:《茶陵谭公年谱》,沈云龙主编:《近代中国史料丛刊》第68辑,台湾文海出版社1973年版,第110页。
③ 谭伯羽:《茶陵谭公年谱》,沈云龙主编:《近代中国史料丛刊》第68辑,台湾文海出版社1973年版,第112页。
④ 谭伯羽:《茶陵谭公年谱》,沈云龙主编:《近代中国史料丛刊》第68辑,台湾文海出版社1973年版,第113页。
⑤ 谢慕韩:《记大革命时期的谭延闿》,《西南军阀史丛刊》第1辑,第348页。
⑥ 方鼎英:《谭延闿的湘军及其与孙中山的关系》,中国人民政治协商会议广东省委员会文史资料研究委员会编:《广东文史资料》第15辑,1964年内部发行,第6页。

命令及主义……以主义救湘救中国,纵有困难的地方,自愿甘心。"①10月,当广东形势危急时,他按照孙中山的命令星夜回援,于1923年12月,率所部湘军驱逐北军方本仁出广东,收复南雄、始兴,挫败了吴佩孚和陈炯明的军事配合,为广东局势的初步稳定作出了贡献,为国民党"一大"的召开提供了有利的军事、政治条件。而毛泽东与谭延闿第一次以国共两党身份接触,就是在国民党第一次全国代表大会期间。

1924年1月,国民党第一次全国代表大会在广州召开。谭延闿和毛泽东等12人作为湖南代表参加会议,谭延闿则是大会主席团成员之一。在这次大会上,毛泽东多次发言,引起了谭延闿的注意。如毛泽东向会议主席孙中山提出,大会应以"组织国民政府之必要"②为标题进行表决,获得全体与会人员赞同;在就国民党"设立研究会"提案表决时,毛泽东第一个起来表示反对,因为"本案根本意思把实行与研究分开,但本党为革命党,不能如此"③。这一意见获大会普遍赞同;在大会讨论"采比例选举制作为本党政纲之一"的提案时,毛泽东多次发言,表示坚决反对,致此案未付表决。据曾参加国民党"一大"的张国焘回忆:"在这次大会中,刚加入国民党的青年共产党员毛泽东和李立三发言最多。""许多老国民党员大都以惊奇的眼光注视着他们两人。""少数老国民党员又似乎在欣赏他们这样的青年精神。"④1月22日,毛泽东被大会推为国民党党章审查委员会委员,1月30日,毛泽东当选为国民党中央执委会候补委员,谭延闿当选为国民党中央执委会委员、常务委员。国民党一大闭幕时,孙中山又任命谭延闿为大本营秘书长。1月31日,国民党一届中央举

---

① 广州《民国日报》1923年8月24日。转引自成晓军著:《谭延闿评传》,岳麓书社1993年版,第231页。
② 中国第二历史档案馆编:《中国国民党第一、二次全国代表大会会议史料》(上册),江苏古籍出版社1986年版,第17页。
③ 中国第二历史档案馆编:《中国国民党第一、二次全国代表大会会议史料》(上册),江苏古籍出版社1986年版,第57页。
④ 张国焘:《我的回忆》,现代史料编刊社1980年版,第319页。

行首次全体会议。孙中山根据谭延闿的建议,决定在上海、北京等地设立国民党地方执行部,毛泽东担任上海执行部组织部秘书、文书科主任。

国民党"一大"后,谭延闿贯彻孙中山的"三大政策",为建立和巩固统一战线起了重要作用。1924年3月28日,他对湘军全体将士训话说:"我们大元帅的三民主义、五权宪法,是救国救民独一不二的方法,已经成了天经地义。……我们要想为国家做点事,为湖南造点福,为自己出点气,不趁着这个机会,更待何日呢。"①他多次强调要奉行孙中山的联俄、联共、扶助农工政策。他说:"本党大会的宣言,是要为农工谋利益的,但现在农工民众,仍是痛苦着,这是什(么)原因呢,简单说来,就是无联合的缘故,好似一盘散沙,失却了自己的力量。故我们今后应将农工兵大联合起来,一齐做革命的事业,为自己利益而奋斗。"②

1925年11月23日,谢持、邹鲁、林森等在北京西山碧云寺孙中山的灵前,召开所谓国民党一届四中全会,研究国民党的去向问题和解决国民党内的共产党问题,宣布开除共产党人谭平山、李大钊、毛泽东等的中央执行委员会委员和候补中央执行委员职务,并取消他们的党籍。为了反对西山会议派的分裂活动,11月27日,谭延闿与谭平山、林伯渠、毛泽东等联名通电,反对"西山会议派",并决定在广州召开国民党一届四中全会。两年以后,在国民党二届三中全会上,谭延闿在谈到开会的法定人数时,还强调说:"西山会议不足法定人数,吾人即以此驳斥之。"③

为进一步与西山会议派进行斗争,1926年1月1日,国民党第二次全国代表大会在广州召开。谭延闿和毛泽东参加了会议,前者是主席团成员。1月13日,作为会议主席的谭延闿主持通过了《关于弹劾西山会议审查报告

---

① 广州《民国日报》1924年3月28日。
② 《政治周报》1926年第12期,第2页。
③ 中国第二历史档案馆编:《中国国民党第一、二次全国代表大会会议史料》(下册),江苏古籍出版社1986年版,第752页。

书》。1月18日,毛泽东向大会报告《宣传审查委员会决议案》。这次大会因谭延闿与毛泽东等共产党人合作,通过的"接受总理遗嘱"、"弹劾西山会议"等决议案,继续坚持了国民党一大宣言和孙中山的三大政策,给国民党右派以有力的反击。会上,毛泽东继续当选为国民党中央候补执行委员,谭延闿当选为国民党中央执行委员、常委,政治委员会主席团成员,军事委员会委员、主席团成员,国民政府常务委员会委员,担负着极为重要的党、政、军领导职务。这次大会闭幕后,谭延闿、毛泽东共同出席了国民党中执委常务委员会第一、第三、第十一、第十二、第十五、第十六、第十八、第二十、第二十二、第二十三、第二十五、第三十共12次会议。

1926年春,谭延闿以国民党中央党部的名义在广州开办"中国国民党政治讲习班",为第二军培养政治工作干部,并指定由湖南政治研究会具体领导。这个班的学员一部分是湘军整编为国民革命军第二军时的编余人员,一部分是湖南国民党秘密招收的150名共产党员、共青团员和进步青年,还有从江西、湖北、广东、安徽、福建、四川、江苏、陕西、河南、河北、贵州、内蒙古等地招收的少量学员。① 湖南政治研究会以研究湖南革命运动为宗旨,由在广东的高级军政人员组成,理事会成员有谭延闿、程潜、鲁涤平及共产党员毛泽东、林伯渠、李富春等。谭延闿担任理事会主席,但实际工作由毛泽东和李富春负责。因而,毛泽东也担负了这次"中国国民党政治讲习班"的实际领导工作。政治讲习班和湖南政治研究会的成立和工作开展,反映出谭延闿同毛泽东建立了比较融洽的关系。

1926年3月20日,蒋介石为打击中共和排挤汪精卫,制造了"中山舰事件"。事件发生后,谭延闿"欲谋联合三、四各军共同讨蒋"②。王若飞回忆:"谭延闿找过毛主席,应主张反击,但布不洛夫等是不同意反击的"。③ 周恩来

---

① 《中共党史人物传》(第4卷),陕西人民出版社1990年版,第12页。
② 《文史资料(合订本)》第3册,中国文史出版社1989年版,第419页。
③ 王若飞:《关于大革命时期的中国共产党》,《近代史研究》1981年第1期。

也曾说过"这时谭延闿、程潜、李济深都对蒋介石不满,朱培德、李福林有些动摇,但各军都想同蒋介石干一下"①。"中山舰事件"因苏俄顾问的一再退让和以陈独秀为首的中共中央的妥协,包括周恩来在内的全体共产党员退出第一军,蒋介石彻底掌控了第一军的军权。

"中山舰事件"后,蒋介石即策划从国民党的领导机构中排挤共产党,全面控制国民党党权,而本就有"水晶球"之称的谭延闿的政治立场,开始处于左右摇摆之中。1926年5月15日至22日,国民党在广州召开二届二中全会,大会通过的《整理党务案第二案》规定:凡加入国民党的共产党员,不得充任国民党中央机关之部长。据此,在25日的会议上,毛泽东提出辞去宣传部代理部长职务。作为主席团成员的谭延闿被推选为国民党中央政治委员会主席兼国民政府代理主席,但他在大会闭幕词中仍冠冕堂皇地说:"此次所决议的案子,完全依据总理之二大政策:一联俄,二容纳共产分子而来。或许有人以为此次所通过的案子是排除共产分子,实则不然。本党为巩固革命势力及集中革命团体起见,不愿见革命分子之分立,故确定一种合作的办法,是革命应有之事。""各部长之不以他党分子充任,则更见二方亲爱之热忱,而免去许多误会。""希望将来议决案实行后,愈见我们相亲相爱,把二党合作的事业永远合作到底。即使党务上有小小的问题发生,也不会再纠纷到若何程度。"②显然,谭这是在为蒋介石排斥共产党作辩护,也为他以后的附蒋反共埋下了伏笔。

为推动北伐战争的继续深入,在中国共产党和国民党左派的合作努力下,国民党二届三中全会于1927年3月10日在汉口召开,谭延闿、毛泽东都出席了会议。这次会议的召开,因国民政府迁都之争而一波三折,原定3月1日召开的会议,因蒋介石拒绝迁都武汉而改期到3月7日。到了7日这一天,蒋介

---

① 《周恩来选集》上卷,人民出版社1980年版,第120页。
② 荣孟源主编:《中国国民党历次代表大会及中央全会资料》(上),光明日报出版社1985年版,第248页。

石又通知谭延闿,要求延期到12日,等他从江西樟树镇阅兵回来再开始开会。于是,在3月7日的预备会上,谭延闿提出会议展期等蒋介石到武汉后再开的建议,结果遭到毛泽东、恽代英等人的一致反对。毛泽东在会上坚决表示说,"大会则决定今日开,不能再展"。谭延闿要求会议展期的建议虽未被大会采纳,但仍表现了与毛泽东等共产党人较好的合作态度。会上,毛泽东提出:"因提案甚重,须有精细之讨论。讨论似属提案之责,而提案委员会之产生由常务委员之推举。可否再加新同志而得新意见?"毛泽东这一提案获得通过,并因此而增补谭延闿和恽代英二人为提案委员会委员。谭延闿在会上也体现了对毛泽东的信任。3月10日,正式会议一开始,作为大会执行主席的谭延闿就提议补选毛泽东等六人为国民党中央候补执行委员。3月15日,当邓演达就湖北阳新农民运动惨案提议组织委员会与相关各方会商处理时,会议主席谭延闿当即指定毛泽东、邓演达、吴玉章会同湖北省党部、政务会、农民协会进行协商。夏曦发言说:"乡村骚动不安,是革命的现象,如以应由党由政府之改善,是错误的。"谭延闿为此征求与会人员意见,当毛泽东提出"夏同志理论甚确,应加入"时,谭立刻表示"赞成此意"。① 这次会议通过了二十项议案,其中,毛泽东以中央农民运动委员会名义向会议提出的《对农民宣言》和《农民问题决议案》均被通过,重申了反帝反封建的革命立场和遵循孙中山制定的革命策略,是国民党左派和中国共产党人的一次空前的胜利。

1927年4月12日,蒋介石发动反革命政变。4月22日,谭延闿与谭平山、吴玉章、毛泽东等共产党人联名发表《讨蒋通电》,声讨蒋介石的罪行,号召:"凡我民众及我同志,尤其武装同志,如不认革命垂成之功,隳于蒋中正之手,惟有依照中央命令,去此总理之叛徒,本党之败类,民众之蟊贼。"②

在大革命生死存亡的紧急关头,中国共产党于1927年4月27日至5月9

---

① 中国第二历史档案馆编:《中国国民党第一、二次全国代表大会会议史料》(下册),江苏古籍出版社1986年版,第846页。
② 汉口《民国日报》1927年5月30日。

日在武汉举行第五次全国代表大会。毛泽东参加大会,并在大会上批评了陈独秀在对待农民问题上的错误。受中国共产党的邀请,谭延闿与徐谦、孙科组成国民党中央代表团出席了开幕式,并宣布他们巩固国共两党合作的决心。谭延闿在1927年4月24日的日记中记载:"至都府堤一小学,共产党开五次代表大会也。余与徐、孙以国民党代表列席,推徐致祝词。不待会毕,先起归汉口。"①尽管谭延闿在此时已经有向右转变,有同蒋介石妥协的迹象,但他作为国民党中央的代表参加中国共产党的五大,这是一件很有意义的事情。这是自中国共产党诞生以来历次全国代表大会上,唯一有国民党中央代表参加的一次大会。

三、大革命后期,谭延闿渐次右转,最后附蒋分共,成为以毛泽东为代表的中国共产党人革命的对象

诚然,谭延闿在一段时期,在较大程度上对工农运动表现了极大的支持。但他又是一个出身官宦世家,从小饱读四书五经,长期沉浮于上层政治社会的政治官僚。蒋介石背叛革命后的一段时期,他一直继续支持工农运动,但这在很大程度上是迫于形势和出于自己与蒋介石争夺政治地位的需要,意图借中国共产党和工农民众的力量,来抑制蒋介石的独裁野心,巩固自己的政治地位。所以,在中国共产党的积极推动下,他暂时顺应了时代发展的潮流,给予工农运动某种程度的支持,从而客观上促进了武汉革命形势的继续高涨,推动了反蒋独裁民主运动的发展。

但是,谭延闿对革命的支持毕竟是有限度的,特别是大革命紧急时期,当时局发生根本性的转换,当个人的政治地位和家族利益受到革命冲击的时候,他的政治立场与态度就发生了明显的变化。最终,由原来的支持革命变为反对革命,由原来的联共反蒋变为附蒋反共。

---

① 台湾"中央研究院"数位典藏资源网:《笔墨谭心——谭延闿日记》。

谭延闿与毛泽东

谭延闿在这个时候发生这样大变化,情况有二。一是蒋介石在南京另立中央后,武汉国民政府处在反革命的四面包围之中,在严峻的形势面前,武汉国民政府所控制的两湖地区的封建军阀都乘机发难。1927年5月17日,国民革命军独立第十四师师长夏斗寅率部叛变,进驻离武昌仅二十公里的纸坊镇,企图与另一支叛军杨森部配合,推翻武汉国民政府。国民党上层为此张皇失措,有的公开宣称,后悔没有跟蒋介石走。当时在武汉工作的苏联人巴库林在其见闻录中就说:国民党上层中,"带头丧魂落魄、助长慌乱、助长右倾的就是谭延闿"。① 二是日益高涨的工农运动,直接威胁到他自身的利益,他对革命的态度发生了改变。1927年4月,工农运动又出现了新的高涨,工会、农会如雨后春笋,向各个封闭的乡村蔓延。谭延闿的一些亲属故旧,因大多是湖南的地主乡绅,在农民运动的冲击下,陆续逃到武汉,他们在谭延闿面前诬蔑、咒骂农民运动。谭延闿深为恐惧,开始撕下左派面具。他一面凭借自己的特权,窝藏逃亡的地主乡绅;一面攻击农民运动"过火",甚至夸大其词地宣称:"他茶陵家里的佃农也难逃此劫运。"并且断言:"这条路(指革命的路)走不通了,假如一定要勉强去走,鼻子就会碰出血来。"② 唐生智回忆:"当时武汉国民党政府主席谭延闿就对我说:'不赞成农民运动,打土豪劣绅运动。连我部下的一些连排长的家里(的人),也被农民捆起来了,这太不像话了。'"

为了更好地领导农民运动,早在1927年3月30日,湘鄂赣粤四省农协代表、河南武装农民自卫军代表在湖北省农民协会办公处举行联席会议,会上推举邓演达、毛泽东、谭延闿等13人为全国农民协会临时执行委员,组成中华全国农民协会临时执行委员会,领导全国农运,并推定毛泽东、谭延闿等5人为常务委员。但在5月6日,当谭平山、邓演达、毛泽东等人将解决农民土地问

---

① [苏]A.B.巴库林:《中国大革命武汉时期见闻录》,郑厚安等译,中国社会科学出版社1985年版,第168页。
② 黎泽泰:《何键与谭延闿》,中国人民政治协商会议湖南省委员会文史资料研究委员会编:《湖南文史资料选辑(第2集)》第5辑,湖南人民出版社1961年版,第193页。

题的提案送交国民党政治委员会审核时,遭到谭延闿的反对。谭延闿说:"现在不能讲分配,要讲分配,必惹起极大的纠纷。"他认为农民运动搞得过火,农民运动幼稚,根本不应该把土地和财产分给农民。谭延闿"一个劲地说什么'湖南葬送了革命'、湖南农民处于农会统治之下,现在农会对农民的压迫甚至比军阀要厉害得多'"①。他还说在湖南闹事的"并非真正的农民",而是"痞子"。他表示反对所谓"破坏农村社会秩序的行为","主张改组农民协会"。在"马日事变"发生后,5月30日,谭延闿与毛泽东以中华全国农协临时执行委员会的名义发布了《全国农协对湘鄂赣三省农协重要训令》。训令指出,国民政府只有依靠农民实现耕者有其田,才能打倒封建军阀和土豪劣绅。"过去的事实,已经充分证明,农民因求解除剥削而热烈参加革命,成为国民革命的主力军。农民协会的职任,即在领导此主力军以完成农民的解放,亦即国民革命的成功。"②但与此同时,谭延闿与汪精卫又派人到长沙"宣慰"军队,并于5月31日密电湖南省政府主席:"湘省农工运动幼稚失当,中央早思制裁,迭次训令,意自已明,故对于此次军队与农工纠察队冲突,亦能谅解。从此统一党的威权,对于农工运动,加以严格训练、取缔,未始非湘省前途之福。"③最终,"马日事变"因谭延闿、汪精卫等人的庇护,不仅没有对许克祥叛军进行任何处理,相反,湖南的农工武装被解散,无数工农群众惨遭反动军队的杀害。

1927年6月10日,谭延闿与汪精卫一起同冯玉祥在郑州举行联席会议。汪精卫集团为了达到拉住冯玉祥既反蒋又反共的双重目的,在会上发泄对共产党和工农运动的不满,攻击共产党"借口国共合作,搞他的阶级斗争,弄得人心惶惶,秩序大乱";诬称共产党"破坏国民革命",必须予以"严厉制裁"。

---

① [苏]A.B.巴库林:《中国大革命武汉时期见闻录》,郑厚安等译,中国社会科学出版社1985年,第168页。

② 中国革命博物馆、湖南省博物馆编:《马日事变资料》,人民出版社1983年版,第375—377页。

③ 《湖南省政府公报》1927年6月19日。

郑州会议后,谭延闿回到武汉,表面同意与毛泽东、谭平山、邓演达等于1927年6月13日以中华全国农协临时执委会常委的名义发布了《全国农协最近训令》,要求各级政府明令保护农民协会,制止反动暴行,暗中即与国民党中央党部非共产党的成员商量和共产党分离的方法。他认为现在讨论的"不是是否应当驱逐共产党,而是什么时候驱逐——现在还是过些时候"。

7月15日,国民党中央执行委员会举行第二届常务委员会第二十次扩大会议,谭延闿在会上发言,认为"共产党同志加入国民党是要使三民主义共产主义化","将国民党作为共产党的工具",现在国民党的主义、政策、组织"差不多都受了容共的影响",因此,不能不对共产党"加以相当的制裁"。会后,汪精卫、谭延闿公开宣布"清党分共",国共两党的合作彻底破裂,1924年至1927年的大革命宣告失败。随后,谭延闿在宁、汉、沪之间穿针引线,主动将国民政府主席一职让给蒋介石,为蒋介石建立国民党全国政权立下了"汗马功劳"。

早在1927年6月,毛泽东就对汪精卫、谭延闿等武汉国民政府的日趋反动开始警惕。他在汉口接见"马日事变"后从长沙来的同志时,要求大家拿起武器,山区的上山,滨湖的上船,坚决与敌人作斗争,武装保卫革命。7月4日,他又在中央政治常委扩大会议上指出,不保存武力,则将来一到事变,我们即无办法。他提出"上山",预料上山可造成军事势力的基础。

八七会议后,毛泽东带领军队走上了"工农武装割据"的道路。在创建井冈山革命根据地的斗争中,1928年5月,毛泽东组织了有名的"高陇之战",他派红三十一团一营与朱德、陈毅、王尔琢率领的二十八团,通过两个小时的战斗,一举攻下时任国民政府主席的谭延闿老家——茶陵高陇,"毙敌一百多个,俘敌二百余人,缴获枪支二百多支",扩大了政治影响。一营营长员一民临行前,毛泽东曾向他交代一项特别任务——帮他找一套《三国演义》来。打下高陇后,一营的战士果真为毛泽东找到了一套《三国演义》,还背回了许多《申报》、《国民日报》。据时为毛泽东挑夫的龙开富后来回忆,毛泽东看到书时,简直欣喜若狂,不禁说:这真是拨开云雾见青天,快乐不可言。而谭延闿见老家被端,自是痛心。1928年6月7日,他致电湖南省主席鲁涤平说:"据茶陵四乡难民代表周玉成等感(二十七)电称:共匪毛朱两股,于五月铣(十六)日由赣西窜入,大肆焚杀。死者暴露无殓,生者无家可归。流亡之惨,触目皆是。灾情重大,空前未有。除呈请湘省政府派兵围剿及侦缉外,……敬乞主持设法赈济。"①1929年国民党湖南军阀曾没收韶山毛泽东的全部房屋和家产,烧毁了毛泽东的故居,这是否与谭延闿有关就不得而知了。

(本文原载《毛泽东思想研究》2014年第6期,收入本书时有改动。)

---

① 湖南《国民日报》1928年6月7日。

谭延闿与黄兴

谭延闿与黄兴都是湖南人,一个是清末翰林、立宪派要人,一个是同盟会领导人、革命巨子,两人于1903年相识,历经明德教育、辛亥革命、"二次革命"与反袁护国等政治风云,直到1916年黄兴逝世。尽管两人政见不尽一致,但惺惺相惜,交谊甚笃。谭延闿尝言,黄兴是他除孙中山外,最为佩服的人之一。在明德学堂,他们一人热心教育,一人热心革命,作为校董的谭延闿曾帮助黄兴成功脱险;辛亥革命时期,他们互为支持,特别是黄兴的"拥谭固湘"战略,巩固了谭延闿政权;反袁护国时期,两人互相倚重,谭延闿在黄兴的督促下宣布湖南独立,黄兴支持谭延闿实现了第二次督湘。

一、谭延闿与黄兴初交于长沙明德学堂,虽一人热心教育,一人热心革命,但黄兴在华兴会起义失败后能成功脱险,得益于作为校董的谭延闿的帮助

根据清政府的"新政"谕令,湖南从1902年初开始逐步改革教育制度。1903年,著名教育家胡元倓和龙璋创办了长沙最早的近代中学——明德学堂。是年夏天,胡元倓等人为扩大影响,特请回家乡的谭延闿到明德学堂参观,并请他共董校事。谭延闿被胡元倓办学的初衷打动,特别是看到明德学堂的教师都是素孚众望、德才兼优的学者,学校的管理有条不紊,于是欣然应允担任明德的校董,并以母亲李太夫人的名义,慷慨捐献黄金千两作为学校经费,承诺每年承担英文教员薪金一千元——这两笔款项在当时可不是一个小数目,明德学堂的开办经费也仅有两千元。

1903年秋,刚从日本回国的革命志士黄兴、张继应胡元倓之邀来到明德学堂任教。黄兴到校不久,即邀约湖北革命志士吴禄桢、李书诚等来明德聚会,共商大计。明德学堂成为两湖革命志士一个新的联络点。1903年冬,黄兴以兴办实业作掩护,在长沙南门外开设了一个华兴公司,表面订立章程,招集股本。凡属重要同志,都给以股东名义,以便参与起义机密。黄兴等在课堂内外,向学生灌输革命学说,并在明德学堂印发《革命军》、《新湖南》、《猛回头》等革命书刊,散发省城各校。明德学生受到教育,倾心革命者越来越多,每天课余开演讲会、讨论会、写文作诗,抒发爱国感情。1919年8月,毛泽东在新民学会的《本会总记》中回顾辛亥革命时期的学生运动,特别赞扬了明德学堂;"光绪末年的明德学堂,在省城学生界颇负时誉","此时的学校,大都以鼓吹革命为校风,学生竞相研究所谓经世的学问,抵掌讨论的,不外国事如何腐败,满政府如何推翻,怎样进兵,怎样建设,种种问题"。明德学堂声名鹊起,引起湖南守旧的士绅和官吏的歧视;尤其黄兴志在革命,与部分师生以明德为据点从事革命活动,明德更为各方所瞩目。所以在开办明德的同年9月,谭延闿与胡元倓商议后,又在明德董事龙璋的西园住宅开办了一个经正学堂,以防万一明德因事被封,还有经正可以继续开学。同年11月4日,黄兴、宋教仁、陈天华等二十余人,在明德学堂附近的连升街保甲局巷彭渊洵家中集会,商议成立革命组织华兴会,宗旨为"驱除鞑虏,恢复中华"。随即在明德师生中发展成员,虽是秘密进行,但参加者甚多。1904年2月15日,华兴会在经正学堂举行成立大会,到会一百余人。作为校董的谭延闿,对革命的态度是同情而不参与,革命党人的活动对谭延闿也还处于保密状态。革命党人周震鳞回忆说:"我们看到他(指谭延闿——引者注)这样热心教育,就把创办其他私立学堂的立案、请款和拨给校舍等事情,请他出面和官府及绅士们打交道,以便减少阻力,顺利地解决问题。这两年里,湖南学堂之多,学生之众,为各省冠。国内外革命同志来到湖南参观的,莫不惊异赞赏;而且借参观的机会,进行革命联系,彼此互通声气。当时的谭延闿,不过是一个热心教育的绅士而已,关于这些革命活动,我们对他是严守保密的。"①

谭延闿与黄兴的认识是在一次龙绂瑞家的宴会上,他见黄兴"魁梧奇伟,沉着厚重,两目奕奕有神,认为是一个有作为的人,前途不可限量,内心钦敬"②。他有心亲近,又怕自己的身份不便,因此,初交之时,彼此只是保持一种若即若离的同事关系,对黄兴等人的革命活动,他也早有觉察,但以局外观之。1904年春初,黄兴准备在慈禧太后70岁生日时,在巡抚里埋设炸弹,刺杀湖南地方官吏。他在明德学堂理化实验室请日本教师永江正直、堀井觉太郎协助试制炸弹,准备起义。但消息外泄,湖南巡抚陆元鼎密令军警逮捕黄兴。黄兴及一批革命志士得谭延闿、胡元倓、龙绂瑞等帮助而脱逃。其时,黄兴躲在龙绂瑞家,龙宅门外虽有府、县衙门的捕差巡回侦探,但因当时的绅权势大,没有确实证据,不敢入内搜捕,黄兴得在龙宅安居了三天。后在革命党人曹亚伯等的掩护下,安全离开长沙。据谭延闿自题黄兴手札后记云:"甲辰,克强先生为明德学堂教习,密谋革命,所谓华兴会也。事觉,乃匿萸溪家,扬扬若无事,卧读书不辍。每饭三碗,其所刻印章名籍,皆在长沙府中学。萸溪乘与往,尽取纳舆中以归。数日稍懈,乃入圣公会。居久之,乔装东去。"③又据记载,黄兴在想法走避时,谭延闿不仅在座,而且还与大家一起"劝谓毋躁,以图善后"④。不论这一说法是否属实,谭延闿是知情者是毫无疑义的。

---

① 周震鳞:《谭延闿统治湖南始末》,中国人民政治协商会议湖南省委员会文史资料研究委员会编:《湖南文史资料选辑》修订合编本第1辑、第2辑,湖南人民出版社1981年版,第1—2页。
② 中国人民政治协商会议湖南省委员会文史资料研究委员会编:《湖南文史资料选辑》第10辑,湖南人民出版社1978年版,第142页。
③ 谭伯羽:《茶陵谭公年谱》,沈云龙主编:《近代中国史料丛刊》第68辑,台湾文史出版社1973年版,第29页。
④ 章士钊:《与黄克强相交始末》,中国人民政治协商会议全国委员会文史资料研究委员会编:《辛亥革命回忆录》(二),中华书局1962年版,第139页。

正是谭延闿等人的默认、掩护,一定程度上成就了黄兴等人的事业。谭延闿能在焦达峰、陈作新被害后继任都督,并取得黄兴等革命党人的承认,这不能不说是一个重要因素。《胡子靖先生家传》中说,胡"先生于死友中,最不忘者二人,一曰黄克强,一曰谭祖安"[①]。这句话说明了黄兴是热心革命的,谭延闿是热心教育的,同在湖南人的心目中留下了难忘的记忆。

二、辛亥革命时期,谭延闿与黄兴互为支持,特别是黄兴的"拥谭固湘"、"保全大局"的指示,对巩固湖南谭延闿政权发生了重大影响

湖南起义失败后,黄兴流亡日本。1905年8月同盟会成立,被选为庶务,成为同盟会中仅次于孙中山的重要领袖。此后,他以主要精力从事武装起义。1911年10月10日武昌起义爆发,黄兴于28日赶到武汉,被任命为革命军战时总司令,率民军在汉阳前线与清军奋战。

至于谭延闿,为响应清政府的"预备立宪",在1907年夏,在长沙发起成立湖南"宪政公会"。他与杨度、刘人熙等三十多人在长沙联名递呈《湖南全体人民民选议院请愿书》,恳请清廷速开民选议院,召开国会。1909年,刚满30岁的谭延闿以高票当选为湖南谘议局议员、议长。此后,湖南谘议局在谭延闿的领导下,进行了大量有组织的政治活动,他们既发动了与督抚的抗争,又组织了有关全国性重大问题向清廷的请愿,诸如保路运动、争取地方分权和监督地方行政权力等,湖南的立宪派成为清末全国立宪运动中激进派的重要代表。

长沙光复后,谭延闿被选为参议院院长。1911年10月30日,焦达峰、陈作新遇害,长沙的局面既紧张又混乱。湖南政治的中心力量虽在同盟会方面,但同盟会却拿不出一套办法,也无人出面主持。在这种情况下,绅士们倡言非谭延闿不能收拾残局。一些军界、学界人士也随声附和拥戴谭延闿,纷纷到谭

---

① 陈愍涛:《胡子靖先生家传》,载钱无容:《明德校史》之附录第7页。

宅劝驾。当天下午,谭被一批士兵从家里拉出来强行拥戴为都督。

谭延闿初任都督,既担心局势不稳定,又感到革命党人对他的压力太大,终日胆战心惊。为了得到湖北方面的承认,1911年11月1日,他致电湖北军政府,告以"湖南都督另举谭延闿,援军即发"的消息。黄兴、宋教仁、孙武等人听后都不以为然,黄兴说:"焦达峰是革命党的老同志,热心救国,何得改换他人!"当时,他们并不知道焦、陈已被杀害,只是觉得在此战争紧张之际,湖南不宜更换都督。但是黎元洪等则认为:"目前汉口清兵进攻,急盼湘援,湘人另举都督,而武昌军政府反对,两省将为此事发生争执,援军如果不来,湖北感觉势孤,诸多不利"。黄兴、宋教仁等人因被援军问题所困,遂同意按照黎元洪"我们但贺新都督,不过问旧都督,催问援军何日出发"的建议回电谭延闿。谭复电说,已"令王隆中率湖南一协先至,余并集中待发"。

恰在此时,鄂军协统宋锡銮被湘军捕获,谭延闿于是一并电告黄兴说:"焦、陈被杀,实深痛惜。群龙无首,被迫承乏。延闿不谙军事,难孚众望,请即派员前来接替。逃将宋锡銮经湘军捕获正法。并闻"[①]。黄兴接电后,当即复电嘱咐谭延闿善维湘局,续派大军到武汉增援,其他可随时电商。

焦、陈被杀后,谭延闿之所以成为都督人选,是诸方面的因素所致。辛亥革命前夕,湖南的立宪派和革命派都有相当的力量。革命派方面,以焦达峰为首的同盟会湖南分会,以外围组织共进会为基础,联络会党,运动新军,在组织武昌起义中,军事上拥有一定的势力。但他们的活动是秘密的,而立宪派的活动却是公开的、合法的,而且受到了地方绅商各界实力的支持,在社会上有较为广泛的影响,政治上也具有相当的优势。因而,作为湖南省谘议局议长,曾积极参加立宪派请愿活动的开明绅士谭延闿,在两个年轻的革命领袖被杀后,凭借他在地方上的声望,出任都督,自然是最合适不过的了。事实上,革命党当时也没有人堪与谭延闿相抗衡,迫于形势,唯有支持他才能稳定局

---

① 阎幼甫:《谭延闿的生平》,中国人民政治协商会议湖南省委员会文史资料研究委员会编:《湖南文史资料选辑》第10辑,湖南人民出版社1978年版,第143页。

我所知道的谭延闿

面。谭延闿是因势乘便继任都督的，武昌方面听到谭延闿继任湖南都督后，也感到是件好事。汤化龙致电谭延闿说："闻公出，欣喜无量，盖知湘事从此得整理也"。湖南在他的主持下，局势很快稳定下来了，成为当时全国支援武昌革命政权的一个有力省份，对推动全国革命形势的发展起了举足轻重的作用。

谭延闿掌握政权后，推行了一条坚持反清、拥护共和的资产阶级民主革命的政治路线。他督湘后，做的重要的一件事就是派兵增援湖北的革命军。湖南军政府成立后，焦、陈便以援鄂为主要任务。谭延闿上任后，湖南局势逐渐稳定，湖北战事却日益吃紧，黎元洪不断来电请援，谭延闿决定在军事、财政和物质等方面大力援鄂。在黄兴寡不敌众，汉阳前线苦战失利，清军步步进逼的危急时刻，谭延闿敦促因事逗留在途中的第一批援鄂湘军王隆中部火速开进，于11月2日到达武昌；后又派出湘军第二师第三协甘兴典部四个营星夜驰援，这两批湘军成为黄兴防守汉阳的主力。紧接着，谭又派出第三、第四批湘军赶赴武汉前线，"以新募之兵留守省垣"，精锐之旅悉数北上，"以便早歼清兵，戡定大局"。此外，谭还令军务部挑选精锐新军，编成敢死队一营，直赴武汉前线。敢死队员以一当十，击毙清军达三千人，自身也死伤惨重，仅六人没受伤。这六人回湘后，又组成敢死队，以徐鸿斌为队长，再次赴鄂作战，后徐在前线英勇捐躯。谭延闿还调送大批物资及粮款支援湖北战事，共计子弹数十万发、机关枪一批，大米13000石、面粉500袋、油380篓，汇款50万元。

当时湖北方面重兵压境，苦苦支撑，湘军来援如同一剂强心针，大大安定了武汉人心，使民军精神为之一振，黄兴更是"喜形于色，以为恢复汉口，击灭汉奸，可以犁庭扫穴，立功竟志"。事实上，"阳夏之战，将近月余，民军中之援鄂者以湘军最得力，九月初旬，非湘军冒死力御，汉阳即已不守"[①]。汉阳之战对促进各省革命党人响应，保全民国，起了重大作用。而三湘志士奋勇当先，

[①] 郭孝成编：《湖南光复纪事》，《中国革命纪事本末》，商务印书馆2011年版，第144页。

浴血奋战,对稳定武汉战局、巩固首义成果立下了汗马功劳。为此,孙中山在评论湘籍志士时说:"革命军就是用一个人去打一百个人,像这样战斗,是非常的战斗,不可以常理论。像这件不可以常理论的事,还是你们湖南人做出来的。"①1920年,陈独秀在《欢迎湖南人底精神》一文中也说:"黄克强历尽艰难,带一旅湖南兵,在汉阳抵挡清军大队人马……他们是何等坚忍不拔的军人"。"湖南人底精神是什么?'若道中华国果亡,除非湖南人尽死。'……湖南人这种奋斗精神,却不是杨度说大话,确实可以拿历史证明的。"②

在湘军援鄂中,谭延闿派遣革命军夺取荆襄,是少被人提及的开国之初非常重要的一战。荆州居高驭下,夙称重镇,时汉口失败,武汉大局为之一变,谭延闿敏锐地意识到荆襄地区的战略重要性,派统领王正雅于11月26日进抵沙市附近的草市,清军大举来迎,双方遂在草市展开激战。革命军消灭了清军的一名带队官和数十名清军,伤其一百多人,夺获枪械数十件,打了一个十分漂亮的胜仗。与此同时,湖北革命军也一鼓作气光复襄阳。12月3日,王正雅会同宜昌军司令唐牺之合攻荆州,到14日,荆州攻陷,都统自戕,襄阳道全家自尽,其余清兵由佐领率领向湘军统领王正雅乞降。这是辛亥革命武昌首义以来极其重大辉煌的一次胜利,减轻了武昌方面的压力。

荆襄之役,谭延闿一手谋划,功不可没。与此同时,为全盘战略问题,1911年11月29日,他又致电湖北军政府,并电约其他各省增援武汉。电文谓:"鄂湘一家,安危同系,现在桂军已于初七日(指农历。阳历为11月27日——引者注)在永州出发,兼程赴敌。敝处已商请广州胡都督、福州孙都督,整顿海军,联合吴淞军舰,直攻天津,以击敌兵之尾,并请孙都督拣派精兵,由海道来援;又电请贵州杨都督,出兵铜仁,与我军会合,取荆襄,出沙洋,以击敌兵之腰;更请桂林沈、王都督,南宁陆都督,加派老练之兵,与敝省会师,克期赴援。

---

① 孙中山:《革命军要明白三民主义并为之奋斗牺牲》,黄彦:《论三民主义与五权宪法》,广东人民出版社2008年版,第244页。
② 陈独秀:《独秀文存》卷一,安徽人民出版社1987年版,第433页。

尚望坚守武昌,以图合剿,决不稍存畛域,贻误中华大局。"①鄂军都督黎元洪收到谭延闿的电报后,即回电表示:"硕书极佩,仍望电催各军,火速分途进行。"谭延闿文人治兵,居然能纵横捭阖,决胜千里,俨然一沙场老将。

　　总而言之,谭延闿在继任湖南都督后,坐镇长沙,出兵支援阳夏之战,取荆襄,电请各省援鄂,还要给黎元洪鼓劲、打气,他对首义之区的援助是全力以赴的,连对其有敌意的王隆中也说:"谭都督对湖北,如同湖南事情一样,不分彼此。"

　　辛亥革命中,湘鄂抵背相依,生死与共,谭延闿督湘,使湖南成为首义之区最坚强的后盾和独立各省的中流砥柱。《民国报》曾高度赞扬湖南对缔造中华民国的重大贡献,谓武昌首义后,湘省"誓师东讨,转战汉上,流血成殷,满清创巨,各省从风"。由于谭延闿政权积极推行援鄂的措施,致使与焦、陈情同手足的革命元勋黄兴亲笔致函湖南革命党人周震鳞和谭人凤,嘱其支持谭延闿任都督。他指出:为了稳定全局,湖南局面不能再乱,如果再乱,湖北将会支持不住,其他各省响应亦恐发生迟疑观望,我们再不能失去这次两湖光复千载一时的机会。既然谭延闿已经被推举为都督,就应权且维持他的威信,共同安定湖南。并指定周震鳞留在湖南为谭延闿壮胆,支持他的工作。于是事变后的第三天,周震鳞就在长沙金盆岭广场召开了新旧两军大会。周在演说中表示,谭延闿既然做了民国的都督,就得革命;既然革命,我们就得维持他的威信。值此革命紧要关头,必须目光远大,顾全大局,才能得到全国各省的响应和支持,并要求新旧两军团结奋斗。从此,湖南的人心日趋安定。那些一度因焦、陈被害,呼唤要"毁都督府、四城竖红旗"的会党,见谭延闿继续推行焦、陈时的大政方策,也再也不唤骂了。民众出自对革命军队的深情与武昌战事的关切,表示了对谭延闿新政权的大力支持,每天到都督府送牛羊酒食者络绎不

---

　　① 转引自章君穀:《谭延闿通而有节》,朱传誉编:《谭延闿传记资料》(五),台湾天一出版社1985年版,第89页。

绝,军粮一下就约集了300余万石,并且一反清代隐匿户口不报以躲捐税的现象,还未下清查公款公户的命令,各处就纷纷呈献簿据,自请提取。

汉阳失守后,黄兴离鄂东下,筹划进攻南京军事。谭延闿随即派人携10万银圆送交黄兴,作为军费。而黄兴投桃报李,积极支持谭延闿的裁军。

湖南新军在光复湖南全省、稳定各地政局,尤其是在武装援鄂、促成全国革命形势深入发展等方面,作出了积极贡献。但为了减轻财政负担、整肃军队纪律、防止军队干政,谭延闿在湖南光复后,计划厉行裁军,但他又担心湖南革命党人反对,因此迫切需要取得革命党巨子黄兴对他裁军计划的支持。为此,他与时任湖南军第二十旅(独立旅)旅长、原为黄兴部下的程潜商量道:"湖南经费支绌,养不起许多军队,你看能否假克公的威望来一个大裁兵?"两人最后商定,派机要秘书吕苾筹赴沪谒见黄兴,请求黄兴对湖南裁兵事作出主张。① 黄兴听了谭的计划后,考虑到湖南毕竟是革命党人的一个军事基地,因而不很同意把湖南军全部裁除,但谭延闿对黄兴坚持说:"裁汰改编,必致发生争议,不如一律退伍,另建新军,较为妥善。"最后,黄兴同意了谭延闿的意见,并把驻南京的赵恒惕广西军派到湖南,接受谭延闿的调遣。

三、反袁护国时期,两人互相倚重,谭延闿在黄兴的督促下,宣布湖南独立;黄兴支持谭延闿实现第二次督湘

1912年3月19日,黄兴、谭延闿等人发起成立了中华民族大同会,"藉岁时之团聚,谋意识之感通。""共荷民国之仔肩,众擎易举;永奠共和于盘石,转弱为强。"②1912年11月,黄兴由沪返湘视察,谭延闿发动长沙军民进行隆重欢迎。除派胡元倓、仇鳌、林支宇、鲁涤平等百余人先到岳阳欢迎外,还亲自率同各界人员到长沙大西门码头迎接,将黄兴乘舰要靠岸的小西门改为"黄兴

---

① 程潜:《辛亥革命前后回忆片断》,中国人民政治协商会议全国委员会文史资料研究委员会编:《辛亥革命回忆录》(一),中华书局1961年版,第84—85页。
② 《民立报》1912年3月19日。

门",上岸后必经之道的跛子街改为"黄兴街"。长沙的欢迎牌坊贴着"功盖天下,誉满寰中"的对联,参加欢迎行列的军警高唱歌曲:"洞庭浩浩,衡岳峨峨。天生豪杰,为国奔波。革命排满,气壮山河。十年在外,奋斗执戈。建立民国,首创共和。功成身退,四海讴歌。"长沙学生则高歌:"凉秋时节黄又黄,大好英雄返故乡;一手缔造共和国,洞庭衡岳生荣光。"黄兴对湖南各界的欢迎甚为感动,特在《长沙日报》上发布启事,表示"十载奔驰,今甫归里。辱承政军警学商各界同胞暨亲友,枉驾城外欢迎,极为感愧。"①

黄兴在长沙停留了一个多月,在此期间,长沙各界都报请召开特别欢迎会。为此,谭延闿专门成立了欢迎会事务所,对各界欢迎工作进行协调,规定11月"初三日国民党湘支部,初四日军警界,初五日政界,初六日共和党湘支部,初七日普通全体大会,初八日男学界,初九日女学界,初十日农工商界,十一日报界"②召开欢迎大会。每次欢迎会,谭延闿都随侍黄兴左右,形影不离,每次都要恭请黄兴演讲训话。11月11日,当黄兴在报界欢迎大会上,盛赞报界对革命的贡献和作用,并提出报界有"指导舆论"、"监督政府"两大"天职"时,谭延闿在欢迎讲话呼应说:"今日报界欢迎黄先生,延闿承招,甚为感幸。延闿学浅,知识有限,不足以供大众之听闻,但不能不有所陈以表欣幸者。报馆天职在监督政府指导国民,……甚愿大家有以副黄先生无穷之希望,以期臻于完善。"③谭延闿陪同黄兴参观了明德学堂。在明德学堂师生的欢迎大会上,黄兴动情地说:"兄弟八年前担任明德学校教员。当时胡子靖先生、谭组安先生等主校事。开办之始,规模甚小,风潮甚恶。以今日之情形较之,相隔不啻天壤!"今后,明德"得诸讲师之教育及谭都督之辅助,将来之发达,当较早稻田而过之。"④

---

① 《长沙日报》1912年11月11日。
② 《长沙日报》1912年11月11日。
③ 《长沙日报》1912年11月12日。
④ 《长沙日报》1912年11月16日。

谭延闿与黄兴

黄兴认为,辛亥革命后,推翻清朝,建立民国,民族、民权两大主义都已达到目的,只有民生主义尚须奋斗,最迫切需要解决的问题是发展工商业尤其是工业,以求增强国力和改善人民的生活。为此,他对湖南办实业十分关注。而谭延闿政权本就实行了振兴实业、发展资本主义工商业的政策。于是,在黄兴回湘期间,谭延闿支持黄兴发起成立了五金矿业股份有限公司、中华汽船有限公司,与黄兴共同发起成立了是当时最为著名的工矿实业公司——洞庭制革股份有限公司。他们在《发起洞庭制革股份有限公司招股广告》中倡议道:"吾人平生所持之主义维何? 一曰民族,二曰民权,三曰民生。今汉族兴,共和建,前两主义之目的已达。兹所急急起而代谋者,非所谓民生乎?""希冀洞庭以内月发起无数公司,洞庭以外日发起无数公司"①,以抵御外来资本及商品的渗透和倾销。

1913年3月20日,"宋案"发生后,黄兴当夜就对兼任湖南国民党支部长的谭延闿发电报,他在电文中告示:"长沙谭都督、国民党支部鉴:本夜十一时,遁初兄由沪赴京上火车时被刺客枪击腰部,伤甚重,刺客逸。特闻。"22日,又电告:"遁初兄痛于今晨四时四十分绝命,请转电其家属,遗命切勿告知老母。"可见,黄兴对谭延闿已极为信任。

对"宋案"的态度,开始时,谭延闿和黄兴起初的态度一致,认为应法律解决。"二次革命"爆发之初,大部分国人对"二次革命"并不理解也不支持。因为,一则袁世凯的独裁面目还没有大白于天下;二则经过辛亥革命的社会大动荡,国民有一种求安定的普遍心理。很多地方的官员、商会及其团体都发出了反对动武的电文,黄兴也认为"南方武力不足恃,苟或发难,必致大局糜烂"②。周震鳞回忆说:"克强先生则认为袁世凯帝制自为的逆迹尚未昭著,南方的革命军人又甫经裁汰,必须加以整备才能作战,因而主张稍缓用兵,以观其变。各省领兵同志多同意黄的意见。"正是在这样的局势下,谭延闿"以为法律与

---

① 《长沙日报》1912年11月12日。
② 《孙中山全集》第3卷,中华书局2006年版,第165页。

政治体制,足可制袁世凯之野心有余",而"不再恃兵力,以为抵制",寄希望于法律解决。但在7月7日,黄兴又指派谭人凤由沪返湘传达指示:"赣、苏、皖、闽、粤各省决计在七月间起义讨袁,湖南万不容坐视,要立即响应。"①7月15日,黄兴入南京,自称江苏讨袁军总司令,迫都督程德全独立,派第一、第八两师北上,苏、闽、皖、粤各省及川东同时响应。见黄兴态度变化,加之湖南革命党人的压力,7月25日,谭延闿在都督府悬挂讨袁军大旗,正式宣告独立。随即兼任湖南讨袁军总司令,进驻岳州。"二次革命"中,湖南的军事部署壮大了南方革命党人讨袁的声势。但自7月中、下旬起,各地的讨袁军在与北军的交战中相继败退,黄兴在一筹莫展之际离宁赴日,南京处于三军无主的境况。福建、广东、安徽诸省的战局也逆转直下。8月13日,谭延闿通告取消独立。谭延闿虽然取消独立,但并没有和袁世凯同流合污、沆瀣一气,当时,黄兴的继母和夫人尚在长沙,谭延闿担心她们受到迫害,派人把她们送到了上海。

　　1913年10月8日,袁世凯任命汤芗铭、伍祥祯二人为湖南查办使,电令谭延闿入京"待罪"。24日,谭延闿正式解去都督之职。第二年2月起,寓居青沪,怡乐诗书,直至袁世凯称帝失败,汤芗铭逃离湖南。

　　汤芗铭被赶走后,湖南继续成为各派军阀政客争夺的地盘。原驻长沙的湖南护国军第一军总司令曾继梧捷足先登,入督署"维持秩序",并于7月5日,经省议会、参议会推举,暂行代理都督。7月6日,程潜率湖南护国军进入长沙。同一天,以黎元洪为大总统、段祺瑞为国务总理的北京政府发布命令,各省将军和巡按使改名为督军和省长,并任命前四川将军陈宧担任湖南督军兼省长一职,陈未到任前,着陆荣廷暂代。陈宧是湖北安陆人,也是袁世凯的走狗,这一任命立即遭到湖南军民的激烈反对。黄兴、谭延闿对湖南政局尤为关注,并于7月10日,接连四次致电军政要人:

　　其一,致曾继梧的专电。谭延闿与黄兴就如何稳定湖南局势指示机宜,并

---

① 《邹永成革命回忆录》,《近代史资料》1956年第3期。

就陈宦督湘之事发表意见说:"中央任命陈宦带两旅督湘。现虽设法助(阻)止,闻北兵在湘尚多,陈来必有勾串。湘军力薄,宜借助桂军,以壮声威。惟有暂戴陆督,留桂军,绝对拒陈。大局所关,请一致主张为要。"①

其二,复曾继梧、刘人熙电。谭延闿与黄兴要求为维护湖南政局,军政要人要精诚团结,共维桑梓秩序。电文说:"凤公代督,军民晏然。诸公维持,以福桑梓,甚为感佩。……善后万端,尚劳臂(擘)画。闿、兴未能即归资助,实歉于怀,还希鉴谅。"②

其三,致程潜的专电。因考虑到程潜所部护国军在反袁驱汤斗争中所起的作用,谭延闿与黄兴专电程潜,希望他借桂军之力,而拒北军。电文云:"中央任命陈宦带两旅督湘。现虽设法阻止,闻铸新未去,北兵在常、岳两处者尚多,必有勾串。湘军力薄,宜借桂军以壮声威。惟有暂戴陆督,留桂军,绝对拒陈。大局所关,请一致主张。……此次兄率劲旅,越山逾险,为桑梓肃清余孽,贤劳何如!"③

其四,致陆荣廷电。因闻北京政府拟在新任湘督未到之前,由陆荣廷暂任湖南督军,故电文中云:"欣闻督湘,军民共庆。我公再造民国,功业彪炳。愿宏伟略,福我湘人,不胜欢忭。"④他们对桂系寄予了希望。

程潜率军进入长沙后,与曾继梧、赵恒惕等湘军将领及各界代表协议,推举年已七旬的刘人熙为湖南临时都督,龙璋为民政长。刘人熙是湖南浏阳人,曾任广西藩台,与陆荣廷很有交情,程潜想通过他取得桂系的援助。而陆荣廷也从广西的安全考虑,表示支持湖南抵制陈宦督湘。于是,谭延闿与黄兴又在7月14日致电刘人熙、龙璋说:"二公众望所归,此次应人民之请,分治湘事,维持秩序,深为庆幸。"⑤因省城长沙秩序极不稳定,加之传闻湖北旅湘商民因

---

① 薛君度、毛注青:《黄兴未刊电稿》,湖南人民出版社1983年版,第7页。
② 薛君度、毛注青:《黄兴未刊电稿》,湖南人民出版社1983年版,第7页。
③ 薛君度、毛注青:《黄兴未刊电稿》,湖南人民出版社1983年版,第8页。
④ 薛君度、毛注青:《黄兴未刊电稿》,湖南人民出版社1983年版,第12页。
⑤ 薛君度、毛注青:《黄兴未刊电稿》,湖南人民出版社1983年版,第12页。

湖北为北军驻军之地受株连,同一天,谭延闿、黄兴又致电曾继梧、程潜注意从中调解,免起争端,指出:"省垣秩序,赖公等维持,安堵如恒,实深佩慰。惟报载旅湘鄂籍商民多被株连,惊惶异常,想系谣传。请加意调和,免启恶感。"①

北军再度入湘问题,不仅引起湖南军民和滇桂军阀的一致反对,国民党军人派和进步党也都向北京政府提出抗议。其中,国民党军人派则希望以由美返国的黄兴继任湖南督军。但黄兴患有严重肝病,无意于此,他荐谭延闿自代,并笑着对众人说:"吾辈革命,非为做官。此乃谭组安事。今后当与孙先生致力于国家建设。"谭是进步党多年来志同道合的老搭档,两派意见很快取得一致。这时,陈宧看见湖南的风势不对,表示不就新职,而段也知道北军再度入湘会引起战争,他的军事准备还没有完成,因此7月16日他又将计就计地派刘人熙暂代湖南督军,作为缓和湖南军民和各方面的一个临时措施。7月23日,刘人熙取消独立,召开省议会临时会,追认湖南省政府组织大纲,欲实行军民分治,并电请北京政府任命龙璋为代理省长。谭延闿为湘政稳定,决定回湘视事,即与黄兴联名于7月21日致电程潜、曾继梧、赵恒惕等人,云:"大局甫定,宜防内讧,维持现状,端赖贤者。诸公一致进行,湘事自可就理。闿等不久即归,用亲雅教。"②25日,北京政府又任命刘人熙兼代湖南省长。8月4日,改令谭延闿为湖南省长兼署湖南督军。8月20日,谭延闿从汉口到长沙,22日正式就职,从而结束了近三年之久的辗转流离的下野生活,再度执掌湘政。

黄兴在"二次革命"失败后再次流亡日本。1914年孙中山在日本将国民党改组为中华革命党,要求党员入党时按指印,宣誓服从孙中山的命令。黄兴同孙组党意见不合,拒绝加入。同年夏,离日旅居美国。袁世凯恢复帝制时,他在旅美华侨中宣传反袁,并为护国军筹措军饷。袁世凯死后,他于1916年7月回到上海。由于长期为革命事业奔波劳累,黄兴积劳成疾,于1916年10

---

① 薛君度、毛注青:《黄兴未刊电稿》,湖南人民出版社1983年版,第13页。
② 薛君度、毛注青:《黄兴未刊电稿》,湖南人民出版社1983年版,第13页。

月31日在上海去世,年仅42岁。此时正值谭延闿重掌湘政伊始,他从私谊出发,有痛失友朋之感;从政治利益出发,甚感日后湖南和他本人从此失去了政治上的支持者和庇护人。11月5日,谭延闿向政府电请优恤黄兴,电称:"克强逝世,国殒栋梁,噩耗传来,泪随声下。当即派员赴沪奠唁,并于冬日专衔电陈中央,代请特别从优议恤。"①以黎元洪为首的北京政府,对黄兴逝世十分重视,除派专人到当地协助料理后事外,并经国会议决,为黄兴举行国葬,明令孙中山、唐绍仪、李烈钧、蔡元培等为主丧人。

自黄兴灵柩护送回湖南后,谭延闿即着手筹划丧葬事宜。碰巧的是,谭延闿生母李氏夫人也在这年11月病逝于上海。1917年1月初,谭延闿在母丧之事处理完毕之后,亲自过问有关黄兴的丧事。湖南省政府拨付16万元为营葬经费和铸铜像建设公园,并成立国葬筹备处,下设黄兴营葬事务所,对出殡规模、经过路线、码头选择、船只调配进行了充足的准备工作。为使黄兴灵柩顺利抵达墓地,组织人员对长沙河西乡村大路和上山道路进行拓宽。同时,派出工程队,按墓地设计日夜施工,如期完成。还以警察厅名义,向全市发出两公(指黄兴与蔡锷)"出殡通告",规定出殡日全市人民悼念的方式:各居民店铺住室一律下半旗;各居民停止嫁娶;各戏团停演戏剧;各经过街道禁止人力车及轿车通行;各酒馆停止宴会;各妓户禁止弦歌。谭延闿还多次通电颂扬黄兴的功绩,亲书塔铭。治丧期间,谭延闿还常去黄兴事务所吊唁。1917年2月15日湖南《大公报》记载了谭延闿吊唁的详细情况:"黄蔡二公先后逝世,谭公因在居丧守礼时间不便亲往吊唁,环因假满视事,特于昨日下午二时,改换大礼服,乘坐肩与,随带卫兵二十余名,赴黄蔡二公事务所吊唁一切。……谭公询问蔡公葬期及建筑情形后,即乘与向黄公事务所吊唁一切,行礼如□,黄公长公子一欧君答礼如仪,礼毕与一欧君茗谈二十余分,即乘与归署矣。"

---

① 黄蔡二公事略编辑处:《黄克强先生荣哀录》,萧敢治:《黄兴研究著作要》,载《湖南文库·乙编》,湖南大学出版社2010年版,第123页。

4月14日，谭延闿撰写《祭文》，高度评价黄兴的丰功伟绩："于虖！惨痛天容，愁霖急节，悲生地轴，湘波乌咽，痛切邦人，丧我贤喆，人亡国瘁，名留形绝，……公之勋业，日月同光，名垂宇合，岂唯湖湘，湖湘之功，民莫能忘"①。

4月15日，举行国葬黄兴大会，送葬队伍六千多人。谭延闿首领主祭，亲书挽联："当世失斯人，几疑天欲亡中国；遗书犹在箧，此行吾愧负平生。"这后一句，是追忆当年黄兴推荐他第二次督湘的事宜。他还代当年共同创办明德学堂的龙绂瑞撰一挽联："一时毁誉总皮毛，记当年复壁留宾，早识英雄本天授；廿载交期如骨肉，才几日寓庐话别，空余涕泪望魂归。"此挽联既对黄兴的丰功伟绩加以颂扬，又对黄在多方面给予他的支持示以深深怀念之情。后来，谭延闿在《题克强先生手册》时也说："克强先生往矣，其精神事业自在天壤，不能以毁誉增减也。"②

1917年9月11日，谭延闿二次督湘结束，从老家茶陵去上海前，特为黄兴墓书纪念碑铭，以示敬意。黄兴墓碑铭云："呜呼！此黄克家先生之墓，后之来者尚师其志事。"碑铭既寄托了谭延闿对革命党人的怀念之情，又抒发了自己的心境。

（本文原载《纪念黄兴诞辰140周年学术研讨会论文集》，收入本书时有改动。）

---

① 湖南《大公报》1917年4月14日。
② 谭伯羽：《茶陵谭公年谱》，沈云龙主编：《近代中国史料丛刊》第68辑，台湾文海出版社1973年版，第91页。

谭延闿与鲍罗廷

谭延闿在国民党第一次全国代表大会召开之际奉命讨伐陈炯明,并出师北伐,巩固广州革命根据地,在军事上为孙中山提供了诸多帮助。鲍罗廷于 1923 年 9 月来华,作为斯大林直接派到中国的政治顾问,很快得到了孙中山的信任。在国民党改组、国民党第一次全国代表大会召开以及国共合作上,鲍罗廷都起到了至关重要的指导作用。虽然谭、鲍二人在革命最初并没有直接联系,但都在为孙中山提供着不同程度的帮助,二人在助推国共合作的过程中逐步建立起了联系。

一、两人相识于国共合作形成时期

(一)国共合作前期,共同支持孙中山的革命事业

1916 年,谭延闿经胡汉民介绍与孙中山进行了初次会面,随着和孙中山往来的增多,谭延闿对孙中山的认识也由肤浅转为深入。1922 年 11 月 15 日,谭延闿再次宣誓加入中国国民党,谭与孙的关系也因此开始发生了巨大变化。"谭延闿自投靠了孙接受了孙的教导,服膺孙的学说后,谭对孙极其尊重,事事降心相从。而孙之视谭,亦信任不疑。"同时,在巩固广东革命根据地的军事斗争中,包括北伐讨赵、讨伐陈炯明,谭延闿都奉献了自己的力量。

我所知道的谭延闿

鲍罗廷（Michael Borodin，1884—1951），俄罗斯人，原名马尔克维奇·格鲁申贝格，生于沙俄前威帖布克省。1903年参加俄国社会民主工党，1907年春赴美侨居，参加革命活动，曾在芝加哥加入美国社会党，1918年7月回国，在苏俄外交人民委员会工作，次年3月出席共产国际第一次代表大会，随后奉派到美、德、英等国从事国际联络工作。1923—1927年任共产国际驻中国代表和苏联驻中国国民党代表、国民政府高等顾问。1923年8月，鲍罗廷由中国东北入境，10月6日抵达广州。孙中山对鲍罗廷的到来表示热烈欢迎，据鲍罗廷妻子鲍罗廷娜记载，"他（孙中山）不止一次地称列宁为中国最伟大的朋友，并且对我们党和国家（指苏俄）如此迅速而真诚地答应提供援助，表示由衷的感谢。"①

以苏联顾问身份来华的鲍罗廷在政治上给予了孙中山许多帮助，一是帮助孙中山推动国民党改组。鲍罗廷来华后，通过对国民党内部情况深入了解，明确指出改组是目前的当务之急。鲍罗廷多次向孙中山介绍了苏联的革命形势和建设情况，以此来加强孙中山对国民党改组的认识，他在国民党内部广造舆论，广泛宣传国民党改组。几乎在所有公开场合，鲍罗廷都极力向国民党人传达俄国革命的经验和理念，阐述建立一个革命政党的重要性。通过鲍一系列的工作，孙从中得到很大启发。10月18日，孙中山任命鲍罗廷为国民党组织教练员，筹划国民党改组事宜。

孙中山对鲍罗廷十分信任。国民党的宣言、党纲等各种文件的起草，鲍罗廷都全程参与，协助起草委员会成员完成了大量的工作。尤其是关于贯彻共产国际决议精神和新三民主义原则，鲍罗廷都起了十分重要的作用。在国民党"一大"召开前夕，鲍罗廷劝说孙中山改变建立全国性政府的想法，孙中山也采纳了鲍罗廷的意见，在代表大会上只将建立全国政府作为口号提出。1924年1月20日，中国国民党第一次全国代表大会在广州召开。"一大"的

---

① ［苏］鲍罗廷娜：《孙中山的顾问》，《纪念孙中山诞辰一百周年——论文·回忆录·资料选集》，莫斯科1966年版，第286—288页。

首要任务就是讨论和通过《中国国民党第一次全国代表大会宣言》,在国民党右派的压力面前,孙中山对是否通过具有反帝色彩的《宣言》犹豫不决。鲍罗廷向孙中山指出,"宣言第一次较明确地谈了党的迫切任务和党如何理解自己的主义"①。孙中山接受了鲍罗廷的建议,放弃了对帝国主义抱有希望的幻想,同时抵制了右派的反对意见。在鲍罗廷影响下,国民党"一大"最终通过了《中国国民党第一次全国代表大会宣言》,以联俄、联共、扶助农工三大政策的精神重新解释了三民主义,同意共产党员和青年团员加入国民党,选举了有共产党员参加的国民党中央领导机构。大会通过了鲍罗廷起草的《宣言》,总结了过去革命斗争的经验和教训,指出中国只有实行新三民主义和国民革命才有出路。国民党第一次全国代表大会的召开标志着第一次国共合作的正式形成。孙中山对鲍罗廷在华的工作给予了高度评价,在致契切林函信中说道:"我对在国民党改组过程中为我们做出贡献的鲍罗廷同志表示深深感谢。他是一个无与伦比的人,他的中国之行显然是一个意义深远的事情"。②

广东革命根据地的巩固离不开谭延闿的军事襄助,而国民党的改组和国民党"一大"的顺利召开离不开鲍罗廷政治扶助。国民党"一大"确立的新三民主义成为国共合作的政治基础,谭、鲍二人的努力也进一步推动了国民革命运动,同时也为二人今后建立联系打下了牢固的革命基础。

(二)共同推动国民革命运动发展

1.合力协办黄埔军校

在孙中山的革命生涯中,最初便和军事结缘,但是却没有建立自己的军队。鲍罗廷意识到建设国民革命军的重要性,认为孙中山"靠旧军队他什么

---

① 中共中央党史研究室第一研究部译:《联共(布)、共产国际与中国国民革命运动(1920—1925)》,北京图书馆出版社1997年版,第471—475页。

② 陈旭麓、郝盛潮:《孙中山集外集》,上海人民出版社1990年版,第422页。

我所知道的谭延闿

事情也做不成,必须在改组党的同时也着手改编军队,以至建立新的军队"。①他向孙中山提议,国民党必须要"改组现在共有五万到十万的军队,使它完全服从国民党的领导","必须创立几所军事学校,同时重视培养政治工作人员"。②"改组整个军队,为此成立军官学校和造就一些政工干部"③。自此,组建黄埔军校便成了"孙中山和鲍罗廷的头等大事"④。

1923年11月19日,孙中山主持召开国民党临时中央执委会,鲍罗廷、谭延闿等人在会上深入探讨了"组织国民党志愿师和创建军官学校"等诸多问题。会后,孙中山正式筹建军官学校,命名为"国民军军官学校"。孙中山指定鲍罗廷和谭延闿等人开始着手筹划开办和选定教职人员等工作。

1924年5月,谭延闿专门为黄埔军校题写"陆军军官学校"校名。6月16日,孙中山和谭延闿共同出席了黄埔军校的开学典礼,孙中山在开学典礼上发表了激情洋溢的演讲,说明了办军校的宗旨,对中俄两国革命进行了比较,并指出中国革命之所以未能取得成功正是因为没有一支属于自己的军队。而"今天在这地开这个军官学校,独一无二的希望,就是创造革命军,来挽救中国的危亡。"⑤当晚,国民党中央执行委员会和广州市党部在黄埔军校后操场上开会,谭延闿代表国民党中央执行委员会,对黄埔军校的成立给予了极高评价。

2. 谭、鲍二人共襄孙中山北上

誓师北伐,统一中国,一直是孙中山的心愿。1924年8月,江浙战争爆

---

① 中共中央党史研究室第一研究部译:《联共(布)、共产国际与中国国民革命运动(1926—1927)》下,北京图书馆出版社1998年版,第99页。
② 中共中央党史研究室第一研究部译:《联共(布)、共产国际与中国国民革命运动(1920—1925)》,北京图书馆出版社1997年版,第371页。
③ 中共中央党史研究室第一研究部译:《联共(布)、共产国际与中国国民革命运动(1920—1925)》,北京图书馆出版社1997年版,第377页。
④ [美]丹尼尔·雅各布斯:《鲍罗廷——斯大林派到中国的人》,殷罡译,世界知识出版社1989年版,第133页。
⑤ 全国政协文史和学习委员会:《回忆黄埔军校》,中国文史出版社2015年版,第3页。

发,卢永祥向北方张作霖和南方孙中山求援。孙中山在得知消息后,连续多日召开军政会议。9月4日,孙中山在广州大元帅府召开北伐筹备会议,"宣布北伐之决心"。① 鲍罗廷极力支持孙中山北上,认为目前的时局变化"给国民党提供了一个登上国民革命斗争大舞台并成为大政党的极好机会"②。谭延闿作为建国湘军总司令,自是极力支持鲍罗廷所提出来的军事战略。13日,孙中山出发前往韶关,谭延闿、胡汉民等人乘船追随。20日,孙中山在韶关举行北伐誓师大会,将大元帅府改组为"中华建国政府"。在孙中山准备启程北上时,发表《着谭延闿全权办理北伐事宜令》:"所有大本营关于北伐事宜,着由建国军北伐总司令谭延闿全权办理,北伐各军概归节制调遣"。③ 11月6日,谭延闿下令北伐各军同时向赣南发起总攻击。此次北伐由于各军心中都各有所想,且都不服从调遣,结果以失败而告终,湘军损失了很多兵力。抵达广州后,谭延闿对湘军进行了入粤后的第二次整编,设湘军讲武堂,为湘军进行系统的政治思想教育。在国民政府对军事教育进行统一后,湘军讲武堂改为国民党中央第二军军官学校,而第二军政治部主任李富春,便是鲍罗廷介绍给谭延闿认识的。据谭延闿日记记载,"老鲍(鲍罗廷——引者注)介绍李富春来,新归自法国,人亦健爽,意者C.P.(共产党——引者注)也,与谈顷之。韩毓涛由始兴来,言五团政治训练情况。刘健来,偕二人去。与逸如谈甚深切。护芳来。谢霍晋偕李富春复来,意在负政治工作之责,毅然许之。"④正是由于谭延闿对于鲍罗廷的信任,谭对于李富春欣然接受。而在之后的时间中,谭延闿对于李富春在国民革命军第二军中从事党务和政治工作十分尊重和满意,在政治工作中也常常会听取李富春的建议。

---

① 《谭延闿日记》(未刊稿),1924年9月4日,台北"中央研究院"近代史研究所档案馆藏,下同。
② 中共中央党史研究室第一研究部译:《联共(布)、共产国际与中国国民革命运动(1920—1925)》,北京图书馆出版社1997年版,第566页。
③ 《孙中山全集》第11卷,中华书局2006年版,279页。
④ 《谭延闿日记》(未刊稿),1925年8月24日。

在湘军的政治思想宣传上,谭延闿也经常邀请鲍罗廷在湘军讲武堂进行演讲。鲍罗廷 1925 年 6 月在国民革命军第二军军官学校发表的演讲说道:"我们革命何以尚未成功,是因为和'农民'离开了,他们没有参加革命,这是失败的原因。……军队为什么要'政治工作',就使人民了解去打仗的目的,如谭总司令去湖南,从前中山先生在广东是大元帅,为最高首领,而部下的'军阀'握其权力,不和'人民'合作,所以很难成功。我们去打湖南,必要使人民箪食壶浆,来相迎接。现在应该一面使湖南内地的人民知我们军队,是辅助人民的,是保护人民的;一面要使军队,个个知道我们是去救助人民的,我们的任务是完全为人民的任务,必定能得胜利。"①通过这次演讲,鲍进一步地阐述了人民在革命中的重要性以及军队的革命性和政治性。这也可以看出,鲍罗廷对谭延闿领导的国民革命军第二军的重视。

孙中山去世后,鲍罗廷对国共两党共同加强工农运动领导,起到了积极的推动作用。在国民党"二大"和二届一次、二次中央全会等会议上,谭延闿都积极和鲍罗廷以及共产党人进行合作,制定了一系列维护孙中山三民主义、保障工农权力和利益,以及反帝反军阀的政治决议和相关文件。对于工农运动,谭延闿在日记上记录:"今农民运动讲习所开学也。大成殿作礼堂,视前为明敞。林作报告,毛起说明,余继演说,皆湖南人也。嘻。"②在国共合作分化的危机时期,谭延闿和鲍罗廷也积极调和国民党内部矛盾,力促国民党二届三中全会在汉口的召开。可以看出,谭延闿和鲍罗廷为了共同的事业,相互支持、鼎力相助。

3. 合力促建广州国民政府

广州国民政府成立前夕,国民党内部左派和右派之间的矛盾日益显现。此时的谭延闿,立场坚定,谨遵孙中山遗愿,并多次在公开场合向国民党人阐述奉行三大政策的重要意义。他在第三次全国劳动大会的报告中说道:"本

---

① 李玉贞:《鲍罗廷在中国的有关资料》,中国社会科学出版社 1983 年版,第 29—30 页。
② 《谭延闿日记》(未刊稿),1926 年 5 月 3 日。

党大会的宣言,是要为农工谋利益的,但现在农工民众,仍是痛苦着,这是什(么)原因呢,简单说来,就是无联合的缘故,好似一盘散沙,失却了自己的力量。故我们今后应将农、工、兵大联合起来,一齐做革命的事业,为自己利益而奋斗。"①加之此时广东局势也动荡不安,杨希闵和刘震寰在广州发动叛乱,国民党代理元帅胡汉民在感到杨、刘叛乱较难应付时,便请谭延闿等人一起共商大局,谭延闿和鲍罗廷等人都主张东征军回师讨伐。1925年6月中旬,谭延闿部湘军以及朱培德部滇军等一起发起进攻,平定了杨、刘叛乱,广东革命政府转危为安,这也为孙中山提出的建立国民政府创造了条件。

6月中旬到广州国民政府成立前,国民党中央政治委员会集中召开会议。之后,汪精卫、胡汉民、谭延闿、廖仲恺等人在鲍罗廷的参与及指导下商量了组织国民政府人选的相关事宜。18日,谭延闿"访鲍乐丁(鲍罗廷——引者注)于士敏土厂,谈甚深至。其人深于哲学,熟知国情,所言皆鞭辟近里,可佩也。"②可以看出谭延闿对于鲍罗廷在成立广州国民政府上充满了敬佩之情,并且认为鲍对于中国的国情是十分了解的。

在孙中山病重期间,国民党中央已经有意改组大元帅府为更具民主性的合议制政府。6月15日,国民党中央委员会召开会议,通过了改组合议制政府的决议,谭延闿出席了此次会议并表示同意改组。国民党以中央政治委员会为指导机关,制定并通过了《国民政府改组大纲》以及合议制政府的《国民政府组织法》,作为改组政府的基本方针。7月1日,国民党广州大元帅府正式改组为中华民国国民政府(广州),组织形式以委员合议制取代一长制,谭延闿被推举为委员会委员、常务委员会成员以及军事委员会委员,其他委员还有廖仲恺、张静江、汪精卫、胡汉民等人。鲍罗廷出任广州国民政府高级顾问,在政务、党务、军务等方面有很大的发言权。改组后的广州国民政府下设财政部、军事部、外交部和秘书处,并设主管司法的大理院、主管监察弹劾的监察

---

① 刘建强编著:《谭延闿文集·论稿》,湘潭大学出版社2014年版,第411页。
② 《谭延闿日记》(未刊稿),1925年6月18日。

院、行使行政法庭职责的惩吏院等。相较改组前的大元帅府，改组后的广州国民政府政权架构更加稳定合理。

二、联合维护国共合作统一战线

（一）二人合作的思想基础

谭延闿服膺于孙中山的三民主义，即使是孙中山逝世后，在国民党内部矛盾日益加深、右派反对三大政策的呼声日益高涨的情况下，谭延闿仍态度鲜明，坚决执行孙中山的联俄、联共、扶助农工三大政策，他公开宣称："今后大家如果只图私利，阴谋蠢动不能遵照孙先生的遗教去完成革命，便是孙先生的叛徒。"[①]鲍罗廷作为联共（布）中央政治局派来的政治顾问，在他抵达中国后很快便得到了孙中山的信任，成了孙中山的得力助手。在鲍罗廷的帮助下，国民党完成了改组，重新定义了三民主义，国共合作得以实现，国民革命得到发展。谭延闿和鲍罗廷两人正是在这样的大背景下从相识到相知，而新三民主义是谭、鲍二人合作的思想基础。

谭延闿通过对鲍罗廷深入的了解后，开始对其流露出深深的敬佩之情。在广州国民政府成立前，谭延闿曾在士敏土厂和鲍罗廷进行了三个小时的谈话，共同探讨中国国情，并与俄国国情相比较。据1925年6月19日《谭延闿日记》记载："其言曰，俄自九百十七年革命至廿一年，四年中养兵三百战，与反革命及帝国主义者战，战区十八处。又新革命秩序未复，竭全国力以供前方，与欧洲之粮食管理正同，而毁者则以为实行共产矣。纸币低落，屏不复用，则以为废除货币矣。及千九百廿一年至今，战事既定，国内从事整饬，犹之欧洲之回复资本制度，特集权于国家耳，则又以为共产主义失败，乃行新经济政策矣。此皆可不辨，但俄人五年农工实大进步，产额大佳，循此不已，或能至共产主义实行期未可知也。盖共产主义之实行须令农村皆距离电车、火车十英

[①] 谭延闿：《谭祖安先生手写诗册》，华中师范大学出版社2019年版，第9页。

里乃有希望,且必须自身生产力、环境变化皆相应乃能成功,故须牢记一言,决无有单独一国能行共产主义者也。若东与中国、印度、日本合,或西与德、法、英、美合,庶几可期耳。又云共产主义者,建设之事,其始必先破坏者,革命耳。今俄革命尚未成功,何况中国,中国此期尚是革命工作开始期间,即中山先生之民生主义亦未能行也。又曰俄现在大工厂、大矿区及电力、水力、银行、交通皆在共产党手,故能使基础稳固,不虞大资本家发生。又曰共产党人月薪自六十五元始,可加至十七倍止,若非党人,则工程师有月俸一万元者。因问以此工程师不将成资本家乎,曰所恶于资本家者,为其以资本压制农工耳,若但存钱银行,是但富人,非资本家,亦不禁也。又曰莫斯哥、列宁格勒繁华绮丽与广州同,游戏场非与以资不能入,人民怀有钞票金钱与广州亦同,但目所见无烟赌耳。又曰主义不变者也,方法可变者也。今俄亦种种试验以期成功之速,条理秩然,循序渐进,未尝操之以蘖也。又曰全民劳动今亦在宣传中,将来无论作何项工作,计无有坐食者。又曰作工者包一切政治宣传,言不必手胼足胝始为工也。又曰今世界工业发达无过于俄,更数年必更有异。"[1]

可以看出,谭延闿对于苏维埃俄国的发展是持赞赏态度的,也指出中国和俄国的国情不同,所经历的革命阶段也不尽相同。三天后,谭延闿与鲍罗廷又进行了一次深入的沟通,其中关于孙中山的三民主义思想,鲍罗廷告诉谭延闿,其三民主义是递进式的,并不是并列式的,民族、民权、民生是需要一步步地去实现,而现在为了使革命成功,则是需要更多的人加入。谭延闿认为鲍罗廷对三民主义的解读是十分正确的。在之后的共事中,二人经常一起对三民主义进行探讨、宣传。

(二)共同与右派势力作斗争

1. 鲍罗廷对"廖案"的处理提升了谭延闿的政治地位

1925年8月20日,廖仲恺在中央执行委员会门口被暗杀。谭延闿得知

---

[1] 《谭延闿日记》(未刊稿),1925年6月19日。

廖仲恺被刺,"闻之不胜悲仰。赤心忧国,小心事友,今后复有此人乎。……粤军总司令部,展堂、精卫、汝为、梯云、罗嘉却夫咸在,相顾凄然。鲍乐庭(鲍罗廷——引者注)后来,垂涕涕。"①并作诗一首《挽廖仲恺》:"为国为党痛失此人,垂死病中惟余恸哭。足食足兵更谁相继,吞声泪下不为私悲。"②表达自己的悲痛之情及失去一位为党为国赤胆忠心的栋梁而惋惜。

廖仲恺案的发生,使鲍罗廷失去了一位国民党中的得力助手,同时在很大的程度上影响了国民党左派和右派之间的稳定性。为了平衡左右两派之间的势力,鲍罗廷认为必须在国民党中重新培养一位认同孙中山三民主义且具有一定威望的左派人物。他在受谭延闿之邀到湘军讲武堂进行演讲、追悼廖仲恺会上,旗帜鲜明地说道,目前所束缚孙中山三民主义的三条铁链:第一条铁链,"穿着制服的土匪——军阀",他们表里不一,明面上支持孙中山的三民主义,却在暗地里做着伤害人民的事情;第二条铁链,"抢夺的政客,他们在国民党里的资格是很老的,但是没有一点精神,没有一点骨气,专是为他自己的利益";第三条铁链,"糊涂的党员",怀疑孙先生的主义以及思想。对于这三条铁链便需要进行破坏,鲍罗廷明确肯定了谭延闿对国民革命所做出的努力,对于平定杨、刘叛乱,鲍罗廷称赞"谭总司令帮助国民党来打倒他,简而言之,就是好的打劣的,就是国民党的好的和劣的奋斗"。③ 显然,鲍罗廷肯定了谭延闿对孙中山三民主义思想以及行动上的支持,而谭则对鲍评价"语极刻挚"。④

此时谭延闿总体来说是属于左派的,在苏联顾问加伦看来,谭延闿"生性沉着稳健,表现虽不特别积极,却也力求真心领会新的施政方针。他对各项决议全部赞成,从不表示异议。身为政治委员会委员,他对政治委员会的一切指示照办无误。差不多每隔一天,他都要拜见鲍罗廷同志,向他请教辩证法和政

---

① 《谭延闿日记》(未刊稿),1925年8月20日。
② 《谭延闿日记》(未刊稿),1925年8月22日。
③ 李玉贞:《鲍罗廷在中国的有关资料》,中国社会科学院出版社1983年版,第34—35页。
④ 《谭延闿日记》(未刊稿),1925年9月6日。

治事态的发展规律。他还主动地悉心听取政治报告。令人感到,他愿意正确理解和适应中国政治形势的发展。显然,他要真心实意地暂时背弃他所信仰的孔孟之道(对此,他是深有研究的),转而信奉政治经济学。"①《谭延闿日记》记载,谭几乎每天都会与鲍进行会面并在很多政治问题上向鲍请教。鲍罗廷也把谭延闿视为国共合作的忠实支持者与拥护者,他在向布勃诺夫使团报告时就曾说:"我们在广州好像有一个统一的巩固的政权。这个政权的首领是始终最忠诚最积极的工作人员汪精卫,明确表示自己是国民党左派信徒、甚至可以说是极左派信徒的蒋介石和湘军将领谭延闿。"②很显然,鲍罗廷将谭延闿看作是自己阵营里面的人。

2. 共同反对西山会议,力促国民党"二大"召开

通过对"廖案"的处理,国民党内的左派和右派之间似乎重新得到平衡。但随着国民革命的不断发展,分化仍在继续。1925年11月23日至1926年1月4日,以林森、邹鲁、谢持为首的部分国民党右派中央委员,在北京西山碧云寺孙中山灵前召开一届四中全会,也称西山会议。会议主要内容为反对孙中山的三大政策,清党反共,并通过一系列的反动决议,其主要是"取消共产党加入国民党之党籍","开除谭平山、李大钊、毛泽东等人国民党党籍","解除鲍罗廷之顾问职务",等等。会议召开后,国民党中央执行委员与候补中央执行委员谭延闿、汪精卫、谭平山、李大钊、毛泽东、瞿秋白等人联名发起通电,强烈谴责西山会议,指出西山会议破坏党纪、分裂国民党的各项罪行。为了反对西山会议,国民党人决定在广州召开国民党一届四中全会,指出西山会议的非法性,重新强调孙中山的联俄、联共、扶助农工三大政策。

1925年12月1日,在国民革命军第二军军官学校第一期学生毕业典礼

---

① 中共中央党史研究室第一研究部编:《共产国际、联共(布)与中国革命文献资料选辑(1917—1925)》,北京图书馆出版社1998年版,第705页。

② 中共中央党史研究室第一研究部译:《联共(布)、共产国际与中国国民革命运动(1926—1927)》下,北京图书馆出版社1998年版,第110页。

上，鲍罗廷发表讲话："诸君有这种大责任，也就有一种权力来要求的。你们可要求革命党来指导你们，要党站在稳固地位，不受动摇。这个革命党，是我们领袖遗传下来，站在人民上面，把反革命势力扫除，我们要求党要站稳，并要革命军联合一致，扫除一切反革命势力。"①虽然西山会议没有对鲍罗廷的政治地位形成实质上的影响，但是他却也急于继续巩固自己现有的地位，以此来消除西山会议对他的反面影响。

1926年1月1日，中国国民党第二次全国代表大会在广州举行。大会推举了汪精卫、谭延闿、邓泽如、丁惟汾、谭平山、恩科巴图、经亨颐七人为主席团代表。鲍罗廷在大会上发表了激情洋溢的演讲，总结了他这两年在中国的工作，也说到了现在所面临的问题。他说："我们决不要为了将来的信仰不同，而在第一步同一工作的时候就斗争，其实即使党中有聪敏的人，也说不出将来不同的地方到底在什么，就是我们总理也不料将来有不同的纠纷，他决定这种主义和策略的时候，也不料有什么不同地方，我们当合在一起，为民众而牺牲"。②鲍罗廷这一番话使多数人为之动容，谭延闿在日记中就感慨道：鲍罗廷"沉挚慷慨，语语动人，叹为绝境，当今不得不以此事推表矣"。③汪精卫在国民党"二大"上也说道："鲍罗廷先生完全处一个顾问地位，更无理由攻击到他。他们攻击鲍先生，不是侮蔑鲍先生，实在侮蔑政治委员会全体。……鲍罗廷先生帮助我们，不论总理在不在，都是一样热诚，真是能尽政治委员会高等顾问的职。"④国民党"二大"重新强调了国共合作的重要性，给予右派沉重打击。大会闭幕后，在国民党二届一中全会上，推选了汪精卫、谭延闿、胡汉民、谭平山、蒋介石、林祖涵、陈公博、甘乃光、杨匏安为中央常务委员。其中共产党人谭平山担任秘书处秘书与组织部部长，毛泽东担任宣传部部长，林祖涵担

---

① 李玉贞：《鲍罗廷在中国的有关资料》，中国社会科学院出版社1983年版，第64页。
② 李玉贞：《鲍罗廷在中国的有关资料》，中国社会科学院出版社1983年版，第70页。
③ 《谭延闿日记》（未刊稿），1926年1月1日。
④ 中国第二历史档案馆编：《中国国民党第一、二次全国代表大会会议史料》（上册），江苏古籍出版社1986年版，第195页。

任农民部部长。

鲍罗廷对于国民党"二大"所取得的成果很满意,在大会闭幕会上针对两党的分裂说道:"我们不要自己分裂,而为他们造成一个恢复努力机会,要知道自己分裂,不但是妨害了国民党的前途,实在是中国的致命伤。"他强调革命军队的重要性:"要有纪律的军队,就非有党的指挥和训练不可!革命党的军队之基础,在民众之上的,革命党的军队,是要做一切军队的模样,那末革命的党才能得民众的相信与拥护。"①

(三)在蒋介石分共限共问题上,两人都采取妥协退让政策

1."中山舰事件"中,共同迁就蒋介石

在黄埔军校建立时,鲍罗廷就"抬高蒋介石的地位,使黄埔力量能够迅速发展"。② 也正是由于鲍的支持,蒋介石在国民党中的地位飙升。一直以左派面貌示人的蒋介石,在鲍罗廷、加伦以及国民党中央执行委员和部分共产党员离开广州之际,制造了"中山舰事件"。"中山舰事件"发生后,汪精卫、谭延闿等国民党人对蒋介石的行动,开始都感到愤愤不平,并提出制裁蒋介石。周恩来就曾回忆道:"这时谭延闿、程潜、李济深都对蒋介石不满,朱培德、李福林有些动摇,但各军都想同蒋介石干一下。"③谭延闿和朱培德再次去找蒋介石弄清缘由,并对蒋感到十分的不满。他们赶往苏联顾问团住所,将蒋介石认定为反革命分子,提出"严厉反蒋之法",打算去往曲江防地发动讨蒋行动。

3月22日,众人至汪精卫家开政治委员会,同意将在"中山舰事件"中持有不同意见的苏联顾问送回国,以此来满足蒋介石的要求。会上,"汪精卫、谭延闿、苏俄顾问都客气地表示了歉意,而蒋介石反倒一句话都没有说,精神

---

① 李玉贞:《鲍罗廷在中国的有关资料》,中国社会科学院出版社1983年版,第73页。
② 张国焘:《我的回忆》第二册,现代史料编刊社1980年版,第62页。
③ 《周恩来选集》上卷,人民出版社1980年版,第120页。

上占了优势,政治得到了极大的成功"。① 会议前后之差距,让蒋也感到十分诧异。据其日记记载:"事前皆反对我出此举动,而事后将余之言奉为金科玉律,人心之变化,其如此之速也。"② 24 日,谭延闿与何香凝等人一起再赴国民政府,"今日政府党部宴俄代表团,兼为基散嘉等饯行也。"③送苏联同志归国时,谭延闿赞扬了苏联顾问在中国期间为革命所做出的努力以及奉献,并撰写《戏赠俄罗斯人归国》:"别时常比会时多,异地相逢一瞬过。唯有当头南海月,送君直到木斯科。"以此来表达对其不舍之心。

"中山舰事件"发生时,鲍罗廷不在广州,当鲍知晓此事后,当即决定返回广州。1926 年 3 月 27 日,布勃诺夫给鲍罗廷写信,说明广州的活动情况并且认为"我们对广州情况的了解确实是充分的,无疑也是全面的"。④ 重点说明了"中山舰事件""是针对俄国顾问和中国政委的小规模准暴动,它是广州内部矛盾的产物,同时也由于我们在军事工作中犯了一些大错误而变得更加复杂,来得更快和更激烈,它还暴露了领导工作的一些普遍性错误"。⑤ 正是由于布勃诺夫所给予鲍罗廷的处理意见和对"中山舰事件"的定性,使鲍抵达广州后同蒋的会谈,采取了毫无原则的妥协退让政策,认为"同蒋介石合作的希望依然存在"。⑥

而在事件中,谭延闿对蒋介石的态度分为了三个阶段:起初,在事件发生之时,谭首先是主张联合各军进行武力反蒋,此时谭的态度是强硬的;之后,通

---

① 中共中央文献研究室、中央档案馆:《建党以来重要文献选编(一九二一——一九四九)》第 20 册,中央文献出版社 2011 年版,第 185 页。
② 《蒋介石日记》(手稿本),1926 年 3 月 22 日。
③ 《谭延闿日记》(未刊稿),1926 年 3 月 24 日。
④ 中共中央党史研究室第一研究部译:《联共(布)、共产国际与中国国民革命运动(1926—1927)》上,北京图书馆出版社 1998 年版,第 184 页。
⑤ 中共中央党史研究室第一研究部译:《联共(布)、共产国际与中国国民革命运动(1926—1927)》上,北京图书馆出版社 1998 年版,第 186 页。
⑥ [美]丹尼尔·雅各布斯:《鲍罗廷——斯大林派到中国的人》,殷罡译,世界知识出版社 1989 版,第 190 页。

过方鼎英的阻止,谭开始左右调和,缓和国共之间的紧张关系;最终,当谭看到苏联与中共所采取的妥协退让方针,迫于时势,态度开始出现明显变化并与蒋达成妥协。谭延闿之所以会出现几度转变,与当时的革命形势以及中国共产党和苏联方面的态度不无关系。同时这也"暴露了国民党左派作为一支独立力量的软弱性,特别是他们的领导人汪精卫和谭延闿"。①

2."整理党务案"中,谭延闿受鲍罗廷影响

1926年5月,鲍罗廷回到广州后和蒋介石进行一连数天的开会和谈话。而通过比对《蒋介石日记》和《谭延闿日记》的内容,不难发现鲍罗廷和蒋介石的谈话,谭延闿几乎每场都有参加。从鲍抵达广州到国民党二届二中全会召开的这段时间中,鲍罗廷的态度也在不断发生变化。

5月6日:出诣老鲍,谈甚久,有深识远虑,遇事能洞其症结,固非吾辈所及也。建议分家尤为有断,不知究能做到否耳。

5月7日:为党事讨论甚久,见有浅深而诚恳各极其致,虽无结果,然非浮泛。老鲍见解亦不错,与昨主张异矣。

5月9日:出访静江,则老鲍、子文、介石皆在,方议党事。以联席会议为解决,介石亦欣然,非吾所测矣。

5月13日:出过静江,则老鲍、介石、子文皆在,谈党务事,有绵蕞之风,迫夜乃散。

5月14日:出至鲍家,介石、子文、力子至,谈C.P.问题,为诚恳之言论。介石欲解除自身困难而有此需要,老鲍亦见及此而推诚主张,然谅者必不多矣。静江亦舁来,未知所感想如何。至鲍宅开政治委员会,伍、孙、甘、陈、林皆在,介石、老鲍、子文后至,介石提出整顿党事案及联席会议办法,孙、伍、甘略发言,陈则赞成者,遂戢戢各署名而散。老鲍无译人,未发言也。②

---

① [苏]勃拉戈达托夫:《中国革命札记(1925—1927)》,张开译,新华出版社1985年版,第135页。

② 《谭延闿日记》(未刊稿),1926年5月6日—5月14日。

我所知道的谭延闿

　　1926年5月9日,鲍和蒋达成了"三项君子协定",表示向蒋妥协。其主要内容为:"中国共产党接受蒋介石的建议,限制他们在国民党的活动;蒋介同意鲍罗廷的主张和反对右派的措施;鲍罗廷明确表示支持北伐。"①而其实际情况是:最初,鲍罗廷对此事件的态度是较为强硬的,有决意和蒋分家之心;但鲍的内心是很矛盾的,他感受到了蒋的野心,却也不得不屈从于共产国际以及当时的形势。从《谭延闿日记》中也可以证实这点。鲍罗廷在老布尔什维克协会会员大会上所作的《当前中国政治经济形势》的报告中指出:"如果当时我们不作出这些让步,那就意味着,3月20日是我们同国民党合作的结束。那时我们就会滞留在一个省内,我们就会得不到我们在进行北伐后所赢得的那种发展群众运动的机会。"②

　　1926年5月15日至22日,国民党二届二中全会在广州召开。出席委员为谭延闿、蒋介石、谭平山、陈公博、程潜等四十余人。会议推选出谭延闿、蒋介石、谭平山三人为主席团成员。全会关于《整理党务案》主要由四个议案构成,《整理党务第一决议案》主要强调如何完善国民党和共产党之间的合作,并且承认共产党为革命集团。《整理党务第二决议案》是蒋介石打击和限制共产党的主要环节,规定共产党员名单都需由国民党保管且不得任职国民党中央机关之部长等。《整理党务第三决议案》选举中央执行委员会主席一职。《整理党务第四决议案》对全部党员进行重新登记。

　　5月22日,谭延闿在闭会上致辞中说道:"希望将来决议案实行后,愈见我们相亲相爱,把二党合作的事业永远合作到底。……其他如各部长之不以他党分子充任,则更见二方亲爱之热忱,而免去许多误会。"③从谭延闿的说辞

---

　　① 方志钦、蒋祖缘:《广东通史》(现代)下册,广东高等教育出版社2014年版,第298页。
　　② 中共中央党史研究室第一研究部译:《联共(布)、共产国际与中国国民革命运动(1926—1927)》下,北京图书馆出版社1998年版,第482页。
　　③ 《谭延闿致闭会辞》,上海《民国日报》1926年5月31日。

中可以看出,他表面上是站在国共合作一方,但其本质却是在为蒋介石限制共产党进行辩解。

通过"中山舰事件"和"整理党务案",蒋介石大大加强了自己手中的权力,而此时鲍罗廷对蒋介石的真实目的还未完全看清,以至一味地采取了妥协退让。因此,这也在一定程度上影响了谭延闿的思想。在国共合作初期,谭延闿作为左派,他对共产党人较友好、热情,思想上也赞成国共合作的政治主张。经过"中山舰事件"和"整理党务案"后,谭延闿看清楚了苏联以及鲍罗廷对蒋介石的妥协态度,这也使他不得不重新权衡其中的利弊。他也从最初的准备武力反蒋,到居中调停,再到慢慢向右派靠拢。而谭延闿这时对鲍罗廷的评价为:"此老练之政治家,非暴发之革命党也。"①

三、国共合作出现分裂时,共同勉力维持大局

(一)迁都武汉中都作出了努力,但鲍罗廷态度更加坚决

1926年1月,中国国民党第二次全国代表大会在广州召开,会议提出:"对内当打倒一切帝国主义之工具,首为军阀"的口号。鲍罗廷在国民党中央执行委员会欢宴第二次全国代表大会上指出:"我们希望此第二次全国代表大会闭会之后一年内的工作能够猛进。到了第三次全国代表大会是要在北京开的,至少也须在南京或武昌开会。"②

7月4日至6日,中央全体执行委员召开临时会议。谭延闿在临时会议上报告了最近政治状况,他说:"所以我们大体看来,政治上的状况很是安定,出师事件,人民绝不至有所惊扰……现在吴佩孚部似分裂起来,吴设之联合决不见得真能得到成效。所以这次我们的出师,可以说定必胜利。……我们如果在湖南得到顺利,就容易赶到武汉。故在湖南,人心亦很对我们表示好感。

---

① 《谭延闿日记》(未刊稿),1926年5月27日。
② 李玉贞:《鲍罗廷在中国的有关资料》,中国社会科学院出版社1983年版,第72—73页。

所以我们总括起来,广东现在的地位和形势,对于北伐之事,亦可乐观。"①7月6日,会议通过了谭延闿、蒋介石、陈公博、张静江等起草的《国民革命军出师北伐宣言》。对于这份北伐宣言,鲍罗廷花费了大量心血,切列潘诺夫就曾赞扬鲍罗廷"对起草这份宣言给予了巨大的帮助"②。随着北伐战争向中部推进,革命势力也随之迁移,而作为革命指挥中心的国民革命政府,是否需要随着战争的推进而北迁的问题日益显现出来。北伐军占领武汉后,1926年8月22日,蒋介石在长沙中央党部执行委员及湘鄂省党部执行委员特别联席会议上首次提出了"中央政府移至武汉案可请中央决定"。③

鲍罗廷在经历过"中山舰事件"和"整理党务案"后,在广州的地位已经远不如之前。张国焘就曾回忆道:"鲍公馆门前的盛况,已大不如昔。从前各要人都要来他这里求教,现在他却要移尊到半身不遂的张静江的行馆,向蒋介石、张静江请教。"④但据《谭延闿日记》记载,此时谭仍然几乎每天都需要与鲍罗廷一起商量时事,9月5日,"子文偕老鲍来,计事甚久,看事能透,见事能远,论事能深,断事能明,非吾辈所及矣。"⑤虽然鲍此时地位不如从前,但谭并未受此影响,依然毫不掩饰地表达对其敬佩之情,两人私交也较好。

9月9日、18日,蒋介石多次致电张静江和谭延闿,希望将国民政府迁移至武汉。而此刻武昌并未完全攻克,蒋为何如此着急呢?其实不难发现,第一,国民党左派和共产党人在广州的势力较为强大,并且群众基础雄厚。第二,蒋介石希望通过国民政府和中央来帮助他保持自身的政权,起到震慑唐生智的作用。第三,广州迎汪反蒋的势头很浓厚,蒋介石希望借迁都来遏制有利

---

① 荣孟源主编:《中国国民党历次代表大会及中央全会资料》上册,光明日报出版社1985年版,第262—263页。
② [苏]亚·伊·切列潘诺夫:《中国国民革命军的北伐》,曾宪权等译,中国社会科学出版社1981年版,第420页。
③ 武汉地方志编纂委员会办公室编:《武汉国民政府史料》,武汉出版社2005年版,第55页。
④ 张国焘:《我的回忆》第二册,现代史料编刊社1980年版,第114页。
⑤ 《谭延闿日记》(未刊稿),1926年9月5日。

于汪精卫和国民党左派的行动。鲍罗廷和谭延闿早就看穿了蒋介石想要迁移国民政府的想法,鲍罗廷把工作重心放在加强广州政权上。对于蒋介石希望中央委员先入武汉,谭延闿认为:"吾出至静江遇季龙谈顷,子文、老鲍至,有所讨论,介石电促中央委员去,吾殊不以为急务也。"①他在给蒋介石的回复也说道,"现在的主要工作在巩固各省基础,这种工作以首先向广东省实施最为适宜。如真忙于迁移,不如先把各省的基础巩固起来"②,以此来回绝蒋介石的要求。迁都问题出现的前期,谭延闿和鲍罗廷两人的最初想法都是一样的,不愿将国民政府迁都至武汉,并且都希望加强广州和各省政权。

1926年10月14日,国民党中央各省联席会议在广州召开预备会,会议最重要的议题就是国民政府是否需要迁移至武汉。在开幕致辞中谭延闿就说道:"国民政府现在要不要迁移,国民会议如何召集,都要请大家共同讨论,以求一个适当的方法"。③ 鲍罗廷也发表了演讲,谭延闿在日记中记载道:"余致词,请鲍罗庭(鲍罗廷——引者注)演说,自九时至十一时,以诚挚的态度发精深的理论,闻者皆感动。自中山先生逝,久不闻此名言矣。"④10月16日,会议继续讨论了国民政府的发展问题,并指出:"国民政府地点应视其主要工作所在地而决定之,现在国民政府之主要工作在巩固各省革命势力之基础,而以此种主要工作以首先由广东省实施最为适宜,故国民政府仍暂设于广州。"⑤

中央各省联席会议虽然暂时否定了国民政府迁都武汉的提议,但蒋介石因没有参加此次会议,对于会议结果并不知晓。21日,谭延闿就迁都问题致

---

① 《谭延闿日记》(未刊稿),1926年9月17日。
② 王安华:《蒋介石信函秘事》,河南人民出版社2007年版,第106页。
③ 荣孟源主编:《中国国民党历次代表大会及中央全会资料》上册,光明日报出报社1985年版,第265—266页。
④ 《谭延闿日记》(未刊稿),1926年10月15日。
⑤ 曾成贵:《弄潮——鲍罗廷在中国》,中国社会科学出版社2014年版,第282页,转引自《联席会议宣言及决议案》1926年影印件,湖北省社会科学院文史研究所藏。

79

电蒋介石:"政府迁移须战事结束始可实行,先须巩固革命策源地,使广东基础稳固,党部与省政府确能负责。"①收到电报后的蒋介石在 22 日连发电报于广州的张静江和谭延闿:"武昌既克,局势大变,本党应速谋发展。中意中央党部与政府机关仍留广州,而执行委员会,移至武昌为便。否则政府留粤,而中央党部移鄂,亦可使党务发展也。如何?"另电张、谭二主席并转鲍顾问:"政治人才大缺乏,更不宜分散各处。广东偏于一隅,且地方界限甚深,如党部移鄂,其进行必较粤为利,如欲发展,非速移不可。至于国民政府,仍设广州亦可也。"②强烈表示要求迁都武汉。据 10 月 23 日《谭延闿日记》记载:"老鲍乃访之,谈一小时许。见地固不错,然今四面受敌,以静镇为主,自余皆不须顾,乃诚恳告之,极以吾言为然。"③他认为现在的鲍罗廷已经没有之前的大权在握,但还是苦心劝鲍罗廷看清楚现在的局势。而鲍罗廷最初也并不是一定要反对迁都,而是希望能将武昌全部占领后,再来考虑迁都和调整其广东政治格局。谭延闿虽说不赞同迁都,但此时他的态度却已是"吾意多一事不如少一事,然此仍亦古思想耳"。④

1926 年 10 月底,武汉总司令部政治部顾问铁罗尼发给鲍罗廷一份关于武汉形势的报告,铁罗尼在报告中详细地向鲍罗廷说明了蒋介石和唐生智间存在的利益问题,并表明了对唐生智的顾忌,"国民革命军来到武汉,却没有一个中央政治机构。尽管在长沙我们就主张建立这样一个机构,但到现在还什么都没有。国民党省执行委员会缺乏权力和能力适当地处理政治事务。唐生智独自主宰形势,和他对抗的只有邓演达和陈公博这个懒家伙……很有必要有二至三名中央执行委员来此建立委员会。因为不如此,就不可能开始严

---

① 中国第二历史档案馆编:《中华民国史档案资料汇编》第 4 辑(一),江苏古籍出版社 1986 年版,第 373 页。
② 中国第二历史档案馆编:《蒋介石年谱初稿》,中国档案出版社 1992 年版,第 754 页。
③ 《谭延闿日记》(未刊稿),1926 年 10 月 23 日。
④ 《谭延闿日记》(未刊稿),1926 年 10 月 22 日。

格的工作,不能树立党的权力。"①这在一定程度上改变了鲍罗廷对迁都的态度。另外,南昌克复,广州、湖南、湖北、江西战线统一,形势出现了新的转机,这些都影响着鲍罗廷对迁都的态度。

1926年12月5日,根据国民党中央政治会议的决定,广州国民政府停止办公。作为国民政府代主席的谭延闿在日记中写了一首《题铁禅画册》,诗云:"四载曾无半晌闲,此来真负粤中山。凭君为点丹青笔,梦里烟云取次看。"②谭延闿自1922年11月加入国民党,到迁都时正好四年时间。在这四年中,谭延闿都不曾感觉对孙中山先生有愧疚的地方,但这次迁都却让他感到有愧于孙中山。此外,国民政府由广州迁到武汉,这也让谭延闿感觉到对前途的迷茫。

鲍罗廷、宋庆龄、宋子文、徐谦等六十余人第一批出发,途经南昌,于12月10日抵达武汉。考虑到"如武汉亦不能办事,则中央政府势将中断,不但办事困难,且恐发生危险"③,为了不使国民政府权力中断,国民党中很大一部分政要都已经按计划抵达。12月13日,中国国民党中央执行委员、武汉临时中央党政联席会议的成立,并行使最高职权,这也就限制了蒋介石专政。鲍罗廷作为总顾问就曾表明:"蒋氏一直要建立他个人的军事独裁,将国民政府和国民党完全置于掌握之中……这次和他同来的国民党中委一致不赞成蒋的这种野心;因而成立了一个联席会议,俾中枢大权不致为蒋个人所操纵。"④

12月中旬,谭延闿、张静江、顾孟余等人由广州出发,于12月31日抵达南昌。原本谭延闿一行打算在南昌稍作停留便去武汉,但此时蒋介石却利用自己手中的军权,无视国民党中央多次会议决议和之前自己迁都武汉的主张,

---

① 张福兴:《中国1927·解密80年前中国政局的历史谜团》,中共党史出版社2007年版,第9页。
② 《谭延闿日记》(未刊稿),1926年12月5日。
③ 中国第二历史档案馆编:《中国国民党第一、二次全国代表大会会议史料》(上),江苏古籍出版社1986年版,第805页。
④ 张国焘:《我的回忆》第二册,现代史料编刊社1980年版,第169—170页。

81

出尔反尔,甚至因身为国民党中央执行委员代理主席张静江和国民政府代理主席谭延闿都到了南昌,宣称中国国民党中央党部及国民政府已经迁至南昌。当然,谭延闿在南昌的行动"是自由的,并不是被扣留的"①。《谭延闿日记》中这两个月的记载,也证实了这点。南昌对于谭延闿是故地重游,"出至第三军部旧省公署,前清布政署也。三十二年前常涉足之地,入门已迷所向,惟舆行长廊中,犹仿佛忆之。"②谭延闿在南昌游山玩水。他对蒋介石的做法虽有不满,但也不愿和蒋介石闹翻。当蒋问其态度时,谭也只是模棱两可地答道:"论道理应该是迁武汉,论局势是应该留南昌,我倒主张中央暂时留赣。"③

经过武汉方面的努力,蒋介石最终还是放弃了南昌。而蒋介石放弃迁都南昌也与鲍罗廷的努力分不开。北伐战争的胜利进军使全国革命的中心移至两湖地带,国民政府偏居一隅的状态势必要作出改变。但当北伐军占领南昌后,蒋介石将司令部设在了南昌,并试图架空武汉国民政府。鲍罗廷认识到蒋介石篡夺北伐胜利果实的阴谋,坚决反对蒋介石的做法。1927年1月15日,武汉临时联席第十三次会议召开,鲍罗廷以国民政府顾问身份出席会议,坚决表示迁都武汉,反对并批判蒋介石迁都南昌的主张。他谴责了蒋介石分裂中央机关的意图,认为中央机关的权力不能分离,明确指出"在革命中如同时发生两个对等的权力机关,革命势必要失败"。会上,鲍罗廷还代表武汉党部声明:"我们一致赞同,政府及中央党部应即迁至武汉。"④针对会谈中蒋介石提出的武汉和南昌的权限问题,鲍罗廷主张暂时搁置不论。2月21日,武汉党部声明结束武汉临时联席会议,国民党中央党部、中央政府正式迁都武汉并开始办公。至此,迁都之争落下帷幕。这场斗争中,中国共产党和国民党左派获得了一定的政治地位,但是并没有起到遏制蒋介石权力的目的。

---

① 刘建强:《谭延闿大传》,九州出版社2010年版,第286页。
② 《谭延闿日记》(未刊稿),1927年1月5日。
③ 陈公博:《苦笑录》,东方出版社2004年版,第60页。
④ 郑自来、徐莉君:《武汉临时联席会议资料选编》(1926.12.13—1927.2.21),武汉出版社2004年版,第215页。

谭延闿抵达武汉后,根据其日记记载,在会议期间几乎每隔一天都和鲍罗廷进行交流。

3月7日:偕哲生访老鲍于西门子公司,张泰来为译,态度安闲犹昔,谈至一时乃归。

3月11日:遂至孙夫人处,孔夫人、子文皆来,谈顷之。孟余、哲生来,孙夫人以老鲍事约谈,反复辩论,至十二时乃归。

3月12日:应哲生约至老鲍家,主人既出,客亦未来,独坐久之。张春木至,又顷,孟余、哲生、老鲍乃来。

3月16日:偕至老鲍一谈,殊有特识。人言包揽把持,如此才安得不为所屈乎。[①]

在迁都问题上,谭延闿和鲍罗廷两人虽然所处的位置不一样,但是他们本质上都是为了国民革命运动的发展和维持国共合作。鲍罗廷作为迁都武汉的中坚力量,提出了许多关键性的建议并将武汉联席会议决议付诸实践,促进了国民党左派和共产党之间的合作。谭延闿的态度虽不是特别强硬,但他也并未和蒋介石勾结,而是不断地在南昌和武汉之间进行调和,使国民党中央党部和国民政府最终迁都武汉。

(二)共同反对蒋介石反革命政变

1927年4月12日,蒋介石发动反革命政变。4月15日,谭延闿、鲍罗廷、徐谦、宋庆龄、陈公博等人举行国民党中央常委党部会议,会议决定:"蒋中正戮杀民众,背叛党国,罪恶昭彰,着即开除党籍,并免去本兼各职,交全体将士各级党部及革命民众团体拿解中央依法惩治。"[②]谭延闿在国民党中还将自己名号改为"左庵"。在此次会议上,鲍罗廷还提出对于应付目前时局需组织战

[①] 《谭延闿日记》(未刊稿),1927年3月7日—3月16日。
[②] 中国第二历史档案馆编:《中国国民党第一、二次全国代表大会会议史料》(上),江苏古籍出版社1986年版,第390页。

时经济委员会,且所有国民党员需一律抵达武汉。但由于其他原因,并未在此次会议上公布。

在大革命危机时期,共产党在国共合作中所面临的各种问题,都需要及时解决,并为以后的发展和走向重新确认方针政策。在此种情况下,中国共产党决定召开第五次全国代表大会。鲍罗廷没有出席会议,但对会议的决议有很大影响。张国焘回忆道:"真正紧急的问题仍在经常假座鲍公馆举行的中央政治局会议里争论不休,大会似反成了无关重要的装饰品。"①大会上所讨论的所有重大问题几乎都和鲍罗廷的思想和决定有很大联系。值得一提的是,受中国共产党的邀请,谭延闿"与徐、孙以国民党代表列席,推徐致祝词"②,而这也是中国共产党自诞生以来,全国代表大会上唯一一次有国民党中央代表参加的会议。这无疑对于继续维持国共两党之间的合作起到了至关重要的作用。

(三)鲍罗廷提出战略退却政策,谭延闿开始右倾

在蒋介石"四一二"反革命政变后,奉系军阀张作霖搜查苏联使馆,捕杀共产党员;重庆发生了四川军阀主谋的"三三一"惨案。南京国民政府建立后与武汉国民政府分治抗衡,蒋介石勾结英、美等帝国主义,对武汉政府进一步施压,借用帝国主义在武汉的经济特权破坏商业的正常运营,利用政治特权实行经济交通管制和军事恐吓,意图颠覆武汉政权。"武汉财政危机已达万分,既无任何储款,财政活动亦无任何保障。武汉经济生命陷入完全的破产的状态。"③面对这一形势,鲍罗廷提出了"战略退却"的应对措施,即在一定程度上降低革命热度,减缓革命势头,从整体上减缩革命运动,在外交方面拉拢日本帝国主义势力,以"使英、日分离,可以使帝国主义者分化"④,

---

① 张国焘:《我的回忆》第二册,现代史料编刊社 1980 年版,第 233 页。
② 《谭延闿日记》(未刊稿),1927 年 4 月 27 日。
③ [苏]米夫:《紧急时期的中国共产党》,《六大以前》,人民出版社 1980 年版,第 962 页。
④ 丁言模:《鲍罗廷与中国大革命》,宁夏人民出版社 1993 年版,第 481 页。

而"所谓退却只是战略上的退却,同根本理论并不发生妨害或者更可以促成革命的进步"①。战略退却政策的执行方面,鲍罗廷主张以恢复贸易为目标,严肃工会内部纪律,在控制物价的前提下缩小罢工规模,并辅以救济失业等手段,指定专人向工商界说明宣传,进一步争取商界的支持。鲍罗廷的战略退却政策在当时宁汉对峙的形势下,一定程度上扩大了帝国主义阵营内部的冲突和矛盾,进而瓦解了帝国主义联合干涉中国革命的局面。经济形势的平稳恢复也有利于恢复工商业运营,安置失业工人,对于巩固国共合作的革命统一战线起了一定作用。但从总体上看,战略退却的积极影响持续很短,并未能使武汉国民政府根本脱困。

谭延闿的亲属以及旧部下,多数是湖南的土豪劣绅,当他们受到工农运动波及的时候,便去向谭延闿诉苦,指责工农运动"过火"。1927年4月13日,"闻叶麻子已被杀,为之憬然"②,谭延闿感到深深的恐惧。4月18日,徐谦、夏曦、龚维键等人与谭延闿讨论湘事,"耕者有其田已成口号,乡间亦有自行均田者,兹事体大,吾殊不敢断言也。"③在会上,谭延闿虽没有表现出自己的真实想法,但谭已经慢慢地开始向右转。谭延闿就曾对唐生智说:"不赞成农民运动,打土豪劣绅运动。连我部下的一些连排长的家里(的人),也被农民捆起来了,这太不像话了。"④

四、谭延闿与鲍罗廷关系的总体评价

(一)谭延闿对鲍罗廷一直保持着敬佩之情

谭延闿和鲍罗廷二人本属于不同的阵营,但查阅1924年至1927年《谭延

---

① 中华民国史事纪要编辑委员会:《中华民国史事纪要(初稿)》,中华民国史料研究中心,1927年,第796页。
② 《谭延闿日记》(未刊稿),1927年4月13日。
③ 《谭延闿日记》(未刊稿),1927年4月18日。
④ 毛德富:《百年记忆·河南文史资料大系》军事卷(卷2),中州古籍出版社2014年版,第480页。

阎日记》中有关鲍罗廷的记载,谭延闿对鲍罗廷大多表现出无比的敬佩之情。对于苏联的精神和理念,谭延闿也愿意主动去学习。在广州国民政府成立前夕,鲍罗廷、谭延闿、廖仲恺、胡汉民、汪精卫等国民党要员频繁召集会议,商讨关于成立国民政府人选以及各项事宜,鲍罗廷在其中起了至关重要的作用。此时鲍罗廷虽只是国民党的顾问,但几乎所有政治方面的规章和文电都需要经过他的审查。对此,谭延闿就曾评价,"鲍乐汀(鲍罗廷——引者注)提出会议规程,深中现时毛病。"①从谭延闿的评价中可以看出,谭延闿是认为鲍罗廷了解中国的实情,并且可以从中给予很好的意见。尤其是在建立中山县的问题上,谭延闿对鲍罗廷更是刮目相看,"胡、汪以中山模范县人选为言,老鲍曰此等事快请取消,天下事无预称一事作模范者,必失败,尽隳信用矣。又曰假令有人语我将设一共产县,我必答曰我工作尚多,未暇及此。中山先生主义行去自有次第,乌有先办一县者乎。闻者皆大惊,自伤其浅薄。胡乃云此中央执行委员会议案,奈何。鲍云此必当以一函取消,且天下何县不当办好,且何县不应得好官,而斤斤中山,何为于是。众悦而从之。老鲍真不凡,过诸人万万也。"②通过对鲍罗廷的不断深入了解,谭对鲍信服不已。这也为两人在大革命时期的合作打下了深厚的基础。

"廖案"发生后,国民党中的政治平衡被打乱。这时鲍罗廷亟须重新建立新的左派联盟,谭延闿便成了主要争取对象。此时广州国民政府的权力,主要掌握在汪精卫、许崇智和蒋介石三人手中。而许崇智作为粤军总司令,同时掌握着广东的财政大权。鲍罗廷曾多次向许表示希望他能加入其革命阵营中,但许都无动于衷。就在广州局面风云突变之时,谭延闿"出至鲍罗庭处,谈二小时,张春木为翻译,语极沉挚,所谓忠谋也"③。在"廖案"事件的处置过程中,鲍罗廷也将湘军将领谭延闿视为左派,而谭延闿也积极支持鲍罗廷的主张

---

① 《谭延闿日记》(未刊稿),1925 年 6 月 28 日。
② 《谭延闿日记》(未刊稿),1925 年 7 月 10 日。
③ 《谭延闿日记》(未刊稿),1925 年 9 月 7 日。

和方针政策。

孙中山逝世后,"西山会议派"将矛头指向鲍罗廷,此时谭延闿极力维护国共合作,力促国民党第二次全国代表大会召开,反对西山会议,同时加强鲍罗廷的指导地位。"中山舰事件"后,谭延闿的态度出现几度转变,最终为了稳定广州局势,对蒋介石而采取了退让态度。鲍罗廷回到广州后,谭延闿也在第一时间与鲍沟通。"陈友仁先至,鲍罗庭夫妇后来。菜殊精,非市中所有,谈北方事及经过久之。"①在国民党二届二中全会召开之前,谭延闿的思想几乎一直随着鲍罗廷的思想发生变化。鲍罗廷和蒋介石达成了"三项君子协定"后,表面上看似乎在一定程度上停止了国民党向右发展的进程,但其实是,鲍罗廷和谭延闿都还没有认识到蒋介石的真面目。直到鲍罗廷遭蒋介石驱逐离开中国前,谭、鲍二人始终保持着良好关系。1927年7月27日鲍罗廷离开时,谭延闿"至火车站,送老鲍,汪、宋、孙、陈皆在"。②

(二)鲍罗廷争取谭延闿是革命斗争的需要

鲍罗廷在来华前,曾坦诚地说"对中国一无所知"③。斯大林规定了他在华的工作性质和范围,其中"责成鲍罗廷同志在与孙逸仙的工作中遵循中国民族解放运动的利益,决不要迷恋于在中国培植共产主义的目的"④。所以,鲍罗廷来华后,将所有精力放到了国民党的改组上,同时也认为能领导中国进行革命的只有国民党。但要帮助国民党进行革命,就必须和国民党建立起良好的关系,加强同国民党中重要人物的联系与合作,使他们站在革命的阵营里。而针对国民党中的复杂性,鲍罗廷采取的方针是,发展壮大其左派势力,

---

① 《谭延闿日记》(未刊稿),1926年4月29日。
② 《谭延闿日记》(未刊稿),1927年7月27日。
③ 中共中央党史研究室第一研究部译:《联共(布)、共产国际与中国国民革命运动(1926—1927)》下,北京图书馆出版社1998年版,第97页。
④ 中共中央党史研究室第一研究部译:《联共(布)、共产国际与中国国民革命运动(1920—1925)》,北京图书馆出版社1997年版,第265页。

对中间势力进行拉拢,排除和打击右派势力。孙中山在世时,鲍罗廷将重点放在孙中山的个人威望上,以孙中山的名义维护国共合作,促进国民革命运动发展。孙中山去世后,鲍罗廷便努力发展左派势力,形成新的领导核心,以此来继续维持国共合作的大方针。

谭延闿在大革命前期便开始追随孙中山,并且在奉命讨伐赵恒惕和回师援粤、保卫广州革命根据地等军事行动中表现突出。他用实际行动表达对孙中山和国民革命运动的忠心,也表现出了对三民主义的信服。谭延闿作为开明且手握军权的国民党党员,自然而然成了鲍罗廷极力争取和发展的国民党左派对象。鲍罗廷曾评价左派,"这个派别对中国国民运动的态度毫无疑问是真诚的,然而在思想上也是十分混乱的。"[1]可以看出,鲍罗廷充分肯定了国民党左派对国民革命运动的重要作用,但也明确指出其在思想上是不够彻底的,不能真正理解三民主义的真谛。鲍罗廷指出,"我们所走的每一步都应该是旨在巩固左派,尽可能使它更明朗,用自己的榜样推动它始终向前进。"[2]从《谭延闿日记》中发现,在谭延闿与鲍罗廷的多次谈话中,鲍罗廷始终在向谭延闿介绍苏俄的发展和三民主义的内涵,也可以说是向谭延闿灌输三民主义思想。

当国民党内部开始出现严重分化时,鲍罗廷亟须继续团结左派力量。廖仲恺被刺,加速了广州国民政府的分化趋势。鲍罗廷通过一系列工作,一定程度上巩固了国共合作,同时也提升了谭延闿的政治地位。此时,谭延闿几乎每天都和鲍罗廷一起参加各项国府会议,并向其请教有关革命问题。"中山舰事件"和"整理党务案"发生后,鲍罗廷采取战略退却政策,以此希望国共合作能够继续。在国民革命持续发展之际,蒋介石的个人权力也在

---

[1] 中共中央党史研究室第一研究部译:《联共(布)、共产国际与中国国民革命运动(1920—1925)》,北京图书馆出版社1997年版,第459页。

[2] 中共中央党史研究室第一研究部译:《联共(布)、共产国际与中国国民革命运动(1920—1925)》,北京图书馆出版社1997年版,第445页。

不断增加,迁都问题由此而生。这场鲍罗廷和蒋介石的政治角力中,鲍罗廷也亟须在国民党中拥有重要地位的人的帮助,谭延闿就是不二选择。谭延闿滞留南昌时候,鲍罗廷在武汉坚持成立临时联席会议,最终在武汉国民党左派人士的争取下,谭延闿抵达武汉参加国民党二届三次全会,国民政府成功迁都武汉。从国民革命的整个发展过程可以看出,鲍罗廷争取谭延闿都是出于革命斗争的需要。

(本文系湘潭大学哲史学院专门史专业2015级研究生蔡雅雯的硕士学位论文,笔者为其指导教师,收入本书时作了较大修改。)

谭延闿与蒋介石

谭延闿由督湘到追随孙中山革命的过程,也是他与蒋介石相识并深交的过程。作为国民党元老的谭延闿在国民政府身居要职,历任大本营内政部长、建设部长、大本营秘书长及至后来的国府主席、行政院长。孙中山逝世以后,谭延闿对于蒋介石在国民党中央的权力之争中给予了诸多便利和帮助。同时,谭延闿对于蒋介石的态度变化也经历了一个复杂的过程。

一、广州军政府时期:精诚合作,底定两广

谭延闿与蒋介石的初次相识在1916年4月以后,当时任湖南省长兼督军、湖南参议院议长的谭延闿闲居上海,恰逢孙中山由日本回国,经胡汉民介绍而认识孙中山,而当时蒋介石奉孙中山之命于上海组织沪宁讨袁军事宜,因而结识。谭蒋相识后,二人常有来往:"民国七年八月,蒋公曾请朱执信(大符)先生为其尊翁肃庵公撰墓志铭,十一年冬季,蒋公亲撰慈庵记,十四年九月,又亲撰武岭乐亭记,以上三文均系由谭先生所书,字体天骨开张,笔致遒美,而有雍容凝重气象。"[①]

1923年,谭延闿决心追随孙中山,并随孙中山南下广东。3月1日,孙中

---

① 吴伯卿:《蒋公与谭延闿先生之交谊》,台北《近代中国》1979年第9期。

山组织大本营,先后任命谭延闿为内政部长、建设部长及大本营秘书长等职务,而此时的蒋介石任大本营参谋长,"同为总理倚之如左右手,亦为蒋谭两公共事之始。"①同年5月,谭奉任为讨贼湘军总司令,率领跟随其来粤的湘军旧部进攻湖南,因陈炯明叛变进攻广州而紧急回援广东,经过与蒋介石的黄埔校军以及其他国民党军的密切配合,成功击败陈炯明和蔡成勋的叛军,谭、蒋二人合作助力广东解围。1924年,陈炯明借孙中山北上、广州大元帅府群龙无首之机,再次叛乱,谭、蒋二人再次合作,击败陈炯明。而后,1925年,滇、桂旧军阀杨希闵、刘震寰叛乱,作为总司令的蒋介石电令各军回援,谭率湘军于北江会同诸军一起进攻杨、刘叛军,收复广州。"三年之间,谭先生先后出任建国湘军总司令、北伐联军总司令,以及国民革命军第二军军长等职,与蒋公领导之党军,与黄埔校军,密切配合,一致行动,先后完成二次东征,讨平陈炯明、沈鸿英、杨希闵、刘震寰等叛乱任务。"②

二、广州国民政府时期:居中调停,苦心斡旋

1925年7月1日,广州军政府改名为国民政府,一直到1926年12月国民政府北迁武汉,这段时间被称为广州国民政府时期。1925年孙中山逝世,由于国民党内部派系众多,骤然失去公认领袖的国民党各派之间的矛盾和分歧开始凸显:"有的人毫无顾忌,违背孙中山的遗愿……有的人则设法另求政治出路,争权夺利……有的人则缺乏继续革命的斗志"。③ 其时,谭延闿对于孙中山的遗愿仍然是不改初衷,一心想实行三民主义,铲除军阀。他为以国共合作为基础的北伐前景兴奋不已;而此时的蒋介石则是另一种心态,作为黄埔军校校长和国民革命军第一军的军长,手握重权的蒋介石的权力野心不断膨胀,

---

① 吴伯卿:《总统蒋公与谭延闿先生之交谊》,朱传誉编:《谭延闿传记资料》,台湾天一出版社1951年版,第22页。

② 吴伯卿:《总统蒋公与谭延闿先生之交谊》,朱传誉编:《谭延闿传记资料》,台湾天一出版社1951年版,第22页。

③ 刘建强编著:《谭延闿文集·论稿》,湘潭大学出版社2014年版,第250—251页。

虽然此时不敢明面上反共,骨子里却是反共的右派分子,这与其早年被派访苏有一定关系。他在访苏期间,就对苏联和苏联的共产主义模式甚为反感,只是迫于当时国民党需要国共合作和群众基础的大势以及孙中山的威望而不敢表露;而党内除了自己之外还有两个实权人物,汪精卫和谭延闿,"政府主席汪精卫、军事部长谭延闿和国民革命军的总监蒋介石——成了解决军队生活中一切实际问题的最高决策机关,而军事委员会只研究总方针"。①

在1926年国民党"二大"之后,党内的左右派分化越来越明显,而廖仲恺被暗杀,胡汉民因此受牵连被逼出国,国民党内对蒋介石威胁最大的就是一向以左派和孙中山事业继承人自居的汪精卫了,汪精卫时任国民政府主席、国民革命军总党代表、军事委员会主席,在党内的地位高于蒋介石。为了夺取党权,1926年3月,蒋介石一手策划了"中山舰事件",诬陷海军局代理局长、中山舰舰长、共产党员李之龙以及苏联顾问季山嘉要兵变,宣布全城戒严,大肆搜捕共产党员,第二军的士兵和军官纷纷对此表示谴责和愤慨。对于蒋介石的倒行逆施,谭延闿是不赞成的,他认为蒋介石专横跋扈,"曾对人说:蒋介石的位置提得太快,尤其在国民革命军改编、整训过程中,蒋介石的支配权力日益扩大……因而第一军的实力日渐增强,除了第四军能勉强与之抗衡外,其他各军,则事事要伸手,事事要看脸色"。② 对于"中山舰事件"的发生,谭延闿和第二军军官岳森等人商量之后,准备返回曲江防地正式宣布对蒋介石的讨伐行动,并赶到了苏联顾问团的驻地,表示蒋介石是反革命,"提议'严厉反蒋之法'"。③ "谭延闿还找毛泽东,向他提出了反击蒋介石的主张"。周恩来也曾回忆说:"这时谭延闿、程潜、李济深都对蒋介石不满,朱培德、李福林有些动摇,但各军都想同蒋介石干一下"④。"方鼎英提出,此事不可一误再误,主张对蒋

---

① 许顺富:《论广州国民政府时期的谭延闿》,《求索》1994年第5期,第111页。
② 刘建强编著:《谭延闿文集·论稿》,湘潭大学出版社2014年版,第264页。
③ 刘建强编著:《谭延闿文集·论稿》,湘潭大学出版社2014年版,第264页。
④ 《周恩来选集》上卷,人民出版社1980年版,第120页。

先礼后兵,请谭马上出来调处,首先责蒋妄动,并提出调处条件,劝蒋顾全大局,接受调处,如蒋不接受,再打不迟。"①谭延闿从顾全北伐以及国共合作的大局出发,同意了方鼎英的建议。"谭延闿在会见蒋介石时说:'总理逝世才一年,骨头还没有冷,你干什么呢?国共合作是总理生前的主张,遗嘱也说要联俄、联共、扶助农工,你现在的行动,总理在天之灵能允许吗?'"②对于谭延闿的质问,蒋介石很是慎重考虑了一番,因为谭延闿在国民党地位举足轻重,并且是国民革命军第二军的军长,手握军权,蒋介石也不确定其他几个军的确切态度,为此,蒋介石同意要和平解决此事。但当时国民党内的汪精卫对于蒋介石的行动极为愤慨:"'我是国府主席,又是军事委员会主席,介石这样举动,事前一点也不通知我,这不是造反吗?'他气极而自负地说:'我在党有我的地位和历史,并不是蒋介石能反对掉的!'"③由此可以看出,汪精卫对于蒋介石未经请示的擅自行动很是恼火,认定蒋介石是越俎代庖,丝毫不把他这个国民政府及军事委员会的主席放在眼里,蒋的擅自行动危及了他在国民党内的地位,因而,极力主张讨伐蒋介石,积极联络各军准备讨蒋。面对党内如此情形,谭延闿心急如焚,他想维持国共合作北伐的团结局面,又不想国民党起了内战,损耗国民党的实力,他对蒋的态度由联合征讨变为协商解决,他对汪精卫说:"我看介石是有点神经病,我们还是再走一趟,问问他想什么和要干什么再说。"④谭延闿在与朱培德再次造访蒋介石之后,相信了蒋介石的辩解,"觉得蒋介石的动机还是反汪,而反汪又源自于不满汪精卫的老婆陈璧君。"⑤其实,当时的蒋介石为了篡权,既想挤汪,又想反共。再加上苏联顾问的退让态度以及中国共产党内以陈独秀为代表的一部分人主张对蒋介石为首的右派妥协退让,后来的处理是以蒋介石的"自请处分"以及"请假"而不了了之。从

---

① 刘建强编著:《谭延闿文集·论稿》,湘潭大学出版社 2014 年版,第 264—265 页。
② 刘建强编著:《谭延闿文集·论稿》,湘潭大学出版社 2014 年版,第 265 页。
③ 刘建强编著:《谭延闿文集·论稿》,湘潭大学出版社 2014 年版,第 265 页。
④ 陈公博:《苦笑录》,东方出版社 2004 年版,第 33 页。
⑤ 刘建强编著:《谭延闿文集·论稿》,湘潭大学出版社 2014 年版,第 265—266 页。

谭对此事件的处理态度上来看,经历了从武力讨伐到居中调停以及最后放弃武力、迁就蒋介石的三个阶段,客观上给蒋介石进一步对外反共和对内篡权开了绿灯。

三、宁汉分立至宁汉合流时期:调停党内,趋于助蒋

  由于北伐战事的迅猛发展,长江流域基本平定,为此,广州国民政府迁往武汉,广州国民政府各要员经南昌迁往武汉。而此时顶着北伐军总司令头衔的蒋介石拒不赴汉,迁都之争甚难调和,包括谭延闿在内的诸多国民党要员滞留南昌。谭延闿对于时局又一次表现出了他圆滑的处世态度和不想与蒋决裂的心理:"他便找陈公博说:'……照理论说,国民政府当然要搬武汉,照情势说我倒不反对留在南昌。你知道吗?后方许多人都在反对张静江,静江很怕去汉口的。如果我主张搬汉口,倒有两层不便,若他们反对张静江,我没有办法替他辩护,结果不是形成拥谭反张的恶劣形势吗?而且我若坚持主张国民政府搬武汉,介石不难要怀疑到我要和他分庭抗礼,对立起来'。"①

  1927年3月10日至17日,以恢复党权为中心议题的二届三中全会在武汉召开。此次会议真正目的在于限制蒋介石的权力。蒋介石看出会议对其不利,遂找各种借口拖延与会。为是否等蒋介石和朱培德二人到场再开会的问题,谭延闿为了保证会议的完整性,和与会多人展开激烈辩论,他坚持要等蒋、朱二人到场之后才开始会议,辩论结果是会议开始日期延期到3月10日,蒋介石可在3月12日之前到达,仍可参加大会有关重大决定和议案的讨论及通过,但蒋介石一直没来参会。从迁都之争和与会之辩两件事上不难看出,谭延闿的居中调停,虽然是为了尽其所能保持国民党内的团结,但实际上是有利于以蒋介石为首的宁派的,他的调停同时在客观上软化了武汉方面的立场。

  1927年4月18日,蒋介石在南京建立国民政府。出身官宦之家的谭延

---

  ① 陈公博:《苦笑录》,东方出版社2004年版,第64页。

94

谭延闿与蒋介石

闿,因家族、朋友利益在工农运动中受损较大,对共产党的态度发生了根本变化,对于武汉国民政府国共合作的政策日益不满,在主张讨蒋的会议上"索性睡着了"①,态度十分消极,助蒋意图明显。而在宁汉协商合流之后,蒋介石被迫下野,他先是去了浙江奉化老家,然后不久便东渡日本。蒋介石出国后,国内宁、汉、沪三派仍然争吵不休,此时的谭延闿极力主张迎回蒋介石来收拾乱局,并且为蒋介石的复出不遗余力,而其撮合蒋宋联姻,对于蒋介石的助力更是不浅。当时,宋美龄倾心于蒋介石,但她的兄长宋子文却反对,"谭延闿有一次到宋家拜访,见不着宋子文,看到宋美龄表情抑郁,一问之下才知道是嫁不了'情郎'蒋介石,谭延闿于是自告奋勇为其'设法疏通'"。② 过程很不顺利,但结果是成功促成这场婚事,有了强大财阀宋家的支持,已经有日本支持的蒋介石回国之后更是如鱼得水,而谭延闿的嫡系鲁涤平的第二军和方鼎英的第十三军因为谭延闿加入宁方而反对讨伐蒋介石的唐生智,这直接增加了蒋介石回国夺取国民党党中央最高权力的可能。

蒋介石在回国以后,召开了国民党二届四中全会,全面控制了南京国民政府中央机关,而此时的谭延闿作为国民党政府主席,对于蒋介石的继续北伐以及稳定后方助益良多。

1928年5月3日,"济南惨案"骤然爆发,蒋介石命令北伐部队退让,从济南撤出,绕道继续北伐张作霖。而此时谭延闿却以稳定大局和维护中国国家形象等为由,借助于国际舆论,"以求得外交上的'胜利';甚至还提出不要因此给共产党'扰乱后方'制造机会"。③ "政府得确报,共产党实拟乘此时机,扰乱后方,此实不能不预防。中央政府对外有计划,决不屈服,惟望民众与之步骤一致,外交上必有胜利可期。"④在张作霖退回关外之后,谭延闿致电张作

---

① 刘建强编著:《谭延闿文集·论稿》,湘潭大学出版社2014年版,第300页。
② 《民国元老谭延闿撮合蒋宋婚姻》,《新揭秘》2011年4月,第51页。
③ 刘建强编著:《谭延闿文集·论稿》,湘潭大学出版社2014年版,第311页。
④ 刘建强编著:《谭延闿文集·论稿》,湘潭大学出版社2014年版,第313页。

霖,要张作霖听候调遣,安抚民生,直至6月8日阎锡山出任京津卫戍总司令,南京国民政府形式上完成了对全国的统一。蒋介石占领京津,统一全国后,在南京召开二届五中全会,宣布开始"训政"。谭被任命为行政院长,成为蒋介石的得力帮手,"在11月参加或主持国民党中央执委、常委等一系列会议上,作出了开除陈公博、汪精卫等人党籍的决定"①。1929年末,唐生智开始反蒋作战,蒋唐战争开始,谭延闿亲自调兵参战,南京才得以固若金汤,谭延闿帮蒋介石稳定住了局面。1930年春,蒋介石与阎锡山、冯玉祥的战争再次爆发,谭延闿又发表《告军人书》,维护蒋介石的中央正统地位,"但这也是谭延闿为蒋介石的最后一次效力了"。②

(本文为与周小城合著,原载《湖南工程学院学报(哲学社会科学版)》2016年第1期,收入本书时作了修改。)

---

① 刘建强编著:《谭延闿文集·论稿》,湘潭大学出版社2014年版,第317页。
② 刘建强编著:《谭延闿文集·论稿》,湘潭大学出版社2014年版,第319页。

谭延闿与宋美龄

谭延闿和宋美龄都是民国时期的风云人物。宋美龄,生于旧中国十里洋场的上海,她的一生是伴随西化、近代化、战争与革命等巨大社会变迁的一生。谭宋二人既有显赫的家世,亦有不凡的人生经历。谭延闿夫人病逝,孙中山有意作伐,谭延闿以"我不能背了亡妻,讨第二个夫人"为由婉言拒绝,与宋美龄兄妹相称。后谭延闿又极力促成蒋宋婚姻,1927 年 12 月 1 日,蒋介石与宋美龄举行婚礼,谭充当证婚人。蒋宋投桃报李,为谭女儿谭祥择婿陈诚。谭延闿和宋美龄从互称兄妹、谭促成蒋宋婚姻、到谭临终嘱托宋美龄为其女择婿,在中国近代的历史画卷上书写了浓墨重彩。

一

谭延闿在民初政坛上极其活跃,是湖南立宪派的领袖,曾三次督湘,1912 年 9 月国民党湖南支部改组成立后,谭延闿任支部长;由于湖南特殊的地理位置,易于革命党人进行反清宣传,湖南由此成为从事反清斗争最富朝气的地方。谭延闿作为一方威望极高的开明绅士深受革命思想的熏陶,思想上出现了逐步向革命靠拢的倾向。1922 年 8 月下旬,谭延闿在湖南依省宪举行的省长选举中落选后,跟随孙中山先生南下广州,任中华民国陆海军大元帅府内政部长、建设部长及秘书长,从此投身革命事业。

我所知道的谭延闿

早在1918年,谭延闿妻子即已病逝;而宋美龄也在结束了十年的美国生活后,已于1917年返回中国,孙中山先生有意将宋美龄介绍给谭延闿。对于孙中山这一美意,谭延闿思想与内心经过了慎重考虑。

其一,他母亲遭遇的影响。谭母贫寒的孤儿处境及其侧室的经历,对谭延闿一生的生活情趣、性格品质都产生了较大的影响。在父权制社会,处在封建礼制的桎梏中,女性受到封建纲常伦理观念的约束,连所生子女,亦有嫡庶之分。谭延闿的母亲李太夫人是其父亲的寒门侧室,虽然育有三个儿子,但很长一段时间"只能侍立桌旁为人添菜添饭,自己不可同桌而食"。① 这种封建等级制度所带来的不公,在谭延闿幼小的心灵上产生了巨大的冲击,他立志发愤图强,为改变母亲的处境而努力。谭延闿少年及第,光耀门楣,谭钟麟才向全家宣布"李氏夫人饭时可以入正厅就座用膳"。② 谭延闿二度督湘时,谭母在沪病逝,但按照族中规矩,其母灵柩只能从族祠旁门出入,谭延闿不惜以孝子贵官身份伏于娘亲灵柩之上,自称"延闿已死,抬我出殡",③谭母得以享有从正门出葬的礼遇。母亲的经历使得谭延闿不愿意宋美龄当他的继室,耽误其前程。

其二,谭延闿对于结发夫人一往情深。谭延闿夫人方榕卿为江西布政使方右铭之女,温柔贤德,与谭延闿情深义重。《丙辰题最初课本书眉》记载了1888年(光绪十四年,戊子年)年方10岁的谭延闿与日后之夫人初相见的动人场景:

戊子四月十二三日,闻先公言:"十七请客",余急问:"我放学否?"先公斥曰:"请女客,汝姊当与,汝男子,何得与!"于是四弟(即其弟恩闿)大哭,先抱去。至十七日,先姊衣新衣,跳跹二堂前迎客。余兄弟亦噪而出,适见两女儿下轿,则内人与其姊也。同随入观,为仆媪所笑而出。是时尚

---

① 刘建强:《谭延闿大传》,九州出版社2011年版,第13页。
② 刘建强:《谭延闿大传》,九州出版社2011年版,第13页。
③ 刘建强:《谭延闿大传》,九州出版社2011年版,第13页。

谭延闿与宋美龄

未缔姻也。①

这是谭延闿无意为文,随手而写的,却是一篇绝妙小品,把自己小时候调皮好玩的情形,和小姊姊小弟弟的神态,刻画得十分生动。用"跳跟二堂前"来写他姊姊的得意形状,用"亦噪而出"一个"噪"字,来写他兄弟没有听他父亲的话去上学,趁有客时,不虑父母斥责的喧闹,使人如见其状,如闻其声,逼真之极,也显示谭延闿用字造句的神妙和他从小就活泼好动的个性。

七年之后(1895年),17岁的谭延闿"就婚南昌"。然天妒良缘,二十三年之后,1918年6月,年仅38岁的方夫人病逝于上海。谭延闿当时在零陵,家人考虑到他公务在身,"迟不敢报",直到当年冬天,才把消息告诉他,谭延闿听到后悲痛不已。凑巧的是,1920年11月27日,谭延闿第三次督湘下台被赵恒惕逼迫即刻离开长沙去上海时,方氏的灵柩正由人护送从上海回老家湖南茶陵安葬,谭因此向赵恒惕提出暂缓几天离湘,留下来料理其夫人丧事,也没有得到允许,被迫于27日离开长沙去上海。谭延闿的《读史》一诗写道:"刎颈论交计本疏,张王毕竟负陈馀;恩深交甚成轻绝,纸上何心更寄书。"后悔自己当初一心栽培赵恒惕,反过来被赵一脚踢开,至有两人恩断义绝之说。

11月28日,谭延闿一行与运送他夫人灵柩的船只在洞庭湖入长江口的城陵矶相遇,因风浪大无法相靠,谭延闿只能抬手示意,遥望夫人的灵柩远去。其后谭写信给朋友说:"存者殁者背道而驰,世间伤心事无逾于此者。""相逢不相见,存殁两难安。"

方夫人下葬,谭延闿作《墓志铭》云:

> 福不丽德,已穷驻年之方;别果销魂,不补长离之憾。梁伯鸾之尚在,谁与齐眉;桓少君之已亡,畴堪合志?碧虚无写愁之天,黄壤岂潜真之所?慨海埂之浮屠,实郴戍之久淹。

---

① 谭伯羽:《茶陵谭公年谱》,沈云龙主编:《近代中国史料丛刊》第68辑,台湾文海出版社1973年版,第10页。

又挽联云：

决绝在别离时，一恸自伤犹独活；

贤孝本平生志，九泉为我慰双亲。①

谭延闿一生痴好美食，但他在方夫人病逝后于军中蔬食百日，这让熟悉他习性的人很吃惊。这年年关将至，有一个浏阳人在谭延闿家过年，其军中下属揣摩谭延闿"素罕素食又届年宴"，因此会饮之时自作主张，"嘱庖人治荤以进"，席上谭延闿"不举箸"，"一座大惊"，连客人也汗出如浆，十分狼狈，年宴不欢而散。后世于此的解读，道是"公伉俪情笃，借日常饮食以自苦，抑纾沉哀，隐痛于无可如何之中"。谭延闿和方夫人的结婚纪念日是旧历三月三日，古称之上巳日；七月十五日则为方夫人生日，于是，在方夫人去世之后，谭延闿于每年上巳及七月十五，"逢辰触境皆有悼念之作"。在其上巳诗中，有一首题为《庚午上巳》，可为代表之作：

花飞柳蝉乍晴天，上巳风光又眼前；

人去也如春可惜，老来犹有爱难捐。

永怀禊事谁中酒，坐阅流波感逝川；

三十六年容易过，不应改历始茫然。

左宗棠的曾孙左景清先生曾作《谭畏公上巳悼亡诗》一文，论及他南京读书时在姑母家客室中看到的谭延闿《庚午上巳》一诗说："'老来犹有爱难捐'，这句写得真好，不是性情中人写不出。我那时年轻，还不了解老来心情；而今已老，再读此句，感觉大不相同。讽诵再三，泫然欲涕。""延闿先生之所以终身不再娶，由此诗句观之，原来对方氏夫人，是如此的念念不忘，触境怀人，哀感沉痛。延闿先生对于夫妻情爱的笃挚，岂是一般风流自赏的士大夫们所可伦比。尤其在以妻妾众多为平常事的当年，以他的身份地位，又是名正言顺地续弦，他竟宁愿独守以终，倘非有真性情，是真君子，岂能办到？"

---

① 谭伯羽：《茶陵谭公年谱》，沈云龙主编：《近代中国史料丛刊》第68辑，台湾文海出版社1973年版，第104页。

谭延闿与宋美龄

据年谱载:谭延闿"又亲写悼亡诸作,别成悼亡集"。"悼亡集"虽未见刊行,但据统计,《谭祖安先生手写诗册》录存他一生诗作400余首,其中,怀念方夫人的有14首。

方夫人生有二子四女,临终前传话给谭延闿,望他不再婚娶,将几个子女带好。谭延闿虽在40岁中年丧妻,但对夫人的遗言一生信守不移。当孙中山有意作伐时,谭以"我不能背了亡妻,讨第二个夫人"为由婉言拒绝,与宋美龄兄妹相称。此事的来龙去脉,方鼎英①的回忆非常详尽:

据杨沧白②云:同年(1924年——引者)某日,孙谓杨曰:"祖庵断弦已久,应该续弦。你去告知吾意,美龄可以配他,我可代她做主的。"杨唯诺欲走,孙忽转嘱之曰:"你且慢提婚事,可先代我约他下礼拜日陪我一游越秀山,给他和美龄一个可以多谈些话的机会,然后再和他说好些。"杨乃遵嘱约。迄游山次日,杨专访谭,见面便问谭曰:"昨日之游乐乎?"谭应之曰:"不错,很好。"杨便接腔连说:"恭喜恭喜。"因又问曰:"同游的人,你以外还有谁呢?"谭曰:"先生和夫人外,只美龄女士同我而已,并无别人。"杨故作惊喜之状曰:"呵,这真可贺,恭喜恭喜。"如是接连的称道,弄得谭莫名其妙,很奇怪的谓杨曰:"你这是干什么,开什么玩笑?请明以见告。"杨才将先生之意,据实以告,谭表示坚持不可。其理由是:他和她思想意识新旧不同,生活习惯土洋互异,读书写字中西各别,年龄性格老少悬殊等等说了一大堆。杨但笑答之曰:"这些皆是不成问题,不是理由的闲话。只要美龄女士对你是称心如意的话,所谓生死尚可与共,祸福且愿同当,你谈的这些不是白操心了吗?你是否另有重大理由,毋妨坦白

---

① 方鼎英,湖南新化人,1909年加入同盟会,曾任湖南陆军第一师参谋长,湖南讨贼军第一军参谋长、代军长,湘军第一军军长兼一师师长等职。1949年8月参加湖南和平起义,后任全国政协委员,湖南省政协副主席。1976年6月1日在长沙病逝。

② 杨沧白,字沧白,名庶堪,重庆巴县人。协助孙中山组建中华革命党,曾任四川省长、财政部部长、广州政府大元帅大本营秘书长、国民党中央执委和候补监委、广东省长、北京政府司法总长。抗战爆发后,拒绝汪伪政权利诱,抛妻别子,转抵重庆参加抗战,逝世后举国哀悼。

的再提出来,我尽为你转达,象这些人云亦云的腔调,我实无以复命的。"最后谭乃以极诚恳的态度谓杨曰:"先内临危紧握我手,悲泪盈眶,若有千言万语挤在咀边,欲说又说不出来似的。我见她这种痛苦的样子,知她内心是挂念儿女,不放心于我的表态。就力慰之曰:你放心吧,你死后我决不再娶,徒伤儿女念母之心,请相信我吧,我决不食言,将来总有面目能见你于九泉之下的,吾言至此,先内才手松瞑目以逝。我念及此,如在目前,今先内灵榇尚停在灵堂,并未入土。真所谓言犹在耳,便尔弃置不顾,问心忍吗?沧白,我实无他,这点意思,务乞转呈。"谭言及此,声泪俱下,泣不成声。杨才深表同情,极感动的谓谭曰:"你说的这些,才真是天理良心的衷肠语,我一定为你据实转报。"于是杨即一一向孙具陈。孙听之下,亦深为动容曰:"好吧,这样自然不能勉强而行。"并嘱此话到此为止,莫向外传。谭闻此讯,复谓杨曰:"总理对这样的盛意成全,当终生感戴。我愿与美龄女士结为异姓兄妹,以报总理知遇之隆。"以后宋美龄便呼谭为三哥,而谭与宋老太也就关系不同了。这时宋老太住在长堤我所兼领的黄埔军校入伍生部左侧,经常见谭的汽车停在该处,是谭与宋家经常往来,问候宋老太。①

其三,谭宋二人不同的阅历也是他考虑的重要因素。宋美龄与谭延闿两人的青年时代有着不同的经历,宋美龄年轻貌美,英气勃发,自幼接受西方教育,可谓集才貌于一身。她非常活跃,更适合嫁给蒋介石,即便摆脱不了政治婚姻的痕迹,蒋介石也喜欢她的这份"活跃"。蒋介石虽然基本上也是传统男人,但对美龄是真正的欣赏,为娶到她而发自内心地高兴。有一个流传很广的视频,是他们新婚没多久一个国外电视台录制的,那时宋美龄的演说能力远不如后来访美时,只是对着镜头很青涩地讲英语,蒋坐在她旁边,宋美龄讲着讲着忘词了,转头去看蒋,两人特别开心地相视一笑,爱与甜蜜交织其间。

---

① 方鼎英:《谭延闿的湘军及其与孙中山的关系》,中国人民政治协商会议广东省委员会文史资料研究委员会编:《广东文史资料》第15辑,1964年内部发行,第7—8页。

谭延闿与宋美龄

　　谭延闿则深受儒家传统教育的熏陶，比较传统，喜欢柔顺安静的女人，而宋美龄显然不是那样的女人。因此，谭延闿日记中，反映出在蒋宋结婚前，他对宋美龄的印象总体来说很一般。比如1926年6月26日日记："至则孔夫人姊妹为主人，皆叽里咕噜之人，吾惟瞪目而已。"①用词是相当刻薄了。还有1926年7月2日，"赴子文之约，而子文未归，乃与孔夫人姊妹对谈，吾故不善辞令，尤不乐与妇人语，顿形窘迫。"②即使是普通的社交场合，他也不喜欢跟蔼龄、美龄聊天。在宋美龄与蒋介石订下婚约后，他日记中谈到美龄仍是不以为然的感觉。比如1927年11月17日，"出访子文，偕至其家，介石在家。孔庸之来，宋三亦出见，披貂皮大衣而去。"③

　　其四，谭延闿有着自己的世界观。他在1924年11月2日给长女谭淑的信中讲得很明白："人生世上不过数十年，夫妻情爱，为日更短，争区区目前之欢乐，而忘终身之荣誉，岂有志节者所为？……吾最恶今人动谓某人为旧为腐，而不知一国有一国礼俗之不同。沪上禽交兽合之辈属耳皆是，彼无不自谓美满婚姻者，岂亦足欢耶？"④

　　考虑到宋氏家族强大的社会影响和事业的刚刚起步，鉴于以上缘由，谭延闿想到一个两全其美的办法：一方面，托杨沧白向孙中山先生婉言表达了自己终身不娶的想法；另一方面，谭延闿的决定又直接促成他和宋美龄的兄妹之交："我愿与美龄女士结为异姓兄妹，以报总理知遇之隆。"在向中山先生表明心意后，谭延闿备厚礼拜访了宋美龄的母亲，宋老太太对谭延闿这个干儿子非常满意，宋美龄也被谭延闿彬彬有礼、谦和温润的处事感染，对谭延闿信任有加，之后两人便以"干哥哥"、"干妹妹"互称。在之后两人的相处中，两人深厚的兄妹之情可见一斑。

---

① 《谭延闿日记》（未刊稿），1926年6月26日。
② 《谭延闿日记》（未刊稿），1926年7月2日。
③ 《谭延闿日记》（未刊稿），1927年3月17日。
④ 刘建强、曾迎山整理点校：《谭延闿家书》，商务印书馆2019年版，第52页。

谭延闿终身未再续娶，留有悼亡诗句"故人恩义重，不忍再双飞"。章士钊对谭延闿这一点极为赞赏，作《七绝》一首称赞："组安一事真堪羡，才过中年即闭房。今日小妻入城去，自由欹枕发诗囊。"

二

在广州国民政府时期，宋美龄在叶挺处见到一匹好马，闹着要骑，叶挺告诉她，马刚购来，性子烈，还近不得人，宋美龄不服气，硬要试试，结果一走过去，马便狂暴踢人，不能靠近，宋美龄当时只能作罢，却丢下话："我唤我阿哥来，非骑上这马不可。"①宋美龄所称的"阿哥"便是谭延闿。谭延闿的日记记下了宋美龄1926年在广州骑马摔伤的事。1926年10月18日，"与静江夫妇同饭，闻张夫人言宋子文妹坠马折臂，幸非乘吾马也。"②听到宋美龄骑马摔折手臂的消息，第一反应是还好不是我的马，这倒很符合谭延闿的性格。还好宋美龄并没有真摔骨折，谭延闿1926年10月22日日记，"出至子文家，见孙夫人及其妹，坠马伤臂，未折也。"③谭延闿晚年身体欠佳，"宋美龄遵牛惠生之言，阻吾食盐"，④从中可以看出宋美龄对干哥哥的关心，所以，方鼎英回忆："宋老太住在长堤黄埔军校入伍生部左侧，经常见谭的汽车停在该处。"谭延闿与宋家经常往来，彰显了谭宋关系密切。

作为宋美龄的"阿哥"，谭延闿在撮合蒋宋联姻中功不可没。早年蒋介石留学日本时，经由陈其美的引荐，结识了孙中山先生，1918年春，回国后的蒋介石南下广州，直接参与孙中山先生的革命活动，后任大本营参谋长。蒋介石与同时期的大本营的建设部长兼内政部长和秘书长谭延闿"同为总理倚之如左右手，亦为蒋谭两公共事之始"⑤。

---

① 刘建强：《谭延闿大传》，九州出版社2011年版，第2页。
② 《谭延闿日记》（未刊稿），1926年10月18日。
③ 《谭延闿日记》（未刊稿），1926年10月22日。
④ 《谭延闿日记》（未刊稿），1928年2月26日。
⑤ 吴伯卿：《总统蒋公与谭延闿先生之交谊》，台北《近代中国》1979年第9期。

谭延闿与宋美龄

孙中山先生逝世后,局势发生了变化。蒋介石步步为营,尤其是"中山舰事件"后,中共和苏俄的"处处迎合其意,与以让步","协助其取得比较现时更为伟大之权力与实力"①,当时,蒋介石占据富庶的江浙区域,上海的金融界和工商界被蒋所垄断,主客观因素促使蒋介石逐步取得了国民党的最高权力。而谭延闿的处境则较为窘困。湖南农民运动的爆发,加上武汉国民政府在军事上四处受敌,政治和经济上的双重压力使谭延闿由原先的左派逐渐转向右派,由最初的武力反蒋,转变为居中调停,直至最后放弃武力,迁就蒋介石。谭延闿和宋美龄两人之间特殊的关系,间接推动蒋宋联姻。

陈炯明广州叛乱时,为建立、巩固广州革命根据地,蒋介石跟随孙中山四处奔波,宋美龄和蒋介石于1922年初次相见时,宋美龄优雅高贵的气质、情趣以及其独特的人格魅力吸引了蒋介石,并对宋产生爱慕之情。蒋介石曾回忆:"余在广州,寓于孙总理处,以是获见宋女士,以为欲求伴侣,当在是人矣。其时宋女士尚漠然。"②随着蒋介石同宋家的关系的逐步密切,蒋介石借汇报军校情况之机,向孙中山提起求娶其妻妹,希望孙中山牵线搭桥。1926年6月30日,蒋介石日记出现"往访大、三姐妹"的记载,"三"指宋美龄。7月2日,宋美龄将回上海,蒋介石日记云:"美龄将回沪,心甚依依。"③对于蒋宋联姻,除了大姐宋蔼龄赞成外,宋美龄的母亲、二姐宋庆龄、兄长宋子文都反对,从蒋介石日记中可以看出蒋介石年轻时没有接受良好的教育,养成许多坏毛病:"荒淫无度,堕事乖方"、"好色"、"易怒"、"虚骄之气"等,且蒋介石还有妻妾。对此,宋家人不接受也可理解,而宋美龄倾心于蒋介石,将蒋介石视为英雄,在得不到家人支持的情况下,宋美龄求助于谭延闿。

---

① 《斯切潘诺夫报告》,京师警察厅编译汇编:《苏联阴谋文证汇编·广东事项类》,1928年编印,第36—38页。
② 杨树标、杨菁:《百年宋美龄》,江西人民出版社2002年版,第12页。
③ 《蒋介石日记》(手稿本),1926年7月2日。

谭延闿对于蒋宋婚姻表现出愿意促其结合的想法,并亲自说服宋美龄的家人,尤其是宋母与宋子文。1927年9月5日的日记记载:"昨晚得电话约谈,谓是宋子文,乃至西摩路访之,则子文不在。方欲回车,忽传延入,至客座,则子文妹独在,云有事相商,则为介石结婚事,子文反对,欲吾斡旋。此等事非外人所能与,然吾与介石、子文皆相识者,乃许以设法疏通而出。"①谭延闿在宋母面前大肆夸赞蒋介石"年轻有为,是中国未来的希望"。因宋子文当时没给他回复,谭延闿在1927年9月26日又继续写信给宋子文,"晚,作书与子文、庸之,言蒋婚事,事不关己,而数数如此,他日恐将受埋怨矣。"在写信的同时,他也担心自己数次介入别人的私事,会不会反而招来埋怨,这些心理活动都很真实。在谭延闿的劝说下,加之政局的发展,宋子文转变了立场。10月,蒋介石去日本拜访养病的宋妈加提亲时,宋子文已经是站在他那一边了。据蒋介石的日记:"出站后到吴宅休息,照相后即与子文同车到有马温泉,拜访宋太夫人,其病已愈,大半婚事亦蒙其面允。"②

1927年12月1日,蒋介石与宋美龄举行婚礼,婚礼分两次进行,一次是基督教式,在上海西姆路宋家的宅邸举行;一次是中国传统式,在上海市内大华饭店举行,这场中西结合的婚礼,既有旧中国统治阶级的排场,又有西方资产阶级的色彩。谭延闿作为蒋介石和宋美龄的证婚人出席。谭延闿曾在日记中记录了蒋宋的婚礼:"至西摩路宋家,众宾杂沓,无可语者。乃访精卫,偕之再至宋宅,仲鸣亦从,正行教会式结婚礼,余日章为牧师,先问戚友赞成否,再令新人读誓词,乃为祈祷而散。群趋前与介石握手。随至大华饭店,广场设座几满,来宾千余人,蒋兄锡侯及宋子文为主婚,余与蔡子民、王正廷、余日章、何香凝及冯焕章夫人为证婚。礼甚简单,鞠躬,读证书,各盖印,即礼成矣,尚不如宗教式之严重也。"③

---

① 《谭延闿日记》(未刊稿),1927年9月5日。
② 《蒋介石日记》(未刊稿),1927年10月3日。
③ 《谭延闿日记》(未刊稿),1927年12月1日。

谭延闿与宋美龄

蒋宋结婚后,谭延闿与宋美龄的接触也相对多起来了,他提到宋美龄还是常常称她"宋美龄"、"宋三",有时也称"蒋夫人",或者与蒋一起称"介石夫妇"。1927年12月11日,"吾至西摩路,介石夫妇约饭也。"1928年3月27日,"偕黄至司令部访蒋,值其睡,与宋三谈顷之出。"1929年3月22日,"往子文家,介石夫妇、宋子安皆在,留食面一碗,至佳,且肴甚丰,询之宋美龄生日也。"1930年9月9日,"散会时过介石居,入见宋美龄,今晨自沪来,将往徐州,谈顷出。"谭的日记也记下了宋美龄对他的关心。比如1929年12月谭生病了,宋美龄连续给他送食物,关心他的病情。12月24日,"食蒋夫人所送汤,甚美。"12月26日,"午,蒋夫人送食物来……夫人来,谈顷之,问病甚殷勤,劝勿起而去。晚,蒋夫人送汤来,煮面食之。"12月27日,"仍还卧。蒋夫人送汤来,以之煮面,大佳。"

谭延闿的日记还记下了女儿谭祥跟宋美龄的来往,1929年5月14日,"与祥赴蒋约,同餐后略坐出,祥为宋美龄留同出游。"1930年4月14日,"祥往见宋美龄,午饭时始归。"1930年9月13日,"蒋夫人来,亦与入座,呼祥同出。"宋美龄是谭祥与陈诚婚姻的介绍人。谭延闿曾嘱托宋美龄在青年军官中为他的三女儿谭祥择夫,谭祥毕业于上海圣玛利亚女子学校,聪明可爱,甚得蒋介石夫妇喜爱,谭延闿"经常到蒋官邸漫谈,每来必须携曼怡同行"。表明谭延闿对宋美龄足够信任,侧面反映了两人关系密切。为不负干哥哥的嘱托,她着手为谭祥物色夫婿,在当时年轻将领中,陈诚跟随蒋介石,南征北伐,驰骋疆场,战功显赫,宋美龄与蒋介石商量,决定选择陈诚。而后人以"政治婚姻"名之,认为蒋介石和宋美龄为拉拢陈诚,以其干女儿谭祥笼络之。1931年1月24日陈诚与谭祥在蒋介石家中见面,陈诚对谭祥可谓一见倾心,不仅为谭祥大方的风度和知书达理的气质所折服,更为蒋宋亲自出马充当介绍人而受宠若惊,毫不犹豫地接受了蒋宋美意,一年后两人结婚。

谭延闿病逝后,蒋介石致电谭伯羽,谓:"顷接京电,惊悉尊公急病仙逝,痛悼曷极。前方军事未终,不获回京送殓,尤以为憾。尊公之逝,为党国极大不幸。"①10月18日国民政府发布命令:"所有南京各机关自是日起,京外各机关应自奉到电令之日起,下半旗三日,停止一切娱乐及宴会,以志哀悼。"以国葬之礼送别谭延闿,代表了国民党对谭延闿高度的崇敬,从中可以看出谭延闿在国民政府中的威望和地位,得到蒋介石和宋美龄的尊崇,以及他为国民党、国民政府作出的贡献。

三

谭、宋两人在蒋介石的政治生涯中给予诸多帮助。清末民初民主与独裁、统一与割据、进步与落后、革命与反革命错综复杂,政权更迭如此之快,而谭延闿却能和孙中山、汪精卫、蒋介石都合作愉快,这得益于他善于自保、察言观色、善测风向、圆滑机智的精神气质,他素有八面玲珑"水晶球"之称。谭延闿在促成宁汉合流、支持蒋介石重掌国民党军政实权的问题上起了不可低估的作用。1928年2月国民党二届四中全会召开后,蒋介石全面控制了南京国民政府中央机关,谭延闿被任命为国民政府主席。全国统一后,蒋介石宣布实行"训政",谭被任命为行政院长,是蒋介石的得力助手,两人在工作上和私下交往频繁。他对蒋介石继续北伐以及稳定后方助益良多,使蒋介石在国民党中央的领导地位得到巩固。

蒋宋的结合是蒋介石一生的重要一步。宋美龄与蒋介石结合后全身心投入政治生涯,跟随蒋介石转战南北。蒋介石曾在日记中夸赞宋美龄:"三妹以公忘私,诚挚精强,贤妻也。"②《大公报》创始人之一胡霖这样分析:"蒋介石再婚是一个深谋远虑的政治行动,他希望做他们的妹夫,以便争取孙中山夫人和宋子文。当时蒋介石也开始想到有必要得到西方的支持。以美龄做他的夫人,他便有了同西方人打交道的'嘴巴和耳朵';另外,他很看重子文这个金融专家。……对蒋介石来说,在这种情况下娶一位新夫人似乎是理所当

---

① 中华民国史料研究中心:《中国现代史专题研究报告》第九辑,1985年版,第285页。
② 《蒋介石日记》(手稿本),1929年5月29日。

然之举。"①宋家庞大的政治、经济影响力为蒋介石控制国民政府奠定了基础。政治上,宋家的政治关系稳定了其在国民党内部的地位;财政上,宋子文在国民党内部的地位得到进一步的提高,担任着财政部长,掌握着国家的财政大权,在经济和军事上对蒋介石给予很大帮助,筹募经费,甚至向国外订购武器。外交上,宋美龄成了美国和蒋介石政府之间沟通的重要人物。

(本文与郭彩虹合著,原载《湖南工程学院学报(社会科学版)》2019年第3期,收入本书时作了修改。)

---

① [美]斯特林·西格雷夫:《宋家王朝》,丁中青等译,中国文联出版公司1986年版,第365页。

谭延闿与汪精卫

谭延闿和汪精卫是国民政府早期的两个重要人物,不仅长期合作共事,在汪蒋矛盾时,谭延闿还不遗余力地为他俩进行调和。两人都曾是孙中山的忠实追随者,为国共合作和国民革命的发展作出过一定的贡献。

一、两人都是孙中山的忠实追随者

(一)汪精卫早在日本留学时即追随孙中山

汪精卫,原名汪兆铭,原籍浙江山阴,因父亲游幕广东,于是侨居广东番禺三水县。随着父母相继去世,年幼的汪精卫只得跟随长兄汪兆镛生活。1904年,22岁的汪精卫由广东省选派,东渡日本留学,入法政学校速成科。在日本留学期间,汪精卫接触到了民主思想,有了"民主"和"民权"的概念。1905年7月,孙中山从欧洲到日本组建同盟会,汪精卫参加了同盟会在东京的筹备活动,参与同盟会会章的制定。8月20日,同盟会正式成立,孙中山被推选为总理,设立评议、执行和司法三大行政部门,汪精卫担任评议部部长,这年他才22岁,也说明了孙中山对他的信任。11月16日,同盟会机关报《民报》在东京正式出刊,汪精卫与胡汉民是当时主要的撰稿人。他用"精卫"的笔名在《民报》上发表了《民族的国民》、《驳革命可以召瓜分说》和《论革命之趋势》等一系列文章。孙中山对汪精卫的文章十分赞赏,他说:"精卫于民报第六号对于革命将召瓜分之说,曾为文加以驳斥,其论析中外情势,使中国人士莫不大悟,外国恐怖症亦为之一扫,最近氏又发表一革命绝不致召瓜分说之长文,为证实其理论起见,引入种种根据,其卓见洞识,颇博读者快慰。"① 可见,汪精卫在《民报》上用铿锵有力的文字唤醒了国内外还在沉睡中的有志青年,同时也为当时革命活动起到了良好的推动和宣传作用。

1906 年,汪精卫从日本法政学校毕业后,跟随孙中山奔赴南洋各地创办革命分会。1907 年 3 月,清政府为了清除"思想毒瘤"孙中山,怂恿日本政府将孙中山等人赶出日本,于是汪精卫与胡汉民陪同孙中山离开日本。在 1907 年到 1909 年这一段时间内,汪精卫始终追随四处奔波的孙中山,为同盟会筹措大量资金。1907 年,孙中山为了给汪精卫在南洋铺路,还致信邓泽如:"弟派汪精卫兄赴河内、海防、西贡、新加坡,会见同志,报告军事,劝幕军需,各同志多慷慨仗义。筹资汇济。"② 1907 年,革命活动多次失败之后,同盟会内部开始出现分裂,以梁启超为首的保皇派更是冷嘲热讽,诋毁革命党领袖是"远距离的革命家……徒骗人于死,己则安享高楼华屋。"③ 当时保皇派的激进行为和同盟会内部的分裂做法大大刺激了汪精卫,加上 1909 年 3 月清政府宣布预备立宪,以欺骗舆论。汪精卫于是召集在日本的黄树中(复生)、喻培伦、黎仲实、陈璧君等人由香港潜入北京,谋划暗杀活动,"决心与虏酋拼命"④。1910 年 4 月,汪精卫和黄复生等人因暗杀摄政王载沣被捕,直到辛亥革命爆发,才于 11 月 6 日释放出狱。

(二)谭延闿受孙中山革命思想的影响,日益服膺三民主义

谭延闿在 1912 年就加入国民党,但当时并没有积极参与革命活动,且对

---

① 雷鸣:《汪精卫先生传》,政治月刊出版社 1944 年版,第 33 页。
② 邓泽如:《孙中山先生廿年来手札》,新会邓泽如辑印,1926 年,第 30 页。
③ 谢晓鹏:《从亲信到叛徒:汪精卫与孙中山关系透视》,《郑州大学学报(哲学社会科学版)》2006 年第 4 期。
④ 吴玉章:《辛亥革命》,人民出版社 1961 年版,第 102 页。

孙中山的革命思想也没有真正的了解,"以为孙只是会讲外国话而没有读多少中国书的一个革命党人。所以也就开口闭口跟着一些骂孙中山只会说大话、放大炮的一个人,亦呼孙中山为孙大炮。"①1913年,孙中山发动"二次革命",谭延闿迟迟没有响应,直到湖南周边的几个省份相继宣布独立后,谭延闿才不得已于同年7月25日宣布湖南独立,当得知江西等周边省份相继讨袁失败后,又立即于8月13日宣布取消独立。

1917年5月,孙中山举起护法旗帜。9月6日,孙中山致电谭延闿要求以维护国会和宪法为目的,起兵响应,并且呼吁六省督军"克日誓师,救此危局"②。对此,谭延闿不仅表示遵从,还通电指责段祺瑞,表示要"率三湘军民秣马厉兵,以为前驱"③。结果在1917年8月被段祺瑞剥夺了军权。段祺瑞任命自己的亲信傅良佐担任湖南督军。去职后的谭延闿居住在上海,1918年2月25日,孙中山托去上海的陈家鼎给谭延闿带一封信,信中说道:"文始终护法,罔识其他,区区之心,当为国人共亮……倘关于时局,执事有待商榷之处,统希不吝指示。"④表示仍希望谭延闿支持,共同抵制北洋政府。1918年4月,谭延闿离开上海,他在日记中记载道,自上海先抵广州,准备假道广东赴广西,以期争取桂系军阀陆荣廷等人支持。张敬尧主政湖南后,谭延闿一边联络桂系军阀陆荣廷和谭浩明等人,希望能借桂系军阀的军事实力,尽快赶走张敬尧;一边派人联系孙中山,希望能得到孙中山的支持。孙中山在回复谭延闿的信中肯定了谭延闿的付出,同时也提醒谭延闿,要警惕桂系军阀。但谭延闿没有听从孙中山的建议,仍然与桂系军阀领导人保持着亲密关系。于是,在

---

① 方鼎英:《谭延闿的湘军及其与孙中山的关系》,中国人民政治协商会议广东省委员会文史资料研究委员会编:《广东文史资料》第15辑,1964年内部发行,第110页。
② 刘建强:《论谭延闿与孙中山的关系》,《湖南工程学院学报(社会科学版)》2010年第3期。
③ 《革命文献》第7辑,台湾文海出版社1955年版,第923页。
④ 《孙中山全集》第4卷,中华书局1985年版,第325页。

谭延闿与汪精卫

1920年5月,孙中山再次致电谭延闿,如"湘为桂所左右,纵胜北方,无异为渊驱鱼"。①"望速决定"配合粤军陈炯明讨伐桂系军阀,"以绝后患"。但谭延闿依然固执己见,不听孙中山劝说,而是等到陈炯明回到广州后,才在9月致电陆荣廷和陈炯明等人,劝说双方早日停止战争,陆荣廷这时才退出广州。孙中山对于谭延闿这种左右不定的态度十分不满,10月初,致电谭延闿,斥责谭延闿是假借调和的名义,为桂系军阀利用。"利用之以缓兵,且要求条件,离间粤人,以遂狡计。"②除此之外,孙中山还委派黄一欧、阎鸿飞、周震鳞和柏文蔚等人前往湖南,去做谭延闿的工作。这时候的谭延闿正是第三次主政湖南,孙中山示意黄一欧等人:"如果谭延闿不愿意革命,就把他拿下来;谁把谭延闿拿下来,我就让他做湖南督军。"③黄一欧和周震鳞等人将孙中山的信交给谭延闿,并传达了孙中山的意思。这时,徐世昌也派谭延闿的同乡范源濂劝说其赞助和平统一。"这位八面玲珑的督军,一时举足轻重,成了南北双方争取的对象。"④但是这时的谭延闿在打着"湘省自治"、"联省自治"的旗号,独立于南北政府之外。这时,桂系的陆荣廷等人在广州大败,宣布取消广东军政府,并呼吁各省也取消自治,而且四川等省相继宣布取消联省自治。为了稳定湖南的局面和自己的政治地位,11月初,谭延闿发出通电,公开宣布与桂系军阀断绝关系,并表示愿意支持孙中山讨伐桂系军阀。这时的孙中山正是前线紧张的时候,对于谭延闿的公开表态十分欢迎,在写给谭延闿的信中称赞他"支持危局,始终不渝,盖志在卫国。劳怨有所不辞;区区之忱,亦正如此。"⑤

---

① 《孙中山全集》第5卷,中华书局1985年版,第265页。
② 胡汉民编:《民国丛书·第二编·总理全集》(下),上海书店1990年版,第62页。
③ 黄一欧:《谭延闿被迫下台和李仲麟等被杀的回忆》,中国人民政治协商会议湖南省委员会文史资料研究委员会编:《湖南文史资料选辑》第4辑,湖南人民出版社1982年版,第2页。
④ 黄一欧:《谭延闿被迫下台和李仲麟等被杀的回忆》,中国人民政治协商会议湖南省委员会文史资料研究委员会编:《湖南文史资料选辑》第4辑,湖南人民出版社1982年版,第5页。
⑤ 《孙中山全集》第5卷,中华书局1985年版,第427页。

1920年11月,谭延闿因赵恒惕的背叛,被赶出湖南。本来孙中山为了拉拢军权在握的赵恒惕,任命其为湖南督军兼省长,但是赵恒惕却不领情,拒绝孙中山的任命。1921年10月,孙中山为了统一两广地区,在桂林设大本营,希望从湖南借道前往桂林,但赵恒惕为了阻止北伐军从湖南经过,竟派遣省议会成员前往桂林请愿。1922年2月,孙中山再次想借道湖南,特意提前知会湖南,但还是被赵恒惕给拒绝了。赵恒惕的做法让孙中山十分恼火,不再争取赵恒惕的支持,这时谭延闿的态度因赵恒惕的背叛也发生了很大的改变,逐渐向孙中山靠拢。与谭延闿经常往来的杨庶堪也住上海,常常前往谭延闿住处,向谭延闿介绍孙中山的主张和革命思想;孙中山也派张国元前往上海,专门联络谭延闿,做谭延闿的思想工作。

谭延闿被赵恒惕赶出湖南之后,对湖南的制宪仍然非常关心,将重返湖南主政的希望寄托于自治,所以对于黎元洪的任命和孙中山的示好都没有接受,直到1922年8月下旬,在湖南举行的省长选举中,谭延闿以第二名的票数输给赵恒惕。苦于没有安身之处的谭延闿在接触到孙中山的民主思想和治国理念后,逐渐认识到"自恨其直接承教之晚",坚信"革命领袖非孙公莫属"[1],并且重新加入国民党,谭延闿的部下石陶钧攻击他说:"孙、谭从此沉瀣一气,才与联省自治派脱去纠缠。"[2]从此以后,谭延闿一直跟随孙中山,积极参与各项革命活动,先后被孙中山任命为内政部长和建设部长。

(三)汪精卫与谭延闿共襄孙中山,推动了国民革命

谭延闿与汪精卫在1917年就已相识,谭延闿在1917年12月28日的日记中写道:"始见汪精卫,温文如新贵,为意中所不料也。"[3]谭延闿在初次结识

---

[1] 杜云载:《革命人物志》第8集,台湾文物供应社1971年版,第412页。
[2] 谭伯羽:《茶陵谭公年谱》,沈云龙主编:《近代中国史料丛刊》第68辑,台湾文海出版社1973年版,第113页。
[3] 《谭延闿日记》(未刊稿),1917年12月28日。

汪精卫时,汪精卫留给谭延闿的印象是温文尔雅的。当时的汪精卫对于北洋军阀和革命党人的一些行为颇有意见,谭、汪二人在仕途上都不顺利,两人自然是一见如故。据《谭延闿日记》记载:"访行严,汪精卫、冷蕊秋、子武皆在座。谈久之,各去,吾辈径归。"①"访汪精卫,见其夫人。顷之,精卫归,谈甚久出。"②可见两人常常往来。随着三次督湘都以失败收场,谭延闿遂决定跟随孙中山离开上海,前往广州,走上革命道路。孙中山也吸取自己以往革命斗争中"任用非人"的教训。在到达广州之后,就宣布要整理内政,改革吏治,并提出任命官吏主要根据是否具有真才实学。经过孙中山亲自挑选,谭延闿被任命为陆海军大元帅府大本营内政部长。1923年3月16日,谭延闿正式任职。1923年5月7日,孙中山又改任谭延闿为大本营建设部长,7月6日,为组织讨伐赵恒惕的军队,谭延闿被孙中山任命为湖南省长兼湘军总司令。因有军务在身,谭延闿主动向孙中山请辞大本营建设部长。谭延闿任职内政部长期间,广东的形势十分严峻,先是沈鸿英勾结直系军阀,于4月公然发动叛乱;自5月开始,陈炯明叛军杨坤如部,再度猖獗于潮州、梅县一带,孙中山常常亲自奔走各个地方督战。在此期间,谭延闿不仅周全地安排建设部的人事、军政机关和士兵供需等,还常常亲自前往前线,挥师讨贼,因而获得了孙中山的肯定和信任。1923年5月,谭延闿被孙中山任命为讨贼湘军总司令,击败了陈炯明的叛军,为广州大本营的稳定作出了贡献。

汪精卫和谭延闿两人作为孙中山的追随者,在孙中山在世时,对孙中山和他所提出的三大政策持坚决维护的态度,并且一直在与国民党右派进行斗争,积极促进国共第一次合作。1924年1月,国民党在广州召开第一次全国代表大会,决定改组国民党,通过新党纲、新党章及改组国民党的具体办法。会上,谭延闿和汪精卫两人都当选为国民党中央执行委员。对会上所确定宣布的新三民主义政策以及国共合作等决议,谭延闿表示十分支持,他在《甲子元日试

---

① 《谭延闿日记》(未刊稿),1918年1月4日。
② 《谭延闿日记》(未刊稿),1918年1月13日。

笔》(即《1924年农历正月初一试笔》)中记载道:"在昔轩辕纪,龙飞肇此年。上元今岁始,佳节立春先。尚想中兴业,重寻皇极篇。太平端可致,努力仗群贤。"①其意是说在国民党"一大"上所制定的政策,是振兴中华的开始,依靠国共两党各位有志之士的帮助,将会建立一个崭新、宏伟的国家。闭幕会上,谭延闿被孙中山委派为大本营秘书长。谭延闿任大本营秘书长后,一切奉命唯谨,凡是孙中山交办的重要文件,谭都亲自拟稿。

国民党"一大"召开之后,孙中山在大元帅府召开军事会议,决定先扫清陈炯明叛军,然后再出师北伐。谭延闿受孙中山的委派担任东征总指挥出师东江,讨伐陈炯明。同时,孙中山为了打击直系军阀,委派汪精卫联络奉系军阀张作霖。1924年10月22日,冯玉祥发动北京政变,推翻直系军阀政府。11月4日,冯玉祥、胡景翼、孙岳等联名电邀孙中山赴京共商国是。孙中山于1924年11月13日抱病北上,12月31日到达北京。因在旅途中积劳病重,于1925年3月12日在北京逝世。孙中山逝世前夕,补签了由汪精卫记录的国事与家事和致苏联的口授遗嘱。据1925年3月16日《申报》载《孙寓吊唁记》:"孙早自知不起,二月二十四日口授遗嘱,由汪精卫笔记,稚晖等九人证明。"在国事遗嘱中说:"余致力国民革命,凡四十年,其目的在求中国之自由平等。积四十年之经验,深知欲达到此目的,必须唤起民众及联合世界上以平等待我之民族,共同奋斗。现在革命尚未成功,凡我同志,务须依照余所著建国方略、建国大纲、三民主义,及第一次全国代表大会宣言,继续努力,以求贯彻。"在家事遗嘱中除了安排随身物品和财产,还嘱托子女们要继续秉承他的革命信念,将革命继续进行下去。在致苏联的遗书中,对三民主义政策进行阐述,并说明自己对革命事业的坚定信仰。表示"希望不久即将破晓,斯时苏联以良友及盟国而欣迎强盛独立之中国,两国在世界被压迫民族自由之大战中,

---

① 谭伯羽:《茶陵谭公年谱》,沈云龙主编:《近代中国史料丛刊》第68辑,台湾文海出版社1973年版,第35页。

携手并进,以取得胜利。"①汪精卫作为孙中山先生遗嘱的起草人,将孙中山几十年的心血用简练的数百字就表达完整。当汪精卫拟好遗嘱给孙中山时,孙中山认同地说:"好!不过这个样子你们是很危险的,因为政治的敌人正在诱惑你们,软化你们,如果你们有这样的坚决,这是予你们有危险的。"汪精卫立即说:"决不会的,我们同志,一定不怕危险的,不受诱惑的。"②汪精卫在孙中山逝世后,为处理丧事病倒,但还是拖着病体,草拟了《国民会议国际问题草案》。

奉孙中山命令在东江肃清陈炯明残部的谭延闿,在得知孙中山逝世的消息后,立即赶回广州,与廖仲恺、胡汉民、蒋介石等人主持广州方面致祭孙中山的有关事宜。谭延闿被推选为临时成立的孙中山哀典筹备委员会的筹备委员之一。3月21日,谭延闿与胡汉民等人通电全国,表示要"秉承孙大元帅所著《建国方略》、《建国大纲》、《三民主义》、《第一次全国代表大会宣言》及遗嘱,努力继续进行,以期贯彻主义,无负在天之灵,而告无罪于民众"③。

孙中山逝世之后,广州的局势变得十分严峻,当时的东征军远驻东江,广州境内空虚,云南的唐继尧联合杨希闵和刘震寰等人,企图入攻广州。胡汉民、谭延闿等人商量对策,胡汉民表示铲除军阀是迫在眉睫的事情,也是遵守总理的遗教。对于胡汉民的提议,谭延闿首先表示支持,他说:"我相信做这件事,是非常困难的,甚至我的部队敢不敢和杨、刘抗衡,此刻还没有把握,不过胡先生的见解,断断不错——在理论上,只有这么做才能打开革命的道路。我们除拼命干去以外,更计不到成败利钝了。"④5月13日,汪精卫由北京南下,抵达汕头粤军行营总部,与廖仲恺、许崇智、蒋介石等人就伐杨、刘商讨对

---

① 《致苏联遗书》,上海书店编:《革命尚未成功 同志仍须努力》,上海书店出版社1926年版,第31页。
② 朱宝琴:《从国民党改组到孙中山逝世前后的汪精卫》,《民国档案》1995年8月15日。
③ 《广州大本营公报》1925年第9号。
④ 《胡汉民回忆录》,东方出版社2013年版,第201页。

策,决定放弃潮、梅两地,回师惠州。6月13日,叛乱滇军在观音山(今越秀山)一带被剿灭,广州革命根据地转危为安。

平定杨、刘叛乱后,6月15日,国民党中央执行委员会举行全体会议,就成立国民政府作出以下决策:(一)中国国民党中央执行委员会为最高机关;(二)改组大元帅府为国民政府;(三)建国军改称国民革命军;(四)整饬军政、财政。会后,在鲍罗廷的参与下,廖仲恺、胡汉民、谭延闿、汪精卫等人商讨了改组国民政府等具体问题。6月24日,胡汉民发表接受政府改组决议通电和革命政府改组决议。7月1日,国民政府在广州正式成立,汪精卫、廖仲恺、胡汉民、谭延闿、许崇智等十六人被推选为委员,汪精卫、胡汉民、谭延闿、许崇智等人被推选为常委;同时推选汪精卫为国民政府主席,胡汉民为外交部长,许崇智为军事部长,廖仲恺为财政部长。谭延闿对于国民政府的稳定局面十分欣慰,他在对友人的书信中说道:"中山先生死,复而其说乃大行于人,今天下口号盖无不相同者,更阅数年当更进,于此可使世之独立示惧之丈气为一振也。"①广州国民政府成立后,7月3日,成立了国民政府军事委员会,汪精卫、谭延闿、胡汉民、蒋介石等八人被推选为委员,同时推举汪精卫为首任主席。可见,作为国民政府建立的元老,汪精卫和谭延闿两人对于成立国民政府都发挥了重要作用。

为了响应国民政府"军政统一"的号召,谭延闿从自己的部队着手,将湘军改编为国民革命军第二军,并担任第二军军长。谭延闿的部队被改编之后,剩余一部分需要安置的军官,由谭延闿建议,成立了"国民政治讲习班",由"湖南政治研究会"具体领导,由谭延闿、程潜、鲁涤平以及共产党员李富春负责领导,教员中有邓中夏、张太雷等共产党员,可见,当时谭延闿与共产党人的关系比较融洽。9月1日,国民党中央特别委员会会议决定出兵东江,彻底肃清陈炯明反革命势力,谭延闿指派岳森前往东江与蒋介石接洽。9月20日,

---

① 《谭延闿手札》,中华书局1937年版,第58—59页。

许崇智与陈炯明相互勾结叛变革命行径暴露,随即,国民党中央政治委员会决议解除许崇智的军政部长、财政监督之职,由谭延闿兼任军政部长。之后,谭延闿与蒋介石等人多次商讨第二次东征计划。10月14日,东征军在香港罢工工人和东江农民的积极配合下,兵分三路,向东江腹地发起进攻,一路上乘胜追击,直至陈炯明残部流窜闽赣边界。此时,国民党右派在1925年11月23日于北京西山碧云寺,召开"第四次中央执行委员会全体会议",公开进行分裂活动。11月27日,谭延闿与汪精卫、瞿秋白、张国焘等人联名通电反对西山会议派,并且决定召开国民党一届四中全会。会上指出国民党右派在北京碧云寺召开的会议为非法活动,并且决定召开国民党第二次全国代表大会来处理"西山会议派"的问题。1926年1月1日至19日,国民党第二次全国代表大会在广州召开,会上,明确宣布国民政府所实行的政策和政纲仍然秉承孙中山遗教。为了贯彻大会精神,谭延闿与汪精卫等人在国民党二届一中全会后前往梧州,与李宗仁、黄绍竑等商讨两广统一问题。谭延闿和汪精卫的梧州之行结束之后,两广问题正式进入实质性谈判阶段。1926年2月初,李、黄二人派白崇禧为代表,前往广州与国民政府商讨两广问题。2月20日,广州政府成立了处理两广统一问题的专门机构——"两广统一特别委员会",委员会由谭延闿、李济深、汪精卫、蒋介石、宋子文和白崇禧六人组成。经过反复协商,最终达成一致,由谭延闿、汪精卫等人制定的"两广统一案"正式公布。统一案的主要内容是:"(一)广西省政府依据省政府组织法于中国国民党指导和监督之下,受国民政府命令处理全省政务;(二)广西现有军队全部改编为国民革命军。"①(三)凡两广之财政机关及财政计划均受国民政府之指导监督。至此,孙中山苦心经营,长期四分五裂的两广地区,终于得到了统一。

  谭延闿和汪精卫都为孙中山的革命事业作出了一定贡献,汪、谭二人从相识,到共同襄助孙中山,交往更加频繁。

---

① 王奇生著,张海鹏主编:《中国近代通史·第7卷·国共合作与国民革命1924—1927》,江苏人民出版社2024年版,第86页。

二、谭延闿为调和汪蒋关系苦心斡旋

1926年1月国民党"二大"之后,内部矛盾越来越严重,随着廖仲恺被暗杀,胡汉民被迫出国,国民政府的军政实权为汪精卫、谭延闿和蒋介石三人掌握。蒋介石知道自己的声望远不及担任国民政府主席的汪精卫,为了与汪精卫争夺权力,屡屡制造矛盾。"中山舰事件"就是当时蒋介石为了争夺权力而一手制造出来的。在"中山舰事件"发生之后,谭延闿在汪精卫和蒋介石之间尽心调和,全力维护国民党内的稳定和谐。

1926年3月20日,蒋介石调动军队包围省港罢工委员会和苏联顾问住宅,逮捕中山舰舰长、共产党员李之龙以及国民党各军内的共产党员共五十余人,并驱逐黄埔军校及第一军中以周恩来为首的全部共产党员。

3月20日,汪精卫因病休息在家,陈公博匆匆赶往汪精卫住所向汪报告外面戒严和苏联顾问住所被包围的消息。汪精卫在陈公博来之前就接到消息,但是持有怀疑的态度,他说:"我完全不知道,正在有人来报告,我还在怀疑。"[①]谭延闿得知消息之后,立即前往蒋介石的住所。谭延闿在3月20日日记中记载:"护芳来,未接谈而益之来,以介石书见示,将有大举,乃亟与益之赴之。至其经理处,遇陈肇英,(方书告示,亟止之。)问介石,知在造币厂,遂赴之。"[②]谭延闿和朱益之从蒋介石住所出来后径直去了汪精卫的住所。谭延闿和朱益之说,蒋介石托他们转交一封信给汪精卫,这封信的内容大致是说共产党意图谋乱,所以不得以紧急处置,希望汪精卫能谅解。谭延闿还向汪精卫报告了蒋介石占领了东门外造币厂的旧址作司令部,李之龙被扣押和第一军的党代表全体被免职等一系列情况。汪精卫听到这些消息后,十分愤怒地从病床上坐起来说:"我是国府主席,又是军事委员会主席,介石

---

① 陈公博:《苦笑录》,东方出版社2004年版,第32页。
② 《谭延闿日记》(未刊稿),1926年3月20日。

这样举动,事先一点也不通知我,这不是造反吗?"①看到汪精卫如此愤怒,谭延闿和朱益之建议说:"我看介石是有点神经病,这人在我们看来,平常就有神经病的,我看我们还得再走一趟,问问他想什么和要说什么再说。"还在病床上的汪精卫抓起衣服就要和谭延闿他们一起出去,可是衣服穿到一半又晕倒在床,被陈璧君劝阻住。汪精卫十分气愤地说:"好,等你们回来再说罢,我在党有我的地位和历史,并不是蒋介石能反对掉的!"②谭延闿和朱益之再次前往蒋介石的住处,蒋介石向谭延闿展示了孙中山生前给他的一封信,信中说:"今之革命委员会……此固非汉民、精卫之所宜也。"③蒋介石拿出这封信的目的是想拉拢谭延闿等人。但是谭延闿回到汪精卫住处时并没有提及蒋介石的意图,"说蒋介石只是要限制共产党,其余则得不到什么要领。"④1926年3月22日,汪精卫在病床前开了约一个小时的国民党中央政治委员会特别会议,主要讨论"中山舰事件"的处置办法。在会上,蒋介石坚持要求苏联顾问回苏联。鉴于苏联顾问没有任何表态,加上蒋介石坚持,最后会议按照蒋介石的意图将三位苏联顾问遣送回国,并对共产党加以限制。

三、谭延闿与汪精卫共促迁都武汉

1926年10月,随着国民革命军顺利占领武汉,革命形势由之前的南方迅速向北方转移,革命重心也由之前的珠江流域转移到了长江流域。迁都也随之被一些国民政府官员提上了议事日程。10月,国民政府在广州召开联席会议,主要对迁都这一议题进行讨论,谭延闿对于迁都这一议题开始是比较随意的,他在开幕词中表示:"国民政府现在要不要迁移,国民会议如何召集,都要

---

① 渠福启:《民国春秋·第2部·沧海横流》,山东人民出版社2022年版,第464页。
② 陈公博:《苦笑录》,东方出版社2004年版,第33页。
③ 陈公博:《苦笑录》,东方出版社2004年版,第34页。
④ 陈公博:《苦笑录》,东方出版社2004年版,第34页。

请大家共同讨论,以求一个适当的方法。"①会上,孙科等人主张迁都,而受中共中央政策影响的吴玉章等人却反对迁都,想要通过这种手段来阻止蒋介石独裁的阴谋。因为参加这次会议的人员大多数是反对迁都的左派人士,所以这次会议"完全为'左倾'空气包办"②。决议明确提出:"国民政府的地点应视其主要工作所在地定之,现在国民政府之主要工作在巩固各省革命势力之基础,而此种主要工作以首先由广东省实施最为适宜,故国民政府仍暂设于广州。"③然而,以蒋介石为主的国民党右派一直主张迁都。10月22日,蒋介石致电谭延闿等人,力陈迁都理由。蒋介石再三急切电催迁都武汉的原因有三:一是如《国闻周报》上刊载他的讲话所说:"意以为共产党势力在粤,迁之使其失所凭藉,易以取缔"。二是"抑唐",他认为北伐军前敌总指挥唐生智是攻打武汉三镇的主力军,军队扩充很快,与从广东出发的三个军的力量相差无几。三是阻止汪精卫回国复职。④ 当时正值北伐军攻克江西,国民党内的迁都之声也越来越强烈,国民政府出于稳住人心和巩固政权等因素,将迁都这一提议正式提上议程。1926年11月8日,谭延闿主持国民党中央政治会议,根据形势需要和蒋介石的主张决定将中央党部和国民政府迁至武汉。⑤ 11月26日,谭延闿主持国民党中央执行委员会政治会议,会上正式作出了将国民政府迁往武汉的决定,并作了具体的迁都计划。

然而,当迁往武汉的第二批国民政府官员谭延闿、张静江等人由广州出发到达南昌后,蒋介石却坚持认为南昌是国民政府的最佳定都地。蒋介石之所以这么说,实际上是为了巩固自己的政治地位。面对蒋介石出尔反尔的态度,武汉国民政府表示出强烈不满。在这种情况下,武汉方面决定以宋庆龄等人

---

① 荣孟源主编:《中国国民党历次代表大会及中央全会资料》(上),光明日报出报社1985年版,第265页。
② 《K.M.T.中央地方联席会议经过情形》,《中央政治通讯》第12期,1926年。
③ 《国民党中央地方联席会议经过情形》,中央政治通讯1926年12月资料。
④ 《董必武传(1886—1975)》(上),中央文献出版社2006年版,第207页。
⑤ 孙泽学:《北伐战争中迁都之议研究的几个问题》,《史学月刊》2008年第8期。

的名义向蒋介石发去电报,严厉斥责蒋介石不守信誉的行为,并派谢晋前往南昌催促谭延闿等人迅速前往武汉。面对武汉方面的谴责,蒋介石不仅对发来的电报置之不理,而且于1927年1月3日在南昌召开了中央政治委员会第六次临时会议。会上决定"现因政治与军事发展便利起见,中央党部及国民政府暂住南昌,待3月1日中央执行委员会全体开会公决中央党部及国民政府驻地后,再行迁移。"①在1月3日的政治委员会会议上,"谭延闿与张静江、顾孟余、丁维汾、何香凝等人与会。当蒋介石询问谭延闿等人迁都意见时,谭延闿答曰:'论道理是应该迁武汉,论局势是应该留南昌,我倒主张中央暂时留赣。'"②谭延闿这种摇摆不定的态度,让蒋介石的野心更加膨胀起来,最终形成了武汉、南昌双方对峙的局面。武汉政府致电蒋介石,要求其遵守约定,将国民政府迁往武汉,宋子文也通过扣留蒋介石的军需来阻止其阴谋。蒋介石迫于武汉方面的压力,在2月8日召开的国民党中央政治会议第五十八次会议上,答应将国民政府迁往武汉。2月21日,武汉临时联席会议决定:"(1)结束武汉联席会议;(2)中央党部、国民政府在武汉正式办公;(3)3月1日前召开二届三中全会。"③在此后不久,陈公博从南昌来到武汉,希望经此一行来缓和武汉与南昌之间的关系,武汉方面也派谢晋、陈铭枢带着联名信随着陈公博一同回到南昌,以说服谭延闿等人速到武汉。谭延闿与陈果夫同去与蒋介石商量后,决定于3月6日启行赴鄂,临行前蒋介石还对谭延闿与陈果夫说:"他们能等我,等到3月12日开会,就相信他们有诚意;假使提前举行,则虚伪可知。"④谭延闿等人于3月7日到达武汉,参加了在武汉举行的二届三中全会预备会。会上,谭延闿就推迟大会时间至3月12日与武汉国民政府官员展开

---

① 中国第二历史档案馆编:《中华民国史档案资料汇编》第4辑,江苏古籍出版社1991年版,第374页。
② 陈公博:《苦笑录》,东方出版社2004年版,第60页。
③ 徐莉君:《"七一五"汪精卫分裂武汉国民政府的真相》,《武汉文史资料》2005年第3期,第34页。
④ 蒋永敬:《鲍罗庭与武汉政权》,传记文学出版社1972年版,第44页。

了激烈的讨论,最终为了兼顾武汉、南昌两方面的意见,会议采纳徐谦建议,将当日会议作为预备会,3月8日召开小组提案委员会,3月9日召开提案审查会。正式开会自10日开始。如果蒋介石真的诚意参加大会,3月12日来仍然能赶来参加大会有关重要议案的讨论和通过。可是,蒋介石始终没有到会。

四、谭延闿配合汪精卫分共附蒋

1927年4月12日,蒋介石发动反革命政变。4月17日,以胡汉民、蒋介石等人为首,在南京组建国民政府,宁、汉形成对峙局面。

对于蒋介石的反动行径,武汉国民政府在4月17号宣布开除蒋介石的党籍,撤销蒋介石的职务,并下令通缉蒋介石。4月22日,谭延闿与谭平山,吴玉章,毛泽东等共产党人共39人以国民党中央执监委员、候补执监委员、国民政府委员、军事委员会委员身份,联名发表《讨蒋通电》,号召:"凡我民众及同志,尤其武装同志,如不认革命垂成之功,毁于蒋中正之手,唯有依照中央命令,去此总理之叛徒,本党之败类,民众之蟊贼。"[①]6月1日,国民革命军第三十六军刘兴的部队攻破郑州,随后,唐生智向武汉国民政府和国民革命军第二集团军总司令冯玉祥发去邀请,"请负责同志赴前方指导政治"[②]。汪精卫接到邀请之后,立刻召开会议,并决定偕同谭延闿等人前往郑州。6月8日,汪精卫与谭延闿等人抵达郑州,6月10日在陇海花园举行郑州会议。会上,汪精卫为了拉拢冯玉祥,达到反共反蒋的双重目的,摆出了左右开弓的姿态:一边控诉工农运动,一边攻击共产党人借助国共合作大搞阶级斗争,必须予以"严厉制裁";又对蒋介石的独裁专断大加谴责,声称"蒋介石要把党和政府放在他的军权控制之下"[③]。谭延闿在会上恭维冯玉祥"功高劳苦",希望冯能

---

① 王光元、姜中秋编著:《汪精卫》,中国和平出版社1996年版,第40页。
② 陈宁生:《郑州会议和徐州会议——"宁汉合流"的酝酿》,《近代史研究》1984年第2期。
③ 武汉地方志编纂委员会办公室编:《武汉国民政府史料》,武汉出版社2005年版,第435页。

继续担负北伐任务。可见汪精卫、谭延闿此行的目的是争取冯玉祥支持其反共反蒋计划。但冯玉祥对共同反蒋问题不作正面回答,只对反共持一致意见,因而在会上便达成了"清党分共"的统一战线。汪精卫、谭延闿的反共态度为日后的"七一五"反革命政变和宁汉合流埋下了种子。

郑州会议结束之后,汪精卫、谭延闿到武汉便加快了分共的步伐,立刻与国民党内部人员制定分共对策,认为现在考虑的不是要不要分共,而是什么时候分共。6月11日,武汉政府不仅对各地所有的共产党组织进行清查并将其遣散,还对各地的共产党员和革命群众进行逮捕。正如周恩来指出,"在郑州打下后,什么人都跑到郑州去会冯玉祥了。……冯玉祥一面与武汉来的这些人应付,一面宣布他要去徐州会蒋介石。于是武汉去的这些人一连串地跑回来。这时汪精卫、谭延闿、孙科、顾孟余等态度全变了"①。而此时的冯玉祥已成为当时中国政坛上的风云人物,他拥有庞大的武装力量,占据豫陕甘和包头地区,左右着宁汉双方形势的发展,南京的蒋介石和武汉的汪精卫一样,都极力地想要拉拢冯玉祥,以取得更具有保障的武装力量。应蒋介石的邀请,冯玉祥于1927年6月19日到达徐州,参加徐州会议,这次会议的主要内容是商讨"北伐"和"清党"。在北伐方面,蒋介石希望能与冯玉祥合作,先解决内部忧患,再进行北伐。但是冯玉祥却坚持宁、汉之间的矛盾只是内部的,国民政府最重要的任务是对付奉、鲁军阀。况且在郑州会议上,以汪精卫和谭延闿为代表的武汉政府已经同意分共,这样宁、汉之间就不存在政治分歧了。冯玉祥还表示自己愿意居中调解宁、汉双方的矛盾。6月21日,冯玉祥致电武汉国民政府,攻击共产党是"冒国民党革命之名","布全国恐怖之毒"。要求武汉汪精卫、谭延闿"速决大计,早日实行""清党"、"分共"。武汉政府在蒋介石与冯玉祥达成合作之后变得孤立无援,在这种情况下,谭延闿本来就不够坚定的态度瞬间就转变了,对冯玉祥的请求表示赞同,并且表示愿意配合汪精卫促成

---

① 《周恩来选集》上卷,人民出版社1980年版,第170页。

宁、汉双方的合作。之后，谭延闿与汪精卫二人就紧锣密鼓地开始策划"分共"对策，在召集国民党内部成员商讨"分共"办法的同时对国民军队重要领导人进行劝说。7月14日，武汉政府召开秘密会议，武汉国民党成员认同了汪精卫的"分共"行为。7月15日，国民党举行第十二次扩大会议，说共产党之所以和国民党合作，是想要将国民党共产化，共产党将国民政府作为发展平台，借此将共产主义发扬光大，认为现在国民党内制定的政策和方针多是受了共产党的影响。因此，必须对共产党"加以相当的制裁"。会议后，汪精卫对武汉的党、政、军等部门进行大规模的"清党"。随着汪精卫集团大规模地反共，国共合作彻底破裂，在反共过程中，谭延闿对徐州会议中达成的"分共"主张的极大赞成，加快了汪精卫的公开反共步伐。

（本文系湘潭大学哲史学院专门史专业2016级研究生黄姣的硕士学位论文，本人为其指导教师，收入本书时作了较大修改。）

谭延闿与熊希龄

谭延闿与熊希龄关系密切,交往颇深,政治上互相支持。谭延闿第一次督湘时期,两人的交往开始增多。谭延闿能够第二次督湘及在湖南推行地方自治都得到了熊希龄的大力支持。而谭延闿也致力于推动南北议和,支持熊希龄的慈善事业,帮助他筹赈施赈。

一、谭延闿第一次督湘时对熊希龄的帮助

(一)谭延闿为熊希龄的借款辩护

1912年2月,袁世凯任命熊希龄为财政总长。熊希龄深知国家财政困难并且难以治理,以自己能力不足、身体不好需要调养为由,多次推辞,不接受委任。但袁世凯以民国政府刚成立、国家正处于内忧外患的局面为辞,对他进行规劝,"嘱其即时就道"。[①] 在这种情况下,1912年4月9日,熊希龄在上海通电就职,但等待他的却是借款纠纷问题。

辛亥革命前,清政府曾以东北诸税为担保,与英、美、法、德四国银行签订了一千万英镑的借款合同,当时只支付了少量垫款。武昌起义后,四国银行团暂停借款交涉。袁世凯任大总统之后,四国银行团即与内阁总理唐绍仪进行

---

① 上海《时报》1912年4月4日。

交涉，提出中国政府所需的垫款、善后借款，必须由该银行团优先供给，企图掌握中国经济命脉，并加强对民国政府的控制。唐绍仪认为条件过于苛刻，又不甘心受银行团的要挟，便向比利时银行借款一千万英镑，以中国通常岁入及京张铁路的净利与财产为担保，年息五厘，折扣九七，偿还期限为一年。① 此举打破了英、法、美、德四国银行对华的垄断权，遭到他们的强烈反对。为此，唐绍仪被迫取消了向比利时银行的借款，重新与四国银行团进行商谈，但四国银行团提出监督中国财政及要求中国裁军等苛刻条件。② 唐绍仪觉得无法接受，谈判破裂。

5月3日，熊希龄到达北京，为解决财政匮乏的困境，准备与四国银行团磋商贷款。5月7日，熊希龄开始与银行团谈判，向银行团提议，大借款延缓商议，先商议小笔垫款，以解决燃眉之急。5月12日，银行团提出监视垫款用途的条件，国务院与参议院对此采取"默许"态度。5月15日，熊希龄向银行团表示可以接受其条件，并于5月17日在垫款章程上签字。章程规定，银行团在正式进行善后借款之前先垫付三百万两，以后于6月12日、17日分别再拨款三百万两；银行团则在财政部成立稽核处，以稽核贷款用途。对垫款用途进行严格限制，无疑给予列强窥视中国财政、军事状况以可乘之机，严重损害了中国主权；稽核处的成立，则使列强获得了监督中国财政的特权。因而，垫款章程公布后，激起了社会各界的强烈反对，以至负责借款事宜的熊希龄竟被指为"卖国贼"。

同盟会的革命党人对熊希龄的指责尤为激烈，和他私交甚好的黄兴"尤大声急呼，以龄为晃错"③。黄兴认为熊希龄负责借款事宜，而借款条件如此苛刻却先行签约，未能征求社会各界意见，是不顾国家和民族的利益，将民国

---

① 刘秉麟：《近代中国外债史》，中华书局1962年版，第92页。
② 朱宗震、杨光辉：《民初政争与二次革命》（上编），上海人民出版社1983年版，第17、24页。
③ 《熊希龄先生遗稿》第1册，上海书店出版社1998年版，第307页。

前途断送于三百万两的垫款之中。黄兴通电"心犹未死,誓不承认"①。

谭延闿对熊希龄借款则持理解态度,他不仅未指责熊希龄,反而在多方的指责声中站出来为熊希龄进行辩护。谭延闿说,"现在国基甫定,财政奇穷,议借外债原系饮鸩止渴,万不得已之举。"②中国财政在前清时代就已有破产征兆,大量的赔款以及社会动乱所引发的金融恐慌导致清政府国库濒临崩溃。辛亥革命后,各省相继独立,财政更加分裂。南京临时政府缺乏对各省的支配力,无法正常征收赋税,"县款不解于省,省款不解与中央。"③袁世凯就任临时大总统后的北京政府,不仅田赋、关税难以征收,还需要巨额的军费支出和维持政运行的行政费用支出。因此,无论是南京临时政府还是北京政府,都面临着入不敷出的局面,财政处于极度困难的境地。熊希龄曾在参议院披露,截至 1912 年 5 月,共计亏空 28052 万两,"未足以为确据,然其大要不离夫此。"④在这种情况下,签约属于不得已而为之。谭延闿还认为与银行团商谈借款,就必须有一个人负责这件事情。熊希龄作为财政总长,一方面他的职责要求他监理整个国家的财政,另一方面熊希龄本人在理财方面颇有建树,是商谈借款的不二人选,"财政总长适当其冲。"⑤为了顺利借款并请银行团降低借款条件,熊希龄已经做了最大的努力,"与资本团竭力磋议,难得完好之约。"⑥而且借款并不是熊希龄一个人的主张,是经过国务委员会议全体讨论后所作的决定。熊希龄内迫于国家财政无法维持中央和地方的政费、军费,外迫于各国严苛的借款条件,处于进退两难的境地,借款必定会损害国权,不借款则仰屋无术。所以,熊希龄接受银行团的监督条件在合同上签字,并非有心丧失国权。

---

① 湖南省社会科学院编:《黄兴集》,中华书局 1981 年版,第 197 页。
② 《申报》1912 年 5 月 30 日。
③ 沈云龙:《民国经世文编》(财政六),台湾文海出版社 1973 年版,第 12 页。
④ 林增平、周秋光编:《熊希龄集》(上册),湖南人民出版社 1985 年版,第 313 页。
⑤ 《申报》1912 年 5 月 30 日。
⑥ 《申报》1912 年 5 月 30 日。

其实，谭延闿为熊希龄进行辩护是有原因的：一是熊希龄还在上海未就职之前就和谭延闿讨论过国家财政问题，"弟前未任此职时,在沪曾电告我公,并非今日负责任之官话。"①新成立的民国政府需要承担遣散军队的恩恤费用、辛亥革命对中外商民所造成的损失的赔偿和国家建设所需要的费用,加上从前的外债借款等,所需要的经费以及要填补的亏空是巨大的。就财政方面而言,已经够不上一个国家的资格了,只有支出而无收入。若要一个救急的办法,只能依靠借款支撑危局,而借款只能暂缓一时之急。如果借款不用在生产之上,"徒使归于消耗",就不能从根本上解决财政问题。熊希龄多次致电谭延闿,"现在南北两京每日军费已及千万,部库并无涓滴之存,军界几有哗溃之势,故不得已而出于借债。"②谭延闿理解熊希龄借款是不得已之举。二是因为谭延闿作为湖南都督兼省长,深知导致湖南财政困难最大的原因就是军费支出的增多。辛亥革命发生之前,湖南军人不到两万,湖南光复之后,为了支援武昌,许多农民、工人、知识分子踊跃参军,士兵人数迅速增加。革命结束之后,湖南军队人数大概还有五万,军费相应增加了许多,"阅检查院辛亥九月至元年二月决算报告,凡用款五百余万,军事费居十之七,出入相抵,不敷二十余万云。"③谭延闿想方设法筹集军费,但还是不够,无奈之下,只能裁减军队。除了湖南之外,山西、陕西、浙江、湖北、福建等各省军费支出都十分庞大,都电请熊希龄拨款,以发军饷,"北方各军,衣尚着棉,南方来电,兵工食粥","需放急饷八十万两。"④南京临时政府和北京政府每月所需要的军费加起来将及千万,而"部库并无涓滴之存",熊希龄只能向外国银行团借款。见中国财政情况紧急,"外人见我愈急,要挟愈坚。"⑤列强"坐地起价",提出苛刻条件,熊希龄不得不答应外国银行团的借款条件,而且一旦军队发生哗变,后果

---

① 周秋光编：《熊希龄集》（二）,湖南人民出版社2008年版,第626页。
② 《申报》1912年6月3日。
③ 《谭延闿日记》（未刊稿）,1913年3月9日。
④ 上海《时报》1912年5月27日。
⑤ 《申报》1912年6月3日。

将不堪设想。三是因为湖南财政十分困难,谭延闿作为湖南都督,想要缓解财政状况。从谭延闿的角度来讲,他希望借款成功,中央能够拨款一部分到湖南,以暂时解决财政问题,所以他说:"公统筹全局,必有成算,大借款果成否?湘能分润若干?但令于事有济,愿听指挥。"①

(二)谭延闿全力接济中央财政

谭延闿不仅为熊希龄辩驳,还以实际行动支持熊希龄。首先,积极筹集资金,以挽救危局。由于银行团提出的条件太过苛刻,谭延闿不愿国家主权受到严重侵害,便积极响应黄兴所提倡的募集国民捐活动,以挽救"借债亡国"的局面。他一方面让财政厅想办法凑拨湘平足纹三十万两,汇给中央以作接济。另一方面,他成立筹饷局,号召人们积极捐款。虽然湖南自辛亥革命以来,财政困状不堪,"支出顿侈,挪掘四出。"②但是湖南人民仍募集国民捐 463.6 万元③,为接济中央财政做出了巨大努力。

其次,谭延闿将湖南的备用赔款,汇给中央,共计九十万元,给予熊希龄谈判的底气。受到多方指责的熊希龄辞职未果,只能继续与银行团磋商。继 5 月 17 日的拨款之后,6 月 12 日银行团又拨发垫款三百万两,这时熊希龄便与银行团开始善后借款的正式谈判。6 月 18 日,日本和俄国加入四国银行团,变成六国银行。此时银行团又提出经理全国借债、洋人管理盐务税收、稽核处永久不撤销等新的借款条件。这些条件相比之前的更为苛刻,熊希龄严词拒绝。财政部经过商讨之后,改借六千万英镑为一千万英镑。银行团以致电伦敦商量讨论后才能答复是否能够借一千万英镑给中国相要挟。熊希龄致电谭延闿告知借款进程时说:"惟前次商议合同,往往以库无宿款,致为所挟。"④他

---

① 刘建强编著:《谭延闿文集·论稿》,湘潭大学出版社 2014 年版,第 75 页。
② 《申报》1912 年 5 月 30 日。
③ 刘建强:《谭延闿大传》,九州出版社 2011 年版,第 85 页。
④ 《熊希龄先生遗稿》第 1 册,上海书店出版社 1998 年版,第 365 页。

希望谭延闿将湖南备用赔款汇到中央,作为财政部的后盾,以便与银行团进行磋商,并且承诺"一俟借款成立,湘中无论如何为难,本部当设法归还也。"①谭延闿答应把之前在礼和洋行借的备用赔款,存储于上海、汉口银行的协款十五万两汇到天津、上海外国银行暂存,作为财政部的后盾。6月底,六国银行团向熊希龄表示,如果不按照指定的借款条件执行,六国银行将停止向中国提供垫款。7月8日,银行团停止向中国提供垫款,谈判至此破裂,熊希龄宣布"各省自行设法,或由中央别借他款。"②此时中央已经没有存款,急需二百万两,中央分电各省告急。熊希龄也再次致电谭延闿,"务乞尊处将所允预备赔款七十五万,迅电礼和洋行,在京于五日内交付,以救眉急","借款事棘手万分,局势危迫,礼和款务乞速汇。"③谭延闿又把预备赔款七十五万两汇给中央,前后两次汇款共计90万两。

最后,谭延闿发出通电,呼吁各省接济中央以救借债危机。在黄兴发起募集国民捐的活动时,谭延闿呼吁各省人民应该以国家大局为重,无论如何困难,都应该尽力筹集资金汇给中央。这样不仅能缓解中央财政的窘况,还能减少国权的损失,不至于因为三百万两的垫款被人要挟,如此"方不失拥护政府,维持大局之道。"④他将湖南汇给中央的协款公布出来,借以表明湖南财政虽然艰难窘迫,但仍竭力支持中央财政,"计于日昨筹办甘新协饷十五万两,又借解理财部七十五万两,均经电汇在案。"⑤

在大借款事件中,谭延闿与熊希龄的电文往来频繁,熊希龄详细告知谭延闿借款的进程以及遇到的困难,想获得谭延闿的支持与帮助。谭延闿想从大借款中分得一部分以补湖南财政,所以对熊希龄表示充分的理解与支持,为熊希龄辩解。

---

① 《熊希龄先生遗稿》第1册,上海书店出版社1998年版,第365页。
② 林增平、周秋光编:《熊希龄集》(上册),湖南人民出版社1985年版,第370—371页。
③ 周秋光编:《熊希龄集》(二),湖南人民出版社2008年版,第734页。
④ 刘建强编著:《谭延闿文集·论稿》,湘潭大学出版社2014年版,第77页。
⑤ 《申报》1912年7月14日。

（三）"二次革命"中的谭延闿深受熊希龄影响

1913年，宋教仁为了扩大国民党的影响力，使国民党在国会选举中能占优势，赴各省进行演说。到了湖南之后，他四处演讲，谭延闿专门召开会议欢迎宋教仁的到来，他在欢迎大会上称赞宋教仁为"我国之大政治家"，①认为宋教仁常年为国事奔走，在推翻清廷、建造民国的事业中作出了巨大贡献，"非一般政治上的人物可比"，②并积极支持宋教仁在湖南的活动。3月20日，宋教仁在上海火车站遇刺。24日，谭延闿"得克强电，知遯初绝命，不仅为一省一党惜，甚为闷闷。"③他致电黎元洪大总统，认为宋教仁"勤劳国事，缔造共和，艰难备尝"，受中外华人的敬仰，现被杀害，群情激愤，请大总统"严拿凶手，务获穷治主使，以正刑诛。"④但在"宋案"发生之初，谭延闿仍是希望通过法律来解决。他积极调和南北关系，反对过激行为，避免发生战争，寄希望于法律之中，以维护大局安定。由于国民党内部没有统一意见，起兵讨伐袁世凯的计划不得不暂停。袁世凯认为国民党软弱，气焰更加嚣张，在1913年6月，罢免了江西都督李烈钧、广东都督胡汉民以及安徽都督柏文蔚的职务，进一步逼迫国民党。

7月15日，李烈钧在江西湖口宣布独立，黄兴在南京就任讨袁军总司令，安徽、广东各省也相继宣布独立。此时谭延闿仍不愿对袁宣战，他以辛亥革命长沙光复时对人民造成的破坏还未恢复，一旦再次开战，地方又会遭受蹂躏为由，反对独立，试图以调停者的身份劝和南北，双方能够息兵言和。他认为，"日来虽盲进，然非盲从，苦我民耳。"⑤"邦城之内，先起猜疑，意气之患，激成

---

① 刘建强：《论"二次革命"中的谭延闿》，《湘潭大学学报（哲学社会科学版）》2011年第2期，第138—142页。
② 刘建强：《论"二次革命"中的谭延闿》，《湘潭大学学报（哲学社会科学版）》2011年第2期，第138—142页。
③ 《谭延闿日记》（未刊稿），1913年3月24日。
④ 《长沙日报》1913年3月26日。
⑤ 《谭延闿日记》（未刊稿），1913年7月19日。

变故,不借举数十年缔造之邦基,四万万共安之幸福,尽纳于糜烂。"他恳请黎元洪大总统开诚布公,与民生息"副总统、各省都督排难解纷,各抒党论,以维大局。"①

熊希龄此时正在热河任职,在获悉革命党人有倾向武力反对袁世凯的时候,就表明自己的态度,即不支持武力反袁。他认为"外患方亟,内乱忽兴,国土瓜分,人民奴隶,吾辈亦罹其祸,而蒙防吃紧,俄、日阴谋,岌岌可危",如果没有内讧,以现有的兵力和外交谈判尚且可以应付日本与俄国的入侵,一旦国内发生内战,"非使蒙古九百万方里之领土概弃之于外人乎?"②他致电谭延闿,"南北意见,吾辈当主调和,切不可再有内变也。"③此时的谭延闿一方面受到外省的连电催促,希望他快速宣布独立;另一方面省内的国民党人也对他施加压力,逼迫谭延闿表明态度。在左右为难之际,他致电熊希龄,希望熊希龄能提供帮助,斡旋湘局。他询问熊希龄是否有别的办法能够维持湖南局势,而不是武力反抗袁世凯,以至决裂。就湖南的情况来说,一旦开战,黔、桂边军势必进入湖南,到时候局势更加复杂,难以收拾。还未等熊希龄想出办法,7月22日,袁世凯就下令褫夺黄兴、陈其美的军职。湖南革命党人草草定了宣布独立的通电,公推谭延闿为讨伐袁世凯的总司令。此时的谭延闿仍不愿意宣布独立,他在日记中写道:"此行非吾所主张,然自念牺牲此身以卫湖南。"④在革命党人的逼迫与催促之下,谭延闿在25日发布《谭延闿独立示谕》,"今日宣布与袁政府断绝关系,出示悬旗,自领讨袁军总司令,亦沐猴而冠也。"⑤宣布与袁政府脱离关系,加入反袁行列。但是没过多久,南方讨袁阵线全面崩溃,安徽、广东、福建、江苏等省取消独立。谭延闿为了保境息民,也顺势取消

---

① 中国社会科学院近代史研究所、中华民国研究室主编,朱宗震、杨光辉编:《民初政争与二次革命》(下编),上海人民出版社1983年版,第755—756页。
② 林增平、周秋光编:《熊希龄集》(上册),湖南人民出版社1985年版,第446页。
③ 周秋光编:《熊希龄集》(三),湖南人民出版社2008年版,第484页。
④ 《谭延闿日记》(未刊稿),1913年7月23日。
⑤ 《谭延闿日记》(未刊稿),1913年7月25日。

了独立,"一己不见信用于人事小,保全湘民不受蹂躏事大,所自慰耳。"①

在"二次革命"中,谭延闿态度反复,宣布湖南独立之后又迅速取消独立,其原因有很多。比如"二次革命"的群众基础相当缺乏,民众渴望安定,厌恶战争;南方进步势力内部涣散,思想、行动不统一,尚未形成一种武力讨伐袁世凯的社会氛围;湖南的军事力量极其薄弱,财政拮据等等。这些原因促使谭延闿反复权衡反袁之后的各种利害得失,因此谭延闿反袁态度消极不仅是他个人性格所导致的,更是因为当时的客观条件不允许。在众多的原因中,熊希龄对他的影响不容忽视。就两人的关系来讲,熊希龄虽不在湖南,但是他心系桑梓,极为关注湖南的局势。7月24日,也就是谭延闿宣布独立的前一天,熊希龄致电谭延闿及省内各界人士,劝其"勿再阋墙,致招外侮"②。熊希龄认为,一旦开战,国内政局动荡,统一难保。从全国方面而言,如果双方能够释兵听候裁判,那么中国尚且可以转危为安。否则,统一难以维持,国土难以保全,大局糜烂,恐怕又会像清末时期一样陷入被人奴役的境地,后果不堪设想。从湖南方面而言,一方面湖南水患严重,又发生钱荒,人民生活窘迫,朝不保夕。对袁世凯宣战之后军队所需要的军饷、粮食都无法筹集,因此湖南应该保持镇静,以免发生战争,涂炭生灵。即使政治不良,也应当诉之于国会,用法律去解决,而不是诉之于武力。另一方面,就算不计较利害得失,随声附和反对袁世凯,那么袁世凯的军队必定会南下,越过洞庭湖进入湖南,西边的黔军也会乘机进军沅州和辰州,南边的桂军则会进军逼近衡州与永州,到时候,湖南三面受敌,难以收拾。熊希龄详细陈述反袁的各种危害,反对谭延闿举兵反袁,一旦失败则"吾人不徒无国,抑且无家,此最可为痛哭长太息者也。"③

谭延闿还未来得及回复熊希龄的电报就被迫宣布独立了,湖南宣布独立后谭延闿也向熊希龄解释过原因,是由于反袁趋势所在,在多方的逼迫下仓促

---

① 《谭延闿日记》(未刊稿),1913年8月13日。
② 《熊希龄先生遗稿》第2册,上海书店出版社1998年版,第1413页。
③ 《熊希龄先生遗稿》第2册,上海书店出版社1998年版,第1413页。

反袁,自己也是逼不得已。湖南人民听到其他省份独立的消息之后,人心浮动,民气激烈。尤其是革命党人的情绪更加激昂,认为湖南作为宋教仁的故乡,不能落于人后,纷纷要求举兵反袁,为宋教仁报仇。同时省界的各州县纷纷发出警报,称黔军、桂军将沿边界进入郴州,或者有消息称湖北有部队逼近湖南,人民恐慌,议论庞杂。在内外的压迫之下,谭延闿不忍苦心维持的秩序被破坏,不得不反袁,"事非得已,彦可共明。"①他对熊希龄解释说自己虽然愚笨,但是也不愿意看到同室操戈的局面,认为自己没有能力阻止战争,希望熊希龄能够谅解反袁的苦衷,关怀家乡,救湖南人民于战争之中,斡旋局势,调停各方,罢兵言和,"毋开争端,尽释前嫌。"②可见,谭延闿反袁并不是主动的,他也不希望南北发生战争。当熊希龄详细论说举兵反袁的弊端时,就更加动摇了谭延闿反袁的决心。谭延闿在日记中记述道,"得湛生书,言湘人请兵攻湘事,又桂将攻湘事,吾乃陷入四面敌阵"③,加上江西取消独立之后,"益斋、耀材来,言取消独立事。"④"又得南昌急电,心殊怦怦,久之始决,盖个人利害不敌全省祸福也。"⑤谭延闿为了保境息民便取消了独立。

二、熊希龄对谭延闿二次督湘的支持

(一)熊希龄反对陈宧带兵入湘

1916年5月,汤芗铭被驱逐出湖南。北京政府趁机任命曾担任过四川将军的陈宧担任湖南督军兼省长一职,命令陈宧将此前带往四川的北方军队约有一万人带往湖南。消息一出,立即引起了湖南人民的强烈反对,因为陈宧与汤芗铭一样都为袁世凯所重用。湖南人民刚刚赶走施行残暴统治的北洋军阀

---

① 刘建强编著:《谭延闿文集·论稿》,湘潭大学出版社2014年版,第118页。
② 刘建强编著:《谭延闿文集·论稿》,湘潭大学出版社2014年版,第118页。
③ 《谭延闿日记》(未刊稿),1913年8月5日。
④ 《谭延闿日记》(未刊稿),1913年8月12日。
⑤ 《谭延闿日记》(未刊稿),1913年8月15日。

汤芗铭,断然不允许第二个汤芗铭继续祸害湖南。北洋政府这时候派陈宧带兵入湘的用意也是显而易见的,那就是把湖南变成北洋的势力范围。

熊希龄得知这个消息之后,致电黎元洪和段祺瑞,详细陈述不能让陈宧带兵入湘的原因。他说:"陈督军带兵入湘,则湘省秩序甚为危险。"①一是湖南省内军队林立,成分复杂,来自南北方的军队之间存在冲突。"二次革命"结束后谭延闿被撤职,由汤芗铭担任湖南都督以及省长,他遣散撤销了湘军,从山东、河南、直隶、湖北四省另行招募大量的士兵组成混成旅。由于人缘地域的不同,军队内部产生了矛盾。1915年蔡锷在云南起义,中央又派军进入湖南西路、南路,军队军纪不严,扰乱居民,破坏生产,肆意掠夺,湖南人民恨之入骨,百姓和士兵之间的矛盾越来越深。后来汤芗铭看见袁世凯大势已去,便宣布湖南独立,又在四处招募湖南人参军,到1916年7月为止,湖南全省的湘军有五六万人,"南北双方日起冲突,未始不由于此。"②因此一旦陈宧带兵入湘,湖南省内的军队情况更加复杂,湘省的秩序则更加不能维持。二是湖南财政匮乏,以纸币代发军饷,军队待遇前后变化太大,容易招致士兵不满,引起哗变。湘军发放的军饷是纸币,湘军是能够接受的,但是北军的军饷都是发放的现洋。一旦进驻湖南,也要领纸币,那么这些钱就不能"汇作家用"。除此之外,一切服饰、器械都会有差别,不仅是同一军队前后的差别,军队之间也会有差别,"此在平时尚不免有意见,何况多事之秋。"③陈宧在四川任职督军的时候,为了控制四川军权,打压川军,对川军进行大刀阔斧的裁减,把自己的亲信安插进川军将领之中。更为过分的是他将川军分散派往川东、川西、川南地区,以削弱其实力。让装备不良的川军冲锋在前,武器精良的北洋军在后,想置川军于死地,导致周骏在发起"川人治川"的口号时,陈宧军队中的四川士兵都叛变依附了周骏。陈宧不得不率北兵退让,其原因就是两种军队之间的

---

① 上海《时报》1916年7月12日。
② 上海《时报》1916年7月12日。
③ 上海《时报》1916年7月12日。

不同待遇。此次陈宦再带兵入湘,难免不会发生类似的情况。三是陈宦带兵入湘,一定会引起湖南人民的不满。袁世凯为控制湖南,任命汤芗铭为湖南都督兼民政长,汤芗铭在湘期间,摧残教育,滥发纸币,吞没巨款,培植私人武装,加强军事统治。他大兴党狱,在长沙设立调查处,大肆捕捉革命党人,杀害无辜群众。在他统治的两年时间里长沙先后被杀的无辜者达一万七千余人,引起湖南人民的强烈愤慨。有了汤芗铭的例子,陈宦再次带兵入湘会引起湘省人民的紧张情绪,害怕陈宦会成为第二个汤芗铭,又会发生一个驱逐陈宦的运动,"今汤督失败,前车可鉴。"①如果陈宦不带兵入湘或许可以相安无事,不会发生冲突,否则"倘仍以冯玉祥之北兵万人,前往长沙,是水益深而火益热,非徒无益,而又害之也。"②熊希龄恳请中央政府,念及湖南人民困苦的现状,如果任命陈宦督湘的命令不能更改,那么无论如何也不能让陈宦带军队进入湖南,最多只可以带自卫队数百人,否则"致遭激抗,而使三湘沦于纷裂。"③熊希龄还致电谭延闿:"顷闻陈二庵将率由四川带回之北军万余人,复率入湘,甚为危险",他认为中央这样的任命"必生乱事",建议谭延闿"速即电争,桑梓甚幸"。④

此时谭延闿虽然远在上海,但一直极为关注湖南的事情。听到中央派陈宦督湘的消息,他立即致电程潜、曾继悟和刘人熙等湖南军政界的重要人士,号召他们团结起来,"大局所关,请一致主张为要",⑤共同反对此项中央命令。谭延闿认为拒绝陈宦带兵入湘有利于湖南本身秩序的维护,在中央下达陈宦督湘的命令之前,湖南人民已经历过反袁驱汤的斗争。以程潜为总司令的湖南护国军在湘西一带活动,成为湖南反袁驱汤的主要武装力量,斗争的区域也由湘西推广到全省。谭延闿听闻北京政府拟在新任都督到来之前,由陆荣廷

---

① 上海《时报》1916年7月12日。
② 上海《时报》1916年7月12日。
③ 上海《时报》1916年7月12日。
④ 上海《时报》1916年7月12日。
⑤ 薛君度、毛注青:《黄兴未刊电稿》,湖南人民出版社1983年版,第8页。

代任,便致电陆荣廷"欣闻督湘,军民共庆","福我湘人,不胜欢忻",①以表示对陆荣廷代任的支持,壮大反对陈宧入湘的声势。广西与湖南唇齿相依,湖南被北洋政府控制,广西的安全也会受到影响。湖南是西南的门户,如果陈宧带兵入湘,北军侵入湖南,那么下一步就是进兵两广,征服滇黔,西南各省则会陷入一个相对危险的境地。陆荣廷考虑到一旦湖南被北洋政府控制,广西将失去一个屏障,他在广西的地盘也就不能保持,更别说扩大地盘,因此陆荣廷也表示支持湖南抵制陈宧带兵入湘。至此,湖南军民和滇桂军阀一致反对北军再度入湘。北京政府考虑到湖南军民一致反对,强行促使陈宧入湘只会引起更加强烈抵制,会重蹈汤芗铭的覆辙,只得收回任命。陈宧看见湖南情形不对,表示不就职,湖南督军仍旧由各方临时推举的刘人熙暂代。

(二)在熊希龄支持下谭延闿二度督湘

在社会各界共同反对陈宧带兵入湘之后,段祺瑞不得不采用一个临时措施,让刘人熙暂时代任湖南督军兼省长。但刘人熙只是暂时代理,湖南还需要一个正式任命的省长以及督军。熊希龄等人希望调蔡锷回到湖南,民党军人派则希望由美返国的黄兴继任湖南督军。谭延闿也支持黄兴回湘,"出至克强处,劝其还湘,久谈未决。"②蔡锷由于身体原因,不想去湖南,他的老师梁启超也希望他留在川滇地区。黄兴也不愿意回湘,还推荐谭延闿做都督。他说:"吾辈革命,非为做官,此乃谭祖安事,今后当与孙先生致力于国家建设。"③黄兴与谭延闿身边的好友极力劝导谭延闿回湘,"见济武谈久之,力劝我归湘,与辩论久之","欧阳俊民来,克强来,见谈甚久,皆劝吾归湘者也",但是都"无结果而去"。④谭延闿认为湘事太过复杂,难以处理,不想再次督湘,"左

---

① 刘泱泱编:《黄兴集》(二),湖南人民出版社 2008 年版,第 835 页。
② 《谭延闿日记》(未刊稿),1916 年 7 月 7 日。
③ 薛君度、毛注青:《黄兴未刊电稿》,湖南人民出版社 1983 年版,第 12 页。
④ 《谭延闿日记》(未刊稿),1916 年 7 月 27 日。

霖苍来,言归湘事,与谈久之,言之非难行之艰难。"①熊希龄也认为必须要选派一个足够了解湖南情况并且有能力统筹全局声望卓著的人来督湘,以稳定湖南局势,然后再发展经济,扩充财政来源。蔡锷与黄兴都不愿督湘,便只能将湖南的重担交给谭延闿,"得秉三电云,松坡不能离蜀,将以湘事加吾身。"②谭延闿一再表示,"此非才所能任,亦非力所能及,误人误己,将何以堪,甚望其不成事实也。"③熊希龄不断电请谭延闿督湘,"迅速赴湘,救民水火,勿再推延,使湘害日深一日也",④"目前湘极危迫,蔡又难速,章、范诸君皆以为无可如何,只得请公渡此难关,以救桑梓。谨劝公勉为此行,勿再推辞。"⑤正在谭延闿极力推辞的时候,8月4日,北京政府任命谭延闿为湖南省长兼督军,"饭后,得各方面电,知命令已发表,为之惺悚"。⑥谭延闿本来打算在任职的时候,由北京入湖南,以便在路过天津的时候与熊希龄商讨湖南的形势以及应对办法,希望熊希龄能给一些建议,但"得黄陂电,促速归,不令来京",⑦谭延闿只能从上海回到湖南。

在谭延闿返回湖南的途中,熊希龄不断电慰谭延闿。他认为谭延闿再一次督湘,地方的情况虽然复杂难以处理,但是"情形自较辛、壬稍易"⑧。因为谭延闿第一次督湘之时,政治上实行资产阶级立法、行政、司法三权分立的模式;经济上振兴实业,兴办工矿企业,实行财政改革;文化上促进教育事业的发展;军事上裁剪兵额,整顿军纪。除此之外,谭延闿还在人力、物力、财力上积极支援阳夏之战,并与尚未独立的各省联系,促使其迅速独立。湖南各地希望他回湘,而且再一次治理湖南,谭延闿也更加有经验,遇到的阻碍也更少。熊

---

① 《谭延闿日记》(未刊稿),1916年7月30日。
② 《谭延闿日记》(未刊稿),1916年8月2日。
③ 《谭延闿日记》(未刊稿),1916年8月2日。
④ 《熊希龄先生遗稿》第2册,上海书店出版社1998年版,第1968页。
⑤ 《熊希龄先生遗稿》第2册,上海书店出版社1998年版,第1969页。
⑥ 《谭延闿日记》(未刊稿),1916年8月4日。
⑦ 《谭延闿日记》(未刊稿),1916年8月9日。
⑧ 周秋光编:《熊希龄集》(中册),湖南出版社1996年版,第1001页。

希龄还与黄兴及各议员共同商议为谭延闿第二次督湘提出解决方案,希望谭延闿到任之后能够"衡情准理,以明是非,而恃正义"①。熊希龄还给张学济发去电报,劝张学济支持谭延闿的工作,听从谭延闿的命令,"通事裹承,切不可稍露矜张,过分要求。"②他还给湘西镇守使田应诏发电报,嘱咐田应诏在谭延闿上任之后,与谭延闿多加联络与沟通,"和衷商洽,毋多树敌。"③

8月23日,谭延闿发布第二次督湘誓词,表明自己之前督湘有所不足与疏漏,"于湘中父老处殊为抱歉",这次督湘"誓以实心实力为桑梓免尽义务,尚望我文武各员大家实心赞助,毋稍敷衍"④。紧接着熊希龄与黄兴等人联名给湖南政、学、军、商各界发布通电,谓"谭君处事公明,久为兴等所深信"⑤。表明对谭延闿的信任;同时表示,护国战争之后湖南秩序混乱,政治还未走上正轨,正是需要治理的时候,而"谭君责任既专,事权宜"⑥。他能够"推诚克己,化除畛域,捐去意见"⑦,希望全体湖南人民协助谭延闿治理湖南,切勿在行政论事上面与谭延闿发生龃龉,也不要因为误会而产生隐患,要相信谭延闿的能力。

(三)熊希龄为谭延闿治湘出谋划策

1. 建议谭延闿裁军

在谭延闿受命回湘的途中,熊希龄就建议谭延闿"湘中军事重在裁减兵额,方可整理财政",⑧所以他上任后便着手裁军。

首先解决的是省城的军队问题。谭延闿就如何裁军与赵恒惕、陈复初等

---

① 《熊希龄先生遗稿》第2册,上海书店出版社1998年版,第1982页。
② 周秋光:《熊希龄传:维新·济世·救亡》,华文出版社2014年版,第355页。
③ 周秋光:《熊希龄传:维新·济世·救亡》,华文出版社2014年版,第355页。
④ 刘建强编著:《谭延闿文集·论稿》,湘潭大学出版社2014年版,第166页。
⑤ 刘泱泱编:《黄兴集》(二),湖南人民出版社2008年版,第882—883页。
⑥ 刘泱泱编:《黄兴集》(二),湖南人民出版社2008年版,第882—883页。
⑦ 刘泱泱编:《黄兴集》(二),湖南人民出版社2008年版,第882—883页。
⑧ 《熊希龄先生遗稿》第2册,上海书店出版社1998年版,第1982页。

人进行商讨,"谈收束军队事,稍有节目"①,以扶植赵恒惕,拉拢各方势力,使军队倾心于己。此时省城内有四个师,程潜所部为第四师。从整体情况来看,第四师更具有实力,第一师、二师、三师都不甘心屈居于程潜之下。北军陶中恂所率的第三军部队驻扎在郊外,程潜所部士兵由于缺少粮饷与军械,也驻扎在郊外。7 月 14 日,程潜的士兵与陶中恂部的朱泽黄旅发生枪战,互有伤亡。谭延闿便以第四师、第三师发生矛盾为借口,宣布裁去第三师、第四师,将第三师并入陈复初任师长的第一师,第四师并入赵恒惕任师长的第二师。编制合并之后第一师所辖为陈嘉佑、朱泽黄两旅,第二师所辖为李佑文、林修梅两旅。

其次是地方部队的裁编。谭延闿认为,"地方未清,兵难尽裁,暂编守备队,随时可以裁节。"②田应诏和张学济坐镇湘西,也是兵燹最苦的地方。熊希龄与张学济较为熟悉,在谭延闿还未到任之时,便给张学济发去电报,指出张学济所谓"少练湘兵,多练沅兵"③是不妥当的,这样做容易引起争端,造成内讧。劝告张学济,湘西的军队数量过多,目前湘省财政较为困难,为了避嫌与避免猜忌起见,"只宜收束范围,先练步兵两团","万不可再涉夸张",④也不要再招募士兵组成清乡队。如果需要剿匪,地方官吏以及守备军就已经足够,另派清乡队反而更加扰乱秩序,并且应该和湘西镇守使田应诏多加联络,和衷商洽,切勿树敌。这样,谭延闿在西路并未多费心思,在熊希龄帮助下,西路"尚裁十营"。

2. 帮助谭延闿治理财政

谭延闿在回湘之时,便委派张其锽入津与熊希龄商谈。回到湖南之后,他听从熊希龄的建议,先着手裁军,再发展经济,但是"知财政甚难支持,为之焦

---

① 《谭延闿日记》(未刊稿),1916 年 9 月 14 日。
② 刘建强编著:《谭延闿文集·论稿》,湘潭大学出版社 2014 年版,第 179 页。
③ 周秋光:《熊希龄传:维新·济世·救亡》,华文出版社 2014 年版,第 355 页。
④ 周秋光:《熊希龄传:维新·济世·救亡》,华文出版社 2014 年版,第 355 页。

急。"①熊希龄仔细分析湖南财政状况,向谭延闿提出了多项建议。

一是建议湘省自行借款。但此时正处于欧战时期,只能向日本借款,日本借款的目的又在于矿山,借款条件苛刻,"省会既难通过,京部亦不赞同。"②谭延闿认为,这也是一个可以暂时缓解财政状况的办法,至于借款条件可以商量。因此,湖南省政府举借外债 550 万两,以抛售水口山矿产的铅砂为条件,没过多久就与日本汤浅洋行签订借款草约。汤浅洋行还派技师前往水口山查探,但由于汤浅洋行和日本兴亚公司"关系匪浅",湖南公民保矿会致电谭延闿、省议会以及北京政府要求取消草约,最后合约被取消。既然不能向外抵押借款,就只能大力开发矿产,提高产量。谭延闿派人调查湖南矿产开采情况,将已经注册正在开采的矿场和停办的矿场都进行统计,并分别查明这些矿场的运单出口数量和税收数目的情况,以此为根据制订发展矿业的计划。他还注重保护矿场秩序,恢复矿警制度,防止矿山出现抢劫盗窃之事,使矿业的生产秩序得到保护。在谭延闿的计划之下,振兴矿业取得了一定的成效,不仅原有的矿产生产发展,还出现了新的矿产,对外销售增多,财政收入也相应地提高了。

二是建议发行公债,收回滥钞。在 1914 年到 1916 年的两年时间里,汤芗铭加强湖南军事统治,军政开支巨大,亏空白银 859 万两、银圆 199 万元,只能增发钞票 3000 余万元。到 1917 年,湖南银行发行的钞票已达 7000 余万元,造成货币贬值,银行停止兑现。③ 熊希龄认为货币贬值得太厉害,银两票的价值几乎折损了一半,湖南商民亏损严重,可以由政府发行公债。谭延闿为了收回湖南银行发行的银两票,整理铜元纸币,便以常宁水口山矿余利作为担保,采取配销方法,发行湖南省地方有奖公债券 500 万银圆。

三是建议发行新钞。在护法战争时期,湘中、湘北政府设置裕湘银行,在

---

① 《谭延闿日记》(未刊稿),1916 年 8 月 21 日。
② 周秋光编:《熊希龄集》(五),湖南人民出版社 2008 年版,第 583 页。
③ 宋斐夫:《湖南通史》(现代卷),湖南人民出版社 2008 年版,第 14 页。

市面上大肆发行纸钞,被人称作台票,因为票面上印有双孔雀图案,又被称为"鸟儿票"。但是湘中西南两路州县人民并没有使用台票,由于市面上流通的纸钞票样纷歧,再加上假钞充斥,难以辨别,谭延闿与财政部商讨后决定发行新钞,"今宜迅速改印新钞,将旧钞一律收回,又于各县设兑换所",①中央还派陈光普协助办理,"制新换旧,一举廓清,商允财部,由部筹印刷局订印。"②

熊希龄的建议给再次督湘的谭延闿提供了整理财政可资借鉴的方法,但是有些方法并没有达到期望的效果,甚至加剧了市场金融的混乱。谭延闿自己也清楚发行公债券与改印新钞会加剧货币系统的紊乱,但是他没有更好的办法,如他在日记中所说的:"明知饮鸩止渴,然舍此实无别法。"③

3. 支持谭延闿保护矿产

1896年,陈宝箴担任湖南巡抚时开办的常宁水口山矿,虽然名义上是官矿,但其实是地方筹办的。当时想开办矿产的士绅不知道政府开办和地方开办有所不同,又以为地方开办矿业进行生产需要借助官方的名声,于是将水口山矿更名为官矿总处。实际上政府并未加入其中,都是由湘绅借款经营发展,即使借用官款,也要认利息筹还,因此说该矿属于湘省的地方公产更为准确。该矿所获得的盈利除了维持自身的发展之外,还有一部分分给了湖南省政府,用于补充湖南的行政开支和地方公益事业的开支。由于资金不足、技术不成熟、设备不完备,水口山矿采出的铅砂和锌砂无法进行加工,只能出售原始砂,来维持开采的成本。尽管出售的矿砂价格极低,但是矿山的出砂量高,所以每年的收入还是可观的。1916年,湘省政府财政太过困难,政府将水口山矿的收入尽为提用,"虽未能从事发展,尚克维持现状"④,水口山矿成为湘省的经济命脉。但水口山矿名为官矿,实际上又是地方产业,对于水口山矿是省有还

---

① 周秋光编:《熊希龄集》(五),湖南人民出版社2008年版,第584页。
② 刘建强编著:《谭延闿文集·论稿》,湘潭大学出版社2014年版,第239页。
③ 《谭延闿日记》(未刊稿),1916年10月28日。
④ 《熊希龄先生遗稿》第2册,上海书店出版社1998年版,第1986页。

谭延闿与熊希龄

是国有产生了争议。1915年5月陶思澄为向袁世凯献媚,竟说常宁水口山矿是官矿,"请收归国有"。眼看矿产要被收归国有,湘省人民"文电交驰,大声呼吁。"①在一片强烈的反对声中,未收归中央,但湘矿是国有还是省有的问题并没有解决。

此时谭延闿第二次督湘,为水口山矿的问题向熊希龄寻求建议,希望熊希龄设法阻止中央将湘矿收归国有的命令,以造福湘省人民。熊希龄认为湘矿是国有还是省有这个问题属于行政范畴,并不是法律所规定的,"只须省会建议,由我公谘呈中央,立案即可取消。"②于是谭延闿便向农商部写了一个谘呈,陈述湘省财政极为困难,只能依靠水口山矿每年的余利进行挹注,"若以官矿收归国有,实有无米之炊之势,且湘省同隶国家,湘政不举,亦非国家之福。"请农商部不要将湘矿收归国有,交还给湘省人民自己经营办理,"以便整理而资结束"。③农商部考虑到湘省的各项财政支出和混乱的金融状况,便同意了谭延闿的请求。到此,湘矿国有还是省有的问题得到解决。

1916年8月,北京政府想要举行大借款,日本表示可以借给中国,并愿意先垫款五百万元,国务院竟然允许日本参与合办湖南的水口山铅矿和安徽的太平山铁矿,作为对日本借款的报酬。熊希龄得知这个消息,发电给谭延闿"迅速设法抵制"。消息传到湖南,湘省哗然,纷纷提出抗议,群体争持。谭延闿以及省议会多次致电大总统、国务院以及农商部,反对与日本合办,他提出:一是水口山铅矿本来就是湖南地方的公有财产,开办此矿产时湘省政府并没有拨款入股加入其中,全是由湘绅合资借款开办经理。水口山矿开办成功并开始出砂之后,各商号是出售原矿砂,未对其进行加工,出售的矿砂价格也就是成本价格,就是这样进行出售,每年也还有盈利去开办其他各矿。在此之前中央已经同意将水口山矿归还给湘省,让湘省自行办理。现中央为了借款想

---

① 《申报》1916年9月21日。
② 《熊希龄先生遗稿》第2册,上海书店出版社1998年版,第1991页。
③ 《申报》1916年9月20日。

将水口山矿作为报酬与日本合办,这是不合理的。二是水口山铅矿开办到现在为止,余利颇多,当局所开各处矿山有的亏损有的盈利,全靠水口山矿的盈利进行调节,才不至于亏损的矿场倒闭。如果与日本合办,日本人一旦操持权利,那些亏损的矿场将会被废置。三是以汉冶萍公司和鸭绿江发木公司为例,汉冶萍公司是中国南部一大实业公司,由于向日本借了许多贷款,大冶铁矿所产出的铁砂、汉阳所出的生铁都必须由日本人先进行选择。质量好的低价卖给日本,质量差的归公司,所以汉冶萍公司一直没有发展的前景。鸭绿江发木公司名义上为中日合办,但实际上全权操之日人。今水口山矿如果重蹈覆辙,"其害必相等",且必然还会干涉到湖南全省矿务,"迫令入其范围"。① 四是地方财产应该由省议会处分,中央不顾地方反对,允许日本参与水口山矿的经营之中,"则犹是专制淫威。"②五是因为民情激愤,袁世凯专横无理尚且没有否认水口山矿是湘省所有。现在再造共和,诸事俯顺民情,反而出现为满足外国要求而夺取地方财产的事情,轻易将其作为外交报酬而许给别国,全然不顾湘省穷困的现状。如果北京政府一意孤行,湘省人民表示"魄动心惊,誓以死拒,即改抵押,亦万不承认"。③ 为了不致酿成更加剧烈的情况,谭延闿多次致电熊希龄商讨解决办法,请熊希龄与中央交涉,反对与日本合办,"若中央有此举,湘人必群反对,徒挑恶感,务望公设法消弭","此间反对极剧烈,实无可商之余地"。④

熊希龄极力支持湘省人民护矿,8月7日,他入京见大总统黎元洪、国务总理段祺瑞和农商总长谷钟秀,当面陈述原因,极力阻止与日人合办。他认为水口山矿是湖南地方公产,不可以轻易与外人合办。只有出现以下两种情形的矿产才会采取与外人合办的方法:一是未经开挖、没有案子纠纷的矿产;二

---

① 湖南《大公报》1916年9月17日。
② 湖南《大公报》1916年9月17日。
③ 《申报》1916年9月16日。
④ 刘建强编著:《谭延闿文集·论稿》,湘潭大学出版社2014年版,第170页。

是由于缺乏资金,办理不善或者是长久以来毫无发展的矿产。水口山矿产并没有出现这两种情况,且办理二十余年,赢利数百万,即使没有外资的加入,也可以发展得很好。同时湘省人民将水口山矿看作湘省的经济命脉,倘若中央轻易允许该矿与外人合办,湘省人民"必出全力反对,届时物议纠纷,反结日人恶感,非和平亲善之策"①。他请求黎元洪出面主持,与日人商议,取消水口山矿合办的提议。

然而,北京政府根本就不顾谭延闿、熊希龄以及湘省人民的抗议。9月9日,北京政府派遣财政部长和农商部长与日本兴亚公司签订借款草约合同,以中日合办湖南水口山铅矿和安徽太平山铁矿为报酬,举借外债五百万元。到了9月14日消息才传出去,"得浚明电,知水口山合办事已签押,为之不怡。"②熊希龄获得这个消息之后,十分气愤,当即给谭延闿发电:"闻水口山矿事,政府已签草约,殊可骇异。查新人物政府,如此悍然不顾,可为国家前途危也,令人气闷。"③他建议湘省人民全体奋起抗争,或许可以解除合办湘矿的草约,"非视吾湘人民同心一致,全力要求,不足以为后盾。"④为了护矿,湖南人民组织成立了湖南公民保矿会,推选龙璋为会长,向中央请愿,力争不与日人合办。但是中央却致电谭延闿,陈述中央财政极其窘迫,已经到了不举借外债将难以支撑的局面,"希念国家之飘摇,财政外交之困难,传达乡绅勿过疑虑,并希转省议会诸议员知照。"⑤中央的这一主张遭到湖南各方面的强烈反对,谭延闿发动湖南有影响力的商人、士绅共同致电北京议员、总统、总理等表示强烈反对,言辞激烈,痛陈与日本合办的三大不合理之处:第一,湘矿归湖南地方所有,地方产业应该由地方处分。纵使中央有不得不举借外债的苦衷,也应该先与湘省人民商议,而不是私自签押,不顾湘省民情,厉行专制。共和恢复,

---

① 《长沙日报》1916年9月22日。
② 《谭延闿日记》(未刊稿),1916年9月14日。
③ 《长沙日报》1916年9月19日。
④ 《长沙日报》1916年9月23日。
⑤ 刘云波、李斌:《湖南经济通史·近代卷》,湖南人民出版社2013年版,第355—356页。

约法依然,中央不顾湘省人民反对与日本签约是事实,不仅是重蹈袁政府的覆辙,更是变本加厉。第二,湘省亏空巨款,并不是因为地方实业而亏,而是前政府政治不良、用人失当所导致。湘省自愿以地方产业仅存的余力维持金融,救济负债。中央不但不拨款弥补积欠,调剂金融,反而想将给予湘省财政一线生机的矿产分权给别国,这是想摧毁湘矿,陷湘省财政于危机之中,"使其从此不复发达。"①第三,省长是中央任命的官员,也是人民的代表。关系到地方事件应该先于省长商议,但是中央允许日本参与水山矿的开办,这样重大的事件,"事前绝不使延闿闻知"②,这是不符合常理的。"堂堂民国,真正共和,决不宜有此况"③,湘省人民时时盼望着能够取消这一决定。

由于湖南和安徽两省人民的坚决反对,北京政府不得不将借款事宜暂时停止。北京政府考虑到正式合同还未签订,草约作废较为容易,而且湖南自帝制发生以来,几次遭受兵灾,谭延闿二次督湘之后正着手裁剪兵额,收束军队。湖南政府尚且要防范遣散的士兵无端寻衅滋事,再与日本合办水口山矿,将会引起公愤,"滋生世变,则一唱百和,湖南将不可收拾。"④日本方面也由于单独与中国签订草约,想攫夺湖南矿权,引起了英国、美国、法国等国的不满。且草约合同中规定,"大借款两个月内不成时,此许可仍属无效。"⑤到了12月,日本并未借款给中国,所以水口山矿和太平山铁矿被剔除,不再合办,湖南人民护矿斗争取得胜利。

4. 反对张勋复辟

1917年6月7日,张勋以调停"府院之争"为名,率五千辫子军由徐州北上,复辟帝制。谭延闿认为一旦发生帝制复辟的情况,湖南秩序将不能维持,

---

① 刘建强编著:《谭延闿文集·论稿》,湘潭大学出版社2014年版,第174—175页。
② 刘建强编著:《谭延闿文集·论稿》,湘潭大学出版社2014年版,第174—175页。
③ 刘建强编著:《谭延闿文集·论稿》,湘潭大学出版社2014年版,第174—175页。
④ 刘建强编著:《谭延闿文集·论稿》,湘潭大学出版社2014年版,第174—175页。
⑤ 刘云波、李斌:《湖南经济通史·近代卷》,湖南人民出版社2013年版,第355—356页。

"若如此虽欲保境安民而不得矣"①,恳请熊希龄"迅筹良策,力解纷难"②。熊希龄向全国发出"辟复辟邪说"通电,指出"此间近有创为复辟论说者,非仅有叛民国,抑且危及清帝"③,十分危险和迫切。同时,熊希龄建议谭延闿迅速通电全省,声明维持国体不变。只要不变通国体,改革政治是可商量的,否则发生帝制复辟,全国人民必定会反抗。鉴于张勋已于6月8日带领一个旅率先到了天津,熊希龄嘱咐谭延闿"尊电须于今晚发布",时机迫切,万不可推迟,并且应该致电贵州、云南、湖北、江西等省共同发布通电反对复辟。

当晚谭延闿便通电全国,反对复辟,力主共和,详细陈述发生复辟将不利于国内的统一与安定。首先,政府的财政已经困难到了极点。1917年6月财政部开支尚欠四百余万元,中央陆军十二师以及定武各军的军饷已经难以维持下去。兵饷不足,粮饷无着,军队可能出现哗变。若再发生复辟之举,各省以反复辟为名,大肆招兵,拥兵自重,到时候统兵者无法维持军队纪律,势必会引起慌乱。南北称戈,兵连祸结,国内秩序难以维持,"全国生灵肝脑涂诸锋镝,城市变为丘墟。"④其次,中国内乱又会引起外国干涉,因为债务的关系,列强势必会在中国内乱的情况下干涉中国内政。此前在是否对德宣战的问题上,国内已经产生分歧,协约国希望中国加入,"至今尚未绝望"。倘若因为复辟的发生而改变中国国体,就不得不求各国承认。到时候南北相持,大局不定,各国当亦未必能够承认,"予强邻窥伺之际,是使生机立绝,民命无托,国无自存,亡可立待。"⑤最后,因为全国各地接连出现旱涝灾害,急需运送救灾物资,加派人员进行救灾。如果发生政变,势必会破坏交通干线,阻碍交通运输,加上金融秩序混乱,灾区人民将生活在水深火热之中。因此不管是主张复

---

① 《谭延闿日记》(未刊稿),1917年6月7日。
② 刘建强编著:《谭延闿文集·论稿》,湘潭大学出版社2014年版,第242页。
③ 《申报》1917年6月9日。
④ 刘建强编著:《谭延闿文集·论稿》,湘潭大学出版社2014年版,第242页。
⑤ 刘建强编著:《谭延闿文集·论稿》,湘潭大学出版社2014年版,第242页。

辟之说还是主张在天津组织临时政府,都是"假变更国体之名,行摧残国脉之实"①。政府是一国视线中心,任意设置,扰乱国民视听,诱使国民分化派别,全国人民必皆愤慨,分裂也会随之而来。到时四处皆乱,不可收拾。

6月14日,张勋由天津进入北京。谭延闿提出"张勋入京,其不为董卓之续乎"②,认为黎元洪此举无异于引火自焚,"黄陂如此真自杀矣"③。他在给熊希龄发出电报时说,"引虎自卫,终为不安",并询问熊希龄"于时局有无救济方法"。④ 熊希龄也是满怀忧虑,对张勋的调停并不抱有乐观的态度,"复辟事,张绍轩主持最力","此次绍轩入都,独执牛耳,其意叵测。"⑤7月1日张勋逼走黎元洪,与康有为将12岁的溥仪扶上皇帝宝座。熊希龄迅速电报谭延闿:"康有为于二十七晋京,与张勋密谋复辟,昨晚竟成事实,逼黎退位,伪诏已布。"⑥

7月2日,谭延闿收到熊希龄的电报,"复辟竟成事实,真可骇诧,召集炎午,坤载诸人共商大计,决定出师讨逆,通电全国。"⑦他认为张勋复辟,背叛民国,倒行逆施,"乘此次政争,阳托调停之名,阴施鬼域之计,元首被其威助,国家已具牺牲,破坏共和,颠覆民国,举诸先烈艰难缔造之山河,四百兆休戚与共之生灵,沦为私产,视为奴隶。"⑧他明确表示反对张勋复辟,对张勋和康有为的卑劣行径进行充分揭露,号召各省趁其羽翼未丰之时,迅速讨伐。7月3日,长沙各界举行拥护共和大会,"此间民情愤恨,军气激昂,誓奋前驱,难甘中止,强为遏抑,虑启猜疑。"⑨谭延闿宣布全省戒严,他一面整饬军队,防范匪

---

① 刘建强编著:《谭延闿文集·论稿》,湘潭大学出版社2014年版,第242页。
② 《谭延闿日记》(未刊稿),1917年6月17日。
③ 《谭延闿日记》(未刊稿),1917年6月17日。
④ 刘建强编著:《谭延闿文集·论稿》,湘潭大学出版社2014年版,第244页。
⑤ 《熊希龄先生遗稿》第3册,上海书店出版社1998年版,第2173页。
⑥ 《熊希龄先生遗稿》第3册,上海书店出版社1998年版,第2174页。
⑦ 《谭延闿日记》(未刊稿),1917年7月2日。
⑧ 湖南《大公报》1917年7月4日。
⑨ 刘建强编著:《谭延闿文集·论稿》,湘潭大学出版社2014年版,第253页。

徒，维持地方秩序；一面通电宣布湖南出师讨逆令，"张勋、康有为拥立宣统，黄陂被幽囚，稍有人心，闻之愤激，讨伐叛逆，心理所同，阎已宣布出师"，①并联合江西、广东、广西、云南、贵州、四川等省一致出师。讨逆通电发出后，谭延闿与梅植根等人"开军事会议，召集团长以上，决定方针"②，宣布立即出师讨伐张勋，抽编一支军队调往徐州、北京，以便听候调遣。

熊希龄则与被黎元洪免职退居天津的段祺瑞取得联系，请段祺瑞出兵讨伐张勋。段祺瑞组织讨逆军，自任讨逆军总司令。7月4日，段祺瑞誓师马厂，"以鲁、奉、皖、宁为东路，推段芝贵为司令，以直、汴、晋、鄂、绥、察为西路，推曹锟为司令"③，向北京城进攻。张勋在北京的部队不到万人，兵力不足，徐州的部队又被皖、鲁所扼制，不能调往北京支援。王士珍、陈光远、江朝宗也被看管，康有为、梁鼎芬见事不佳，相继离开北京。张勋的部下李庆璋、刘文揆也逃回了徐州。熊希龄建议谭延闿趁此机会迅速与吴光新接洽，"趁此机会，将张贼剿灭，免贻后患，国之福也。"④各省积极响应，在全国一片反对浪潮之中，7月12日，段祺瑞的讨逆军攻入北京，辫子军溃散。张勋逃入外国使馆，这场复辟丑剧就此落幕。

三、谭延闿在熊希龄支持下三督湖南

（一）共同呼吁南北双方停战议和

张勋复辟被荡平之后，段祺瑞回到北京，重新担任国务总理，掌握了政府实权。由于段祺瑞拒绝恢复旧国会和临时约法，并召集临时参议院修改国会组织法，准备选举新国会，刺激了南北矛盾。

1917年10月，南北战争爆发，湖南地处南北交通要道，沦为战争的主要

---

① 湖南《大公报》1917年7月5日。
② 《谭延闿日记》（未刊稿），1917年7月3日。
③ 《熊希龄先生遗稿》第3册，上海书店出版社1998年版，第2176页。
④ 《熊希龄先生遗稿》第3册，上海书店出版社1998年版，第2176页。

战场。看到家乡遭受战火,熊希龄开始进行调停工作,呼吁南北停战议和。他指出南北两派对保持国家统一、防范祸乱都起到了同等重要的作用,"不有西南,复辟之祸必作;不有北洋,则暴民之乱又兴。"①如果南北双方能够相互容忍退让,相维相系,那么"巩固共和,乂安家国,丰功伟烈,天下后世,皆受其赐也。"②

谭延闿全力支持熊希龄的主张,他给各省督军省长发出通电,请求他们协定议和,"大乱在即,吾辈当合谋所以救国之道。"③他劝说各省督军省长,现在南北对峙,没有哪一方能够稳操胜券,一个国家发生内战有败无胜,"国者共同之国,民者一体之民,糜烂其民,残破其国,败固败,胜亦终归于败。"并对各省进行警示,"往昔强藩巨镇,弄兵好乱,其得以功名终者能有几个。"④

谭延闿和熊希龄之所以请求停战议和,一是湖南自民国以来屡次遭受战乱,给湖南人民带来了深重的灾难,"万家无雉堞之遗,四处有焦伤之骨。"⑤谭延闿先后两次督湘,他当然希望湖南不再发生战争,让百姓有时间发展农业生产,缓解贫困现状。为此他专门发出通电训令各县知事注重农业生产,"照得天下大利必本于农,劝课农田尤须克尽地力","仰各县知事加意劝导,令其一岁数获","务期农业日臻进步。"⑥熊希龄虽不在湖南,却对家乡的事情十分关注。他认为战争一旦开始,必会相持几个月甚至几年,那么湖南全省"必致军民四起,土匪乘机,水深火热,涂炭生灵",若是沉默不语,不积极调停,湖南将会重蹈四川的覆辙,数年之内都难以恢复秩序,到时候将无颜面对家乡人民。二是此时的中国面临着内忧外患的局面。南北方各自内部斗争激烈,在北洋政府内部,冯国璋继任总统之后,直系势力进入中央,与控制北洋政府实

---

① 周秋光:《熊希龄传:维新·济世·救亡》,华文出版社2014年版,第383页。
② 周秋光:《熊希龄传:维新·济世·救亡》,华文出版社2014年版,第383页。
③ 刘建强编著:《谭延闿文集·论稿》,湘潭大学出版社2014年版,第275页。
④ 《民国日报》1918年2月14日。
⑤ 来新夏、张树勇:《中国近代史资料丛刊》(三),上海人民出版社1993年版,第941页。
⑥ 刘建强编著:《谭延闿文集·论稿》,湘潭大学出版社2014年版,第260页。

权的皖系产生矛盾。冯国璋与段祺瑞两人在对待西南的军事行动问题上产生分歧,"则各私其力,互相防闲,其思想及权势之冲突,已由暗中斗争而渐趋表面化了。"①

同时,长年的内战以及对外战争导致军费激增,财政匮乏,仅1918年一年的军费就超过了两亿元。② 政府无法负担军饷、枪支弹药等各方面的支出,只能向外借款,以及发行内债,1918年北洋政府发行的内债就将近一亿四千万元。③ 谭延闿呼吁各省停战,行军打仗必定要仰仗借款,向外借款必定要答应外国的借款条件,丧权辱国,将为万世之罪人,"军械之权、矿产之权、金融之权无不断送于主战政策之中。"④谭延闿希望南北双方提出条件,协议磋商,互相体谅,则和平指日可待。加上1917年8月北洋政府决定对德国宣战,南北双方更应该同仇敌忾,共同战胜德国,收回被德国强占的领土。而南北开战,则是自己摧毁国家,"将来何以抵御吾仇。"⑤况且南北双方的军械子弹均不足,假若因为内讧而消耗殆尽,即使想要用来防剿土匪,到时候也有可能短缺,"外患若来,宁非束手无策。"⑥而俄国不断入侵我国东北地区,东北的国防不断告急,在这样的情况下,"宁尚有吾人内讧私斗之余地",谭延闿号召各省抵御外敌,军人以保卫疆土、守护国家为天职。最为迫切的是外国对中国的入侵,南北双方应该停战议和,统一调度,奔赴东北、西北各边防地区,同心抵御外敌,举国一致,保卫国家疆土不受侵占。恳请各省督军"联合调停,俾不致南北纷裂,致为外人渔利。"⑦

1918年10月10日,徐世昌就任大总统,继续推行"和平混一"的政策,

---

① 杜和春、林斌生、岳权政:《北洋军阀史料选辑》(下册),中国社会科学出版社1981年版,第45页。
② 来新夏:《北洋军阀史稿》,湖北人民出版社1983年版,第224页。
③ 千家驹:《旧中国公债史资料》,中华书局1984年版,第10页。
④ 《民国日报》1918年2月14日。
⑤ 周秋光:《熊希龄传:维新·济世·救亡》,华文出版社2014年版,第313页。
⑥ 周秋光:《熊希龄传:维新·济世·救亡》,华文出版社2014年版,第313页。
⑦ 周秋光:《熊希龄传:维新·济世·救亡》,华文出版社2014年版,第384页。

我所知道的谭延闿

"欲趁国际和平空气高涨,国内人民企望南北统一的机会,积极进行和谈的准备。"①熊希龄认为这是调和南北最好的时机。他给谭延闿发电说,"现在德奥求和,欧战将终",到时候中国内部如果还没有统一安定下来,即使中国作为战胜国也没有资格出席会议,更没有要求平等的权利,"将来贻误国家,万劫不复,南北当局将何以谢天下。"②南北矛盾如不及时解决,不仅有可能招致列强的干涉,还有可能被排斥于国际大联盟之外。谭延闿也认为解决南北问题已经到了刻不容缓的时候。

1918年11月,在熊希龄的组织下,和平期成会在北京成立。为了疏通南北方特召开和平会议,谭延闿是熊希龄与西南各省沟通的中转方,"以后西南有电由尊处转京转速"。北方通过谭延闿了解西南各省的意见,谭延闿也为召开和平会议所遇到的问题提出自己的建议与看法。

首先,谭延闿认为和平会议应该将国会、宪法问题根本解决。自辛亥以来,迭遭变故,其根本原因是国本不定。若不将国会、宪法这两件事从根本上解决,纵然能维持一时的和平,国内也会不断地发生冲突与战争。"去年以来,调和无效,固由事实多阻,实亦舍法律问题而专言疏通,故终无济。"③熊希龄也想趁此机会解决国会与宪法问题,反思近几年来中国反复出现复辟与南北矛盾的情况,他认为如果这次不能把问题根本解决,"不足以固共和之基础,享永久之和平。"④

其次,劝和双方罢兵停战。熊希龄告知谭延闿,中央各督军商议后决定在南北双方议和之时,将前线各军撤回。如果北方将军队撤回,那么南方各军也必须同时停战退兵,以表示和平诚意。谭延闿认为"撤兵一事,诚为高着",表

---

① 杜和春、林斌生、岳权政:《北洋军阀史料选辑》(下册),中国社会科学出版社1981年版,第2页。
② 周秋光:《熊希龄传:维新・济世・救亡》,华文出版社2014年版,第388页。
③ 《熊希龄先生遗稿》第4册,上海书店出版社1998年版,第3304—3305页。
④ 《熊希龄先生遗稿》第4册,上海书店出版社1998年版,第3314—3315页。

示湖南会积极响应议和,罢兵停战,"然即以湘论,撤者必主和平有纪律之兵,而留主战恣暴之众,未见其有益也。"①并向熊希龄转达岑春煊已经通电前方各军,各守原防,停止军事行动,静待议和事宜的解决。

再次,关于会议名称的解决。北方以中央政府自居,坚持议和只能以中央与地方的关系对待,不能以对等的形式进行。只与陆荣廷、唐继尧个人接洽,不与广州军政府交涉,并且将南北议和定名为军事善后会议。南方不接受不对等的议和形式,也不认同会议名称。名称既乖,去题愈远。谭延闿认为召开和平会议双方派遣代表,并不是非要争对待形式,而是事事都应该公开透明,才有结果可言。否则的话,只是徒增电报往来,而无实际行动。迁延越久,变故越多,"愚谓今日之事必开诚布公,捐除意气,力主正义,乃可永久和平。"②必须着眼于此才能收拾处理好时局,不然的话议和将难以进行。为了表示南方的诚意,不至于使议和另生枝节,谭延闿向北方转达岑春煊的态度。岑春煊认为如果北方不能将南方放在一个对等的位置上,和议这件事就会长期拖延,得不到解决,陷国家于悲境。熊希龄收到岑春煊的电报之后,与北方政府交涉,请求更改会议名称,加上外交团也从旁协助,北方政府同意将会议名称改为和平会议。

最后,关于议和地点的选择。议和地点几经波折才选定为上海,徐世昌等北洋政府认为,选择李纯的驻地南京比较合适,"政府以接洽和议之事,既经属公专任,自以南京为便,议遂定,兼以公筹备会议一切事宜。"③作为南方总代表的唐绍仪坚持选择上海,表示"地点不可不求适当"④。部分广州非常国会议员也认为此次南北议和会议地点以上海为最适宜。熊希龄想让谭延闿去

---

① 刘建强编著:《谭延闿文集·论稿》,湘潭大学出版社2014年版,第277页。
② 刘建强编著:《谭延闿文集·论稿》,湘潭大学出版社2014年版,第277页。
③ 中国社会科学院近代史研究所近代史资料编辑部编:《近代史资料》(总第36号),知识产权出版社2006年版,第96页。
④ 中国社会科学院近代史研究所近代史资料编辑部编:《近代史资料》(总第51号),知识产权出版社2006年版,第159页。

我所知道的谭延闿

劝说南方各派改变对地点的坚持,"地点一节,仍望设法,务祈所请。"①尤其是"李秀督年来力主和平,躬受嫌疑,备极困窘。此次若不开会南京,殊失所望,且此人为南北中坚人物,万不可使之解体。"②希望谭延闿与陆荣廷及湘、桂各军首领,吴子玉师长等,联名向唐绍仪进行"疏通","曲从是议,以免南北相持,以致决裂。"③通过谭延闿与唐继尧、陆荣廷的多次交涉,唐继尧与陆荣廷都同意议和地点设在南京,但是唐绍仪却坚持选择上海。谭延闿只能将熊希龄劝和的电报转发给了陆荣廷,请他设法说服唐绍仪,但是陆荣廷未能说服唐绍仪。

1919年2月20日,北京政府与广州护法政府和平代表团集于上海,全国瞩目的南北议和会议终于如期召开。但由于陕西问题和国会问题一直得不到解决,加上巴黎和会中国外交失败,山东问题如何解决也无法讨论出结果。5月13日,广州护法政府和议代表团集体辞职,14日北京政府和议代表团集体辞职,和谈失败。虽然和谈失败了,但是谭延闿与熊希龄为争取国内的和平统一做出了努力。

(二)支持谭延闿驱逐张敬尧

1918年3月,北洋政府任命张敬尧为湖南督军兼省长,张敬尧在湖南掠夺人民财产,实行残暴统治。

张敬尧的倒行逆施引起了湖南人民的坚决反对,谭延闿与赵恒惕、张学济、鲁涤平、林修梅等多位湘军将领,共同致电中央以及熊希龄,反对张敬尧的暴政。首先,湖南第一纺纱厂是湘政府历年所经营的,张敬尧"掷同破甑,一售再售,有如孤注",是使"财产无发展之余地,实业无提倡之特权,生计金融

---

① 《熊希龄先生遗稿》第4册,上海书店出版社1998年版,第3399页。
② 《熊希龄先生遗稿》第4册,上海书店出版社1998年版,第3414页。
③ 《熊希龄先生遗稿》第4册,上海书店出版社1998年版,第3414页。

永沦黑狱,万劫不苏。"①因此无论何人承卖,均不允许。其次,湘矿则是全省的经济命脉,一线生机,全在矿产。湘省频年遭受兵灾与水旱灾害,如果湘矿一旦被抵押,则"吾湘三千万人民生命已绝,决不能任其专横无忌,断送吾湘也。"②最后,张敬尧种植鸦片,摧残教育的行为是"近世所未闻见者",种植鸦片是使"湘人而沉入黑籍冤魂",摧残教育是使湘人"堕于聋乡而万劫不复","其设心尤险,而为祸尤烈",号召社会各界一致主张,阻止张敬尧的暴行。

但是这些通电并没有起到作用,1919年秋张敬尧不顾湘省的灾情,借筹备军米为名,强制征收大米,将这些大米运出销售。此时的湖南受灾严重,本就需要从外省购米以补省内收成不足,张敬尧此举无非是"使数千万湘民同死于虐政之下"③。熊希龄请求中央命令张敬尧停运,并且停发护照。张敬尧发电进行曲意辩白,认为此举是"济有余之米谷,吸多数之现金"④,使湖南在兵灾、水灾侵蚀之后百业凋零、金融枯竭的局面得到改善,湖南省政府也可以借税收补助支出。10月29日,熊希龄向全国各大报馆发出电报,指责张敬尧的罪行,认为张敬尧在督湘以来"惟知经营商务,搜刮公产"⑤。熊希龄在电报中大略估算了张敬尧在督湘的两年间掠夺的财产,将近一千万元,其中包括扣留原本要交给中央的两百多万元盐税,私自增加盐税获得了三十余万元,对盐票私自增加保护照费获得了一百五十余万元,运卖粮食所得到的一百多万元现金,在湖南滥发铜元所获得的余利有一百二十多万元,征收厘金数十余万元,拍卖公产获得一百余万元,合计八百余万元,加上私吞中央筹济给湖南的军饷,将及千万元。此报一出,"人司啧啧,众怨沸腾",激起了湖南人民仇张的怒火。

---

① 刘建强编著:《谭延闿文集·论稿》,湘潭大学出版社2014年版,第290页。
② 刘建强编著:《谭延闿文集·论稿》,湘潭大学出版社2014年版,第291页。
③ 《申报》1919年10月23日。
④ 《申报》1919年11月1日。
⑤ 《申报》1919年11月4日。

12月2日,湖南学生联合会为了抵制日货,发起游行示威,举行焚烧日货大会。张敬尧派兵残酷镇压学生的反日活动,"可怜文弱学生,身受重伤者数十人,即数龄小学生,亦同遭毒打。"①以此为导火线,湖南人民发起了驱逐张敬尧的运动。以长沙为主要阵地,学生、教员纷纷罢课罢工,举行游行示威活动,"张敬尧一日不去湘,学生一日不返校。"②并派代表团分赴北京、上海、衡阳等地扩大宣传。随后,这场运动不断发展壮大,不仅全国各地纷纷支持驱张运动,甚至留美、留日的湘籍学生也纷纷声援驱张运动。

谭延闿主张对张敬尧开战,将张敬尧驱逐出湖南,"湘省以情以势,委难再延,决心一战,以了此局"③,熊希龄也支持与张敬尧开战。1920年5月31日,谭延闿发出讨伐张敬尧的通电。谭延闿在通电中表明,讨伐张敬尧的原因有二,一是此前南北和谈之时,南北双方为了表示诚意,需要罢兵停战,共同商讨促进和平,"国人忍苦饮痛以待者,实愿双方以良心之主张,解决时局,稍纾国难,共救危亡。"④但张敬尧却在南北议和的时候,日日备战,四处购买枪弹。以需要规划筹备湘省防务为借口,向陆军部索要军饷以及枪支弹药,并招纳流亡之徒,增编部队,借此向衡阳、宝庆节节逼近。不顾停战议和的约定,放任部下滥杀无辜平民,导致人民流离失所,土匪趁机四处掠夺,民不聊生。二是张敬尧在湖南暴政,"拍卖国产,断送主权,窃拥重兵,排除异己,倒行逆施,无所不至。"⑤为了救国救乡,谭延闿决定与张敬尧拼死一战,号召全国人民共申大义,"上为国家攘除奸凶,中为乡邦拯救焚溺,下为个人保存人格。"⑥

---

① 湖南省哲学社会科学研究所现代史研究室编:《五四时期湖南人民革命斗争史料选编》,湖南人民出版社1979年版,第587页。
② 《蒸阳请愿录》,湖南人民出版社1979年版,第12页。
③ 刘建强编著:《谭延闿文集·论稿》,湘潭大学出版社2014年版,第301页。
④ 刘建强编著:《谭延闿文集·论稿》,湘潭大学出版社2014年版,第301页。
⑤ 刘建强编著:《谭延闿文集·论稿》,湘潭大学出版社2014年版,第301页。
⑥ 刘建强编著:《谭延闿文集·论稿》,湘潭大学出版社2014年版,第301页。

张敬尧兵分三路,据守要点以对付谭延闿的进攻,谭延闿将湘军转移到湘江左岸,分兵攻击各据点,林修梅、田应诏等人也配合谭延闿的军事行动。6月11日,湘军向湘潭、宁乡两路推进,张敬尧放弃防守长沙而逃到岳阳。6月23日,湘军向岳阳前进,张敬尧孤立无援,便退往湖北嘉鱼。在逃跑的途中,他纵容手下的残兵败将肆意掠夺,烧毁村屋,所经过的地方,如安化、宁乡、益阳、湘乡、株洲、岳阳各处都变为废墟。张部奸淫抢掠、杀人放火,形同盗贼,无法无天。谭延闿通电南北,号召社会各界共同驱逐张敬尧,以稳定湖南秩序,维护国家安宁。6月30日,张敬尧逃到汉口。至此,蹂躏湘省人民长达两年的张敬尧被驱逐出湖南,谭延闿继任省长。

(三)支持谭延闿开展地方自治

谭延闿是湖南自治的首倡之人,1917年谭延闿第二次督湘的时候,就提出"湘人治湘"的方针,但被段祺瑞用傅良佐替了督军的位置。1918年,熊希龄提出了联邦制的主张,他的联邦制包含了三个方面的内容:一是打破武人专政,划清国省界限,实行军民分治;二是就如何划清国省界限,实行军民分治;三是组织联邦会议,制定联邦宪法。熊希龄的联邦制一提出,就遭到各方面的抨击与反对。因为在1918年时不具备实行的条件,联邦制阻碍了南方想以武力争取恢复临时约法和恢复旧国会的想法,被南方护法派所反对。

到了1920年,由于长期武人专权,战争不断,各省人民苦不堪言,看不到和平的前景,国家宪法也迟迟不能制定,因此联省自治的呼声越来越高。国人通过府院之争、张勋复辟、西原贷款等一系列事件看清了北洋政府只知专制而不知民主的本质。南方护法军政府内部的各方势力也不团结,粤桂两派分道扬镳。人民对南北两个政府感到失望,想走地方分权的道路,由各省自行制定自治宪法,进行施政,以免除中央政府被独裁者控制而危害全国。所以谭延闿一提出联省自治的主张,就得到了广泛的支持。1920年8月,谭延闿通电全国,发表祃电,"吾人苟有根本救国决心,当以各省人民确立地方政府,方为民治切实办法。"①宣布废除之前北洋政府所颁布的督军制,湖南开始实行地方自治以及民选省长。

谭延闿提出联省自治的原因有四点:一是就全国而言,南北方的实力发生了变化。在直皖战争、粤桂战争之后,南北方的形势出现了巨大变化。以前虽然是南方难以统一北方,北方难以统一南方,但是还是在互相征伐试探,意图统一全国。战争之后,南北双方都失去了统一全国的能力,各自内部斗争激烈。在这种情况之下,无论是熊希龄的联邦制还是谭延闿的联省自治便成了最好的选择。各省内部实力不强的弱小军阀和倡导地方主义的人也想利用地方自治来保持一省的割据状态,不仅可以阻止北洋军阀或者邻近省份的大军阀进行军事占领,而且可以通过自治运动把外来势力排挤出去。不管是直皖战争,还是川滇粤桂战争,都是以地方观念相联络、相号召才发生的,因此除了地方自治,"其他救国救民言论,乃为表面之旗帜。"②

二是熊希龄对谭延闿的支持与建议。在1919年南北会议陷入停顿时,熊希龄就曾告诉过谭延闿议和会议拖延太久而没有结果,南北各军恐怕会滋变。建议谭延闿与西南各督军以及湖北等省共同商榷如何解决时局。他以美国和德国为例,提出自己的看法,认为联邦制可以约法革命。在欧战之后联邦政体的国家具有体制上的优势,"绝不致于纷裂",将来世界各国,如英国、俄国也可能会改为联邦制。中国的省界牢不可破,具有实行联邦制的条件,有百利而无一害,"能于此时定议,将来省自为政,中央亦不至任意抵卖路矿。"③驱张成功之后,谭延闿第三次主政湖南,又致电熊希龄,寻求解决湖南局势的办法。熊希龄建议谭延闿趁南北还未统一之时,宣布实行地方自治,维护湖南秩序的稳定,将湖南排除在南北战争之外。由全省人民选出人民代表,由人民代表选出省长并制定省自治法,再提交给全省公民投票表决是否施行。熊希龄认为

---

① 湖南《大公报》1920年8月16日。
② 周秋光:《熊希龄传:维新·济世·救亡》,华文出版社2014年版,第402页。
③ 《熊希龄先生遗稿》第4册,上海书店出版社1998年版,第3609页。

湖南率先提倡地方自治之后,其他各省必定会热烈响应,"由此不难达成联治立国,实为救湘救国一举两得之计。"①

三是就湖南省而言,湘省人民渴望和平与稳定。作为南北混战主战场的湖南,由于政局动荡不安,经济衰退,导致灾民增多,匪患严重,"全湘七十五州县,乃无不有匪"②,匪患成为湖南最严重的社会问题,政府对其进行镇压也收效甚微。从1911年至1920年,汤芗铭、傅良佐、张敬尧等北洋军阀先后三次祸害湖南,破坏湖南金融,扰乱社会秩序,给湖南人民带来了深重的灾难。遭受兵灾破坏的湖南人民强烈要求稳定社会秩序,退出南北战争,进行地方自治,在湖南省内部形成了推动地方自治的动力。

四是湖南地方军阀与北洋军阀之间的矛盾尖锐。湖南地方军阀受到北洋军阀的排斥与挤压,双方斗争激烈。谭延闿与赵恒惕等地方实力派想借地方自治的名义,维持地方割据,保持已有势力,所以谭延闿提出湘人自决湘事的主张。熊希龄听到谭延闿准备在湖南实行联省自治之后,十分高兴,因为谭延闿的联省自治是对他联邦制的一种响应。熊希龄自南北和谈失败之后,就希望通过地方分权的方法来稳定国内局势。如今谭延闿搬出自己的主张并准备实行,他称赞谭延闿发布的"祃电"是"根本之言","洞中肯要",除此之外的主张不能救国救湘救其他各省,大力支持谭延闿的主张。他认为现在中央"腐败万状"③,汉奸当道不顾国家民族利益,随意拍卖各省土地财产,"城狐社鼠,前倾后继"④,将来的情形难以想象。为了维护国家根本,必须将中央权力进行限制,扩大地方权力,否则"无以收急进之效"⑤,给谭延闿进行地方自治极大的肯定。

谭延闿发表"祃电"之后致电熊希龄,认为想要谋永久和平,必须要有根

---

① 陶菊隐:《记者生活三十年》,中华书局2005年版,第31页。
② 荣孟源、章伯锋:《近代稗海》第八卷,四川人民出版社1987年版,第165页。
③ 《熊希龄先生遗稿》第4册,上海书店出版社1998年版,第3827页。
④ 《熊希龄先生遗稿》第4册,上海书店出版社1998年版,第3827页。
⑤ 《熊希龄先生遗稿》第4册,上海书店出版社1998年版,第3827页。

本的解决办法,恳请熊希龄为湖南自治提出建议,谓"公远瞩高瞻,必有至计"①。熊希龄于是在北京邀请旅京同乡诸人,一起研究讨论,多次开会商议,对湘省的自治提建议,献计策。

谭延闿认为此前不管是北洋政府还是广州护法军政府,都对于地方制度有过详细的讨论,"虽尚未公布,然民意所趋,大体已定。"②决定借鉴南北两政府讨论过的地方制度,采用民选省长及参事制,分别制定条例,暂时在湖南实行。熊希龄认为地方制度的制定本来就源自湘省人民湘事自决的想法,可以仿照美国制定的地方宪法以及德国的联邦新宪法,自行制定自治根本法,"无须仰给国会。"③谭延闿认为"非以湘政公之湘省全体人民,不足迅起疮痍,速复元气"④,想让湘省人民参与到地方自治中,但又并未对制定自治法的程序以及如何让湘省人民参与其中的方法加以说明。熊希龄建议在具体做法上,必须由省会、教育会、商会等联合讨论,"集多数联署,举出代表",然后仿照欧美各国的例子,草拟省自治法,让全省各县人民投票表决,"而后自治法之根本基础,可以稳固。"⑤熊希龄还致电教育会长陈凤荒,希望教育联合会的同志,对湘省自治给予支持,必须在南北统一之前实行湖南自治。如果湘省自治成功,"各省自可响应,然后联省立国",湖南也可以避免成为南北战场,"成败利钝,在此一举。"⑥

由于梁启超对于世界各国的政治颇有研究,熊希龄还邀请梁启超出面,请他根据旅京诸人讨论出的意见,再借鉴其他各国的联邦宪法,代笔草拟出《湖南省自治法大纲》和《湖南自治根本法》,文中对于省长的产生、议员的选举、立法、行政、司法、财政、裁判、军事、教育等机构的设置以及权限的划分、公民

---

① 刘建强编著:《谭延闿文集·论稿》,湘潭大学出版社2014年版,第309页。
② 刘建强编著:《谭延闿文集·论稿》,湘潭大学出版社2014年版,第308页。
③ 李铁明:《湖南自治运动史料汇编》,湖南师范大学出版社2012年版,第411页。
④ 刘建强编著:《谭延闿文集·论稿》,湘潭大学出版社2014年版,第308页。
⑤ 李铁明:《湖南自治运动史料汇编》,湖南师范大学出版社2012年版,第411页。
⑥ 李铁明:《湖南自治运动史料汇编》,湖南师范大学出版社2012年版,第411页。

的权利与义务等,都作了十分详细的论说。熊希龄将它们邮寄到湖南,以供谭延闿"采择",他认为地方自治关系到湖南的安危利害,"不能不集思广益,冀效壤流"。湖南如若试验成功,那么其他各省也必将闻风而行,以湘为模范,"则联省立国之势成,而后国家可保也。"①

熊希龄提出的建议以及请梁启超代拟的稿子对湖南的地方自治起到了非常大的促进作用,特别是《自治法大纲》和《自治根本法》在《大公报》上刊出之后,在湖南引起巨大的反响,社会各界人士都密切关注地方自治,一时间街头巷尾都在谈论与自治有关的事情。谭延闿对熊希龄的支持表示感激,评价这两篇文章"精思深论,启迪良多"②,准备召集湖南开明的士绅共同研究讨论,以便早日实行。

9月13日,谭延闿在总司令部召集省内官绅三十余人参加的自治会议,湖南的自治提上日程,谭延闿成为"极端赞成自治的人"③。但是谭延闿所推崇的自治是官治而非民治,他召开的自治会议邀请的都是官绅,因此遭到各方的抵制,反对制宪由官绅包办。谭延闿便邀请中外名人来湘研究制宪问题,但还未来得及开始,便因湘军内讧,被赵恒惕赶出湖南。

四、谭延闿协助熊希龄在湖南救灾与赈灾

(一)协助熊希龄赈灾

1912年到1921年间,湖南一直是南北军阀争抢的要地,兵灾严重,水灾也频繁发生。兵灾和水灾的频发导致大量的人民流亡,灾区的人口数量减少,大片田地荒芜,农业生产遭到破坏。熊希龄一直致力于慈善救济事业,每当湖南遭受灾害的时候,他都四处奔走,力图改善湖南人民的处境,谭延闿在熊希

---

① 《熊希龄先生遗稿》第4册,上海书店出版社1998年版,第3827页。
② 刘建强编著:《谭延闿文集·论稿》,湘潭大学出版社2014年版,第313页。
③ 王无为:《湖南自治运动史》(上编),泰东图书局1920年版,第22页。

龄的慈善事业上给予了充分的支持。

　　筹赈。首先是向中央政府请求拨款。在灾情发生之后,熊希龄多次联合湘籍人士向北京政府请求赈款,还建议省内人士联合署名向中央政府致电,对北京政府施加压力。谭延闿向内务部、财政部以及农商部呈报灾情,请求中央政府拨款赈济,"刻正督饬官绅,举办急赈,抚恤地方,惟灾情过重,杯水车薪,无济于事。"①熊希龄也向中央申请,请求中央下拨款项,救济湘中兵灾以及水旱灾害。但是中央政府财政拮据,赈灾的能力有限。尤其是谭延闿宣布湖南进行地方自治,作为独立省份,想通过官方途径向中央申请助赈,希望不大。因此在湖南灾害发生之后,中央的赈济力度小。湖南省政府对少数受灾县给予了一定程度的接济,但更多的是对灾情十分严重的县进行救急。1917年8月,湖南发生水灾,南县与麻阳灾情严重,谭延闿首先下令拨给两县各一千元,用作两县水灾救急,"该县水灾重大,悯恻殊深,仰即在田赋项下,提洋一千元,妥速散放。"②其次是号召各县的士绅商人就地筹集。1917年新宁县发生水灾,是"百余年未有之奇灾"③。为了对水灾进行急赈,便召集士绅筹议拨款垫赈。在熊希龄的倡议下,湖南广大士绅在长沙成立湖南义赈会,士绅在筹款赈济中起到了重要作用。最后是向社会各界请求捐款,熊希龄向各省发出通告,陈述湖南状况,祈请"当世恻隐仁人慈善之士,推爱乡之心,并毁家以纾难;本恤邻之义,则汛粟以济饥。或脱簪钏,或节脂粉,或捐宴费,或捐游资。"④熊希龄凭借自身的影响力在北京、上海等地筹集赈款,并在北京成立了旅京湖南筹赈会,得到社会各界的支持。谭延闿为了湖南筹赈与湘中名宿何诗孙等发起以书画润笔助赈,参加书画助赈的还有曾农髯、谭瓶斋、粟谷青、魏肇文及名媛黎左琳女士,为湖南筹赈贡献了力量。

---

　　① 刘建强编著:《谭延闿文集·论稿》,湘潭大学出版社2014年版,第306页。
　　② 湖南《大公报》1917年9月10日。
　　③ 刘建强编著:《谭延闿文集·论稿》,湘潭大学出版社2014年版,第249页。
　　④ 《熊希龄先生遗稿》第4册,上海书店出版社1998年版,第3452页。

施赈。1916年护国战争爆发后,为了便于施赈,熊希龄在常德设立抚绥处,将所得到的赈款以及物品汇总,统一分发到各处,"当经电总处,派员携款补放","交抚绥处次第散放,以救遗黎,而免道殣。"①谭延闿和熊希龄直接委派人员进行管理,刘棣芬为处长,以常德者绅高君杰为副处长。抚绥处对灾区直接发放赈款和赈粮,根据各县灾情的严重情况,划分三个等级,各等级给六百元到两千元的赈款不等,给一百石到三百石的赈粮不等。其中以工代赈的作用最为突出,派人员往受灾各地,召集流亡,一面劝农民迅速治理农田,一面设立临时因利局,贷款给商贩,让他们做一些小生意,维持生计,减少流民数量。还贷款给烧窑场,恢复生产,烧制民间所损失的碗碟,并设立织布厂,制造赈衣绒布。工赈在灾荒之年既可以救目前的饥馑,又可以使生产秩序逐渐稳定,"慈善公益,一举两得"。

(二)协助熊希龄减灾与防灾

修建水利工程设施。洞庭湖大水之后,熊希龄提出了《疏浚洞庭湖刍议》。文中先是系统总结了民初提出的四种具有代表性的治理洞庭湖水患的主张,然后分别指出这四种主张的不足,"主疏主塞各不相谋,而其泛漫敷衍"②,没有能够提出统筹全局的纲领,进而提出自己治理洞庭湖的想法,即应该做前期的基础性工作,"宜从事于测绘舆图设备水标也"③。谭延闿作为湖南督军以及省长,下令设立湖南省土木工程局,管理湖田水利,之后又成立督办滨湖堤工水利总局,办理溃垸修复、堤工事宜。1915年湖南设立水利分局,兼管湖区垦务。1917年,又设立湖南省清理湖田局,掌管垦务,对熟田淤洲勘丈发照,水利分局则专司水利。1921年湖南省清理湖田局改名为湖南省水利局,下设总务、湖田、工程三科。

---

① 刘建强编著:《谭延闿文集·论稿》,湘潭大学出版社2014年版,第176页。
② 《熊希龄先生遗稿》第1册,上海书店出版社1998年版,第132页。
③ 《熊希龄先生遗稿》第1册,上海书店出版社1998年版,第132页。

肃清兵匪。长期处于战争当中，又遇上水旱灾害，灾民的队伍不断扩大。他们入山为匪，十分猖獗。熊希龄说："吾湘所受痛苦者，固属荒灾，而土匪实亦历来致祸之原，扰乱乡里，民不安居，马牛抢尽，无以为耕，积久乏食，农亦生变。"①由于土匪人数太多，"若必按名捕戮，诛不胜诛。"②谭延闿决定只将真正的匪首、犯有重大罪责的缉捕归案，其余胁从，准其悔改。谭延闿一方面派人清查户口，让土匪无地可容；另一方面在地方筹备乡团，使人民能够互相救助。他给各县知事下令："查现值青黄不接之时，加以水灾频仍，难保不有匪徒趁荒滋事，亟应严密防范，以保安宁。"③令各县知事督促团营，认真办理救荒防匪的事情。但是各县的团营与驻军大多数是无械白兵，兵力薄弱，不敢清匪。熊希龄便致电长沙公署师长、厅长以及镇守使，请他们加派人手，发放武器，以便于防剿土匪，避免百姓遭受更多的掠夺。

仓储。仓储一直是减灾防灾的重要措施之一，有稳定农业生产、维护社会秩序的功能。民国初期湖南的仓储功能不断衰退，但是与同时期的大多数省份相比，湖南的仓储存谷情况要好一些。因此，在民初的几年里，尽管湖南灾害频发，但是没有产生较大的危害。到1916年，由于护国战争爆发，"城外房屋焚者千余，仓储谷米皆付一炬。"④为了保证民食，谭延闿下令在夏粮收获季节对外缓开米禁，防止外商抢购，并布告"义仓、社仓积谷，不得移作他用"，⑤这一命令在短时期内对于积谷备荒产生了一定效用。

（本文系湘潭大学哲史学院专门史专业2018级研究生向纯和的硕士学位论文，本人为其指导教师，收入本书时作了较大修改。）

---

① 周秋光编：《熊希龄集》（下册），湖南出版社1996年版，第1680页。
② 刘建强编著：《谭延闿文集·论稿》，湘潭大学出版社2014年版，第236页。
③ 《申报》1917年8月11日。
④ 杨鹏程：《湖南灾荒史》，湖南人民出版社2008年版，第569页。
⑤ 杨鹏程：《湖南灾荒史》，湖南人民出版社2008年版，第569页。

谭延闿与胡汉民

谭延闿与胡汉民两人同年出生。在中华民国建立之初，一为湖南都督，一为广东都督，而且都是书生掌兵。两人都是追随孙中山的国民党元老，共同反袁，共同参与孙中山的革命运动，以及南京国民政府时期的合作。虽然有时存在分歧，但同是文人出身的两人本就有颇多的共同爱好，更是至交。孙中山北上时，前方的事委托给谭延闿，后方的事委托给胡汉民，足见孙中山对两人的信任。宁汉分裂时，谭延闿是武汉国民政府代理主席，胡汉民则是南京国民政府主席；宁汉合流，国民党建都南京设置五院后，两人分任行政、立法院长。两人都工于诗书，均为"民国四大书法家"之一，胡以曹全碑隶见称于世，谭则以直摹颜柳而闻名，两人都好以诗抒怀，常常师期唱和。两人不同之处也多：谭延闿以湘省名流显现，胡汉民以革命党人著称。谭延闿是一挫再挫却三度督湘，胡汉民一任粤督即不再复起。谭延闿气度恢宏，雍容易与，善驭下，尤能自安于下，不太计较名位，做主席行，做院长也行，做总司令行，做军长也行。胡汉民泾渭分明，有犯必较，不随和，不为人留余地。两人缔交于1915年到1916年间，性格迥异，却惺惺相惜，情谊至深。

一、反袁失败，互为支持

1912年2月"二次革命"爆发。在孙中山的号召下，湘、赣、皖、粤四省先

我所知道的谭延闿

后通电讨袁,"江西同胞横遭侵逼,首倡大义,誓师讨袁。粤、皖、江、苏、闽、浙、滇、蜀、桂各省相继兴师,同伸义愤。不久即当会合进攻,直捣北京,诛此妖孽。"①谭延闿此时为湖南都督,虽然早期宣布湖南独立的事宜较为迟缓,但湖南加入讨袁行动甚是积极。1912年7月25日谭延闿宣布独立并发表《谭延闿独立示谕》,8月3日组织讨袁军参议处。对外,谭延闿加强和其他各省的联系,联络军队,共同讨袁;对内加强政治与经济方面的控制、军队管理以及维护社会治安。而此时的胡汉民身居粤省都督之位,支持讨伐袁世凯,是表态支持的关键人物之一。但好景不长,由于名义上袁世凯的北京政府是全国中央政府,因此胡、谭二人先后被免职。1913年6月,袁世凯以胡汉民不服从中央,下令撤免。胡汉民被免职之后,担任《民国》杂志编辑,继续加强对反袁的宣传工作。而谭延闿在1916年10也被免去湖南省长兼督军职务。

1916年,被免职的谭延闿闲居上海,正好此时胡汉民也在上海主持反袁工作,两人的交往变得密切起来。经胡汉民的极力介绍,谭延闿得以结识孙中山,虽然刚开始谭延闿与孙中山在政治见解上还存在一定的差异,谭延闿对于这位革命领袖却也是十分敬重。这也为之后谭、胡二人的长期共事创造了条件。到1920年,因湘军内部矛盾激化,谭延闿第三次督湘结束,再次前往上海。1922年,谭延闿下定决心追随孙中山,服膺三民主义。

二、精诚合作,平定两广

谭延闿作为有新思想的人物,早就受到了孙中山的关注,再加上其在湘军中的重要影响力,跟随孙中山之后的谭延闿很快得到重用,被任命为内政部长、建设部长、湖南省省长兼湘军总司令,在国民党内部的地位变得举足轻重起来。胡汉民时任政治部长,因而与谭延闿在工作上的交往趋于频繁,两人关系也日渐融洽。两人皆身居要职,在孙中山的新政府内部堪称左膀右臂。

---

① 《民权报》1913年8月3日。

谭延闿与胡汉民

1922年6月,陈炯明发动叛乱,围攻总统府。面对陈炯明的嚣张气焰,谭、胡二人都主张讨伐,胡汉民作为政治部长,对于谭延闿调湘军镇压陈炯明叛变深表赞同和感谢,在二人合力平定叛乱之后,胡汉民激动地说:"只有谭先生独提湘军,努力猛进。谁知给养既不足,水土又不服,所以没有接战。湘军之以病伤亡者,已在半数以上。谭先生事后告人,这是他生平最伤心、最痛惜的一件事。"①从这可以看出,胡汉民对于谭延闿平定陈炯明叛变是高度肯定的,胡汉民认为,在危难时刻,谭延闿挑起大梁,亲自指挥镇压叛军,难能可贵。二人这样细致的相互了解,当然是得益于平时多次交谈与交换意见。谭延闿对胡汉民渊博和深刻的思维也是倍加赞扬:"以舆至妙高台访胡展堂,谈甚久,自有超解,非余子所及。"②两人有了更加深入的互帮互助,而1924年的镇压广州商团事件,谭延闿无疑是帮了胡汉民大忙的。1924年10月4日,广东各地商团代表"公然提出要在双十节进城武装请愿,口气中已散发出火药味……胡汉民被商团咄咄逼人的凶相吓懵了。"③面对商团的步步紧逼,加上陈炯明的再次蠢蠢欲动,胡汉民一时六神无主,急忙报告孙中山,在孙中山、谭延闿等人的积极协调下,抽调包括谭延闿的湘军在内的北伐军回师广东平定事态,商团事件才得以最终解决。

1924年,孙中山北上,临行前,他把后方事务交给胡汉民处理,前方事务交由谭延闿处理。由于谭延闿在江西遇到挫折,暂时进展不顺,而谭延闿在一天之内三次打电报给胡汉民索要军饷没有成功,谭延闿深表疑虑,回到广州之后,当面向胡汉民问起此事,胡汉民认为,索饷不得对于谭延闿整编军队是一种激励,是一种鼓舞,二人的朋友情谊可见一斑。1925年,杨希闵、刘震寰发动叛乱,叛军气焰嚣张,公然私下任命广州卫戌司令和广东省省长。在叛乱之初,谭、胡二人倾向于通过谈判来解决问题,但调和的主张被杨、刘二人拒绝,

---

① 胡汉民著:《胡汉民回忆录》,东方出版社2013年版,第199页。
② 《谭延闿日记》(未刊稿),1923年2月19日。
③ 于庆祥:《大革命的故事(上)》,中共党史出版社,第65页。

169

胡汉民感觉深受打击，萌生去意，谭延闿马上予以挽留，劝胡"固定宗旨，力维大局，打消辞意。"①谭延闿希望胡汉民能从时局出发，多和自己配合，为政府多做实事，谭延闿对胡汉民萌生退意的想法深表忧虑。

三、由分至合，一生至交

孙中山去世之后，蒋介石通过一系列活动，积极谋求国民党中央的最高领导权，由于蒋介石本身是第一军军长，又是黄埔军校校长，在军中威望很高，胡汉民这一时期支持蒋介石的态度取向变得明朗，谭延闿则是发挥其和事佬的本色，积极调停以汪精卫为首的武汉方面和以蒋介石为首的南京方面的关系。

1927年4月17日，在南京的国民党中执委委员蒋介石、胡汉民、柏文蔚等人以及部分监察委员宣布在南京建立国民政府，以胡汉民出任主席。此时的谭、胡二人分属不同的阵营：谭延闿是武汉方面的成员，胡汉民是南京方面的要员，由于谭、胡两人私交甚好，两人通过多种渠道积极促进宁汉合流。8月下旬，谭延闿抵达南京，9月5日，谭延闿与胡汉民反复商谈，积极促成宁汉合流。谭延闿在会谈结束回到武汉之后，觉得和胡汉民的会谈深有感触，对陈公博说："他们的意见很多了，我主张汪先生应该到上海一次和他们见见面，就是胡展堂也应该见见。"②谭延闿认为，要促成宁汉合流，胡汉民的意见和作用是很重要的，所以才特别指出要重视胡汉民的意见，也从侧面说明了谭、胡两人的深厚情谊。

宁汉合流之后的南京国民政府内部谭、胡二人的地位都很高，谭延闿被选举为国民政府主席，后改为行政院长；胡汉民则是立法院长。国民党二届五中全会之后，谭、胡二人围绕训政时期具体政策又很好地合作了一次。其实早在会议开始胡汉民就已致电谭延闿，希望《训政大纲》里能有提高党权，实施五权制度的方案。1928年9月，胡汉民回国，立即起草了《训政纲领》和《中华民

---

① 湖南《大公报》1925年4月22日。
② 刘建强：《谭延闿大传》，九州出版社2011年版，第305页。

国国民政府组织法》,该纲领和组织法能迅速通过和执行,作为国府主席的谭延闿起到了非常重要的作用。但《中华民国国民政府组织法》的出台使得谭延闿不能再担任国民政府主席一职了,而且蒋介石为了拉拢冯玉祥,还把原属于谭延闿的行政院长一职许诺给了冯玉祥,谭延闿对此颇有微词,他对胡汉民叹气:"从前给冯焕章的,现在又可以给阎百川,这种做法,怕不对吧!"胡汉民赞同谭延闿的想法:"何尝不对,而且不该。"①可见,谭延闿愿意把自己内心的想法跟胡汉民和盘托出,胡汉民也认为蒋介石的做法委屈了谭延闿,由此体现了两人的私交深厚。

四、诗词唱和,传诵一时

两人唱和始于 1930 年 1 月,胡汉民祝贺谭延闿诞辰。其诗为:"文采风流是我师,翁钱应悔未能诗;似从长庆参坡老,竟以平原傲米痴。虎卧龙跳非易事,春松秋菊可同时;苍生不病君无病,为祝南山寿无期。"②从此诗中可以看出胡汉民对谭延闿的敬佩油然而生。谭延闿答和道:"平生风义友兼师,喜入新年第一诗;不道杜陵矜瘦硬,相应王约诮肥痴。奴书自悔非崇古,老学深惭已后时;笔健输君缘寿骨,行能多恐负相期。"③在两人的唱和诗中,胡汉民以七律相赠,有二十四首;谭延闿叠韵酬答十一首,直到去世,才告中止。

谭延闿去世后胡汉民在南京政府立法院纪念会上的悼词,荡气回肠,极具代表性:

> 谭组奄先生不幸急病逝世,这是党国极大的损失。……谭先生的人格和事业,在我们革命过程中,总是不可多得的一人。

> 谭先生"休休有容",具有古人所谓宰辅的气度,他的性格,只有"和

---

① 刘建强:《谭延闿大传》,九州出版社 2011 年版,第 306 页。
② 刘建强:《谭延闿大传》,九州出版社 2011 年版,第 326 页。
③ 刘建强:《谭延闿大传》,九州出版社 2011 年版,第 326 页。

平中正"四个字,可以得其大略。兄弟与谭先生相处十余年,从未见其疾言厉色,有时有人为什么问题互相争持,谭先生一来,往往令人意消;遇到难以解决的事,一经谭先生区处,也就十分妥帖了。所以有人视谭先生为"药中甘草",几于攸往咸宜。……

谭先生天资明敏,自小便以能文章为士林所称赏,而其精到练达,更非普通人所能企及。少时,在两广督府幕中遇到疑难的公事为他人所不解的,只有谭先生了如指掌。……谭先生虽然和平,但在紧要关头,却又大节凛然,从没有丝毫苟且。见弟以为古人"通而有节"之说,也正是谭先生绝好的评语。

谭先生对于总理,尝自恨其直接承教之晚,但他之于总理,真可说是心悦诚服的一人。……谭先生的字典中,大抵没有名望、权利等字样,他是真能体行总理"以服务为目的,不以夺取为目的"的遗教的。这种鞠躬尽瘁的精神,真可谓今日一切专事奔竞的青年同志的模范!而专为发泄支配欲领袖欲,遂不惜卖身投靠,残民以逞的所谓老同志也应该闻而生愧了。①

胡汉民与蒋介石之间一直有矛盾,陈立夫就谭延闿的调和功能,特别是在蒋介石与胡汉民之间起的调和作用有一段话:

一个政府,虽然希望人人都能干,可是,也希望有一个人具有调和的功能。谭先生的宽大胸襟,优雅的风度,正是调和的好人选……胡先生说话常不让人,因此,每逢有事发生,总由谭先生去作调人。……由于谭先生的学识、为人和器度,因此在蒋公和胡汉民先生间,有着协调的功能。……如果,他能多活几年,相信当时的中央政府情形会更好些。②

---

① 胡汉民:《悼谭组奄先生》,中国国民党中央党史史料编纂委员会编:《革命先烈先进传》,台北,1965年版,第979—984页。
② 《谭延闿先生百年诞辰口述历史座谈会纪实》,台湾《近代中国》1979年第9期,第170页。

陈立夫还说,当他一听到谭延闿逝世的消息时,他就想到:"谭先生一死,将来一定会有麻烦了。"果然不出所料,谭延闿刚一逝世,胡汉民与蒋介石就因为约法问题大起冲突,终于引起震惊全国的汤山事件。1931年,胡汉民被蒋介石软禁在汤山时,触景生情,深有姜桂失去甘草的感伤,于是又用"师期"之韵,写两首怀念谭延闿的诗,缅怀老友,感伤自己。《忆组庵仍用师期韵》云:"太傅冲和未易师,灌兰锄艾尚无诗;拟从安石规棋癖,肯学君虞有妒痴。风景不殊公逝后,江上无恙我忧时;去年今日经风雨,正是回章索和期。"《悼组庵先生仍用师期韵》云:"此身真付五禽师,达者何知识在诗;诸葛自称仍谨慎,汾阳所得是聋痴。平生部曲应流涕,余事文章亦映诗;唯有典型随岁改,弓髯攀诡慰无期。"[①]

(本文为与蔡雅雯合著,原载《湖南工程学院学报(社会科学版)》2018年第1期,选入本书时作了修改。)

[①] 刘建强:《谭延闿大传》,九州出版社2011年版,第327页。

谭延闿与宋教仁

谭延闿、宋教仁均为国民党元老,对清末民初的中国历史都产生了重大影响。二人虽然分属立宪派、革命派两个不同的阵营,交往时间也很短,但宋教仁的风采、言论、政见让谭延闿大为折服,谭延闿也在国会选举中给宋教仁提供了全力支持。"宋案"发生后,谭延闿迫于形势,在讨袁问题上摇摆不定,草草独立又草草结束。

一、谭延闿积极支持宋教仁筹建国民党湖南支部,并担任国民党湖南支部长

辛亥革命以后,同盟会内部出现分化,革命性与战斗力大大降低。与此同时,立宪派党人却加强了联合,1912年5月,张謇、黎元洪、汤化龙等立宪派和旧官僚将统一党改为共和党,在议会里拥有与同盟会相抗衡的实力。1912年6月,唐绍仪内阁的倒台,使宋教仁认为现在由各党派组成的"混合内阁"不是好办法,应该由参议院多数党组织"政党内阁"。[①] 为此,宋教仁到处游说,经过几个月的努力,终于以同盟会为骨干,联合统一共和党、国民共进会、共和实进会等党派,改组成立国民党。为了扩大在地方上的影响,争取在国会选举中

[①] 刘景泉、张健、王雪超:《辛亥著名人物传记丛书·宋教仁》,团结出版社2011年版,第153页。

取得地方的支持,国民党约定在各省省会设立支部,在各府厅州县设分部,在复选举的地方设分部联合会。

湖南的局势非常混乱,情况复杂,一是以谭延闿为代表的立宪派实力雄厚,他们是否支持在湖南建设国民党分部尚未可知,二是湖南同盟会成员人多是原哥老、洪江、孝义、运动三和等帮派会党,江湖作风重,对政治不甚了解;三是湖南原正副都督焦达峰、陈作新被刺杀,很多同盟会成员认为是谭延闿主使的,对谭延闿有相当的敌意,甚至布置暗杀活动。① 经过慎重考虑,宋教仁决定派湘籍人士仇鳌去湖南主持工作,因为仇鳌过去参加革命工作时,既搞政治,也搞江湖,略为懂得江湖的一套。仇鳌认为,"谭延闿这个人要完全站在反动的一边他是不干的,因为他也认识孙中山、黄克强和同盟会的力量,不敢过于立异;但是要他死心塌地地站到革命方面来,当然也不可能。"②仇鳌于1912年6月底7月初回到湖南,筹备国民党改组工作,并负责国民党的选举。依据宋教仁的指示,仇鳌首先将湖南各方面的力量联合起来,团结在国民党的党纲和政策之下,形成联合战线,以便和袁世凯所代表的军阀官僚势力作斗争,取得选举的胜利。

谭延闿听了仇鳌关于宋教仁的计划后很表赞同,表示凡是他提出的办法,都欣然乐从,不仅同意仇鳌在湘筹建国民党支部,并表示愿意加入国民党。1912年9月28日,国民党湖南支部正式改组成立③,谭延闿为支部长,负责军事;仇鳌为副支部长,负责党务政治工作。④ 由于谭延闿是湖南立宪派代表人物,树起了这面旗帜,很多人也就跟着加入了国民党,湖南国民党支部实力得到了很大的加强。这样,国民党的一切决定都可以在军、政、社会各方面得到

---

① 刘建强:《谭延闿大传》,九州出版社2011年版,第100页。
② 仇鳌:《1912年回湘筹组国民党支部和办理选举经过》,中国人民政治协商会议全国委员会文史资料研究委员会编:《辛亥革命回忆录》(二),中华书局1962年版,第180页。
③ 《民立报》1912年9月28日。
④ 仇鳌:《1912年回湘筹组国民党支部和办理选举经过》,中国人民政治协商会议全国委员会文史资料研究委员会编:《辛亥革命回忆录》(二),中华书局1962年版,第181页。

贯彻。湖南国民党支部部分重要人物列表如下①：

姓名	党职	任职
谭延闿	支部长	谘议局议长、立宪派重要人物、宪友会发起人，湖南都督
仇鳌	副支部长	《亚东新报》社长，《东亚新闻》主编，湖南民政司长
周声俊	总务科主任	
罗良干	总务科副主任	国民党系《国民日报》经理
刘武	政事科主任	
萧仲祁	政事科副主任	湖南内务局局长
周震鳞	交际科主任	明德教员，湖南筹饷局局长
陈炳焕	会计科主任	谘议局副议长、宪友会会员，湖南财政局局长
吴景鸿	文事科主任	湖南教育司司长
龙璋	评议会评议长	湖南商会会长
程潜	政务研究会军务副主任	湖南军事厅厅长

湖南国民党支部成立之初，相较于同盟会，成分更为复杂，内部矛盾依旧很多。仇鳌虽然是湖南籍人士，但是从未在湖南组织过政党工作，此间重任便由谭延闿承担。作为支部长的谭延闿，为协调湖南政局的人事纷争，虽然困扰不已，但他仍能在立宪派和国民党之间、南北势力之间、新旧派系之间、政客与军人之间，极尽调和斡旋之能事，因此也赢得了"谭婆婆"的绰号。

二、谭延闿与宋教仁在政治、军事、文化方面进行了深入交流，并为宋教仁的才华与人格魅力所折服

谭延闿出身于官宦家庭，是立宪派代表，其父亲谭钟麟任两广总督期间，镇压了乙未起义，捕杀了陆皓东等一批革命党人。因此，包括宋教仁在内的一些革命党人，最初对他是心存芥蒂的。早在辛亥革命时，湖南焦、陈正副都督被刺杀，另举谭延闿为都督，宋教仁就表达了强烈的不满："谭延闿乃是文人，

---

① 迟云飞：《宋教仁与中国民主宪政》，湖南师范大学出版社2008年版，第182页。

焦达峰是光复湖南建功立业的人,这样的更换,我反对!"但由于汉口局势危急,黎元洪从中调和,表示只要湖南援兵到,不问新旧都督。"众人赞成,黄兴、宋教仁悻悻然退席"①。随着谭延闿在辛亥革命中对鄂的全力支援,于国会期间对湖南国民党改组的全力支持,同盟会成员对谭延闿的态度逐渐发生了改变。

因国会选举在即,宋教仁于1912年10月下旬离京南下,一路向沿途各省党部布置国民党参加国会选举事宜,并顺道探望离别已有八年的母亲和妻子。1913年1月初,宋教仁离开老家常德桃源,于1月4日到达长沙②,与谭延闿进行了会面。"日哺,闻炮声,宋遁初至也"。早在1904年,时年22岁的宋教仁长沙起义失败,逃亡日本,1912年底才回到湖南,这是二人的第一次见面。欢迎宴上,谭延闿对宋教仁大加赞扬,他在日记中称:"宋风采言论皆有政客风,非寻常人也。"宋教仁在欢迎宴上说道:"今民国虽成立,然破坏未及,人心上之旧习未能乘势革除,譬犹疮毒尚存,遽投以生机之药,必不能痊愈也。""为今之计,须亟组织完善政府,欲政府完善,须有政党内阁,今国民党即处此地位,选举事若得势力,自然成一国民党政府。"③谭延闿对宋教仁大为倾服:"宋答词条畅深切,可佩之至。"称宋教仁是"崭新的人","非一般政治上的人物可比"④。

1月8日,国民党湖南支部召开了欢迎宋教仁大会,大会隆重非常。"时自都督以下,各界名公巨老无不至者。先生辄据案演说,抒政见,其范围不出乎为国为民,一字不提于私。演说辞腾各报,人感动,益崇拜先生。欲买丝绣

---

① 蔡寄鸥:《鄂州血史》,龙门联合书局1958年版,第139—140页。
② 《谭延闿日记》(未刊稿),1913年1月4日。注:许多著作据仇鳌回忆,记宋教仁到长沙时间是1月17日,误。另有一些著作据《民立报》记为1月8日,也不正确。据《谭延闿日记》载,宋教仁于1月4日到谭延闿处,之后四天皆有私人宴会,1月8日才正式举行国民党湘支部欢迎会。
③ 刘景泉、张健、王雪超:《辛亥著名人物传记丛书·宋教仁》,团结出版社2011年版,第177页。
④ 《谭延闿日记》(未刊稿),1913年1月6日。

平原,镕金铸范蠡也久矣。"①谭延闿在会上致长篇欢迎辞,对宋教仁的人格魅力、革命事业以及政治风范大加赞赏。"宋遁初先生频年奔走国事,推倒满清,建造民国,实为我国之大政治家,国民所公认者也。""今开会欢迎,非欢迎过去之宋遁初先生,乃欢迎未来之宋遁初先生,非欢迎推倒旧政府之宋遁初先生,乃欢迎建造新政府之宋遁初先生。"②宋教仁在大会上也对谭延闿在辛亥革命中的鼎力援助表示了感谢,"幸湖南首先响应,得为后援。然汉阳之失,外人讥诮,心已北倾。南京光复之后,民军始振,顾其时出师援应者,仅有湘赣两省。"③

谭延闿与宋教仁、仇鳌等人就如何巩固国民党在湖南的势力进行了讨论。民政司是管理选举事务的机构,当时湖南民政司长是刘人熙,刘人熙不是国民党员,谭延闿便将刘人熙调走,由仇鳌担任。于是,仇鳌兼任选举总监督,并按湖南五道,派出监督五人,这样湖南选举的事务就牢牢地掌控在国民党手里。宋教仁认为,谭延闿的父亲谭钟麟和袁世凯的叔祖父袁甲三系拜把兄弟,可以利用谭和袁的世谊关系,在府院之间起协调作用,遂邀请谭延闿担任内阁中的内政部长,仍兼湖南都督。宋教仁还提出,把湖南民政司长升格民政长,统辖各司,并计划在谭延闿进京赴职后,由仇鳌以民政长护理都督,以便把湖南治理得更好。④ 会后,在场的杨思义问宋教仁:"你刚才对谭组安说的话是真的吗?"宋教仁回答道:"虽然是笑话,但同志中都有此建议。"宋教仁说话的神情确有几分把握。⑤

唐绍仪内阁的倒台使宋教仁认为袁世凯毫无拥护共和的诚意,为了应对

---

① 冯为莹:《渔父沪上遇刺之情况》,陈晨编:《宋教仁轶事》,人民日报出版社2014年版,第56页。
② 《民立报》1913年1月21日。
③ 《国民党湘支部欢迎会演说辞》,《宋教仁自述》,人民日报出版社2011年版,第409页。
④ 仇鳌:《1912年回湘筹组国民党支部和办理选举经过》,中国人民政治协商会议全国委员会文史资料研究委员会编:《辛亥革命回忆录》(二),中华书局1962年版,第183页。
⑤ 杨思义:《宋案前后见闻录》,湖南政协文史资料研究委员会编:《喋血共和·忆宋教仁》,岳麓书社1997年版,第233页。

谭延闿与宋教仁

国会选举结束后可能发生的变故,宋教仁督促谭延闿与赣、皖两省密切联系,以为万一之备。1913年3月18日,谭延闿派欧阳振声为代表去安庆,与皖督柏文蔚商量湘、皖联盟事①,并让欧阳振声将其手书转道递给黄兴与黎元洪②。在军事上,宋教仁认为,"以实行责任内阁制正所以制服袁之专横,如政治不能上轨道,再作道理。"宋教仁与时任湖南军事厅长的程潜几乎每日见面,并督促程潜从速训练军队。③ 此时,湖南大裁兵刚刚结束,重新招募训练军队显然是不合时宜的,谭延闿为此几乎每日前往军事厅议事。宋教仁的这个计划遭到了众人的反对,原因在于军费的严重不足。"阅检查院辛亥九月至元年二月决算报告,凡用款五百余万,军事费居十之七,出入相抵,不敷二十余万元。"④程潜对练兵事反对尤甚,"谈话并不投机,草草收场,以后便没有再谈了。"3月5日,在宋教仁离湘后月余,谭延闿等人决定停止练兵事宜,"与石、余、陈、李及郭广藩、宋鹤庚、张庄言练兵事作罢"。⑤

在宋教仁游湘期间,谭延闿多次拜访宋教仁,每次都谈论很久,往往至深夜。谭延闿在日记中记载道:"与诸人谈至十时,客尽去,复与遁初论近势至一时五十分。""与宋深谈,至二时乃归。""宋遁初,欧阳俊民来谈,至十二时乃去。""客散,与仇、周达夫同宋谈,至三时判牍毕,就寝,已四时矣。"在这短短的二十余天里,谭延闿与宋教仁逐渐消弭了立宪派与革命派身份的隔阂,至少,谭延闿对宋教仁是绝对信任的。宋教仁初到湖南时,拥护者甚多,"时颇有欲拥遁初为湖南都督者。"宋教仁登报声明:"不与闻湘省政治"。到宋教仁

---

① 湖南省地方志编纂委员会编:《湖南省志·人物志》第三十卷(上册),湖南出版社1992年版,第763页。
② 《谭延闿日记》(未刊稿),1913年3月18日。
③ 程潜:《辛亥革命回忆片段》,中国人民政治协商会议全国委员会文史资料研究委员会编:《辛亥革命回忆录》(一),中华书局1962年版,第87页。
④ 《谭延闿日记》(未刊稿),1913年3月9日。
⑤ 《谭延闿日记》(未刊稿),1913年3月5日。

离湘往沪时,都督议又起。① 对于这些议论,谭延闿不以为然,"岸棱、仲云、默生、陈振鹏、刘大禧来言谣言,郑人康亦至,大率沮让宋之举,晓无实此意。"②

1913年1月28日,宋教仁向谭延闿辞行,此时谭延闿正在家中与易幼恂、张竹桥商议事务,无法亲自送行,心中"烦厌殊多"。等到处理完公务,谭延闿早饭也不吃了,赶忙换上礼服,乘上快马去给宋教仁饯行。在中途听说宋教仁的轮船已经出发前往汉口,无奈只得折返。③ 宋教仁在去往汉口的轮船上,看着逐渐远离的家乡,回忆起在湖南这些天的人和事,抱着对民主宪政的愿景,于舟中感叹:"悠悠此行役,何处是潇湘。"④

三、谭延闿确保了宋教仁在湖南选举中获胜

作为国民党的政敌,共和党的实力同样强劲。二十二省都督中,国民党员八人,倾向于国民党者一人;共和党员八人,倾向于共和党者二人;民主党员二人,无党派一人。⑤ 为了战胜这样强劲的对手,宋教仁表示,只要能保证选举胜利,不在乎避嫌,不讲什么客气。1913年2月1日,宋教仁在武汉发表演讲:"在国会里头,占得大多数议席的党,才是有政治权威的党,所以我们此时要致力于选举运动。我们要停止一切运动,来专注于选举运动。选举是竞争,是公开的,光明正大的,用不着避甚么嫌疑,讲什么客气的。我们要在国会里头,获得过半数以上的议席,进而在朝,就可以组成一党的责任内阁;退而在野,也可以严密地监督政府,使它有所惮而不敢妄为,应该为的,也使它有所惮而不敢不为。那么,我们的主义和政纲,就可以求其贯彻了。"⑥

---

① 朱德裳:《癸丑闻见录》,政协湖南省委员会文史资料研究委员会编:《喋血共和·忆宋教仁》,岳麓书社1997年版,第230页。
② 《谭延闿日记》(未刊稿),1913年1月13日。
③ 《谭延闿日记》(未刊稿),1913年1月28日。
④ 《晓发汉口寄汉元》,崇善:《宋教仁集》,湖南人民出版社2012年版,第544页。
⑤ 刘景泉:《宋教仁与民国初年的议会政治》,河北人民出版社1998年版,第237页。
⑥ 《国民党鄂支部欢迎会演说辞》,崇善:《宋教仁集》,中华书局1981年版,第456页。

谭延闿对选举布置得十分周到细致,他让仇鳌担任选举总监督,并派党员到湖南五道,组成了全省的选举网,以掌控地方各区县的选举。湖南的五个选区,每一区均设有选举办事处,省支部拨款两千元为竞选费用,通过演讲、张贴海报等方式进行宣传,并以政治操纵、金钱运动进行干涉。3月20日,议员到长沙的第一天,关注的不是选举的事项,而是如何依靠选举来攫取金钱、权力。"时外间传言谓此次选举参议员各施选举手段,或以党界,或以路界相争,或以价值贵。未议定,抑或议定而未付更,或以酒馆妓寮流连徵逐,交割未楚,不能施行到院耳"①。到下午三时,只有四十余人到场,不能投票,选举遂改为次日举行。谭延闿对出现这种情况的原因心知肚明,"至议场,督管理员布置投票事。自朝至日中昃,来者不足六十人,旋至旋散,呼之不来,盖买卖未讲成也"。②

3月21日,复选正式开始,议会出席者一百零六人,照章以三十六票当选,彭邦栋得三十七票当选,唐支厦得三十三票,李诲得三十票,宋教仁、李永瀚、李汉丞各一票。国民党人见共和党人李诲竟得票如此之多,宋教仁却只有一票,"深恐失败,有碍原来三路分配之计划",纷纷不肯继续投票,谭延闿让人报告当日闭会。会后,谭延闿与国民党众人开会研究决议办法,决定加派国民党监察员十五人,扯去写票案上的布棚,"其暴烈分子,则主张有投共和党票者实行以武力对付"③。"昨夜国民党因本党人投他党票大哄,遂主加监视员,撤桌上罩罳,以为监视计"④。

3月22日,共和党人程希洛见写票案的布棚被撤掉了,便质问总监督仇鳌,仇鳌沉默不语。程希洛坚持要仇鳌说明理由,否则不能服众。共和党二十余人众起声称以欲打欲杀,相持片时,共和党员即相率退席。田永镇、吴景鸿、

---

① 《湖南选举参议员状况》,《申报》1913年3月30日。
② 《谭延闿日记》(未刊稿),1913年3月20日。
③ 《湖南选举参议员状况》,《申报》1913年3月30日。
④ 《谭延闿日记》(未刊稿),1913年3月22日。

周震鳞、李汉丞、陈焕南当选。尽管当天国民党取得了胜利,谭延闿却对此有些愧疚,日记中写道:"今日之事,以党议不能不执行,实则愀然于心,颇愧程君也。"次日,谭延闿让监察员加上布棚,不让看票,以符合投票规定。等到开票,黎尚雯当选,宋教仁却不及格。"党人大愤,喧嚣甚剧。"第二轮投票,谭延闿又撤掉了布棚,仍然像之前那样派国民党人监察,结果宋教仁以八十一票满堂一致当选。① 管理员彭名时笑着说:"无福享自由,只可用干涉。"之后,共和党人又离开了会场,国民党再次取得胜利。

最终,在谭延闿的干涉下,国民党在湖南选举中获得了巨大的胜利,省议会108席,国民党得90席,共和党得18席。② 然而,国民党虽然在选举中取得多数席位,但实则全无根底,许多人不仅不知三民主义为何物,并且醉心利禄的官僚分子亦多摇身一变,混入国民党内。这也是之后"二次革命"时,国民党在与以袁世凯为首的北洋集团的斗争中一触即溃的重要原因。

四、对宋教仁被刺,谭延闿主张法律解决,但迫于当时形势,不得不草草独立又草草结束

1913年3月20日晚10时前后,宋教仁从上海沪宁车站登车北上,遭到歹徒枪击,伤势严重。宋教仁让黄兴转电给谭延闿,再三叮嘱,不要将自己的死讯告诉他在湖南的母亲。3月24日,谭延闿接到宋教仁死讯的电报,"得克强电,知遁初绝命,不仅为一省一党惜,甚为闷闷不乐。"4月1日,谭延闿为宋教仁作挽联:"江左赖夷吾,涕泪当时成往事;何人贼来叔,苍茫天意竟难知。"③ 湖南国民党支部于4月2日至4月5日召开宋教仁追悼大会,谭延闿连发两篇电报给袁世凯,要求严查凶手。"顷闻宋教仁在沪被刺,湘人全体不胜愤激。……获究主使,以正刑诛。""人之云亡,国与谁立!此则延闿等瞻顾大

---

① 《谭延闿日记》(未刊稿),1913年3月23日。
② 《时报》1913年4月13日。
③ 《谭延闿日记》(未刊稿),1913年4月1日。

局,所为仰天椎心呼号奔诉者也。应请大总统查照前电,饬下各省都督、民政长严缉凶人,穷治主使,毋令死者含恨九泉,后世怀疑于今日。"①

"宋案"真相大白后,国民党内部就以法律解决还是武力讨袁的问题进行了激烈的讨论。最初,黄兴、谭延闿、胡汉民等国民党人都主张以法律解决。黄兴认为"南方武力不足恃,苟或发难,必致大局糜烂"②。在给黎元洪电报中说:"兴对于宋案,纯主法律解决。尊电所云,以全力担保永守共和。"③胡汉民在给李准的回信中也说:"汉民尊重法律,联合各省电争,以为袁公着开国懋勋,不可冒违宪之名,以悖约法。……各党各报之谰言请勿轻信,有如广东独立之说,传之一年,谣言之是非,事可知矣。"④谭延闿认为"法律与政治体制,足可制袁世凯之野心有余",而"不恃再兵力,以为抵制",寄希望于法律解决,企图融化党见,调和南北,反对过激行为,以维持大局安定为目的。⑤ 政界以及社会风向也都倾向于和平解决,这与武昌起义时大不相同,两年前是"人心思动",如今则是"人心思定"。

湖南刚刚经历过大裁兵,军事力量十分薄弱,谭延闿深知无法与袁世凯对抗,于5月29日致电黎元洪:"湘自退伍,已无一兵,编练数月,始成二团。一切计划,皆由根本着手,征募新兵,尚未入伍。其余守备队弹压地方,尚忧不足,人虽至愚,岂有挟此二团新兵,即可横行宇内乎?"⑥6月,向瑞琮、杨宏图等受袁世凯的遣派,携带巨款回到湖南,贿买军装局王章耀、喻直三、涂寿远等人,于7月7日晚纵火,引起弹药库爆炸,所有械弹尽付一炬,损失步枪约一万一千余支、子弹约三百万发。这批军火的焚毁,极大削弱了国民党人的反袁力

---

① 《申报》1913年4月3日。
② 《孙中山全集》第3卷,中华书局2006年版,第165页。
③ 《黄兴复黎元洪主张法律解决电》,《民立报》1913年5月14日。
④ 《胡汉民复李准电》,《民立报》1913年6月1日。
⑤ 刘建强:《谭延闿大传》,九州出版社2011年版,第104页。
⑥ 《黎元洪转谭延闿辟谣电》,中国社会科学院近代史研究所、中华民国史研究室主编,朱宗震、杨光辉编:《民初政争与二次革命》(上编),上海人民出版社1983年版,第424页。

量。对此,连激烈反袁的邹永成也说:"以如此单薄的力量,如何造得反来。"黎元洪则称湘军"子弹甚少,不堪一击"①。谭延闿拊肩叹息,"湖南储藏尽矣。"②

尽管各方条件均不利,但孙中山、李烈钧等人在讨袁问题上坚定的态度,使国民党内部风向逐渐发生了变化。在湖南,国民党势力最大,反袁呼声甚高,湖南革命党人强硬表示,如果谭延闿贪图个人利禄,敢于违抗民意,便将给予"相当之对待"③。"宋案事起,国民党硬派政府主使,即提议组织讨袁军。谭督虽置之,而乱党仍进行"④。因为感到革命党人的压力,谭延闿致电黎元洪,称"延闿此刻身体言动皆不能自主,目击时局如斯,欲设法维持,则荆棘当途,无可施展之地;欲径行退职,又恐为人所据,猖獗益甚"⑤。7月3日,湖南革命党人联名上书,要求谭延闿独立反袁,"易幼恂,林支宇来,携信件极多,然不能得要领,大约知为激烈派人耳。"⑥谭延闿此时处境艰难,"虽隶名国党,心尚无他。顾为群凶所持,不能自主。此次乱党屡迫其独立,谭督虽苦心敷衍,撑至六、七日之久,日置镪水在旁,谓汝等如欲独立,我即先服镪死。"⑦

7月12日,李烈钧在江西湖口宣布起义,打响了"二次革命"的第一枪。7月17日,谭延闿接赣、鄂两省独立电文,认为二省做法极为荒唐,"赣、鄂互称得利,不知利果谁属。鄂乃通电,欲各省日报平安,如前清辛亥八月间事,依样葫芦,思之可笑。"⑧随着战事扩大,7月24日,湖南革命党人采取果敢行动,"草定宣告独立通电,公推谭都督为讨袁军总司令"。"此次宣布独立,仍用谭

---

① 刘建强、刘梦茹:《论"二次革命"中的谭延闿》,《湘潭大学学报(哲学社会科学版)》,2011年第2期。
② 《谭延闿日记》(未刊稿),1913年7月7日。
③ 刘建强:《谭延闿大传》,九州出版社2011年版,第106页。
④ 《爆发之远因》,《亚细亚日报》1913年7月31日。
⑤ 《谭延闿求死不得》,《国报》1913年5月23日。
⑥ 《谭延闿日记》(未刊稿),1913年7月4日。
⑦ 《谭督之苦痛》,《亚细亚日报》1913年7月31日。
⑧ 《谭延闿日记》(未刊稿),1913年7月17日。

督名义，通令省城商户均挂白旗。各商民均恨之刺骨，敢怒而不敢言云。"①在革命党的催逼下，谭延闿不得不于25日清晨，在都督府悬挂讨袁大旗，正式宣告独立。谭延闿调侃自己，"自讨袁军总司令，亦沐猴而冠也。"

8月初，湖口失陷，粤督陈炯明弃职潜逃，南京张宗昌临阵倒戈，南方讨袁军全线崩溃。谭延闿认为要早作决断，以免后患，"日来消息殊不佳，多矍蹙者，或多故作壮语。吾谓今日事势如电之阴阳，数之正负，判然甚明，必欲敷衍调停，必终溃决。不若即此判定孰胜孰负，以为消长，尚不失真象，贻后灾也。"②在败局已定的情况下，谭延闿于8月11日密电袁世凯请罪："湘事措置无方，咎在延闿一人，惟维持操纵实具苦衷。现情安谧，终当始终保持，不敢上烦宸忧。"③8月13日，谭延闿通电取消独立，"凡我人民，同此企望和平之心，非以张皇武力为事。现在，闽、粤、宁、皖，已均各取消独立，大势所趋，皆以保境息民为主。"④

"二次革命"失败后，黎元洪多次致电袁世凯，就谭延闿为了维持湘局迫不得已的形势进行辩解。因此，袁世凯在之后的湖南党人的通缉名单中，只指出谭人凤、仇鳌、程潜、程子楷、周震鳞等人，对湖南都督谭延闿并未提及。谭延闿于10月24日正式解去都督之职，被判处四等有期徒刑，在12月12日被袁世凯特赦，但从此失去了袁世凯的信任。

（本文为与万佳敏合著。）

---

① 《湖南宣告独立消息》，《亚细亚日报》1913年7月31日。
② 《谭延闿日记》（未刊稿），1913年8月2日。
③ 《谭延闿致袁世凯自咎密电》，中国社会科学院近代史研究所、中华民国史研究室主编，朱宗震、杨光辉：《民初政争与二次革命》（下编），上海人民出版社1983年版，第762页。
④ 《谭延闿取消独立布告》，中国社会科学院近代史研究所、中华民国史研究室主编，朱宗震、杨光辉编：《民初政争与二次革命》（下编），上海人民出版社1983年版，第762—763页。

谭延闿与黎元洪

谭延闿与黎元洪有两大相似之处,其一,都是革命党人"强迫"推举为都督,一为湖南都督,一为湖北都督;其二,谭延闿官至国民政府主席,黎元洪官至中华民国大总统,但都位高却无权。两人既有私谊,又政治上相互支持,特别是辛亥革命至"二次革命"期间,黎元洪对谭延闿的影响和支持尤为重要。

一、黎元洪从"遣使入湘"到"拥谭固湘",支持谭延闿任督湖南

武昌起义后,黎元洪任督湖北并遣使入湘。1911年10月13日,黎元洪派遣庞光志、蓝琮入湘,游说革命。蓝琮、庞光志与湖南军界、政界人士取得联系后,以湖北革命情形相号召,湖北代表认为,"鄂四战之地,湘苟不应,必自溃"。蓝、庞在与湖南军、政界人士取得联系的同时,也与谭延闿进行了直接联系。阎幼甫回忆道:"湖北军政府派来代表庞光志、蓝琮两人,由左益斋(左学谦)介绍和谭面谈。庞、蓝告诉谭:湖北的谘议局议长汤化龙参加革命,已被任为军政府民政部长,劝谭乘势赞助革命,借以取得湖南民政的领导。谭虽心动,但表面上仍是吞吞吐吐,暗中却在积极布置,企图抓到民政部长。"[①]因汤化龙系谭延闿故交,保路运动中,谭、汤作为两湖代表进京请愿,结下了一定

---

① 阎幼甫:《谭延闿的生平》,中国人民政治协商会议湖南省委员会文史资料研究委员会编:《湖南文史资料选辑》(第10辑),湖南人民出版社1978年版,第141—142页。

的政治情谊;两人又均为两省谘议局议长,同属立宪派,具有相同的政治立场与政治处境,蓝、庞借汤化龙转向革命并任职湖北军政府的"成功先例",无疑给谭延闿打了一剂"强心针"。谭延闿由此开始注重与革命党人的联系,并提出"文明革命"的主张,在一定程度上促进了湖南革命的发展。

1911年10月22日,湖南反正,焦达峰、陈作新自立为督,成立湖南军政府并宣布独立,成为辛亥首应之省。但不久,焦、陈被杀,由谭延闿继任湘督。11月1日,谭延闿正式就任都督之职并致电湖北军政府,这是谭延闿与黎元洪的交往之始。湖北军政府得悉湘督易主后,反对声不断,黎元洪作为"调和派",力排众议,承认谭延闿的湘督地位,为两湖的合作扫清了障碍。据蔡寄鸥记述:"九月十一日(阳历十一月一日),军政府开军事会议,黄兴、宋教仁、黎元洪及军政府干部人员,均出席。黎元洪说,顷接湖南来电,有'都督另举谭延闿,援军即发'等语。黎只念了这两句,并未谈焦达峰与陈作新正副两都督被杀的情事。黄兴怒道:'焦达峰是日知会老同志,热心救国,自是好人。而湖南独立,是他拼命打出来的。就职没有几天,何以突然更换呢?'宋教仁说:'谭延闿乃是文人,焦达峰是光复湖南建功立业的人。这样的更换,我反对。'钱维骥起立言道:'湖南人素讲门第。必须德高望重者,才可以收服人心。焦达峰资望又浅,年纪又轻,他虽是同志,恐怕大众不服。现在清军猖獗,汉口急盼援军,湖南人另举都督,有'援军即发'一语,军政府设若反对,岂不是拒绝湖南的援军吗?'黎说:'你这话说的很对,我们只贺新都督,不问旧都督。催援兵速出,如何?'众多赞成,黄兴和宋教仁都悻悻然退席了。钱维骥立即起草,写成贺电。谓略'闻公被举为都督,万众皆喜。特此敬贺,并祈援军速发'等语。谭延闿得电,即复电云:'已令王隆中率四十九标先至,余并集中即发。'"[1]正是在黎元洪的建议下,黄兴等革命派转而承认谭延闿政权,并致函周震鳞与谭人凤,入湘帮助谭延闿稳定政局。周震鳞于焦、陈被害的第三

---

[1] 蔡寄鸥:《鄂州血史》,知识产权出版社2013年版,第149页。

天在金盘岭广场召集新旧两军开会演说:"至于湖南局面,谭延闿既然做了民国的都督,就得革命,既然革命,我们就得维持他的威信。"①随后,周震鳞与谭延闿一道挽请刘人熙出任民政司长,龙璋巡按湘西。谭延闿还效仿黎元洪,通过"飞书知旧"等方式,促进了在外省担任要职的湖南人的反正,其中,谭延闿对于广西、福建、甘肃秦州反正的推动极大,实现广西光复、福建光复、甘肃光复。正如《湘事记》所载:"黄钺、向燊等起义于甘肃,称秦州都督;郭人漳起义于广东廉州,称钦廉都督;龚子沛谋反正于寿州,皆为谭延闿响应也。"②

二、谭黎的相互支持使湘鄂抵背相依

辛亥期间,两湖在物质上互为补充,湖南为湖北提供米粮,湖北向湖南提供军械。长沙光复后,黎元洪为装备湘军援鄂发枪三千支。1911年11月22日,黎元洪致电谭延闿,"由童舜琴入湘办面米冰硷",并要求"将宋锡全缴款拨给二万两正"③,谭延闿大加支持,于一天内便协其置办妥当,并回电黎:"童舜琴运灰面一千五百包,洋碱一千罐,由楚沧装载,明晨开。"④当湖南自身还存在困难时,谭延闿通电各省,倡导合力解决湖北物资供应问题。11月23日,谭延闿通电各省:"敝省财力支绌,亦当极力设法筹集,期竟逐满全功。然受敌最猛与出援遣兵最多之省分,实难两面俱顾。"号召各省"协力助饷"⑤。同时,谭延闿就九江马都督号召各省在沪设立统一筹饷机关的问题致电黎元

---

① 周震鳞:《谭延闿统治湖南始末》,中国人民政治协商会议全国委员会文史资料研究委员会编:《辛亥革命回忆录》(第2集),文史资料出版社1981年版,第153页。
② 子虚子:《湘事记》,田伏隆主编:《辛亥革命在湖南》,湖南人民出版社2001年版,第459页。
③ 《黎元洪关于到湘采办面米冰硷致长沙谭都督电》(1911年11月22日),辛亥革命武昌起义纪念馆、政协湖北省委员会编:《湖北军政府文献资料汇编》,武汉大学出版社1986年版,第675页。
④ 《为童舜琴在湘采购军粮复黎元洪电》(1911年11月22日到),刘建强编著:《谭延闿文集·论稿》,湘潭大学出版社2014年版,第33页。
⑤ 《致电各都督表明湘省助饷确有困难》(1911年11月23日),刘建强编著:《谭延闿文集·论稿》,湘潭大学出版社2014年版,第33页。

洪，与黎元洪商议具体办法。

11月27日，汉阳失守后，民军退守武昌，黎元洪通电各省，"恳急分别遣派海陆军队，星夜兼程来援"①。谭延闿一面与桂、粤"合谋进援"，"电商胡、沈两都督"，筹组联军，一面以物资支援湖北。12月7日，谭延闿致电黎元洪："米已办五千石，当附桂军大队运济"②，从而在军事上、物资上解决了湖北的燃眉之急。12月15日，黎元洪又向湖南催索米面，谓："待米孔亟，请速饬王委员松亭五日内将米解鄂，毋任祷盼。"③置办妥当后，谭延闿即复电黎元洪："王君松亭来，铜元十万收到。代办油八十篓，米三千石，由敝省派龙自振、谭良弼同理财部陈洪胜先行运鄂，余派易君业龄同王君松亭续运，到乞验收。"同时提到，"贵省枪弹甚多，能分运若干济湘否？"④起初，黎元洪因湖北自身枪支困难，没有答应，但在得到上海支援后，即答应分一部分给湖南。

在辛亥革命爆发后的11月至12月，是湘鄂两省经济往来最为频繁的两个月。在这两个月里，谭延闿与黎元洪的往来电报的内容主要就是商议物资问题。诸如《为童舜琴在湘采购军粮复黎元洪电》、《致电各都督表明湘省助饷确有困难》、《为助饷致黎元洪电》、《为购买枪械致黎元洪电》、《为湘盐复黎元洪电》、《为购枪、电讯致黎元洪电》、《为援鄂致黎元洪电》、《为装药等事致黎元洪电》、《为询近日军情等事致黎元洪电》等。辛亥革命期间，湖南省在为湖北提供军事援助的基础上，也切实地为湖北的物资问题解决了后顾之忧，

---

① 《黎元洪就汉阳不守拟坚守武昌城中待援致各都督电》（1911年11月27日），辛亥革命武昌起义纪念馆、政协湖北省委员会编：《湖北军政府文献资料汇编》，武汉大学出版社1986年版，第407页。

② 《谭都督来电》，辛亥革命武昌起义纪念馆、政协湖北省委员会编：《湖北军政府文献资料汇编》，武汉大学出版社1986年版，第428页。

③ 《黎元洪为请速饬将米解鄂复长沙谭都督电》（1911年12月15日），辛亥革命武昌起义纪念馆、政协湖北省委员会编：《湖北军政府文献资料汇编》，武汉大学出版社1986年版，第679页。

④ 《谭都督来电》，辛亥革命武昌起义纪念馆、政协湖北省委员会编：《湖北军政府文献资料汇编》，武汉大学出版社1986年版，第679页。

我所知道的谭延闿

据统计,援鄂物资、钱粮共计子弹数十万发①、机关枪一批、大米一万三千石、面粉五百袋、油三百八十篓②、汇款五十万元③。辛亥革命中,谭延闿与黎元洪的相互支持,奠定了两湖军事行动的物质基础。

为解决两湖经济往来中的程序烦琐、效率低下问题,特别是为了联合打击资敌商贩,谭延闿与黎元洪共商在省城及岳州建立"湘鄂粮台"。《湘事记》中提到,"反正后,湘鄂奸商恒假鄂政府各机关护照来湘采购,徒饱商利,且以资敌。"因此,谭延闿"乃委员至鄂,与黎元洪约:鄂济湘械,湘济鄂粮,合设湘鄂粮台于岳州及省城。鄂、汉各军需米,均由粮台按给,所以防奸商贩运也。"④1911年12月9日,湖北致电湖南,"除谷米从严查禁止外,所有豆麦杂粮大宗若不亟行禁止,倘奸商私运以之接济敌军,实于战事前途大有妨碍。"并要求"即电各税关厘卡,遇有豆麦杂粮等船均须严加稽查,禁止私运,是为重要。"⑤湘鄂粮台的设立,较好地起到了打击资敌商贩的作用:"有计耀轩者,伪造公文假名姓,称鄂都督委员,请于粮台取运三千石","事经府中招待处查觉";"湘都督府文牍科某者,为奸商誊旅行护照一纸,载某某赴汉,带跟丁二十名。'跟'字误作'根',盖印后改'根丁二十名'五字为'粮米五千石'","至岳查获"。

辛亥革命中,湘鄂抵背相依,生死与共,谭延闿督湘,使湖南成为首义之区最坚强的后盾和独立各省的中流砥柱。《民国报》曾高度赞扬湖南对缔造中华民国的重大贡献,谓武昌首义后,湘省"誓师东讨,转战汉上,流血成殷,满

---

① 《中国革命日记》第17页,转引自成晓军《试论谭延闿研究中的几个问题》,人大复印资料《中国近代史》1992年第4期,第10页。
② 曹亚伯:《革命真史》(正编下),中国长安出版社2011年版,第51页。
③ 《日本驻汉口总领事馆情报》,沈云龙主编、张国淦编:《辛亥革命史料》(《近代史资料》总25号),第574页。
④ 子虚子:《湘事记》,田伏隆主编:《辛亥革命在湖南》,湖南人民出版社2001年版,第489页。
⑤ 《内务部关于禁止私运豆麦杂粮给交通部移文》(1911年12月9日),辛亥革命武昌起义纪念馆、政协湖北省委员会编:《湖北军政府文献资料汇编》,武汉大学出版社1986年版,第678页。

清创巨,各省从风",民国成立,"中央财政枯竭,湘省协款百万为各省倡,顾大局,不竞私权。临时政府之成立,不膏我湖南缔造之也。"这虽为溢美之词,但也在一定程度上说明湖南在中华民国开国史上的突出地位;而湘督谭延闿克膺重任,内修政治,外肋鄂省,其积极进步的举措无疑是大有功于全国革命的。

三、谭延闿反对黎元洪议和,但黎元洪还是极力为"二次革命"中的谭延闿开脱

辛亥期间,面对袁世凯多次示好湖北,黎元洪逐渐倾向于议和。针对湖北方面的议和态度,谭延闿旗帜鲜明地"主战"。1911 年 10 月 19 日,袁世凯电令幕僚刘承恩赴彰德府,商议招抚事宜。11 月 10 日,刘承恩赴武昌与黎元洪晤商。议和消息传至长沙后,谭延闿即致电黎元洪,明确表示反对,强调南北议和必须以清帝退位、袁世凯赞成共和为前提。11 月 26 日,谭延闿致电黎元洪道:"汉苦满虐,普天同愤,故起义未五旬,而全国响应","人心如此,岂公婉言调解所能挽回"。谭延闿还提出会议地点当在沪,不能"移我就彼","清廷如肯逊位,当即停战"。① 次日,谭延闿又致电上海,认为"民国此次反正,群情誓达共和目的,倘袁使不能承认颠覆满清政府,建立共和民国,即请毋庸开议。"②谭延闿一面反对议和,一面积极进行军事准备。12 月 7 日,清廷任命袁世凯为议和全权大臣,袁遣唐绍仪南下。12 月 9 日,十一省革命军政府公推伍廷芳为代表。见此情景,谭延闿两次通电各省。12 月 10 日,谭延闿致电孙中山并通电各省,"和议不成,决开战,十二期满,不能接续再停。敝省已饬湘桂联军,准备乞秩老转告唐使,毋更以此愚我。并祈各省都督整顿军队,克日北伐,万不可稍涉迟疑,致堕贼计,以懈军心"③;12 月 14 日,谭延闿致电黎

---

① 《附长沙谭都督来电》,《黎副总统政书》卷一,上海古今出版社 1915 年版。
② 《就袁是否能承认颠覆满清满清政府发上海电》(1911 年 11 月 27 日),刘建强编著:《谭延闿文集·论稿》,湘潭大学出版社 2014 年版,第 35 页。
③ 《为促各省军队继续北伐致孙中山等及各省都督电》(1911 年 12 月 10 日),刘建强编著:《谭延闿文集·论稿》,湘潭大学出版社 2014 年版,第 38 页。

元洪,认为袁世凯停战议和为"缓南攻北之狡谋","仍恳请诸公会筹北伐兵策,一面请陈都督速派舰队,联合孙军,北攻天津,一面请黎都督派援鄂赣军,由黄冈攻黄陂,着即妥备。"①12月18日,南北双方在上海英租界南京路市政厅举行首次会谈。此时谈判虽已成定局,但谭延闿认为更应"以战促谈",才不致使谈判陷入被动。谈判期间,谭延闿仍在积极进行军事准备,并电劝各省放弃和谈。12月19日,谭延闿致电清江蒋都督,建议攻彰卫,认为"武汉停战议和,甚不可恃",提出"若得彰卫与秦晋义军联合,不特汉阳两镇立可肃清,即幽燕指日亦可平,及时勋业,幸迅筹之"②。同时,谭延闿致电黎元洪推广西沈都督为湘鄂联军总司令,加快军事部署,以备开战。12月23日,王正雅取得荆州后,谭延闿即致电黎元洪,认为"荆州踞长江上游,为蜀、湘、鄂要镇",并请王正雅"暂驻荆州,筹办一切善后事宜"③,黎元洪随即表示了同意,致电谭延闿"饬该统领驻守荆州,以资震慑,而收治理"④。

1912年1月上旬,谭延闿又先后两次通电,揭露袁世凯阴谋,主张放弃议和。1月10日,谭延闿通电道:"袁贼狡谋,和议万不可恃,无非充彼战备,懈我军心",主张"不再迁延议和,布告开战";⑤12日,谭延闿再次通电各省,反对议和,电谓:"袁贼议和,无非肆其狡猾狠毒之手段舞弄民军",主张以1月15日为限,"过后只有开战二字,万不承认议和,自堕武功"。⑥直至清帝宣布退位前夕的2月8日,谭延闿仍致电黎元洪请求派船接运驻湘的广西北伐军。

谭延闿虽一再反对黎元洪议和,但在"二次革命"中,当谭延闿有难时,黎

---

① 《谭延闿电》,《民立报》1911年12月18日。
② 《致蒋都督等电称武汉议和不可恃宜续攻彰卫》(1911年12月19日),刘建强编著:《谭延闿文集·论稿》,湘潭大学出版社2014年版,第41页。
③ 《谭都督来电》,辛亥革命武昌起义纪念馆、政协湖北省委员会编:《湖北军政府文献资料汇编》,武汉大学出版社1986年版,第94页。
④ 《黎元洪关于同意王正雅驻守荆州复长沙谭都督电》(1911年12月23日),辛亥革命武昌起义纪念馆、政协湖北省委员会编:《湖北军政府文献资料汇编》,武汉大学出版社1986年版,第94页。
⑤ 《湘军都督电》,《申报》1912年1月12日。
⑥ 《湘军都督电》,《申报》1912年1月14日。

元洪还是极力在袁世凯前为其开脱说项。1913年3月20日夜,宋教仁应袁世凯之请赴京,在上海沪宁车站登车之际,遭歹徒枪击并于22日不治身亡。得知宋教仁遇刺后,谭延闿连续两电中央,"拟请大总统饬下江苏都督、民政长严拿凶手,务获究治主使,以正刑诛"①。及至24日,谭延闿"得克强电,知遁初绝命,不仅为一省一党惜,甚为闷闷。"②并作挽联"江左望夷吾,涕泪当时成往事。何人贼来叔,苍茫天意竟难知。""宋案"真相大白后,纷争迭起。黎元洪主张和平办理,他致电谭延闿,认为"此事和平办理,则国基巩固",否则"内部崩裂,强敌剖分,民国不存"③,并多次遣使入湘,游说于谭。在黎元洪影响下,谭延闿也认为"法律与政治体制,足可制袁世凯之野心有余,故不在恃兵力以为抵制。"④此时的谭延闿又面临着革命党人的步步紧逼,他在致黎元洪的电文中陈述其处境说:"延闿此刻身体言动皆不能自主,目击时局如斯,欲设法维持,则荆棘当途,无可施展之地;欲径行退职,又恐为人所据,猖獗益甚。"⑤根据《亚细亚日报》的报道:"谭延闿虽隶籍国党,心尚无他。顾为群凶所持,不能自主。此次乱党屡迫其独立,谭督虽苦心敷衍,撑六、七日之久,日置镪水在旁,谓汝等如欲独立,我即先服镪死。"⑥

虽然谭延闿反对武力讨袁,但仍在进行准备。1913年5月25日,唐牺支、宾士礼来湘,恰逢谭延闿任命程潜练兵,讹传谭延闿正为战事重启做准备。为此,谭延闿、黎元洪发电"辟谣":"湘自退伍,已无一兵,编练数月,始成二团。一切计划,皆由根本著手,招募新兵,尚未入伍。其余守备队弹压地方,尚

---

① 《为请严拿宋案凶手致大总统、国务院电》(1913年3月23日)、《为请严拿宋案凶手再致大总统等电》(报载时间:1913年4月3日),周秋光编:《谭延闿集》(上册),湖南人民出版社2013年版,第389、391页。
② 《谭延闿日记》(未刊稿),1913年3月24日。
③ 《黎元洪主张和平办理宋案借款电》(1913年5月9日),中国社会科学院近代史研究所、中华民国史研究室主编;朱宗震、杨光辉编:《民初政争与二次革命》(上编),上海人民出版社1983年版,第842—843页。
④ 惜秋(蒋君章):《民初风云人物》(下),台湾三民书局1976年版,第644页。
⑤ 《谭延闿求死不得》,《国报》1913年5月23日。
⑥ 《谭督之苦痛》,《亚细亚日报》1913年7月31日。

忧不足,人虽至愚,岂有挟此二团新兵,即可横行宇内者乎?"以此说明湖南练兵的合理性。谭延闿还表示,"闿及军界同人,皆力持镇定,上下一心,断无滥招老兵,自乱秩序,破坏大局,贻祸邻封之事。"并希望黎元洪"以此情详为解释"。①

谭延闿练兵事仅凭一封电报显然无法使袁世凯信服,但湖南在经历民初裁军后,军队数量不大却是事实,于是,袁世凯将阻止湖南革命的重点放在销毁湖南军械上。7月7日,进入湖南的向瑞琮、唐乾一、杨宏图贿买军装局王章耀、喻直三等人,纵火烧毁湖南军械局,"焚毁子弹库房三间","损失步枪约一万一千余支,子弹约三百万发"。湖南军队尚在编练,军械付之一炬,湖南军事力量雪上加霜。黎元洪称湘军"子弹甚少,不堪一击",谭延闿也在其日记中感叹"湖南储藏尽矣"。

7月25日湖南宣布独立讨袁后,集中力量援赣。8月8日,赣军战败,陈炯明弃职潜逃,谭延闿深感不安,遂与程潜密商:"湖南在上月25日宣布独立,从当时环境看,可以说水到渠成,除独立外别无第二条路可走。现在我们处于四面楚歌之中,孤立无援,取消独立,也可以说是瓜熟蒂落。我想取消独立,依靠黎元洪担保,可免生灵涂炭,还不失为一个好办法,你以为如何?"程潜深知谭延闿的意思,答道:"我很谅解你的苦衷。黎元洪的代表金永炎来长沙时,我对金说过,湖南宁为玉碎,不愿瓦全。今日事势如此,玉碎不能,瓦全亦难。但黎元洪倒在袁氏怀中,他无实力,其本身已是皮之不存,湖南以他为护符,真所谓'毛将焉附'。你的办法,只不过暂时避免危险而已,将来演变,仍然未可乐观。我决意马上辞职,你可把一切责任都推在我个人身上,这样做,你对袁氏也有话说。"②

---

① 《黎元洪转谭延闿辟谣电》(1913年5月29日),中国社会科学院近代史研究所、中华民国史研究室主编,朱宗震、杨光辉编:《民初政争与二次革命》(上编),上海人民出版社1983年版,第424页。
② 程潜:《辛亥革命前后回忆片段》,田伏隆主编:《辛亥革命在湖南》,湖南人民出版社2001年版,第88页。

谭延闿与黎元洪

谭延闿与程潜商议后,8月11日密电袁世凯称:"湘事措置无方,咎在延闿一人,惟维持操纵实具苦衷。"①13日,谭延闿通电取消独立,黎元洪立即致电袁世凯为谭延闿说项,电文谓:"窃查湘未宣布独立以前,谭督因事势危迫,无力维持,派员来鄂代达苦衷。云已准备药水,如湘称独立,即服毒自尽,以谢天下。元洪以湘失谭督,内部必更大乱,当即劝以徒死无益,不如暂为一时权宜之计,阳为附和,徐图救平。旋复以各军均驻长沙省城,深以为忧,故调赴岳州,以分其势。而是调兵赴岳,先曾派员来鄂协商。故湘省虽称独立,始终未尝暴动。今复自行取消,足见谭督暗地维持,始终一致。如来电自请谴处,拟请温辞慰留,以维湘乱而劝全大局。"②在获悉黎元洪急电力保以后,谭延闿立刻发表通电,公开揭示:"黎副总统心存爱护,力为解免,延闿并非不知感激。但延闿通电宣布湖南独立之际,既未仰药,亦未受迫。延闿身为湖南都督,发号施令,权责在我,倘若政府治罪,一身甘当,决不走避。"③

谭延闿心腹、幕僚吕苾筹为给谭开脱,自作主张代谭拟了一个电报,将湖南宣告独立讨袁一事,推给湖南的革命党人。不料,谭延闿一见电文稿,勃然大怒,道:"这岂是我谭某人所可做的事!"谭延闿在"二次革命"全面失败以后,公开担当责任,不推卸,不诿过,俨然"士可杀不可辱"的书生本色,这倒是难能可贵的。

虽有黎元洪说项,但袁世凯看到谭延闿纵横于各种势力之间,反复无常,不是忠心无二的帮手;加之其正在推行武力统一的政策,想彻底"平底西南敌对势力",从而决心直接控制湖南,即下令谭延闿"入京待罪"。袁世凯免去谭

---

① 《谭延闿致袁世凯自咎密电》(1913年8月11日),中国社会科学院近代史研究所、中华民国史研究室主编,朱宗震、杨光辉编:《民初政争与二次革命》(下编),上海人民出版社1983年版,第762页。

② 《黎元洪致袁世凯为谭延闿辩解电》(1913年8月13日),中国社会科学院近代史研究所、中华民国史研究室主编,朱宗震、杨光辉编:《民初政争与二次革命》(下编),上海人民出版社1983年版,第763页。

③ 章群毅:《谭延闿通而有节》,朱传誉编:《谭延闿传记资料》(五),台湾天一出版社1985年版,第97页。

我所知道的谭延闿

延闿都督之职后,还下令解散了省议会,并通缉一批反袁人士。正是因为黎元洪多次在袁世凯面前为谭延闿开脱,在战后被通缉名单中才只有谭人凤、仇鳌、程潜、程子楷、周震鳞等人。

1913年10月8日,袁世凯任命汤芗铭、伍祥桢二人为湖南查办使,电令谭延闿入京"待罪"。24日,谭延闿正式解去都督之职。月底,由水路乘船离开长沙北上。据称,谭延闿"临行之日,全省文武将吏绅商教育各界,均自动至江边送行。沿街商民悬旗鸣炮,道途拥塞,亦多有为之泣下者。"当时,黎元洪新任副总统,还未赴京就职,仍兼任湖北都督。黎元洪对谭延闿路过武昌予以特别优待。当谭延闿的坐船抵达武昌时,黎元洪特遣湖北水警厅厅长何锡蕃等人亲自迎接下榻于武昌馆。在武昌逗留近二十天,谭延闿受到了黎元洪的盛情款待,自黎以下文武官吏轮流设宴,谭也因此得以遍游洪山等武昌名胜。当然,此时谭延闿虽整天游山玩水,但以戴罪之身,生死未卜,其心情是可想而知的。他悲伤哀叹道:"倦客孤灯感寂寥,玉人消息尚重霄;分无珠树双栖定,更有蓬山一恨遥;烛泪经时还惜别,酒痕昨夜又新浇;不辞沉醉情思减,多怨情思醉亦饶。"[①]

11月上旬,谭延闿自武昌乘火车北上进京。袁世凯虽令陆军部褫去谭延闿陆军上将衔,判处"四等有期徒刑",但在1913年12月12日下令予以特赦,而对谭延闿部下、与之一同进京的赵恒惕则判处十年有期徒刑。因有感于黎元洪的说项,在黎死后,谭延闿挽以联云:"夷险一节,以忧国为心,垂死病中犹古语;艰危屡处,赖吾公相拯,难忘台下作深谈。"

(本文系湘潭大学哲史学院专门史专业2020级研究生张天宇的硕士学位论文,本人为其指导教师,收入本书时作了较大修改。)

[①] 谭延闿:《慈卫室诗草》,沈云龙主编:《近代中国史料丛刊》(第68辑),台湾文海出版社1973年版,第23页。

谭延闿与湖南自治运动

在中国现代化的进程中,风起云涌的湖南自治运动曾经是有声有色的一幕。有人认为它是中国政治舞台上"一朵鲜艳的蔷薇"①,是救国的"捷径","切要之图"②;也有人认为它不过是"军阀规避取巧,维持地盘之口禅"③而已。不论作何评价,时为湘系军阀头领的谭延闿,首倡制宪自治在先,又称兵毁宪于后,与湖南自治运动的兴衰有着最直接的关系。

一、谭延闿虽对自治抱首鼠两端的态度,却是湖南制宪自治的首倡者

谭延闿是湖南立宪派的核心人物,先后任湖南谘议局局长、中央资政院议员、湖南宪友会干事等职,从1911—1920年,曾经三次督湘,素因八面玲珑而有"水晶球"之称。

1912年9月,宋教仁委派国民党员仇鳌回到自己的家乡湖南,组织国民党湖南支部。时任湖南都督的谭延闿为取信于北京总部的国民党,凡是仇鳌

---

① 罗软伟:《湖南省宪法批评》,《东方杂志》1922年第19卷,宪法研究号。
② 储国珍:《省宪问题》,《东方杂志》1922年第19卷,宪法研究号。唐德昌:《联省自治与现在之中国》,《太平洋》第三卷。
③ 社伟:《联省自治与中国政局》,《太平洋》第三卷第七号。

提出的办法,他都"欣然乐从"。9月中旬,国民党湖南支部成立,谭延闿任支部长。1913年7月,孙中山发动"二次革命"讨袁。可谭延闿就是不敢与袁世凯翻脸,一直不肯响应孙中山的号召宣布湖南独立,等到周边的赣、苏、皖、闽、粤、川等省都已纷纷宣布独立了,谭延闿在内受激进国民党人的压力、外受独立各省的连电催促下,拖了半个月,才不得已在7月25日挂出了讨袁大旗。当江西、江苏传来讨袁军失利,黄兴在南京兵败出走的消息时,谭延闿连忙于8月13日宣布取消独立,通电下野,并给徐世昌发去密电,说"湖南宣布独立,水到渠成,延闿不任其咎;湖南取消独立,瓜熟蒂落,延闿不居其功",一副自解自辩之态。可袁世凯对谭延闿首鼠两端的态度毕竟不能释怀,还是命令海军中将汤芗铭为湖南查办使、湖南都督兼民政部长,率军进入长沙,取谭延闿而代之。谭延闿本人在黎元洪的担保下入京待罪,被袁世凯判了四等有期徒刑,后经黎元洪求情,袁世凯才于12月12日下令将其特赦。

1920年7月,谭延闿第三次主政湖南后,面对湖南人民强烈的自治要求,为表示"顺应民情",于是打电报给当过"内阁总理"的老朋友熊希龄,请教"湖南今后应当怎么办"。熊希龄接到谭延闿的电报后,即以密函回答:"湖南应当超然于南北战争之外,乘此统一未成之际,宣布湖南实行自治,选举人民代表,制定省自治法,然后提交全省公民投票表决。""湖南提倡自治于前,各省必将热烈响应于后,由此不难达成联治立国,实为救湘救国一举两得之计。"[①]

这时谭延闿仍顾虑重重,既对北洋军阀的"武力统一"政策心存余悸,又唯恐得罪了南北政府。时任长沙《民国日报》新闻记者的王无为对谭延闿在湖南自治运动中首鼠两端的态度揭示得很深刻,他说,谭延闿"不是湖南自治运动中间着力于运动的人,却是一个被自治潮流所激荡的人"[②]。谭延闿在湖南自治运动初期(制宪前)的态度,大体可分为三个时期:

第一个时期,直皖战争爆发前,谭延闿对于地方自治是持反对和犹豫态度

[①] 陶菊隐:《记者生活三十年》,中华书局1984年版,第31页。
[②] 王无为:《湖南自治运动史》(上编),泰东图书局1920年版,第19页。

谭延闿与湖南自治运动

的,他怕得罪了北京政府和广州政府。在张敬尧逃出长沙不久,谭延闿即授意湖南省议会发表通电,解释"湘人并无南北之见",而将湘人驱张一举说成是"湘人自决自卫之战"。接着,谭延闿又通电声称,湘军"仅以驱张为目的,以收复湘境而止,与南北之战无关。"当时,以周震鳞为代表的湘绅极力要求谭延闿宣布湖南自治,甚至还替谭延闿代拟了电报稿。但谭却一直持观望态度,周震鳞的电报稿交给他后,搁置了十多天,仍是不肯发出。

第二个时期,1920年8月"祃电"公布后,谭延闿从犹豫转为赞成自治。1920年7月14日直皖战争爆发后,"原来自治的要求,并不止一二个绅士,全体湖南人几乎都有这个倾向。凡是群众心理的倾向,都具无上的权力……谭延闿不能逆这个倾向而进行。"[1]当时,因谭不肯宣布自治,一些平时拥护他的人也都表现出对他的不满,而有倒谭之意;连国民党湖南支部的人都说:"组庵既不肯宣布自治,我们就应当倒谭而谋自治。"[2]此情此景,谭延闿清楚如再坚持反对自治,便有众叛亲离的危险,加之这时南方粤桂战争也成一触即发之势,南北政府自顾不暇,不可能对湖南进行武力干涉。谭延闿考虑再三,于是在7月22日,将周震鳞所拟的关于"湖南自治"的电报发布出来,宣布废除北洋军阀政府所加于湖南的督军制,实行地方自治和民选省长,这个电报就是"祃电"。电文称:"民国九年,内争不息,日言国家和平,而战祸日渐扩大,与和平相去日远。推源祸始,皆由当国武夫官僚,蹈袭前清及袁氏强干弱枝政策,强以中央支配地方。……盖民国之实际,纯在民治之实行;民治之实际,尤在各省人民组织地方政府,施行地方自治,而后权分事举,和平进步,治安乃有可期。……频年以来,中外人士,奔走呼号,打破军阀,注重民治,已成舆论,而废止督军声浪,尤为一般人所赞同。……鄙见以为吾人苟有根本救国决心,当以各省人民确立地方政府,方为民治切实办法。……湘省人民为创建民国,牺牲至重且大,历次举义,固为保持正义,冀卫共和,亦由汤芗铭、张敬尧诸人,对

---

[1] 王无为:《湖南自治运动史》(上编),泰东图书局1920年版,第20页。
[2] 王无为:《湖南自治运动史》(上编),泰东图书局1920年版,第5页。

待湘民无异异邦异种,而湘民驱逐张汤亦复如兹。使汤张自治其乡,其待乡人,与乡人之待之,必不若此。观此两不相容之点,足知各省自治,为吾民共同之心理。……湘人此次用兵,纯本湘人救湘湘人治湘一致决心。驱张虽具除恶之热诚,皆由三千万人民饱经痛苦,历受教训,有此觉悟。……爰本湘民公意,决定参合国会讨议之地方制度,采用民选省长及参事制,分别制定暂行条例,公布实行。……望我护法各省,一致争先,实行此举,则一切纠纷可息,永久和平可期。"①

奇怪的是,笔者遍查当时各大报刊却发现,这个7月22日的电报直到8月16日才在长沙《大公报》上以"要电"公布,而且从7月22日开始,到8月16日,在当时湖南的主要报纸《大公报》上,对此通电及湖南自治的问题,几乎无一报道,只是"祃电"公布后,这一方面的文章才渐渐多了起来,这也表明谭延闿当时还在迟疑,对湖南自治缺少十足的信心和诚意。

但自这个通电公开登出之后,长沙各家报纸关于自治运动的文章每天少则一两篇,多则三四篇,湖南自治成为湖南上下最关注的问题。旅居京、津、上海的湘省名流,也群起响应,熊希龄、范源濂等湘籍领袖,立即通电,对谭延闿的"祃电"表示支持。他们在1920年8月下旬以湘绅名义致电谭延闿说:"祃电为根本之言,洞中旨要,非此不足以救湘救国救各省。"电中建议谭延闿:"本于湘民自决之精神,必须付照美国各省宪法及德国联邦新宪法,径由本省制定自治根本法,无须仰给于国会,且其成立手续亦须由省会教育会、商会联合动议,集多数人之连署,举出代表,草定省自治法,再照欧美各国先例,交由全省各县人民总投票表决。"②熊希龄还利用自己的名望联络在京津的湘绅开会,研究湖南自治问题。并特别请梁启超代笔,"采用现世界最新之联邦宪法",撰写出《(草拟)湖南省自治根本法》和《湖南省自治法大纲》及说明书,在8月28日邮寄给谭延闿,"以备采择"。熊希龄等湘籍名流的回电给谭延

---

① 《谭督声明治湘根本办法电》,长沙《大公报》1920年8月16日。
② 《熊凤凰对于湘省自治之建议》,长沙《大公报》1920年8月29日。

闿极大的鼓励,待《湖南省自治法大纲》和《(草拟)湖南自治根本法》邮寄到湖南后,长沙《大公报》全文刊登了这两个自治法案。

第三个时期,省自治会议后,谭延闿成为"极端赞成自治的人"①,只是他所推崇的自治是官治而不是民治。

二、谭延闿"湘人治湘"的实质是官治而非民治,因而在湖南自治运动中出现了民治与官治的尖锐斗争

实行湖南自治,首先要制定省宪法;而谁能掌握制宪权,宪法就将体现谁的意志与利益。湖南自治运动内部民治与官治的斗争围绕着制宪权而展开。

1920年9月上旬,谭延闿宣布以省长身份在官邸召开自治会议,邀请各界要人讨论自治问题。但所邀名单中仅限于省议会和军政两界的几个官绅。这遭到了民治各派的一致反对,认为湖南这种自治"只是湖南官绅的自治,而非湖南人民的自治","是冒牌的自治","是有名无实的自治"。② 有人提议,谭延闿就算要召开自治会议,也不能以省长名义召集,而只能以私人名义召集。在舆论压力下,谭延闿宣布,将原打算以省长名义召集的第一次自治会议改为以个人名义召集。不过,这只是换汤不换药的把戏,丝毫不能改变会议的内容和实质。9月13日,自治会议召开。谭延闿、彭兆璜等虽都声明以私人名义到会,"实际上就依然各带各的头衔到场;在会议才开的时节,虽然各个声明是以私人名义来,一到决定研究的结果,便行使起省长省议会议长的职权来了。"③彼此商议一番,便决定先由省政府委派10人,省议会公推11人,组成省宪起草委员会,用一个月时间起草宪法,企图包办制宪。可社会上一得知13日会议意见,舆论大哗,坚决反对制定省宪由官绅包办,认为这是"官绅会议,算不得自治会议"。"湖南是全体湖南人之湖南,并不是一人一姓或一阶

---

① 王无为:《湖南自治运动史》(上编),泰东图书局1920年版,第22页。
② 王无为:《愿湘人不要自暴自弃》,长沙《民国日报》1920年9月11日。
③ 王无为:《湖南自治运动史》(上编),泰东图书局1920年版,第34页。

级的湖南。"①"一省的根本大法,怎么可以由省政府和省议会包办起草?"②有人提出,"谭以私人名义召集自治法会议,与会的人又都用私人名义,这会议的性质就是普通私人的团体会议,绝不是公众所承认能发号施令的政务会议或军务会议。""绝对不发生丝毫效力"。③

省议会对于湖南自治的问题,在谭延闿的自治会议召开以前,除议长彭兆璜外,还不曾十分注意。9月15日,省议会议员五十多人就省议会是否按自治会议精神加入起草委员会进行讨论。大多数议员因自治法采联邦宪法性质,主张组织国民宪法会议,而对省政府与省议会合组的所谓委员会,"决不加入",并将此意见函告谭延闿。第一次自治会议因此而流产。谭延闿还准备召集第二次自治会议,为报界得知,遭到大力抨击,说"总司令是现任的军人,并且兼做现任的行政长官,关于宪法起草,绝对没有这个权利"。"绝对不必劳总司令大驾,要总司令派员起草"。第二次自治会议还没召开,就流产了。谭延闿只得致函省议会,表示同意将起草省宪的事务交由全省人民宪法会议来解决,至于会议的召集、组织,就由省议会负责主持。于是,原定由省政府与省议会合制宪草,就变成由省议会独家把持了。

争到了制宪主导权的省议会推举出11人为理事,负责研究草案条例。但社会舆论见省议会要包办自治法,纷纷指出不能信任省议会,谭延闿将起草湖南自治法的事,"完全付托省议会,虽合乎民治主义,但仔细想起来,这就还是假民治。"④因为湖南省第一届议会议员的任期早已届满,在法理上已经失去民意代表的效力。《民国日报》记者写文章,指着这些议员说:你们"只能算是资本家的代表,不能算为正式国民代表。""现在省议员,凭天理良心说话,哪一个不是花钱买来的,以钱买议员,这种议员是什么东西,如

---

① 王无为:《湖南自治运动史》(上编),泰东图书局1920年版,第29页。
② 兼公:《自治法案的起草员》,长沙《大公报》1920年9月14日。
③ 王无为:《私人会议的效力》,长沙《民国日报》1920年9月16日。
④ 王无为:《愿谭氏进而主张真民治》,长沙《民国日报》1920年9月21日。

谭延闿与湖南自治运动

何能代表民意?"①省议会请谭延闿查办这家报纸,谭延闿转饬地方检察厅以侮辱议员为由提起公诉。检察厅遍查刑法条文,找不出根据。其他报纸同表愤懑,连篇论说,把省议员更加冷嘲热讽一顿,查办之事只得不了了之。

与此同时,湖南各法团、各阶层人民共同掀起了一场与官绅制宪相对抗的公民制宪运动。特别是以毛泽东为代表的一批激进民主主义者的积极参与,成了推进这一运动的助力。谭延闿发表"祃电"时,毛泽东正在韶山乡下休息。1920年9月,他被聘为一师附属小学"主事"而回到长沙,在主持一师附小工作的同时,积极从事湖南自治的推进工作。一个多月时间里,他或个人或与别人联名在长沙《大公报》和上海的报纸上连续发表十多篇文章与书信,透彻地说明了湖南究竟需要怎样的一种自治运动。毛泽东认为,"湖南自治运动是应该由'民'来发起的"②,自治的根本目的是以人民主权取代军阀主权,是民治。谭延闿在"祃电"中提出的"湘人治湘"的口号,是有意把"湘人治湘"与"湘人自治"相混淆,实质是想借湖南人的家乡观念,稳固自己在湖南的军阀统治。湖南人民要求的,不是"湘人治湘",而是"湘人自治"。他强调:"我们主张组织完全的乡自治,完全的县自治,和完全的省自治。乡长民选,县长民选,省长民选,自己选出同辈中靠得住的人去执行公役,这才叫做'湘人自治'。"③只有完全实现"湘人自治"才是真正的民治。

1920年9月下旬至10月初,长沙各界、各团体分别开会,讨论省自治法的拟定。有人主张应由省政府、省议会,再加上教、农、工商等公法团体和学生联合会、报界联合会等共同起草;也有人主张,由个人动议,联名起草;还有人主张,开长沙市民大会起草,交由各县人民代表大会通过;等等。10月4日,湖南省各界联合会召开会议,正式商请谭延闿召集湖南人民宪法会议。10月5日、6日,湖南各界代表龙兼公、毛泽东、何叔衡、彭璜等377人联名在长沙

---

① 王无为:《愿谭氏进而主张真民治》,长沙《民国日报》1920年9月21日。
② 《毛泽东早期文稿》,湖南人民出版社2008年版,第517页。
③ 《毛泽东早期文稿》,湖南人民出版社2008年版,第523—524页。

我所知道的谭延闿

《大公报》上发表了长达四千余字的《由"湖南革命政府"召集"湖南人民宪法会议"制定"湖南宪法"以建设新湖南之建议》,提出由以谭延闿为首的湖南省政府(即"建议书"中所称的"革命政府")联合各团体召集"人民宪法会议",制定湖南宪法。10月8日,湖南商、学、报等各界36个团体派出请愿代表二百多人在省教育会坪开会,讨论召开湖南人民宪法会议的办法及选举法与组织法要点。会议还决定,全体与会人员组成"制宪请愿团",联署提出制宪请愿书,要求两个月内召集人民宪法会议,五个月内公布省宪法。10月10日清晨6时,包括学生、工人、店员、报界及军警等两万余人,在省教育会召开湖南各界举行自治运动大会。会后,冒雨进行游行请愿,游行队伍由写着"要求革命政府召集宪法会议"及"湖南自治"的红白二旗为先导,沿途大呼"湖南自治"、"打破旧势力"、"解散旧省议会"、"建设新湖南"等口号。游行队伍到达"督军署"时,谭延闿接见了彭璜等请愿代表,接受了请愿书,满口答应"允纳人民意见"。

　　10月12日,谭延闿召集各学校校长,教育、农、工、商各会会长,各报馆经理及请愿代表等六十多人召开联席会议,讨论湖南自治问题。表示同意召集人民宪法会议,由各公团各举代表共同起草湖南宪法会议组织法,而省议会为法团之一参加。但谭延闿虽然在口头上同意各团体公举代表共同起草组织法,内心却害怕由各团体来起草对己不利,于是,会后又利用"自治期成会"及"湘西善后协会"等御用团体反对12日决议,坚持组织法只能由省议会单独起草。这种出尔反尔的态度引起了人民群众的极大愤慨。22日,湖南学生联合会再次组织游行,坚持要由政府召集各法团会议制定"组织法"。但谭延闿一边邀集名人,诸如章太炎、蔡元培、张继、吴稚晖及杜威等人到长沙集会演讲,研究制宪问题,"赞襄"自治;一边命令旧省议会赶制了"宪法会议组织法"。11月10日,谭延闿突然电令各县知事立即召集各公团会议,征求对于省议会"议决"的宪法会议组织法的意见,并限三日内答复。"限三日内复电",连离省城最近的长沙县也办不到。谭延闿的本意在于,如遇有各公团不同意省议会的表决案,就用"逾期作废"处理。各公团看透了谭延闿的用意,坚决否认议会有决议宪法会议组织法的权力。省各界联合会也反对将宪法会议组织法交由省议会议决,要求将宪法会议组织法的议决权交由全省各公团行使,并说谭延闿限期三日征求民意是欺人之谈。

极具讽刺意味的是,就在省议会还没来得及开始制宪时,湘军发生内讧,谭延闿被赵恒惕赶出湖南,其自治活动亦于此时而宣告停止。随后,赵恒惕以公民制宪活动内部"意见分歧,莫衷一是"为由,偷梁换柱,聘请专家学者制宪,彻底否认了公民制宪的要求。

三、谭延闿发动的毁宪讨赵战争,表明他们所倡导的"自治"不过是地方军阀排斥异己、巩固割据统治的一种工具

谭延闿离开湖南后,对湖南的制宪仍十分关注,而赵恒惕在表面上一直尊谭延闿为老长官,显得恭敬有加,暗地里却是针锋相对。一方面,在省议会的改选和省长的选举中,谭派受到压制,进而致使在省长选举中同为候选人的谭延闿败在赵恒惕手下(赵以1581票当选省长,谭以885票居第二),谭赵之间的矛盾更为加剧。而另一方面,蜗居上海的谭延闿,又在他人的引荐之下,重新加入了国民党,晋见了孙中山。谭延闿早在1912年就曾加入国民党,但实际上和国民党没有多少联系,与孙中山更在政见上有分歧,这次重新入党很大程度上是为了利用孙中山的名望来发展他的事业。而在孙中山看来,湖南自治,赵恒惕当选省长是其武力统一全国的极大障碍。早在1920年11月赵恒惕取代谭延闿之初,孙中山曾任命他为湖南督军兼省长之职,但赵拒不受命。1921年10月,孙中山统一了两广,在桂林设大本营,准备出兵北伐,赵恒惕以湖南自治为名,派出省议会议员团赴桂林请愿,不让北伐军借道湖南,迫使孙中山只能取道江西。孙中山对此十分愤怒,说这是"一为阻我前进,一为断我归路"。1922年2月,孙中山再次照会湖南,欲借道北伐,又被赵恒惕以刚刚通过的省宪法挡了回去。赵恒惕通电声称:"依据省宪法,客

我所知道的谭延闿

军入境,当迎痛击!"①孙中山只得绕开这只拦路虎,准备转经江西入鄂。因此,当有人劝孙中山,说谭延闿为人圆滑、不可大用时,孙中山不以为然,还是任命谭延闿为广州大元帅府内政部长和建设部长。但是,谭延闿身在广东,心却在湖南,他觉得自己在孙中山身边,充其量只是一位高级幕僚,没有自己的军队,就难以有真正的地位。也就在这时,湖南的情况为谭延闿入湘讨赵、重掌军权提供了机会。

湘鄂战争后,赵恒惕北附直系军阀,引起了一些湘军将领尤其是谭系将领的不满。1923年7月12日,沅陵镇守使蔡巨猷在湘西宣布独立。蔡巨猷是谭延闿的老部下,当时传闻谭将回湖南,而且与蔡有约,赵恒惕于是先发制人,下令调任蔡巨猷为湘南讲武堂监督,将沅陵镇守使裁撤。蔡巨猷明知是赵恒惕忌他,当然不肯低头,因此,立刻宣布独立。赵恒惕即刻要采取武力讨伐,却受到第一师师长宋鹤庚、第二师师长鲁涤平的一致反对,他们主张调和,一方面劝赵不可对蔡巨猷采取讨伐手段,另一方面也劝谭延闿切勿回湘。而此时,谭延闿已呈请孙中山任命他为湖南省省长兼湘军总司令,入湘讨赵。8月7日,谭延闿在旧部拥护下,由韶关率借来的两营滇军入湘,直抵湖南腹地衡阳,通电就职,并打出了"省宪修正事务所"的招牌,与省会长沙的赵恒惕湖南自治政府分庭抗礼。行前,谭延闿致电赵恒惕诸人,略谓:"湘以瓯脱自居,保境庇民,尚可为人所曲谅,若引致敌兵自残同志,则是甘与正义为敌。后有千秋,何以自处?"②公开指责赵恒惕勾结北军,残害人民的罪行。到衡阳后,谭延闿通电讨赵,严词指斥其以省宪为幌子对抗孙中山北伐的罪行。电文说:"湘民三千万,劫持于极不忍受之政法下,直已陷于绑票之奇祸。虽经无数次之赎票,产既全破,而生命仍无救出之望。"今"大元帅痛民生之颠危,思缔造之不

---

① 《赵恒惕电》,《南侨月报》1922年第2期,第11页。
② 谭伯羽:《茶陵谭公年谱》,沈云龙主编:《近代中国史料丛刊》第68辑,台湾文海出版社1973年版,第115—116页。

易,特命延闿归来,伸张精神,刷新内部,以救湘人无救之苦,以竟先烈未竟之功。"①

赵恒惕得知谭延闿在衡阳就职之后,1923年8月9日,向湖南省议会提出紧急咨文,要求省议会召开临时紧急会议"共抒护宪之良策",以配合他在军事上抵拒谭延闿。10日,又召集各界及省议员会议,表示要"与省宪相始终"。8月23日,省议会举行会议,发出通电:一是对外声明,谭延闿以首倡自治之人竟有称兵毁宪之举,除咨请省政府以实力制止外,请各省主持公论;二是"对内请各界奋起护宪"。②赵恒惕本人也于稍后公开发表谈话,说既然湖南省宪运动,发动于谭氏;湖南省宪成立之日,谭氏还曾来电致贺;当北京政府拟任其为总长时,谭氏也以隶属于联省自治旗下为由而拒不受职,何以谭氏对于湖南省宪,"始成之而终破坏之,……现即毁宪,惕当与宪相始终,若不顾而去,实为三千万人之罪人。"③同日,赵恒惕还通电指斥谭延闿身为首倡自治之人,今却自行放弃自治,大有痛心疾首之状。电谓:"吾湘制宪自治,一在为联治统一立基础,一在为湘省人民图休息。自谭前省长首倡此议以来,林前省长与恒惕继任,坚守此旨进行,未敢或渝。故年来对于国家全局,除时以联治建国之义作声应乞求之请外,从未敢轻启兵端。各邻省亦皆知此为吾湘人民之公益。对于湘宪,未尝或有蔑视,加以侵犯。……恒惕窃以为制宪法自治,由谭倡始,以湘人倡导湘宪。宪虽不由彼成,其倡导之勋德自在人心。……吾湘托命于省宪旗帜之下,在国宪未成立以前,不受任何方面之干涉,久为国人所共喻。纵令省宪有未尽完善之处,不难依合法程序,提案修正。今以一纸电文破弃之,而复出于首倡制宪之湘人,此诚吾湘大不幸之事也。"④

---

① 广州《民国日报》1923年8月17日。
② 《湘战的持满待发》,《东方杂志》1923年第20卷,第7页。
③ 《湘战的持满待发》,1923年3月25日《东方杂志》第20卷第14号,转引自胡春惠:《民初的地方主义与联省自治》,中国社会科学出版社2001年版,第207页。
④ 《赵省长通告宣告用兵护宪原委》,长沙《大公报》1923年8月23日。

按理说,赵恒惕的"民选"省长固然是胡乱贿选得来的,但谭延闿受孙中山委任,也不过是实用主义而已。同样视民意于无物,不过是五十步与百步之别。但为了造成讨赵浩大政治声势,谭延闿还在衡阳召开的全省22公团欢迎大会,上进行演说,以孙中山的三民主义为旗帜,号召各方人士迅速行动起来,参加讨赵斗争。

1923年8月25日,双方在衡山一带接战,谭赵战争正式爆发。战争期间,吴佩孚乘机派遣北军自粤汉、株萍路节节进逼,赵恒惕得到北军后援,大举进攻谭军。此时,盘踞广东东江的陈炯明叛军洪兆麟又进犯广州,形势危急,孙中山急电谭延闿回师救粤。于是谭延闿将自己的旧将宋鹤庚、鲁涤平、蔡巨猷及一万多湘军在11月底以前带入广东,谭赵之战历时三月之久,湖南省宪运动因此而受到重大打击。其原因是,以往全湘人士虽然在政治上有着派别之争,但在支持省宪运动这一点上却是一致的。但是护宪战争以后,谭派与赵派却从此分道扬镳。一方面,由于护宪战争,赵恒惕不得不依靠北方吴佩孚的援助,使直系军队在有机可乘的情况下,自然地介入湖南,直接破坏了湖南省宪不准外军驻扎的规定;同时也使南方的革命政府对于赵恒惕的湖南自治政府的北倾,再也不能给予容忍和谅解。另一方面,部分当年拥护省宪运动的军人,因已与湖南省的自治政府形成对立,也就对湖南省自治一事的态度有了根本变化,他们为了自己的政治利益,很自然地投入了广州革命政府的北伐事业,使湖南省的自治前途,在外患之下,又平添了内忧的情势。谭延闿在这场战争后,虽然没有在湖南立住脚,但总算也带出了一支军队,有了军队就有了政治资本。就是凭借着这支湘军,他被孙中山委任为湘军总司令兼大元帅大本营秘书长,入粤湘军在讨伐陈炯明等叛军以及拱卫广州革命政府中的确起了重要作用,此后,他又历任国民党中央执行委员、北伐代总司令、国民政府常委兼军事委员会委员。也正是这样一个始料未及的结果,他在南退途中,情不自禁地赋诗道:"胜固欣然败亦喜,西风吹泪到昭陵。"

谭延闿在其刚统治湖南时,是极力主张自治的;可是当他欲再次主湘,将赵恒惕赶下台时,又宣布放弃自己提倡过的湖南自治与制定省宪的主张。显然,以谭延闿为代表的湖南地方军阀将自治作为排除异己、巩固割据统治的一种工具。他们在中央与地方之间,上下其手,当中央力行统一,有损其个人权位时,便借地方自治以抗上;当民众纷起要求自治权时,又借统一事权以压下。赵恒惕以及后来把赵恒惕赶走的唐生智也是如此。正如陈独秀说:"这种主张……不过是联省自治其名,联督割据其实,不啻明目张胆提倡武人割据,替武人割据的现状加上一层宪法保障。"①蔡和森对于军阀的企图更是洞若观火:"力能进取的军阀,便倡武力统一,或主张强有力的中央政府(如曹吴);仅能自保或希图自保的军阀,便倡联省自治或筹备制省宪,举省长(如川滇);同一军阀,进攻时宣布武力统一,退守时宣布联省自治(如奉张);位置动摇时改称省自治(如浙)或打算取消省自治(如湘赵);又如湘赵最初之因首鼠两端而宣布省自治,粤陈之想王广东,反对北伐而主张联省自治……凡此种种,无非是封建残局之下,军阀专政、军阀割据的必然现象和趋势。"②因此,此种"自治运动"关注的重点,乃是划分中央和地方的权限,竭力营造"国中之国";而对于自治的核心内容——民主政治的原则,则极尽阉割与虚化之能事。对中央则倡言分权,对地方则实行集权,变成为此种"自治运动"的一个显著特征。

(本文原载《湘潭大学学报(哲学社会科学版)》2009年第1期。)

---

① 陈独秀:《对于现在中国政治问题的我见》,《东方杂志》1922年第19卷第15号。
② 蔡和森:《武力统一与联省自治——军阀专政与军阀割据》(1922年9月20日),《向导》第2期,1922年9月22日。

谭延闿与湖南早期现代化

谭延闿1911—1920年三次督湘,却又为时短暂,前后仅三年零五个月。但也就在这不长的任期中,他仍凭借着自己的政治影响和手腕,于政局动荡、南北军阀逐鹿湖南的艰难岁月里,在湖南治理财税,修建公路,开采矿山,发展实业和教育,倡导省宪自治运动,对湖南的早期现代化进程作出了重要贡献。

一、谭延闿积极致力于湖南的实业建设,推动了湖南现代经济的发展

一是厉行裁军,减少财政负担。军饷是民国初年湖南经济不堪重负的一大因素。辛亥革命以前,湖南的军队有近三万人。辛亥长沙起义后的几个星期内,湖南又招募了新兵5万—7万人。在革命斗争中,特别是在保卫汉口与汉阳的战斗中,湖南军损失惨重。但1912年回湖南的军队还是比辛亥以前湖南的军队阵容大。1912年末谭延闿报告说,不包括湘西的绿营在内,湖南的军队还有5万人。① 湖南的扩军造就了庞大的军费开支,湖南的财政深感困难。1912年,湖南的军饷总支出近870万两,比辛亥革命以前每年370万两

---

① [美]麦科德:《谭延闿湖南裁军新说》,《湖南师范大学社会科学学报》1995年第3期。

的军费支出增加了将近1.5倍,占了全省财政总支出的49%。因此裁减军队就成了谭延闿解决湖南财政危机的一项重要措施。谭延闿一方面以"功成身退,无上光荣"厚给退伍金相诱饵;另一方面又借助黄兴的声望、赵恒惕旅的帮助,将湖南原有五个师的近五万官兵悉数裁撤。谭延闿的裁兵虽有私心自用、排除异己的嫌疑,但是,他的这次裁军无疑有利于减少湖南的财政负担,至少使湖南每年节省近600万两的军费开支,使得湖南除了应付中央解款和地方行政的各项开支以外,还有一定的资金来资助实业建设。

二是兴办交通,促进湖南运输业的发展。谭延闿深感湖南交通不便,于是以长沙为中心,兴筑向南、向西的军用公路。1913年,他设立湖南军路局,按通行汽车标准修建长沙至湘潭的公路。当年就原驿道改建,修成长沙至大托铺一段后,继任督军汤芗铭于同年下令停修。1916年谭延闿第二次督湘,至1917年1月修成大托铺至易家湾段公路;9月傅良佐督湘,再次停修。张敬尧督湘时虽拨部分经费修建朝阳桥、暮云桥,但不久又因经费拮据停工。1920年6月谭延闿第三次督湘,才又继续修筑,至1921年11月全线竣工通车。长潭公路不仅是湖南第一条公路,也是全国最早的公路之一。1943年4月的《交通建设》第一卷第四期指出:"公路之建筑,则以民国二年之长沙至湘潭公路为最早,自此以后,年有兴建,在全国公认第一,起了开风气之先的作用。"1922年上半年,商人盛廉生等人成立了"龙骧长潭长途汽车公司",呈请租佃军路,经营运输业务,经批准专利十五年,盛廉生等于1922年8月正式开始营业。此时,虽谭延闿已被赵恒惕挤出湖南,但长潭公路的修建带来了湖南汽车运输业的发展,谭延闿自是功不可没。

谭延闿还曾计划兴筑铁路。1912年6月,谭延闿致电北京政府交通部等,就袁世凯政府再度宣布铁路国有政策逐条予以驳斥,力争湘人自办铁路。在粤汉铁路督办谭人凤多次致电劝说下,谭延闿虽同意湘路的干线收归国有,但计划在湖南新修四条支线:长沙至常德、辰溪以达川黔;湘潭至金竹山以达黔滇;醴陵至赣闽;衡州至全桂。此计划因条件的制约,最终成为泡影,但也反映了谭延闿的实业救国的美好设想。

三是实施财政改革,积累资本。谭延闿任都督后,即着手对湖南的财政进行整顿和改革。主要措施包括:(1)开办国民捐。实施国民捐本为黄兴首倡,得到谭延闿积极响应,并于1912年,设立筹饷局募收国民捐463.6万元。后改为湖南筹饷公债,发行总额定为银元500万元,实发债票380.08万元,由湖南都督公署负责偿还,利率周年4厘,自发行之次月起生息,每年于11月、12月按照债票额扣算一次支付;自发行后第六年起,每年偿还发行总额十分之一。发行和还本付息手续,由湖南省银行经理。① (2)改革田赋。颁布《湖南田赋新章》,废除由历史上承袭下来的"粮书"制度,农民缴纳田赋的手续较前简便。同时,它将田赋数额固定下来,由政府统一征收,取消其他各项附加税,既符合与民休息的愿望,又大大充实了省库。(3)整顿税收。对税收大宗如烟酒税等,统一税率,统一征收。对食盐进行统一办理,整顿售卖办法,改良盐运途径,杜绝奸商从中渔利。(4)整顿金融。在全省统一货票发行手续,严格控制铜元出省,禁止商家私自发行票币,以改变银贵钱贱的混乱现象。他倡议设立中央银行,并就中央银行设立的具体办法,如资金来源、集股方式、货币兑换以及中央银行的地位、作用进行了切实的规划和分析。谭延闿任湖南都督期间,将湖南官钱局改为湖南银行,发行银两、银元、铜元三种票币,还组建湖南储蓄银行及湖南实业银行,发行钞票。1917年,谭延闿为了收回湖南银行所发行的银两票及整理铜元纸币,以常宁水口山矿藏余利为担保,采取配销方法,强迫发行湖南省地方有奖公债券银元500万元。② 由此可见谭延闿当时对湖南财政的作为。

政府积极倡设银行事业,有利于资本主义工业的发展。银行与旧式钱庄、

---

① 湖南省志编纂委员会:《湖南省志第十五卷·财政志》,湖南人民出版社1987年版,第319页。

② 湖南省志编纂委员会:《湖南省志第十五卷·财政志》,湖南人民出版社1987年版,第6—7页。

银号不同。钱庄、银号资本有限,存放款对象范围狭窄,多半为亲朋私谊和少数有往来的顾客。银行则能广泛地集中社会资本和闲散资金,用于对工商业的放款。过去有些论著,强调这一时期中国银行业的主要任务是承销政府公债和从事投机活动,"很少服务于工商业",这未免失之偏颇。事实上,辛亥革命后至第一次世界大战时期,银行放款对于实业建设占有相当的比重。这些贷款无疑对中国近代工业融通资金和发展生产是有利的。像谭延闿这样在光复后不久即着手进行财政改革,改革的程度虽然有限,但在当时全国范围内是走在前列的。

四是振兴实业,发展资本主义工商业。谭延闿第一次督湘,在民政司添设实业科,下设农、工、商、矿四课,这一机构的设立,为开发湖南实业进行了开创性的奠基工作。1912年,他拨款20余万银元,先后在长沙创办"湖南模范缫丝厂"和"湖南金工厂",引进西方机器设备,聘请外国技师。为培养自己的人才,在厂内附设工业学校,边生产边培训,开湖南工业之先河。从1912年到1913年,在不到一年的时间里,湖南新办的和正在筹办的银行、厂、企业公司等有20多家,较著名的还有经华纱厂、长沙自来水厂、湘潭玻璃厂、五金矿业股份公司、富国矿业股份公司、章楚造纸公司、洞庭制革股份有限公司、制靴制帽公司、江华厚生锡矿公司、湘潭唯一膏盐矿公司、醴陵百炼公司等等。其中,洞庭制革股份有限公司是谭本人与黄兴等人发起成立的,是当时最为著名的工矿实业公司。

1915年,谭延闿为解决湘军军械匮乏的问题,拨款筹资数十万元,委任栗戡时为总办,在株洲河西圈地数百亩,购买了一批先进的机器设备,兴办"湖南陆军机械厂"。此厂后因谭延闿卸任及形势的变化,一直停停办办,1928年改名为"湖南民生公司",1938年又改名为"湖南机械厂",是湖南省当时规模最大的机械工业企业。

湖南近代纺织工业只有湖南第一纺织厂一家,创办于1912年。谭延闿对建立湖南纱厂十分关切,1916年谭延闿第二次督湘,筹备了200万元资本,以袁家普担任厂长,从德国购入发电机,从英国购入纺纱机,纺锭4万枚。第三次督湘时,又以"第一纱厂筹备处"的名义从事整顿。1920年,全厂工程乃告完成,定名为华实公司。1926年收归公办,更名为第一纱厂。

矿冶工业是湖南近代工业发展的主导产业,也是全省最早产生的产业之一。谭想方设法从本省财政收入中尽力资助各地矿业,从而"使得湖南矿务近益发达,已行开采者百余处,续办者尚复不少"。① 第二次督湘期间,谭延闿一方面委派专员切实调查湖南矿务的现状,制订发展矿业的计划,以便确立矿业发展的重点,有针对性地制定发展方案;另一方面力争湖南矿务局归为省有,防止中央将湖南矿权私售外人,并严格规定各矿山矿砂的销售统一由湖南矿务局经手。湖南矿业在谭延闿督湘期间,不仅原有的矿山得到了恢复和发展,而且新的矿业公司和矿山先后出现,以至外籍湘人也纷纷创办矿业公司组织开采新的矿山。1916年,全省新设的锑矿厂家就达146家,从事锑业生产的工人达10余万人,产销均占世界第一位。锰、铝、锌、砒、硫磺等产量则占全国第一位,金、锡、煤、钨的产量也占有重要地位。

谭延闿的发展实业的措施,当然是为了巩固自己在湖南的统治,但在客观上推进了湖南早期的经济建设。正如著名学者周锡瑞所说的,"在这个政权的头几年里,虽说仅有微小成就,但是,对湖南的资产阶级工业化,却进行了巨大努力。"②正是谭延闿的实力提倡和注重经济环境的改善,使得民国初年湖南出现了投资近代实业的热潮。1912年英国驻长沙领事基尔斯的商务报告中称,长沙"自从辛亥革命以来,发起工厂企业得到很大的动力,几乎每天都有新的公司注册,其最大的目的是尽可能使湖南在工业上不仅不依赖外国,而且不依赖其它省份"③。

---

① 《民立报》1913年3月10日。
② 周锡瑞:《改良与革命——辛亥革命在两湖》,江苏人民出版社2007年版,第309页。
③ 汪敬虞:《中国近代工业史资料》(第2辑)下册,科学出版社1957年版,第849页。

二、谭延闿重视教育,提倡舆论,推动了湖南现代教育文化事业的发展

谭延闿以兴办教育成名。湖南光复后,谭与黄兴等人联名致电各省都督,主张"以教育促进步之齐一"①。督湘后,谭延闿对成效显著的学校,无论公立还是私立,都大力奖掖,使私立学校大为景气。"长沙有名的四个私立学校:周南、明德、楚怡、修业,收到官方常年津贴,是谭第一次督湘时批准的"②。

湖南光复后,美国雅礼会原在湖南开办的雅礼大学向湖南当政者商谈设立湘雅医学院,由于开办费用过大,政学各界人士大多反对,唯谭延闿力主成立湘雅。1912年,谭延闿将湖南实业学堂改名为高等工业学校(即湖南大学的前身),一次性拨款50万元,为该校向外国购买教学用品,这在当时国内各学校中是罕见的。

谭延闿第二次督湘虽然只有一年的时间,但着力发展中等教育,调整学校状况,统一班级人数,增拨学校经费,鼓励各界人士投资办学,并在各县设立劝学所,鼓励新办学校,解决各地发展教育的具体问题。

谭延闿积极兴办各类实业学校,振兴湖南的实业教育,他在校内开设工厂,使教育与生产结合,为机器制造、矿物开采与铁路、商务、金融等行业培养了一批专门技术人才。

由于谭延闿这种重视教育的政策,辛亥革命前后,湖南教育事业有了长足的发展。据统计,光复前湖南有学校136所、学生13053人,每年开支教育经费83万元。到1912年底,湖南设教育司,全省教育支出265万元,占财政总支出的6.06%。③ 谭延闿还注重培养高等人才,广送人员往东西洋官费留学,

---

① 汪敬虞:《中国近代工业史资料》(第2辑)上册,科学出版社1957年版,第849—850页。
② 湖南省社会科学院编:《黄兴集》,中华书局1981年版,第147页。
③ 中国人民政协全国委员会文史资料研究委员会编:《文史资料选辑》第15辑,中华书局1961年版,第157页。

对留学人员爱护有加。1912年至1913年两年间,湖南陆续选派起义有功人员、烈士后裔和高等学堂学生留学共计581名,均享用官费待遇。①

谭延闿贯彻南京临时政府新的教育方针,在各个学校基本上取消了传统的读经课程。到民国初期,湖南初小已无读经现象,高小的读经只占总课时的13.9%,中学仅占2.7%,师范类学校占8.6%,而法制、博物、财政等课程的课时有所增加②,加快了向现代教育转换的步伐。

辛亥革命前湖南仅有《长沙日报》等少数几家报纸,谭延闿第一次督湘后,即积极支助创办各类报纸杂志,尤其是关于鼓吹实业方面的报刊。据记载,"五年秋,谭畏公再入湘主政,蒙密既溪,气象昭苏,于是报纸复风起,《长沙日报》《国民日报》均于是年秋冬之交恢复"③。"九年六月,驱张之役既终,谭畏公三主湘政。曾在郴永之报相率迁省,新起者又数种,一时大报有九,数量之多,为前此所未见。除《大公报》(社址已由犁头街迁至府正街)、《湖南日报》原在长沙外,如包道平、鲁荡平、朱凤蔚、谭介甫诸君之《国民日报》(包鲁诸君随南军在郴州,恢复五年旧报,后随军迁省,设北正街陆宅,寻迁入仓后街湘清里)、王亦僧、陈叔伟诸君之《新国民日报》(随军移省,设府后街长沙日报旧址,数日即停办)、李况松、夏思痛诸君之《新湖南报》(前设永州,随军移省,社址在北正街陆宅,后因李仲麟案被封)、洪普拯、罗吟铗诸君之《民言报》(洪等曾在省创办《湖南时报》,不久停刊,寻往永州创办《民言报》……),……与元二年五六年同盛。"④从中我们不难看出谭延闿对湖南报刊发展的贡献。

据统计,辛亥革命后,湖南新创办的报刊就有十多种,这些报刊伸展民意,

---

① 中国人民政协会议湖南委员会文史资料研究委员会编:《湖南文史资料选辑》第10辑,湖南人民出版社1978年版,第53页。
② 张朋园:《湖南现代化的早期发展(1860—1916)》,岳麓书社2002年版,第368页。
③ 中国社会科学院近代史研究所近代史资料编辑组:《近代史资料》(总59号),中国社会科学出版社1985年版,第213—214、215—216页。
④ 中国社会科学院近代史研究所近代史资料编辑组:《近代史资料》(总59号),中国社会科学出版社1985年版,第213—214、215—216页。

传播文明,宣传民主,为资产阶级政治经济鸣锣开道,在抨击封建主义残余、颂扬资本主义制度方面,为湖南的资产阶级政治和经济活动大造舆论,起了积极的作用。

三、谭延闿首倡湖南制宪自治,使得风起云涌的湖南自治运动成为中国现代化进程中有声有色的一幕

谭延闿在湖南自治运动初期(制宪前)的态度,大体可分为三个时期:①

第一个时期,直皖战争爆发前,谭延闿对于地方自治是持反对和犹豫态度的,他怕得罪北京政府和广州政府。在张敬尧逃出长沙不久,谭延闿即授意湖南省议会发表通电,解释"湘人并无南北之见",而将湘人驱张一举说成是"湘人自决自卫之战"。接着,谭延闿又通电声称,湘军"仅以驱张为目的,以收复湘境而止,与南北之战无关"。当时,以周震鳞为代表的湘绅极力要求谭延闿宣布湖南自治,甚至还替谭延闿代拟了电报稿。但谭却一直持观望态度,周震鳞的电报稿交给他后,搁置了十多天,仍是不肯发出。

第二个时期,1920年8月"祃电"公布后,谭延闿从犹豫转为赞成自治。1920年7月14日直皖战争爆发后,南方粤桂战争也成一触即发之势,南北政府自顾不暇,不可能对湖南进行武力干涉。谭延闿考虑再三,于是在8月16日,将周震鳞所拟的关于"湖南自治"的电报发布出来,宣布废除北洋军阀政府所加于湖南的督军制,实行地方自治和民选省长,这个电报就是"祃电"。这个通电公开登出之后,长沙各家报纸关于自治运动的文章每天少则一两篇,多则三四篇,湖南自治成为湖南上下最关注的问题。旅居京、津、沪的湘省名流,也群起响应,熊希龄、范源濂等湘籍领袖,立即通电,对谭延闿的"祃电"表示支持。

第三个时期,省自治会议后,谭延闿成为"极端赞成自治的人"。1920年

---

① 参见刘建强:《湖南自治运动史论》,湘潭大学出版社2008年版,第66—67、77—78页。

9月上旬,谭延闿以省长身份在官邸召开自治会议,邀请各界要人讨论自治问题,提出以省议会起草湖南自治法。这一决定遭到湖南民主人士的反对。10月5日、6日,湖南各界代表龙兼公、毛泽东、何叔衡、彭璜等377人联名在长沙《大公报》上发表了长达四千余字的《由"湖南革命政府"召集"湖南人民宪法会议"制定"湖南宪法"以建设新湖南之建议》,明确提出应该由"革命政府"联合各团体召集"人民宪法会议";"人民宪法会议代表"的选举,必须是"直接的、平等的、普遍的";"宪法"起草与公布权属于"宪法会议"。10月10日,省城各界近万人举行自治运动游行。谭延闿被迫邀集各校校长、各报经理、农工商教育各会会长及"建议案"代表召开联席会议。由于民治派的努力,会议决定,宪法会议组织法由各法团体共同起草。

当谭延闿穷于应付民治运动之时,1920年11月,湘军发生内讧,谭延闿被迫离开湖南。赵恒惕取代谭延闿担任湘军总司令,林支宇被选为临时省长。赵恒惕主持湖南政局后,成立制宪筹备处,取消省议会起草省宪法的议案,聘请省内外知名学者起草省宪法。同时还以各县议会推举的审查员对省宪草案进行审查,最后由全省公民直接投票表决公布。湖南省宪法于1922年1月1日公布,共计13章141条,而总纲中关于"省自治权,属于省民全体"的规定,表明了省自治运动的民主性质。

由文人而官僚而军阀的湖南督军谭延闿和他的后继者、湖南总司令兼省长赵恒惕着手制定的《湖南省宪法》,比较典型地体现了资产阶级学者关于中国联邦制从省自治开始,进而实行联省自治的设想。在联治期间,其他各省制定的宪法,与湖南省宪法的内容基本相似。

湖南的自治运动由谭延闿倡导于先,而由赵恒惕实行于后,具有不容忽视的重要意义。这段时期内,除使湘人暂时维持安居乐业的生活外,还在湖南境内增加了不少建设,如设立湘中、湘西、湘南三公路筹建会等。它是湖南人民在当时的背景下为了反对军阀和争取民主,推动中国政治现代化进程的一种具有一定群众性的社会运动。尽管这次运动是在谭延闿等军阀的主持下进行的,但是由于这次运动的基本价值取向是民主政治,因此,人们不仅在法律上赢得了参加政治活动的民主权利。更重要的是,湖南人民在经历了这场运动之后,思想觉悟和民主政治的水平都得到了很大的提高。这种民主政治的实践,无疑对人们的民主素质的提升产生影响。而此后的中国政治生活中,常以湖南为中心,或是有湘人的努力,这或多或少与湖南人的这次政治实践有一定的联系。

《湖南省宪法》是湖南自治运动的最大的成就。这不仅是联省自治运动中第一个制定成功而被实行的省宪,也是我国破天荒出现的第一部被使用的省宪。尽管省宪法的实施并没有达到预定和颁布该宪法的目的,如自治、裁军等,但仍不失其积极的一面。从《湖南省宪法》的内容看,对于省长职权的限制充分体现了民众在军阀横行时代的政治智慧;对人民权利义务的广泛规定,则达到了同时代的最高水平;对于省权的列举规定反映了湖南对联邦制下省自治的初步尝试。整部宪法虽有许多不足,但其民主精神却使同时代的中国宪法难以望其项背,反映了20世纪20年代初期民族资本主义发展中资产阶级的政治经济要求,体现了反对军阀军割、要求民主自由、自主地管理地方事务的愿望,反映了他们试图以欧美资本主义模式解决中国问题的理想。

(本文为与唐有武合著,原载《湖南工程学院学院(社会科学版)》2009年第4期。选入本书时作了修改。)

谭延闿与湖南近代教育

谭延闿自 1903 年开始在湘省从事教育活动,先后参与湖南多所新式学校的创建工作。主政湖南时,颁布各种政策,大力推动湖南教育事业的发展。离开湖南后,仍然不忘关心湖南教育。

一、积极兴办新式学堂与图书馆

(一)协办明德学堂

明德学堂,是民国时期著名的新式学堂,湖南第一所私立学校,也是中国近代最早的私立中学之一,由清末民初著名的教育家胡元倓与龙璋、龙绂瑞兄弟在长沙创办。初建的明德学堂不仅经费奇缺,而且也面临着封建顽固势力的诘难,办学困难重重。

1903 年,谭延闿本在开封参加会试,但因其父僚婿胡海帆担任会试提调官,只得按例回避。谭延闿回长沙后,胡元倓见其父为封疆大吏,在湖南素有声望,想借其父在士林中的影响力来维持初办的明德学堂,于是邀请他来明德学堂参观。在参观明德学堂的过程中,谭延闿见明德办学质量好、规模大,对胡元倓说:"吾昔意轻学校,今见明德规模,吾诚服子。"[①]胡元倓听到谭延闿这

---

① 胡元倓:《慈卫先生五十寿言》,钱无咎:《明德校史》,湖南明德中学校 1948 年版,附录第 4 页。

番话后,顿时"感庆交至"①,请谭延闿资助明德学堂。谭延闿随即捐赠了一笔资金作为明德学堂的办学经费。只是谭延闿赞助明德学堂的经费也来之不易。因为虽然谭延闿贵为总督之子,但是他的父亲对于新式教育充满抵触,不可能支付明德学堂的经费。因此谭延闿只能将大人方氏的金器首饰变卖,以此来支援明德学堂。

谭延闿赞助明德学堂之事,多处都有记载。据《谭延闿统治湖南始末》记载:谭延闿"来校参观,当即捐助了经费一千元,并答应年助英文教员薪金一千元"。② 黄兴长子黄一欧也回忆说,"这年夏天,谭延闿来校参观,捐了一千元,另年助英文教员薪金一千元。"③明德学堂的开办经费也才两千元,谭延闿这笔钱算得上雪中送炭。有了这笔办学资本,"明德始议扩充"④,胡元倓"特地赴杭州聘华紫翔来教英文,并加招中学一班,又成立了师范班"⑤。谭延闿也因此成为明德学堂校董。1905年明德总理龙湛霖病卒逝后,谭延闿还继任了明德总理一职。1928年9月明德成立董事会后,谭延闿又担任明德的董事长,直至1930年去世。

成为明德校董之后,谭延闿积极谋划扩充明德学堂校舍。建校之初,明德学堂的两处校址周氏花园和左文襄祠均属租赁。1906年,胡元倓争取到了官府无偿划拨用地——大湾内官地。该地虽得到,建筑校舍仍需经费。于是当年6月,由谭延闿领衔会同胡元倓、黄忠浩等人向湖南巡抚庞鸿书呈文《建筑

---

① 胡元倓:《慈卫先生五十寿言》,钱无咎:《明德校史》,湖南明德中学校1948年版,附录第5页。
② 周震鳞:《谭延闿统治湖南始末》,郭汉民、杨鹏程:《湖南辛亥革命史料》(一),湖南人民出版社2011年版,第641页。
③ 黄一欧:《黄兴与明德学堂》,郭汉民、杨鹏程:《湖南辛亥革命史料》(一),湖南人民出版社2011年版,第10页。
④ 胡元倓:《慈卫先生五十寿言》,钱无咎:《明德校史》,湖南明德中学校1948年版,附录第4页。
⑤ 黄一欧:《黄兴与明德学堂》,郭汉民、杨鹏程:《湖南辛亥革命史料》(一),湖南人民出版社2011年版,第10页。

校舍拟借官款呈庞中丞文》。后得庞鸿书批准"以明德学堂月支善后局津贴银两一款向官钱局抵押银二万两,分五年归还"①。有了这笔借款,泰安里大湾内校舍才得以正式建造并投入使用。1907年春,泰安里新校舍正式建成,"有教室两大栋,三层木楼一栋,以高等商科未成立,先将高小部第二班迁入,并招新生一班,是为第三班"②。此校舍"是为明德自有校舍之始"③。1909年,谭延闿又借垫经费用于建筑泰安里大湾内校区两栋西式楼房。这两栋西式楼房建成后,"中学第四班甲乙两组,及中等商业预科均迁入受课"④,大大扩充了泰安里大湾内校区。

明德学堂的财政也一度由谭延闿负责管理。明德学堂作为私立学校,经费只能自筹。直到谭延闿任督军,谭延闿一直负责管理明德学堂的财政,并担任筹措经费的任务。胡元倓回忆道:"明德次第兴建校舍,殚费至国币十万,自院司及银行假三万数千外,他皆仰先生举债,致受重困,累负至今焉。"⑤《胡元倓侧记》同样也记载了"明德学堂早年向外借款,谭总作保人,有两笔钱是谭用省库结余垫还的。"⑥此点在《谭延闿日记》中也得以佐证,1922年3月5日,谭延闿在日记中写道:"朱彦才信云,余为明德挪彼七千四百二十金,将合万余元矣。近为人逼账甚亟,意在请吾履行债务,甚无以答之也。"⑦

（二）主持长沙中路师范学堂

1903年,湖南巡抚余廉三下令修建了湖南师范馆。但由于师范馆仍坚持

---

① 庞鸿文:《建筑校合拟请官款呈庞中丞文》之《庞中丞批件》,国家图书馆藏《明德学堂文牍汇存》第34页。
② 钱无咎:《明德校史》,湖南明德中学校1948年版,附录第4页。
③ 陶旅枫、黄政海:《明德学校史》,湖南师范大学出版社2013年版,第40页。
④ 钱无咎:《明德校史》,湖南明德中学校1948年版,附录第6页。
⑤ 胡元倓:《慈卫先生五十寿言》,钱无咎:《明德校史》,湖南明德中学校1948年版,附录第5页。
⑥ 陈愸涛:《胡元倓侧记》,中国人民政治协商会议湖南省委员会文史资料研究委员会:《湖南文史资料选辑》第20辑,湖南人民出版社1986年版,第147页。
⑦ 《谭延闿日记》(未刊稿),1922年3月5日。

传统的教育方式和内容,进步人士强烈不满,师范馆开办不久就停办了。

同年11月,新任湖南巡抚赵尔巽下令将师范馆并入城南书院①,在此基础上成立了湖南全省师范学堂。1904年,为了发展师范教育,"湖南分路办学之议起,即设三路师范。"②巡抚赵尔巽将全省划分中、西、南三路,分别办学,长沙即为中路。鉴于当时长沙已有全省师范学堂,赵尔巽将其改办为中路师范学堂。

1904年,谭延闿再次到开封参加甲辰科会试,高中会元。同年,入京参加殿试,赐进士出身,并以庶吉士入翰林院。1905年,其父在长沙去世,谭延闿丁忧在家。1906年,谭延闿担任长沙中路师范学堂监督,湖南巡抚见谭延闿董理明德,成效颇著,以"湖南教育不可一日无谭延闿主持"③为由,请求清政府允许谭延闿留湘办学。

担任长沙中路学堂监督后,谭延闿大力扩充学校规模,他在城南书院的基础上,修建了礼堂、校舍。1906年8月,中路师范学堂招生数量超过以往历届,学生达186人,编成速成科第四、五、六班。据统计,在谭延闿担任学堂监督期间,中路师范学堂1911年在校学生数达到最高峰,总计9个班400多人。④

谭延闿还积极革新,聘请一大批新派士绅担任中路师范学堂的教职员。比如任马麟翼为副监督,任陈嘉会为教务长,任李元植为庶务长,任黎尚文为斋务长,任皮鹿门、胡景伊、石蕴山、言少舫、颜昌峣、仇毅、华龙、许奎元、吴继果为各科教员。他还聘请日本人堀井、美国人盖保耐为教员。此举为长沙中

---

① 城南书院,初建于南宋,是由当时的理学名儒张栻所创建的。后来历朝历代,几经废立,终于嘉庆二十五年(1820年),重新进行大规模的复建工作,并于道光二年(1822年)冬成功竣工。重建后的城南书院,再次成为湖南最大的书院之一。
② 湖南第一师范校史编写组:《湖南第一师范校史(1903—1949)》,上海教育出版社1983年版,第5页。
③ 刘建强:《谭延闿大传》,九州出版社2011年版,第32页。
④ 湖南第一师范校史编写组:《湖南第一师范校史(1903—1949)》,上海教育出版社1983年版,第7页。

路师范学堂从封建教育转变为民主教育奠定了基础。

在日常管理工作中,谭延闿也有自己的一套办法。在教育学生上,谭延闿是"夫子循循然,善诱人"①。他主张向学生婉言劝学,使学生自我觉悟。在中路师范学堂任监督时,因为饭菜问题,学生与厨师发生矛盾。学生一致要求学校惩罚厨师,甚至声称要罢课。谭延闿写了一副对联:"君试观世界何如乎,横流沧海,频起大风潮,河山带砺属谁家,愿诸生尝胆卧薪,每饭不忘天下事;士多为境遇所累耳,咬得菜根,方是奇男子,王侯将相原无种,思古人断薏划粥,立身端在秀才时"②,并将其张贴在食堂,以此来劝告学生,顺利地解决了学生罢课事件。

1983年出版的《湖南第一师范学校校史③》评价谭延闿说,他在任期间,"陋其前规,更新学制,颇有改作,是一师创办初期有影响、有作为的一位校长"④。

(三)参与创办其他新式学堂

湖南教育界人士看到谭延闿"这样的热心教育,就把创办其他私立学堂的立案、请款和拨给校舍等事情,请他出面和官绅打交道,以便减少阻力,顺利地解决问题"⑤。

1903年,谭延闿与胡元倓、龙绂瑞、俞经诒和许直等人计划在湖南长沙创办一所女子学堂。他们以开设女子学堂可以"推广教育之范围,实导家庭教育之先务"⑥为目的,奏请湖南巡抚赵尔巽立案。赵尔巽本身就比较开明,他

---

① 《谭延闿一职平学潮》,《更生》1937年5月24日,第24页。
② 《谭延闿一职平学潮》,《更生》1937年5月24日,第25页。
③ 1904年,全省师范学堂改名为中路师范学堂。辛亥革命后,1912年改中路师范学堂为湖南公立第一师范学校,1914年又改为湖南省立第一师范学校。
④ 湖南第一师范校史编写组:《湖南第一师范校史(1903—1949)》,上海教育出版社1983年版,第5页。
⑤ 周震鳞:《谭延闿统治始末》,郭汉民、杨鹏程:《湖南辛亥革命史料》(一),湖南人民出版社2011年版,第641页。
⑥ 《省垣开办女学堂简章》,《湖南官报》1903年,第406号。

以"创设女学堂所以移易风尚……扩阄仪于幼稚,植蒙养之始基,诚救时之要图,进化之本原也"①,批准开办女子学堂,但同时也提出学堂需要"预防流弊,教习、监督必聘贤媛,内外关防尤宜严肃"②。

1903年6月10日,湖南民立第一女学在长沙城内北区局关祠的一栋民房内正式开学,但只有甲班学生十余人,且大部分是许、龙两家的女儿。后来因房屋太窄,又将校址迁到南正街唐宅,添招了乙班,总共三十多人。学堂拟设修身、国文、算学、地理、历史、外国语、美术、生理、理科、裁缝、体操、教育学等科目。但是实际上大多数课,诸如生理、理科、教育学等都未开办。学校的男女界限也很严格,教师以女性居多,唯一的男老师是教体操的黄轸老师,即黄克强。会计和厨房工友是男性,但他们都在墙外,不准入内。

然而,就是如此小心谨慎,学堂还是遭到了封建势力的强烈反对。1904年,御史杜乔生以女子学堂"男女混杂,流弊滋多"③,呈请清廷将其停办,并得到批准。1904年秋,湖南民立第一女学自此停办。学堂停办之后,1905年,许黄萱佑、许馥、许徽、许璧、吴双师生五人一起考取官费留日,入东京青山实践女校师范班学习。毕业回国之后,许黄萱佑在长沙东乡创办了隐储女学,继续推广女子教育。虽然湖南民立第一女学开办时间仅仅一年,课程的设置上也有颇多瑕疵,但是它作为湖南境内早批女子学堂,开湖南女学之先河,对之后的湖南女学产生了深远的影响。

1903年,谭延闿等人还创办了经正学堂。明德成立之初,由于其新颖的办学模式以及师生高昂的革命斗志,遭到湖南守旧势力的围攻,学堂时刻处在动荡之中。为了保证明德学堂被封之后可以继续办学,1903年下半年,谭延闿与龙绂瑞等人创办了经正学堂。经正学堂"由湘政府拨老电报局房屋一栋

---

① 《巡抚赵准龙绅绂瑞等禀创发女学堂札学务处立案文》,《湖南官报》1903年,第406号。
② 《巡抚赵准龙绅绂璃等禀创发女学堂札学务处立案文》,《湖南官报》1903年,第406号。
③ 许佩琅:《辛亥革命前的女子教育》,中国人民政治协商会议湖南省委员会编:《湖南文史资料选辑》第10辑,湖南人民出版社1978年版,第63页。

为校舍,以新招学生一班编入之,为甲班生,加招乙班生数十人"①。1906年和1907年,经正又分别开办茶陵速成师范一班和攸县速成师范一班,为湖南培养了大量人才。1912年,明德学堂已步入正轨,明德经正两校无分设必要,于是"合并经正明德为一校,统设四部,曰专门,曰中学,曰高小,曰初小,部置主任一人"②。对于谭延闿创办经正学堂一事,《茶陵谭公年谱》记载道:谭延闿"旋又与龙别立经正学堂,并恒助校款以讫于终"③。

1906年,任中路师范学堂监督时,在中路师范学堂后山妙高峰北侧,谭延闿创办了附属于中路师范学堂的简易师范学堂,开创妙高峰近代办学之始。1909年,谭延闿还和贝允昕、方克刚等人计划在这所学校的基础上续办新的学堂。1910年3月,学堂开学,名为湖南中路公学,录取120人。"公推贝允昕为监督,方克刚、王国鼎、张卓莘等分任职员,由主办人谭延闿捐款作临时开办费。"④1912年,改名为公立第一中学。1914年汤芗铭督湘时,因大幅削减教育经费,致学校停办。后由贝允昕、方克刚、罗元鲲、张有晋等人竭力维持,共渡难关。同年,学校改称私立妙高峰中学,方克刚继任校长。新中国成立后,1953年10月改为长沙市第十一中学。

1905年,各省改提督学政为提学使,并下设学务处为咨询机关。学务处设议长一人,学务议绅四人,谭延闿被聘为学务议绅。1906年,吴庆坻接任湖南省学务处提学使后,对于湖南教育事业极尽摧残之事,致使湖南教育前景黯淡,湖南教育界决定组织临时教育会,1907年,更名为湖南省教育总会,并推选谭延闿为副会长,后来又被推选为会长。就任教育总会会长期间,谭延闿不仅负责筹集教育总会的日常经费和建筑教育总会会堂的费用,而且还开展了

---

① 钱无咎:《明德校史》,湖南明德中学校1948年版,附录第2页。
② 钱无咎:《明德校史》,湖南明德中学校1948年版,附录第8页。
③ 谭伯羽:《茶陵谭公年谱》,沈云龙主编:《近代中国史料丛刊》第68辑,台湾文海出版社1973年版,第26页。
④ 湖南省教育史志编纂委员会:《湖南近现代名校史料》(二),湖南教育出版社2012年版,第1333页。

一系列颇具影响教育的活动,如创设各种师范、举行各级学校成绩展览会、开办省垣蒙养院等。

(四)积极创办湖南图书馆

1904年,谭延闿参与创办了湖南图书馆,这是中国首家以"图书馆"命名的省级图书馆。

1904年3月15日,谭延闿、胡元倓、龙绂瑞、陈保彝、梁焕奎等12人在《湖南官报》上发表了《创设湖南图书馆兼教育博物馆募捐启》。谭延闿等人认为国力强盛与教育有着重要的关系,创办图书馆即是推广社会教育的重要途径。谭延闿等人提出:"图书馆者何也?所以输入文明,实验教育,坚其信心,富其能力者也。夫国家之成立在民力,民力之膨胀由民智,民智之发达因教育,教育不能普及,则智识无由普通。以无智识之民,处生存竞争之世,危乎悲哉!不可说也。故教育不一途,而范围莫广于社会教育;改良社会不一术,而效果莫捷于图书馆。"[1]他提出面对亡国灭种的危机,中国建设图书馆"不可一日缓也"[2]。

经巡抚赵尔巽批准后,湖南图书馆在长沙定王台正式开馆。11月6日,湖南图书馆发布《湖南图书馆兼教育博物馆规则》,共三十条,就创办宗旨、开馆闭馆时间、读者管理和内部管理等内容作了明确规定,这是我国最早的图书馆管理章程,说明该馆已初步具备现代公共图书馆的基本性质和功能。

1904年12月12日,端方继任湖南巡抚,将湖南图书馆由民办改为官办。1909年10月14日至12月2日,是湖南谘议局第一届会议期间,谭延闿作为谘议局议长主持审议并通过了议员刘善渥提出的《整顿扩充图书馆案》。此议案提出了七条整顿图书馆的办法:如裁汰员薪、清查图籍、改良书橱、另订详善章程和限制常年经费等内容;两条扩充图书馆的办法:选择合适的地点,另

---

[1] 《创设湖南图书馆兼教育博物馆募捐启》,《湖南官报》1904年3月15日,第593号。
[2] 《创设湖南图书馆兼教育博物馆募捐启》,《湖南官报》1904年3月15日,第593号。

建筑馆舍及添置常德府、衡州府图书馆,和推广各复选举区。[①]此议案通过后,部分议决条文由抚部院公布施行。这对于湖南图书馆的发展起到了一定的积极作用。

二、多措并举发展湖南教育

(一)进行教育体制改革

湖南省教育制度的变迁可以分为三个阶段,分别是学务司时期、教育司时期和教育科时期。其中,前两个阶段的变化是在谭延闿任期内完成的。辛亥革命之后,湖南成立了中华民国湖南军政府都督府,谭延闿任民政部长,并下辖教育科以掌管全省教育。10月31日,谭延闿任都督,随后将教育科改为学务司,内设总务科、普通科、专门科、图画科,委派陈润霖为学务司司长,以统辖全省教育。学务司成立后即开始发展湖南教育,一方面,奖励学校,规定无论公立、私立,只要办理得当,均可以受学务司提倡与保护;另一方面,整饬不良教员,规定"所有小学教员,一体考验,非得有证书,不能执教育之权"[②]。

1912年6月,陈润霖辞职,吴景鸿接任司长一职,学务司改名为教育司。根据教育部规定,裁撤图画科,增加社会教育和视学两科。教育司成立之后,为了推动全省教育的发展,一方面奖励学校,另一方面取缔私塾教员,此外还在全省推行强迫教育。8月,教育司针对当年湖南教育的现状,制订了下学期的新教育计划:一是创办教员养成所,针对目前湖南手工、图画、音乐等科目教员的缺失,注重培养这些门类的教员;二是为了促进法政学校的发展,为湖南培养更多法政人才,拟定颁发法政学校临时暂行制度;三是为了更好地普及新式教育,决定进一步取缔及改良私塾。此外,教育司还颁布了《湖南省暂行教员薪俸章程》、《暂行艺徒学校通则》、《暂行高等、中等、初等各农业学校通则》

---

① 杨鹏程:《湖南谘议局文献汇编》,湖南人民出版社2010年版,第267页。
② 雷国鼎:《中国近代教育行政制度史》,台湾教育文物出版社1983年版,第185页。

等条例,在教员待遇以及各类学校的管理上作了一系列规定,从而避免了学校教育的混乱无序。

1914年5月23日,北京政府下令,改各省行政公署为巡按使公署,教育司降级为教育科,与总务科、内务科、实业科并列,由巡按使公署政务厅管理。教育科作为省级教育行政机构的地位大为降低。纵观湖南省级教育行政制度的演变,在谭延闿第一次督湘期间,他改教育科为直属于省署的学务司,后改称为教育司,省教育行政机关得到了充分的重视,地位也相对最高。正因如此,1912—1914年湖南教育事业才能如火如荼地开展起来。

谭延闿督湘期间,湖南县级教育行政制度的发展大致可分为两个时期。一是1912年至1915年7月县属教育科时期。1912年2月,南京临时政府发布了《划一现行各县地方行政官厅组织令》,令各县撤销劝学所,在县公署内设置第三科,以掌管全县教育事宜。于是,谭延闿遵令对湖南的县级教育行政制度进行改革。

二是1915年7月至1923年劝学所时期。为统一全国的地方教育行政制度,1915年,教育部接连颁布了《地方学事通则草案》和《劝学所规程》,规定各县恢复旧制,一律设置劝学所。7月,湖南各县遵令陆续恢复劝学所。1916年8月谭延闿再次督湘,极为关注地方教育行政机构对教育的管控功能。1917年2月20日,谭延闿给茶陵、黔阳知事就劝学所一事派发电报:"该县劝学所已否成立,今未据呈报,玩忽已极。着速遵照前令及所颁表式克日呈报,毋稍刻延。"[1]督促茶陵、黔阳二县尽快成立劝学所。

为了推动地方教育事业的发展,谭延闿准备召开全省劝学所长会议。1917年3月2日,谭延闿通知各县知事:"前定四月一日在省城开各县劝学所所长会议,业经通令,遵照在案。转瞬届期,各知事务须督饬劝学所长悉心筹画,提前预备,庶免贻误。此系第一次特别会议,各所长毋得托词不到。至该

---

[1] 刘建强编著:《谭延闿文集·论稿》,湘潭大学出版社2014年版,第210页。

所长何日动身,并应先期用电文呈报,再各高等小学报告表及五种调查表,凡未呈报之县并应迅速遵式造报备查。"①令各县就全省劝学所长会议提前做好准备。次日,又通电各县知事查点湖南各县教育经费,"该全县教育经费现有实数若干,限即日查明电复,毋延。"②

谭延闿对于此次劝学所长会议极为重视,为了保证全省劝学所长会议顺利召开,3月19日,谭延闿颁布了《劝学所所长会议规则》十五条。4月1日,湖南劝学所所长会议如期召开。18日,劝学所长会议举行闭会式。出席劝学所所长会议的所长有68人,全省75个县,仅7个县没有参加。③ 会议对《保管教育经费章程案》、《教育经费案》、《研究学术案》、《分划学区案》等内容进行讨论表决,有效地促进了地方教育事业的发展。

(二)加大教育经费投入

民国初年,中央财政入不敷出,规定对于地方教育的补助只是一纸空文,因此地方教育经费大多是由地方政府自行管理。谭延闿督湘期间,大力增加湖南的教育经费。据统计,1912年至1917年,湖南教育经费的支出分别是265.4万元、229.4万元、138.8万元、102.3万元、75.6万元、136.8万元。④ 其中,教育经费支出最多的年份就是1912年和1913年谭延闿第一次主政湖南期间。这两年每年教育经费的投入总额都达到了200万元以上。

据《湖南教育杂志》记载,1913年上半年度教育经费支出的实际情况分别是:21.6万余元普通学校经费;16.2万余元私校津贴经费;27.4万余元专门学校经费;7.4万余元教育行政经费;3万余元社会教育经费;1.5万余元留学经费;631元附学经费;1.8万余元杂项支出,总计高达97万余元。⑤ 正是因

---

① 湖南《大公报》1917年3月4日。
② 湖南《大公报》1917年3月5日。
③ 周秋光、莫志斌:《湖南教育史》(二),岳麓书社2008年版,第281页。
④ 周秋光、莫志斌:《湖南教育史》(二),岳麓书社2008年版,第344—345页。
⑤ 周秋光、莫志斌:《湖南教育史》(二),岳麓书社2008年版,第344页。

为谭延闿加大对于教育经费的投入,民国初年湖南教育事业的开端异常顺利,各类学校如雨后春笋般涌现并蓬勃发展。

1913年10月,谭延闿被迫离开湖南。从1913年10月到1916年7月,湖南一直处于汤芗铭的统治之下,汤在任期间,为了镇压"二次革命"和护国战争,支付巨额军款,不断地削减教育经费,以致1914年、1915年、1916年的三年间,湖南教育经费逐年递减,湖南各类学校也因为教育经费短缺,难以为继。1916年8月,谭延闿再次督湘,重新加大湖南教育经费的支出,1917年湖南教育经费的支出为136.8万余元。虽由于现实条件的限制,无法达到1911年和1912年的支出水平,但却仍是上一年度教育经费的两倍。

1917年3月14日,谭延闿就湖南教育经费问题提出方案,并递交给教育部,希望能在湖南乃至全国范围内推行。谭延闿认为"纳税与受教育同为国民应有之义务"①。他提议可以在国税和地方税中专门划分教育经费的成数,具体办法为:"第一,于国税地方税项下各规定若干,成为教育经费;第二,国税项下国家教育费应占之成数由国会议决之;第三,省税项下教育费应占之成数由省议会议决之;第四,县、市、乡税未责分以前,应于县、市、乡税中分别若干成为县教育费,若干成为市、乡教育费,由县议会定之。"②谭延闿认为,如果按照这样的方法,长此以往,不仅可以防止教育者因缺少经费而停止办学,而且还能够使"国民于纳税之余却受教育之实利"③。

1917年8月,谭延闿再次下野。1918年3月,张敬尧开始统治湖南。张统治湖南期间,对于湖南教育的摧残比汤芗铭有过之而无不及,湖南的教育事业几乎陷于绝境。1920年6月,谭延闿第三次督湘,由于他11月又被迫离开湖南,因此对于湘省教育经费问题很难有所作为。纵观1912年至1920年,湖南教育经费投入与政治局势有着密切的关系。总体来看,谭延闿督湘期间是湖南

---

① 《谭省长确定教育经费办法》,长沙《大公报》1917年3月14日,第7版。
② 《谭省长确定教育经费办法》,长沙《大公报》1917年3月14日,第7版。
③ 《谭省长确定教育经费办法》,长沙《大公报》1917年3月14日,第7版。

教育经费投入最大的时期。

当然,只凭地方政府直接拨款,根本无法维系全省教育事业的发展。谭延闿督湘期间还大力开拓教育经费的其他来源。1912年,为了普及地方教育,谭延闿下令提充全部寺庙财产及部分宗族祀产为教育经费,全省各地教育经费大增,地方教育事业也逐渐发展起来。然而好景不长,1915年,袁世凯称帝期间,命令将寺庙财产全数归还,致使湖南各县的教育经费锐减,大量学校陷于困境甚至停办。第二次督湘后,为了恢复和发展湖南地方各县的教育,1917年4月1日至4月18日,谭延闿主持召开的劝学所长会议,着重商议了地方的教育经费问题,并最终通过了税契附加、田赋附加、抽收亩捐、抽收杂捐、抽收中捐五个提案。经过审核之后,谭延闿最终将这五个提案合并为《各县附加教育经费章程》,并通令全省各县照章执行。此章程规定全省开始征收税率为30%的田赋附加教育税。此乃湖南地方各县统一征收地方性教育税捐的源头。

督湘期间,谭延闿还鼓励私人捐资办学。据统计,1912年至1918年,湖南省捐资兴学的总经费(此项数据仅统计千元以上的捐款)分别是121156元、39227元、6934元、3771元、3000元、18535元、9400元。[①] 这几年,捐款数最多的年份是1912年;捐款数超过万元的分别是1912年、1913年和1917年。1912年,资兴人朱右四出资6206元建立了资兴县南乡公私立初等小学3所,谭延闿呈请教育部授予其金色一等褒章;新化人袁忠良、邹伯藩各出资3000元建立了城立冷水两等小学和永固镇立百昌初等小学,谭延闿呈请教育部授予其金色二等褒章;汉寿人李吴氏出资5000元赞助军出乡一、二、三区李吴私立学校,谭延闿呈请教育部授予其一等褒状及匾额;1917年长沙人陈黄氏捐资10104元赞助春晖国民学校,谭延闿又呈请教育部授予其金色一等褒章及

---

① 湖南省教育科学研究院:《湖南教育大事记(远古—2000年)》,岳麓书社2002年版,第131页。

匾额。① 1917年3月,谭延闿呈请教育部部长对于热衷教育的已故湘绅陈善均予以褒扬:"前来本公署查该故绅共捐银一万一千八百两又四百元,综其生平兴学毁家损失财产又在五万金以外,及担任岳云中学分年递交学费亦共四百元,此项前经咨陈大部分有案,除岳云中学垫款六千两不入捐数外,总计已不下六万金,与大部分五百九十九号公布褒奖条例均属相符,可否准予援据褒奖条例第四条第五条,由贵总长呈请大总统授予匾额。"②此类举措对于当时民间捐资兴学起了极大的鼓舞作用。

(三)大力支持各类学校发展

1912年3月,为了使湖南各类教育有制可依,谭延闿当局颁布了《湖南暂定学制大纲》,将教育系统分成保育、普通教育、实业教育、专门教育、师范教育、女子教育六类,同时规定高等小学和初等小学推行义务教育。此学制为教育部颁布新学制之前,湖南教育发展的纲领性文件。同年9月,教育部颁布了《学校系统令》。此令和之后教育部发布的各种学校令,总称为"壬子—癸丑学制"。此学制一经发布,即在全国范围内实行,湖南亦遵令在全省推行。

以上述学制为发展蓝图,谭延闿大力推动中小学教育的发展。1923年教育部编订的《第一次中国教育年鉴》提及湖南教育时说:"民国元、二、三年,人民始乐于兴学,加以谭延闿督湘,热心教育,准将寺庙桐产提作教育基金,一时小学教育最称发达。"③依照《湖南暂定学制大纲》兴建高等中学校的规定,加之受谭延闿大力提倡学校教育的影响,1912年3月,符定一等申请创建湖南全省公立高等中学(后改名为湖南省公立全省中学校)。经谭延闿当局拨款、立案后,学校正式开学,符定一就任学校校长。学校招收中学毕业生和高小毕业生,并分设高等科一班和普通班二班。该校为湖南第一所省立中学,开我国

---

① 周秋光、莫志斌:《湖南教育史》(二),岳麓书社2008年版,第351页。
② 《湖南政报》1917年3月。
③ 谭仲池:《长沙通史》近代卷,湖南教育出版社2013年版,第892—893页。

中学分高、初两级之先河。在省立中学创办的同时，根据以谭延闿为首的省署要求，一些新的县立中学也相继出现，部分已有的学校也根据学制要求进行改制或合并。

对于办学成效显著的私立学校，谭延闿也大加奖励。如长沙当时四个著名的私立学校，"周南、明德、楚怡、修业，收到官方常年津贴，是谭第一次督湘时批准的"①。1920年，谭延闿第三次督湘后，"批准周南女子师范学校改为周南代用女子中学校（当时湖南还没有官立的女子中学），增加了常年津贴，并亲自来校召集学生讲话"②。1920年9月5日，谭延闿在日记中写道："咏鸿来邀往周南女学，今日开学也。见剑帆。遍览学校，半为明德旧地，不胜感慨。行开学式后，剑帆报告，一陶姓女教师演说，余继之。"③

谭延闿认为要想振兴湖南教育，必须兴办师范教育。1912年，为了消除湖南省内地域隔阂和偏见，谭延闿下令改中路、西路、南路师范学堂为第一、第二、第三师范学校，并在长沙创办第四师范学校，次年并入第一师范学校。当年，为了振兴女子师范教育，经谭延闿批准，又在长沙、桃源、衡阳分别创办了湖南省立第一、第二、第三女子师范学校。据谭延闿日记载，1917年7月2日，湖南省立第一女子师范学校学生毕业，谭延闿还专程前往该校进行演讲，以鼓励毕业学生，"舆至古稻田第一女子师范，今日第二、第三两班毕业，行礼如仪，演说顷之。"④

在这几所师范学校中，因为谭延闿曾担任过长沙第一师范学校的监督，所以他对一师的感情最深，支持力度也更大。1913年4月，谭延闿任命孔昭绶担任第一师范学校的校长。孔昭绶，毕业于湖南优级师范，后入日本政法大学

---

① 朱伯深：《我的父亲朱剑凡》，中国人民政治协商会议湖南省委员会编：《湖南文史资料选辑》第15辑，湖南人民出版社1982年版，第157页。
② 朱伯深：《我的父亲朱剑凡》，中国人民政治协商会议湖南省委员会编：《湖南文史资料选辑》第15辑，湖南人民出版社1982年版，第157页。
③ 《谭延闿日记》（未刊稿），1920年9月5日。
④ 《谭延闿日记》（未刊稿），1917年7月2日。

攻读法学学位,极具民主教育思想。在职期间,孔昭绶"忠实地贯彻蔡元培的教育思想和南京临时政府的教育改革法令和措施,对学校教育实行全面改革"①,推动了第一师范学校的发展。1914年1月,汤芗铭督湘,不仅将湖南公立第一师范学校改名为湖南省立第一师范学校,而且还下令捉拿反袁的孔昭绶,孔昭绶逃亡日本。1916年9月,谭延闿第二次督湘,再次任命从日本回国的孔昭绶为一师校长。孔昭绶充分将国外考察教育的成果运用到一师的教学管理中,采用了具有革新和进步意义的"民本主义"教育方针,加强对学生的培养,使一师的民主教育进一步发展,孔昭绶"是继谭延闿以后在一师最有影响最有作为的第二个校长"。②

1920年下半年,谭延闿任用原一师国文教员易培基为一师校长。9月18日,一师举行开学典礼,谭延闿出席。据《谭延闿日记》载,"出至第一师范,今日开学,此吾十五年旧居地,自庚戌重建后未尝至。校长易寅邮请演说。又新聘外省教员夏、余、陈皆演说甚善。"③在开学典礼上,谭延闿作为湖南省长和一师的老校长发表了讲话,"他对易所宣布的改革主旨和措施大加赞扬,表示极力支持。"④在谭延闿的支持下,易培基对于一师进行了大刀阔斧的改革。改革涉及人事、管理制度、教材、教育方法以及招生等方面的内容,使一师的校风校貌为之一变,对一师产生了较为深刻的影响,并且"这次改革不可避免地影响湖南其他的学校,许多学校追随一师之后,进行不同程度的改革。"⑤

---

① 湖南第一师范校史编写组:《湖南第一师范校史(1903—1949)》,上海教育出版社1983年版,第10页。
② 湖南第一师范校史编写组:《湖南第一师范校史(1903—1949)》,上海教育出版社1983年版,第11页。
③ 《谭延闿日记》(未刊稿),1920年9月18日。
④ 湖南省教育史志编纂委员会:《湖南近现代名校史料》(一),湖南教育出版社2012年版,第459页。
⑤ 湖南省教育史志编纂委员会:《湖南近现代名校史料》(一),湖南教育出版社2012年版,第466页。

我所知道的谭延闿

"辛亥革命后的十五年,是一师解放前四十六年中的全盛时期。"[1]其中就有谭延闿三次督湘时开明的教育政策以及谭延闿作为老校长全力支持一师的教育改革的因素。在谭延闿主理长沙中路师范学堂以及主政湖南期间,该校完成了从封建教育到民主教育历史性转变。

在谭延闿主政湖南期间,湖南师范教育取得了很快的发展。特别是1917年,谭延闿第二次督湘时,师范毕业生大大增加,仅湖南三所师范学校的师范毕业生就已达三千人,以致就业困难重重。为此,7月23日,谭延闿通电湖南各道尹知事,"现各师范毕业生应集省会,相率以无务可服为辞,殊失培养师资之意。自本年秋季始,业起凡各该道县属小学中学师范各校职教员、各办学人员务希遵照本公署六十五号训令办理,并将所聘员名呈覆候核,不得空言塞责。"[2]为师范毕业生谋就业问题。

谭延闿认为实业教育事关民族兴亡,因此在督湘期间,他极力发展湖南实业教育。1912年,谭延闿改湖南全省中等工业学堂为湖南公立中等工业学校。在县一级,谭延闿令各县改初等实业学堂为初等实业学校,或建立新的实业学校。1913年,谭延闿又下令整顿各地开办较差的实业学校,辞退了一些不合格的校长,使得实业学校办学质量大幅提高。汤芗铭督湘后,全省教育事业发展受阻,实业教育亦受波及。谭延闿再次督湘后,为了恢复实业教育,在资金和技术设备上都尽力资助各类实业学校,"他在校内开设工厂,使教育与生产结合,为机器制造、矿物开采与铁路、商务、金融等行业培养了一批专门技术人才。"[3]1917年,谭延闿召集长沙各实业学校校长开会,希望各校遵照章程改良办学条件,使各校学生切实掌握基础工业知识和技能,"俾将来独立营

---

[1] 湖南第一师范校史编写组:《湖南第一师范校史(1903—1949)》,上海教育出版社1983年版,第1页。
[2] 《谭省长为师范毕业生谋销路电》,长沙《大公报》1917年7月25日,第2版。
[3] 刘建强编著:《谭延闿文集·论稿》,湘潭大学出版社2014年版,第651页。

业或充当各项职工,即以其工作供社会之所需"①。在谭延闿的努力之下,湖南实业教育有所回升。

  谭延闿督湘期间,大力推动湖南高等教育的发展。1912 年,谭延闿遵照《壬子学制》和《大学令》,改湖南实业学堂为高等工业学校;合并湖南公立第一法政专门学校和湖南第二公立法政专门学校为湖南公立法政专门学校;改湖南中等商业学校为湖南商业专科学校;改湖南优级师范学堂为湖南高等师范学校,并直接委任校长管理学校教学。1917 年,谭延闿先后两次到高等师范学校进行演讲,"至高等师范吃面,校长导见学生,演说一刻许"②。"绕水陆洲至岳麓,入高等师范。校长刘宗向及教职员同座。至十二时,率毕业生二百余人至大成殿行礼。礼毕,入礼堂演说,来宾以次演说,至三时乃散。"③此外,谭延闿曾一次性拨款 50 万元给高等工业学校,为该校向外国购买教学用品。1916 年,谭延闿第二次督湘时,委派美国密西比大学经济学博士汤松为湖南省立甲种商业学校校长。汤松任校长后,改湖南省立甲种商业学校为湖南公立商业专门学校,且借鉴欧美的教学方法和内容,使得校风为之一变,为湖南培养了众多优秀人才。此校为湖南商学高等学校之滥觞。

  除此之外,还有两所高等学校与谭延闿有较为密切的联系。一所是湘雅医学院。谭延闿与湘雅医学院④的交集可以追溯到民国之初。1912 年,谭延闿突发疾病,高烧不退,几经中医药治疗,仍不见好转,后经朋友指点,请雅礼医院的颜福庆医师治疗,最终才药到病除。经此一事,谭延闿对于西医印象大为改变,还结交了雅礼医院的胡美和颜福庆两位医生。此事成了湘雅医学院

---

① 《谭省长注重工业之训令》,长沙《大公报》1917 年 3 月 15 日,第 7 版。
② 《谭延闿日记》(未刊稿),1917 年 3 月 22 日。
③ 《谭延闿日记》(未刊稿),1917 年 6 月 15 日。
④ 1914 年,成立之初名为湘雅医学专门学校;1924 年,更名为湘雅医科大学;1931 年,更名为私立湘雅医学院;1935 年,更名为湘雅医学院;1940 年,更名为国立湘雅医学院;1953 年,更名为湖南医学院;1987 年,更名为湖南医科大学;2000 年,与原中南工业大学和长沙铁道学院合并为中南大学,更名为中南大学湘雅医学院。下文统称为湘雅医学院。

创办的一个契机。有感西医技术之先进,1913年,谭延闿与颜福庆、胡美等人打算在省会长沙创办一所西医医科大学。当年7月,谭延闿当局与美国雅礼会达成了联合创建湘雅医学院的协议,并由双方各自选出五人组成湘雅医学会董事部。为了使湘雅医学院早日建成,谭延闿还决定以省政府的名义支出开办费20万银圆,每年再另付5万银圆,并拨款购地3000万方,以供湘雅医学院发展。

不料,在上报过程中,此合约却遭到了湖南医界黄孟祥、田丘明等人的强烈抵制。见此,北平政府借口地方政府与外国侨民联合办学无先例,命令湖南当局解除合同,此协约只得作废。后为创办湘雅医学院,1914年7月21日,三十多名湖南有识之士组织了民间团体"湖南育群学会",按照1913年的草约,与美国雅礼会缔结了联合办学的"十年协约"。获北平政府同意后,湘雅医学院于1914年9月正式开学。1915年,雅礼会医院被湘雅医学会接收,更名为湘雅医院。为此,谭延闿还书赠了"湘雅医院"的奠基石。此外,谭延闿还成为湘雅医学院的董事,向湘雅医学院捐助了奖学基金以帮助和奖励在校学生。关于谭延闿提议创办并资助湘雅医学院之事,《湘雅春秋八十年》一书中写道:"尤须值得一提的是,时任湖南省政府主席和督军的谭延闿先生,以湖南省政府的名义不遗余力地发起了创办并资助湘雅事业的活动。"[1]对谭延闿发起创办湘雅医学院给予了高度评价。

谭延闿多次参观湘雅医学院。据谭延闿日记记载,"乃至雅礼医院,觅胡美不得,新屋栉比,殊有欧风。"[2]"余易西服,与植根、毓昆骑至湘雅医学,胡美导观医院及校舍,有尸二,方消毒,未能解剖也。又有肝绦虫穴其中,云世界尚无知此病者。夷午后来。既出,至城外,看雅礼学堂医院工程,价廉工美,使人叹绝。又观白医生、戴医生居室,一千五百元,一则千八百元,皆甚完备。甚

---

[1] 刘笑春、李俊杰:《湘雅春秋八十年》,中南工业大学出版社1994年版,第1页。
[2] 《谭延闿日记》(未刊稿),1917年3月4日。

矣,事之不可无学问也。"①"晚饭后,为雅礼学堂、湘雅医院作书。"②"吾辈复周历湘雅、雅礼学校及新建房屋,解剖尸体,见雷、鲍两西人而归。"③通过交往,谭延闿与胡美等人关系愈加亲厚,并对西医有了更为直观的了解。1917年,湘雅医院病栋大楼竣工时,谭延闿还特意题写了院名送给湘雅。同年,在参观湘雅医院的过程中,谭延闿见X线设备和其他先进仪器因没有通电而无法使用时,专门解决了湘雅医院的用电问题。

另一所是湖南大学。湖南大学曾经三次建立筹备处,其中前两次都是谭延闿主持批准的。1912年,谭延闿谋划在岳麓书院基址上新建湖南大学,并设立了筹备处。此事虽因"军事倥偬,学款未集"④未成,但是"就书院基础改建大学之计划,印入吾湘人脑海,则由此与日俱深矣"⑤。9月,谭延闿迁高等师范学校到岳麓,并将岳麓高等学校校舍拨给高等师范学校。此后,高等师范学校始终以岳麓书院的继承人自居。1917年,北洋政府调整全国高等师范学校的布局,令湖南高师学校停办,并入武昌国立师范。为此,杨昌济、朱剑凡、易培基等人,联名请求湖南省署以高师校址改建省立大学预科。同一时间,公立工业专门学校校长宾步程也请求湖南省署,批准该校借用岳麓校舍办学。思考再三后,谭延闿批示"特先将岳麓高等师范学校旧址改办省立大学预科一层照准立案,其未开办大学预科以前,暂借与工业专门学校,作为讲授学科地点"⑥。8月4日,谭延闿又正式发文"就岳麓高师校舍设立大学筹备处,兼储存高师校具,所见甚是,应予照准。"⑦湖南大学筹备处第二次组建成功,杨昌济任主任,全力开展湖南大学的筹建工作。此次筹备处共存续四年多,接收

---

① 《谭延闿日记》(未刊稿),1917年3月9日。
② 《谭延闿日记》(未刊稿),1917年4月4日。
③ 《谭延闿日记》(未刊稿),1920年8月22日。
④ 朱汉民、邓洪波:《岳麓书院史》,湖南教育出版社2013年版,第580页。
⑤ 朱汉民、邓洪波:《岳麓书院史》,湖南教育出版社2013年版,第580页。
⑥ 《湖南省长公署批杨昌济等》,《湖南政报》第31册,1917年6月,第18页。
⑦ 《湖南省长公署批杨昌济等》,《湖南政报》第45册,1917年8月,第14页。

并保留岳麓书院财产,为湖南大学的创办奠定了重要的基础。谭延闿去世之前,还嘱咐家人将一生藏书遗赠湖南大学。1942年9月28日和12月20日,谭延闿家人将154箱、1144部、1万余册藏书移交湖南大学保管,以造福湖南士子。①

(四)积极推动留学教育和社会教育

为了培养人才,学习西方先进的技术和文化,谭延闿也特别看重留学教育。1912年,谭延闿计划选派人员赴欧美、日本留学。然而教育司长吴景鸿在选拔学生时有失公允,把一些名额留给了省署官员的亲戚,加上据传留学经费巨额,因此引起了学界的强烈不满,一时间人声鼎沸,舆论哗然。时人谓湖南此次选派留学生是"以湘省有限之公帑,供无知少年之挥霍"②。为了平息民怨,1912年11月14日,谭延闿发表布告,澄清留学经费巨额的谣言,"此次留学费仅止十三万有奇,系从教育经费预算项下开支,并未于岁入外加增人民负担。今日外间有以各界名义刊发传单,集众开会,号称全年学费五十余万,人民负担因此增加,显系捏词播弄。为此示仰各色人等,无得误信谣言,致滋事端。"③

1912年12月25日,谭延闿又就选派留学生再次发表布告。他告诉全体湖南民众:此次选拔学子出国留学本意是为国家培养优秀的人才,却不承想引起如此轩然大波。综合各方考虑,他决定"除起义有功奔走国事、烈士子孙、留学高材三项"④予以保留外,此前公布的其他留学名单,一律进行核查,暂缓派送出国。他还提出:因为符合前面三项条件的青年学子人数也不在少数,全部选送恐怕难以办到,因此,只能"特就前令榜示各生详加考核,择其合于上

---

① 茶陵县政协学习文史委员会编:《茶陵文史》第12辑《茶陵籍民国将军录》,茶陵县印刷厂2001年版,第191页。
② 《留学生何其多也》,《顺天时报》1912年11月16日,第3200册3号,第4版。
③ 周秋光:《谭延闿集》,湖南人民出版社2013年版,第23页。
④ 《申报》1912年12月25日。

项资格者共一百一十三人。分别注明籍贯、履历,定为咨送西洋四十五人,咨送东洋六十八人"。① 为了防止落选的青年学子不满,谭延闿还进一步提出:此次选派人员出国留学,因为名额所限,所以肯定还有部分优秀学子遗漏在外。对于这部分青年学子,谭延闿让他们不要心急,等省署调查清楚后,会"一律预试,以定甲乙,再行分别咨送"。② 通过谭延闿的多次说明和澄清,湖南学界关于留学问题而引发的风潮才逐渐平息。

民国初年,在谭延闿的支持下,湖南留学教育盛极一时。据统计,"从一九一二年起陆续选送东西洋留学生,到一九一三年底止,留日学生达四百七十名;西洋留学生共一百一十一名,计美国六十五名,英国二十九名,德国十名,法国四名,比利时三名。"③高居全国前列。然汤芗铭督湘期间,军费支出巨大。1914年他见留学经费支付较大,决定停发部分留学生的学费。此后,湖南的留学教育日渐衰弱。

1916年8月,谭延闿再次督湘。因为连年战争,当时湖南财政极为困难,谭延闿为了使留学生安心求学,不仅能将留学经费如数发放,而且对所欠之经费也如数补发。对于湘省自费留学的学生,谭延闿也尽力予以帮助。1917年7月,谭延闿电告驻美中国留学生监督,提出对蒋廷黻等14名自费留美生"准补官费款即寄,希转令知照"。④ 离湘前,谭延闿还特地从湖南教育基金中提出一笔经费,作为林伯渠、熊知白和陈寅恪赴美留学的开销。每人路费共400元,每月生活费共140元,并且预付了15000元给驻美国大使保管。⑤

谭延闿第三次督湘期间,湖南留法勤工俭学生生活正陷于困境。1920年10月,吴稚晖向湖南当局报告此状况,要求湖南当局赶紧筹款应急。谭延闿

---

① 《申报》1912年12月25日。
② 刘建强编著:《谭延闿文集·论稿》,湘潭大学出版社2014年版,第103页。
③ 李裕:《辛亥时期的片断回忆》,中国人民政治协商会议湖南省委员会文史资料研究委员会编:《湖南文史资料选辑》第10辑,湖南人民出版社1978年版,第54页。
④ 成晓军:《谭延闿评传》,岳麓书社1993年版,第147页。
⑤ 谭仲池:《长沙通史·近代卷》,湖南教育出版社2013年版,第848页。

我所知道的谭延闿

见此情形,11月2日拟定了《省长交议地方预算预备费内酌提留法比学生津贴案》,要求省议会批准拨款3万元给留法、比学生。但由于当时谭延闿在湖南的威信已大不如前,再加上3万元对于财政困难的湖南政府来说也不是一笔小费用,所以此提案未得议会同意。

受国民教育思想的驱使,谭延闿也关注学校系统之外的社会教育。前文已经提到,1904年,谭延闿参与创办了湖南图书馆。主政湖南后,谭延闿全力支持湖南图书馆的发展。1912年他改湖南图书馆为省立湖南图书馆,规定图书馆经费由省库开支,并委任仇道南为图书馆馆长,还将前思贤书局古籍、版片拨给图书馆。仇道南任省立湖南图书馆馆长期间,主持编纂了《湖南图书馆图书目录》,凡8卷,共分17大部,共计收书42672册,此为湖南图书馆现存最早的馆藏文献书本式目录。1913年7月,北京政府派人来湘视察学务,并于次年公布了《视察学务总报告》。在谈论湖南社会教育时,该报告还提到了省立湖南图书馆,"社会教育有图书馆一处,假定王台旧址开办,常书本五千余部,日文书千五百余部,西文书四百余部,规模尚有可观。"①对于省立湖南图书馆给予了肯定。

1916年12月,谭延闿发出《省长公署训令》谓:"各省县设立图书馆,为社会教育之要务,收藏各书,除采集中外图籍外,尤宜注意于本地人士之著述。盖一地方之山川形胜、民俗、物产于乡土艺文载之恒详,不第先民言行故迹留遗,足资考证也。"②同月,谭延闿下令"撤销原官书报局,将其经费、设备及所藏版片一并划归省立湖南图书馆,湖南图书馆附设图书出版部"③,使得省立湖南图书馆藏书增加,并得到了一定的发展。1920年6月,谭延闿第三次督湘后,委任易培基为省立湖南图书馆馆长。易培基在任半年间,采用最新分类法,重新主持编纂了《省立湖南图书馆目录表》。谭延闿督湘期间,不仅颁布

---

① 陈元晖:《中国近代教育史资料汇编(普通教育)》,上海教育出版社2007年版,第1010页。
② 沈小丁:《湖南近代图书馆史》,岳麓书院2013年版,第10页。
③ 沈小丁:《湖南近代图书馆史》,岳麓书院2013年版,第285页。

了有利于湖南图书馆的政令,而且还任命了较有作为的管理人员,对于湖南图书馆的早期发展起到了一定的作用。

为了开启民智,谭延闿还在学务司下设立了演说部,后改为演说总科。演说总科不仅发行了《湖南演说报》,而且为成年失学者开办了夜校。此外,还每天印刷演说材料。随着演说总科步入正轨,湖南各县相继也设置了演说分科。1913年,演说总科又改为湖南模范讲演团,开设了讲演员养成所和讲演传习所,共招收162名学员,学习内容涵盖法律学、雄辩术、经济学、教育学、心理学、伦理学、教育法令、国际公法、世界大势、法学通论、社会改革、警察学、历史等内容。学员学习结束后回本县工作,并相继在各县也建立了讲演团。①

1920年8月,毛泽东打算在省会长沙创办文化书社,以便"尽最大的可能迅速地、全面地搜索国内外新文化书籍、杂志和报纸,并把它送达湖南一部分群众,尤其是学生、工人的手中,使他们逐渐明了中国和世界的革命形势"②。谭延闿听闻后,表示大力支持,并为文化书社题写了招牌。9月9日,文化书社开张,谭延闿亲临书社开业剪彩贺喜。1926年,文化书社财政上十分拮据,谭延闿此时已经不在湖南,但他得知此事后,还给文化书社拨款四百毫洋,缓解了书社的经济困难。

1920年10月至11月,谭延闿大开"学术讲演会"③,邀请了国内学术名流蔡元培、章太炎、吴稚晖、张溥泉等人,以及世界著名学者英国人罗素和美国人杜威来湖南讲学。此次"学术讲演会"共举行演讲五十余场,涉及政治、文化、教育、哲学等诸方面的内容,可谓"湖南现代史上罕见的一次文化盛会"④。

---

① 湖南省地方志编纂委员会:《湖南省志·教育志》,湖南教育出版社1995年版,第911页。
② 易礼容:《毛泽东创办长沙文化书社》,陆象贤:《易礼容纪念集》,团结出版社2001年版,第44页。
③ 黄一欧:《谭延闿被迫下台和李仲麟等被杀的回忆》,中国人民政治协商会议湖南省委员会文史资料研究委员会编:《湖南文史资料选辑》第4辑,湖南人民出版社1963年版,第5页。
④ 周秋光、莫志斌:《湖南教育史》(二),岳麓书社2008年版,第572页。

在这一个月左右的时间里,中外文化名人聚集长沙,宣传自己的思想和主张。湖南政界名流、各校教职员、各县代表都成集此次盛会,长沙城内人山人海,万头攒动,听者如潮。谭延闿多次参加演讲会,担任会议主席,与参会人员进行交流。据谭延闿日记记载:"四时,罗素来,演说博尔雪维(多数主义)主义与世界政治,于俄过激党历史甚详尽,惜杨端亦不善译。"①"六时,同凤岗至教育会,赴欢迎杜威、罗素诸人之会。到者三十余人,杜、罗及其女士、蔡子民、吴稚晖、张溥泉皆起演说。至后,余作短词。"②"顷之,杜威夫妇归,与谈教育,以润文为译。盛称山西,又云当使中学生略知教育学,并办模范小学于省城,皆有至理。"③这次盛会中,杜威、罗素、蔡元培、章太炎、吴稚晖、张东荪、张溥泉等人也都相继进行了演讲,表达自己的思想和观点。这些新思想新观点不仅让谭延闿大受启发,而且也使湖南学界耳目一新,进一步启迪了湘省民智。

三、卸任湘督期间仍关注湖南教育的发展

(一)援助湖南留法勤工俭学学生

1919年3月17日,中国首届赴法勤工俭学生,在上海港口乘日船"因蟠丸"号赶赴法国留学。其中有湘籍学生欧阳钦、林蔚等43人,约占此次留法总人数的48%。这也是湖南第一批留法勤工俭学生。④ 此后,留法勤工俭学声势愈发浩大,至1920年底,陆续有20批计1600余名学生赴法勤工俭学。据查,这20批赴法勤工俭学生有346名湖南留法学生,约占总留法人数的22%,仅次于四川,位居全国第二。⑤

---

① 《谭延闿日记》(未刊稿),1920年10月26日。
② 《谭延闿日记》(未刊稿),1920年10月27日。
③ 《谭延闿日记》(未刊稿),1920年10月29日。
④ 清华大学中共党史教研组编著:《赴法勤工俭学运动史料》第2册(上),北京出版社1980年版,第65页。
⑤ 湖南省教育科学研究院:《湖南教育大事记(远古—2000年)》,岳麓书社2002年版,第130页。

然而,在国内赴法勤工俭学运动开展得如火如荼之际,法国境内留学生的处境却越发艰难。1920年10月以后,受法国经济形势的影响,大量勤工俭学生处于失业状态,仅靠向华法教育会借贷以维持生活。1921年9月21日凌晨,蔡和森等一百余名留法勤工俭学生在法国发起占领里昂中法大学的"入校运动",试图迫使开放里昂中法大学,以解决求学和工作问题。然而,此举遭到法国当局的镇压。随后,蔡和森等一百多人被法国当局关进兵营,10月13日,被遣送回国。11月23日,留法勤工俭学生抵达上海,请求政府和社会各界解决他们的生活和学业问题。此时,谭延闿因被赵恒惕驱逐,草草结束了第三次督湘,正居住于上海。由于谭延闿素以热心教育闻名,又曾经三次督湘,因此湘省留法勤工俭学生多次到谭延闿住处,请求谭延闿援助。谭延闿见这些学生生活拮据却热心求学,对他们甚是同情。1921年11月25日的谭延闿日记载:"留法被遣回国之湘生遣代表四人来,茶陵刘武其一也,谈甚久去,不能不接济之矣。"①湖南被遣回国留法勤工俭学生派刘武等四人来谭延闿住处,讲述他们的近况,请求谭延闿的援助。谭延闿见他们都是湖南人,且还有一人还是茶陵老乡,一时间备感亲切,于是给了他们300元。事后,被遣回国留法勤工俭学生见谭延闿为人大方、热心教育,在当年底先后多次拜访谭延闿。1921年12月6日,"留法学生四人来,言回湘赴粤事。"②1921年12月7日,"学生向瑞祺、欧阳淑来,谈顷之去,法生送回之二人也。"③1921年12月26日,"曹锡三及另一学来生"④。

被遣回国留法勤工俭学学生积极地争取本省政府的支持。在留法学生刘武、曹锡三等人的努力下,时任湖南省长的赵恒惕答应汇款500元给当时在沪的被遣回国留法勤工俭学生。因为谭延闿此时就在上海,所以此款是由湘政

---

① 《谭延闿日记》(未刊稿),1921年11月25日。
② 《谭延闿日记》(未刊稿),1921年12月6日。
③ 《谭延闿日记》(未刊稿),1921年12月7日。
④ 《谭延闿日记》(未刊稿),1921年12月26日。

我所知道的谭延闿

府寄给谭延闿,再由他交付给留法学生。1921年12月19日,刘武、曹锡三两人到谭延闿住处讨要这笔经费时,虽这笔款项还未寄到上海,谭延闿还是"告以未到,垫二百二十元,面付之去"①。次年1月3日,曹锡三、汪洋再度到谭延闿住处索取剩下的经费,因这笔援助经费仍然未到,谭延闿于是再次垫付了280元。

1922年1月,留法学生又多次来谭延闿的住处。1922年1月14日,"学生张昆弟、郭铁强来,以百元付之,此等费用皆胜于应浪人之取求也。"②1922年1月25日,"留法学生代表郭铁强、萧振声来,言明后日北行只二十人,人假二十元,乃以四百元付之。此团体中人多安分守礼者,将来必有出息也。"③此后,谭延闿对于留法学生又陆续有所捐助。1922年2月22日,"学生廖开来言入学事,资助之而去"④。根据他的收支记录可知,此次谭延闿给予了廖开50元。1922年3月7日,谭延闿又提到了"中国公学学生袁园、汪洋来,亦留法被逐之二人,以膳宿费无出,为告哀者也,稍资助之去。"⑤总而言之,谭延闿在经济上尽其所能地帮助湖南留法学生,对于湖南留法学生的生活和求学都有极大的帮助。

在众多湖南留法学生中,谭延闿与留法学生唐铎⑥来往颇多,对他的帮助也较大。1921年11月13日,唐铎与众留法学生抵达上海。在被遣回国之后,唐铎得到了上海各界人士的帮助,并得以免费进入中国公学学习商科,后因不赞同中国公学校长张东荪的理念,计划转入上海中法通惠工商学校学习。然而上海中法通惠工商学校需要缴纳一定的学费,左思右想之下,唐铎和同为

---

① 《谭延闿日记》(未刊稿),1921年12月19日。
② 《谭延闿日记》(未刊稿),1922年1月14日。
③ 《谭延闿日记》(未刊稿),1922年1月25日。
④ 《谭延闿日记》(未刊稿),1922年2月22日。
⑤ 《谭延闿日记》(未刊稿),1922年3月7日。
⑥ 唐铎,湖南益阳人,曾参加五四运动,1920年赴法勤工俭学,后加入中国共产党,对新中国的建设工作作出了重要贡献。

湖南留法学生的廖开决定寻求老乡谭延闿的帮助。对于谭延闿和唐铎等人见面的情景,唐铎回忆道:"当时,他对我们态度很好……他答应一个学期可以分两次给我们支付款项。负担我们的学费和宿膳费用。随后,他到房子里拿出来一张支票,交给了我们。"①对此,谭延闿日记也记载,1922年2月23日,"学生唐铎来,未入通惠工商学校,求补助也,与谈久之。"②据谭延闿收支记录可知,此次谭延闿给了唐铎和廖开150元。当年9月2日,谭延闿日记也记载了他资助唐铎、廖开下半年学费之事,"遇廖开、唐铎两生,因同返,助以学费,两人唐胜于廖,皆勤学者也。"③正是因为有了谭延闿的资助,唐铎和廖开才顺利解决了入学问题。

除了在经济上资助唐铎和廖开之外,谭延闿还通过官方渠道进行帮助。1922年5月17日,廖开、唐铎两人来到谭延闿的住处,请求作为湖南前省长的他与湖南省政府联系,让湖南省政府解决他们的生活经费问题。于是,谭延闿"以留法湘生廖开、唐铎等赋归无款"④,致函湖南省政务厅厅长吴景鸿,谓:"该生有志求学,穷困异域,极为怜悯。我公爱才如命,请予维持。"⑤吴景鸿得函后,立即回复谭延闿云:"组安先生大鉴,来函读悉。廖唐各生津贴早经令行发给,现复去函催促下期开学,当必有以接济也。年来教育经费入不敷出,以致应给之款每多不能如时支付,尝念及此,实深叹然。专此奉视,顺颂伟安 吴景鸿启。"⑥

有了谭延闿的资助,唐铎、廖开两人顺利进入中法通惠工商学校学习了一年。次年春天,开学之际,唐铎、廖开两人再次去往谭延闿的住处寻求学费。但此前2月15日,谭延闿已经从上海启程前往广州。当时广州是革命和进步

---

① 《唐铎回忆录选载》(上),《湖南党史通讯》1985年第3期,第21页。
② 《谭延闿日记》(未刊稿),1922年2月23日。
③ 《谭延闿日记》(未刊稿),1922年9月2日。
④ 《谭组安为留法生说项》,长沙《大公报》1922年5月26日,第6版。
⑤ 《谭组安为留法生说项》,长沙《大公报》1922年5月26日,第6版。
⑥ 刘建强编著:《谭延闿文集·论稿》,湘潭大学出版社2014年版,第361页。

之地,也是为了继续获得谭延闿的帮助,唐铎到了广州,拜访谭延闿,表明了自己的来意。对此,唐铎回忆道:"到了广州不久,我找到了谭延闿,向他说明了来意。他允诺我可以到湘军中去当一名军官,但我已经打定主意,想要学习飞机,当一名空军驾驶员。谭延闿知道后,也不勉强我,便写了一封信,要我去找大元帅府航空局局长杨仙逸先生。"①谭延闿日记也载,1923年6月20日,"晨七时四十分醒,坐三十分起,浴后,唐铎来,介绍之往学飞机。"②

正因为有谭延闿的介绍信,唐铎得到了杨仙逸的接见,随后进入了飞机制造厂当实习生,开启了唐铎从事航空事业的生涯。1924年下半年,唐铎离开了飞机制造厂,到新开的航空局军事飞机学校学习飞行。1925年秋天,唐铎从军事飞机学校毕业,后被国民政府派往苏联继续学习飞行。唐铎在去往苏联之前,还专程去拜访谭延闿。对此,谭延闿日记记载道:"唐铎、金城来,云明日赴苏俄留学,奖谕久之,赠以照片而去。"③

谭延闿关心湖南学子绝不是一时兴起。1925年8月25日,鲍罗廷将被遣回国留法学生李富春引荐给北伐军第二军军长谭延闿,当天谢晋也向谭延闿推荐李富春,提议让他负责北伐军第二军的政治工作。谭延闿见李富春曾留学法国,"人亦健爽",又是湖南人,于是"毅然许之"④。事后,李富春就任北伐军第二军副党代表兼政治部主任。作为谭延闿的直系下属,双方工作来往颇密。对此,龙永宁也在回忆父亲龙伯坚时提到,国共合作北伐时,"我没听他说过干什么工作,只听他说过,那时他在谭延闿办公室经常见到李富春"⑤。

1926年11月,时任国民党中央政治委员会主席的谭延闿,听说湖南人李俊初准备出国留学但缺少经费时,特意致电湖南省长唐生智:"李俊初同志,

---

① 《唐铎回忆录选载》(上),《湖南党史通讯》1985年第3期,第22页。
② 《谭延闿日记》(未刊稿),1923年6月20日。
③ 《谭延闿日记》(未刊稿),1925年8月25日。
④ 《谭延闿日记》(未刊稿),1925年8月24日。
⑤ 龙永宁:《从绅士到革命家:我的祖父龙璋》,荣宝斋出版社2011年版,第285页。

系国立广东大学高师毕业,曾任该校附中教员,三军政治部职员、总理纪念册总编辑,而于群众运动,尤为热心。现伊拟东渡日本或留学欧西,更求深造,以便异日多方贡献党国,业经该校函请吾湘教育厅,发给津贴费用。因此特达台端,请促教厅,即行派遣,顺请党祺。"①希望湖南省教育厅可以资助李俊初出国留学。

(二)谴责张敬尧、赵恒惕破坏湖南教育

谭延闿三次督湘,其间又三次下野。谭延闿下台后,较长时间统治湖南的分别是汤芗铭(统治时间为 1913 年 10 月—1916 年 7 月)、张敬尧(统治时间为 1918 年 3 月—1920 年 6 月)和赵恒惕(统治时间为 1920 年 11 月—1926 年 3 月)。湖南在他们统治期间,教育受到摧残。谭延闿虽已离湘,但深感痛心,多次通电谴责他们对于湖南教育的破坏。

张敬尧军队一进长沙,就长期占据第一师范、第一中学等中小学校,并大肆破坏学校的教学设备和器具,致使学校无法正常上课。为了扩充自己的势力,张敬尧还将大部分教育经费提做军费,使得湖南教育事业的发展一度陷于绝境。在教育经费的具体发放上,张敬尧规定以大幅贬值的裕湘银行纸币折合成现洋发放教育经费,后又经多次折扣,学校所得经费仅为十分之三四。

张敬尧还企图把持湖南省教育会。依照惯例,湖南教育会会长和干事民主选举产生,每三年改选一次。张敬尧为了加强专制统治,不仅否认了教育会的民主选举结果,而且还妄图指派其爪牙、湘江道尹王丙坤重新选举,以此获取教育会领导权,达到控制全省教育的目的。时任湖南教育会会长的陈润霖请张敬尧收回成命,但张依旧一意孤行。谭延闿既是前湖南省督军和省长,又曾经担任过湖南教育会会长,眼见湖南教育会即将成为张敬尧统治湖南的工具。于是,在 1919 年 10 月 13 日,谭延闿与众多湘绅联名通电抵制张敬尧不

---

① 茶陵县政协学习文史委员会:《茶陵文史》第 12 辑《茶陵籍民国将军录》,茶陵县印刷厂 2001 年版,第 190 页。

我所知道的谭延闿

法行为。谭延闿认为张敬尧此举是"蹂躏教育尊严,违反法定手续,剥夺人民自由","逞一人之强权,流学界之祸水"。① 他说:过去,教育会本有"取得法律上建议政府之权",而现在张敬尧把持教育会的选举,反而使政府有"建议措置教育会之权"。② 如果听从张敬尧的安排,那么以后湖南教育会"与迫胁解散,亦何以异"。③ 谭延闿痛心疾首道:"是而可忍,何事不为。此种非法选举,延闿等誓不承认。"④他请求广东护法军政府主席总裁岑春煊、各总裁和各部总次长主持公道。

1920年1月20日,谭延闿又再次发电,控诉张敬尧在湘的种种恶行,尤其提到了张敬尧在解散学校、扣发教育经费和镇压学生爱国行为等方面对湖南教育的摧残。谭延闿指出:"若其摧残教育,一日而解散七十余校,暴戾恣睢,一至此极,则近世所未闻见者也。湖南教育经费岁定八十余万,张敬尧刻减其半,以饱私囊,以其余四十余万扣发纸币折现,仅得十之一、二,无米之炊,各校岌岌。福州告警,学生怵于外侮,激为焚毁劣货之举。张敬尧使其弟敬涛,率军警合围痛殴,致令全体罢课,又迫令数万学生同时解散,不准淹留。各男女学生奔走呼号,于北京,于衡阳,达数千人。莘莘学生失业流离,夫何人斯! 横罹罪罟?"⑤谭延闿认为张敬尧此举无异于"焚书坑儒",如果放任张敬尧残害教育的话,湖南将会"堕于聋乡瞽乡而万劫不复"。⑥ 他再次请求广东护法军政府帮助湖南人民驱逐张敬尧。

在谴责张敬尧的同时,谭延闿在军事上也在积极准备。1920年6月11日,张敬尧逃离长沙。17日,谭延闿抵达长沙。占领长沙后,谭延闿发表了保护学校的布告。他说学校是为国家培养人才的地方,现在的学生也都是国家

① 刘建强编著:《谭延闿文集·论稿》,湘潭大学出版社2014年版,第292页。
② 刘建强编著:《谭延闿文集·论稿》,湘潭大学出版社2014年版,第292页。
③ 刘建强编著:《谭延闿文集·论稿》,湘潭大学出版社2014年版,第292页。
④ 刘建强编著:《谭延闿文集·论稿》,湘潭大学出版社2014年版,第292页。
⑤ 刘建强编著:《谭延闿文集·论稿》,湘潭大学出版社2014年版,第299页。
⑥ 刘建强编著:《谭延闿文集·论稿》,湘潭大学出版社2014年版,第299页。

未来的建设者,无论是家庭培养子弟,还是地方政府兴办教育,其最终目的都是为了国家的发展。他还提出:过去张敬尧督湘时极力残害教育,使得最后湖南学校废掉、学生也散掉,对湖南地方教育伤害极大,直到现在还有"许多的奸细,到处煽惑,想惹起人民来仇学"。① 对此,谭延闿告诫所有人:"勿受他们的煽惑。把学生当仇敌看待,就是把自己身家性命当儿戏了。"②

赵恒惕就任湖南省长期间,不仅长期克扣教师工薪,而且还压制进步师生的爱国运动,甚至逮捕学生。1926年1月16日,谭延闿致电赵恒惕:"报载长沙拘捕学生,解散学生团体,远道闻耗,为之愕然……乃于五卅爱国运动,布斩令于通衢禁行人于白昼,经济绝交则加以破坏,宣传演讲则加以妨制,三湘志士早寒心。此次拘捕学生,解散学生团体,复因何由而致于是。"③严厉谴责赵恒惕逮捕学生。谭延闿还指出,现在民情世变,已经不再是任由帝国主义和军阀肆意统治广大人民的时代了,"年来反帝国主义反军阀之国民革命运动一日千里,即其明征。卒之,民众必能战胜军阀与帝国主义,复其国家主人之尊严。而军阀与帝国主义行将俯首受民众裁判。"④他告诫赵恒惕,识时务者应该迅速转变其统治方针,在其统治范围内,废除一切压迫人民的政策,其压迫人员之武力为拥护人民之武力。

(三)支持恢复多所学校

谭延闿对于明德学堂的支持从未间断。1922年12月,他向明德捐款3500元。南京国民政府时期,谭延闿利用自己担任国民政府主席或行政院院长的便利,支持明德学堂。1929年,中俄庚子赔款返回款,各方势力对此虎视

---

① 《谭省长保护学校的布告》,长沙《大公报》1920年6月28日,第6版。
② 《谭省长保护学校的布告》,长沙《大公报》1920年6月28日,第6版。
③ 《湘省将有大变化耶——谭延闿警告赵恒惕,唐生智亦积极倒赵》,《展报》1926年1月16日,第5版。
④ 《湘省将有大变化耶——谭延闿警告赵恒惕,唐生智亦积极倒赵》,《展报》1926年1月16日,第5版。

眈眈,而明德作为一所私立学校就争取到了15万元,也有赖于谭延闿等人从中周旋。胡元倓1929年12月9日写给其子胡彦久的信中说:"今日发一函后,晤谭畏公,对于筹款仍主接洽。"①1929年12月22日,胡元倓又写道:"昨夕国府文官处送来消息,已出批拨15万元建筑费,今午告知谭畏公,允代向宋部长交涉(不易得手),我不必坐候。"②明德学生唐耀章也说:"1929年,胡元倓以泰安里中学校址低洼,连年都遭水患,认为必须另建新校舍。在当时的首都南京,与董事长谭延闿筹措。谭时任行政院院长,因请准国民政府,于中俄庚子赔款年内拨给15万元。"③为感谢谭延闿的支持,胡元倓还萌生了修建一座以谭延闿命名的图书馆的想法。1931年11月2日,他在写给其子胡彦久的信函中说:"我当众报告陈之热心,言此次体育馆命名'克强体育馆',礼堂仍名四箴堂,将来再建一图书馆,命名'慈卫图书馆'。"④

谭延闿对于湘雅医学院和周南女校的重建给予了极大帮助。1926年11月,北伐军抵达长沙。此时,湖南学潮此起彼伏,不少湘雅医学院学生投身革命。胡美等外国教授先后回国,颜福庆等教授也陆续离湘。1927年初,学校停办。1929年初,此前曾任湘雅医学院校长的颜福庆到湖南来视察情况,想恢复湘雅医学院。不久,湖南有群学会特别会议召开。此次会议不仅重组了湘雅校董会,而且经颜福庆、胡元倓、陈润霖等人讨论,决定恢复湘雅医学院。雅礼会也确定根据签约与育群会继续合作办学。担任国民政府行政院院长的谭延闿,得知湘雅医学院要复办的消息时,表示大力支持。1929年1月29日,谭延闿特意致电时任湖南省长鲁涤平,提出湘雅医院原来是整个中国规模最大的医院,被迫停办之后,现在还没有恢复,极为可惜。因此,他"函请鲁主

----

① 周喜兰主编:《胡元倓集》,湖南师范大学出版社2013年版,第81页。
② 周喜兰主编:《胡元倓集》,湖南师范大学出版社2013年版,第82页。
③ 唐耀章:《我所知道的胡元倓》,中国人民政治协商会议长沙市委员会文史资料研究委员会主编:《长沙文史·明德春秋专辑》,1993年10月,第14页。
④ 周喜兰主编:《胡元倓集》,湖南师范大学出版社2013年版,第90页。

席,设法援助颜福庆君恢复湘雅医院,以重卫生事业"①,希望鲁涤平对湘雅医学院的重建工作给予支持。1929年2月13日,谭延闿又就湘雅医学院津贴事,与易培基联名致电湖南省政府:"医院虽旋恢复,医校仍属停顿,殊为可惜。前托颜福庆院长返湘调查,据云在湘各公法团对于医校,均主即行恢复。对于医院,务宜扩大,并已重组董事会,雅礼会仍可继续合作。查民国十三年湘雅续约,自十八年起,湘省政府每年应给津贴八万五千元,务望广续合约,准予备案,以期早日复学。实深盼祷。"②期望湖南省政府根据前约,每年给予湘雅医学院援助。5月2日,谭延闿再次就湘雅医学院事致电时任湖南省长何健:"湘雅医校,前会电达湘省政府继续维持,该校开学在即,拟请遵照成案酌予补助,以策进行。"③催促何健补助湘雅医学院。

1930年9月22日,谭延闿突发脑溢血去世。湘雅医学院院长王光宇以湘雅医学院全体师生的名义致祭云:"维公博学,早岁抡元。文章华国,大才磐磐。武昌起义,公首相应。险阻倍尝,努力革命。心存饥溺,造福梓乡。创办湘雅,尽力提倡。缔造艰难,宏兹善举。七泽三湘,感深胞与。天胡不吊,丧我元勋。万端待理,遽失长城。岳云黯色,举国招魂,公其来格。"④又有挽联云:"梓桑谋幸福,慨群生沉沦疾苦,步武西医,大业赖成全,迄今衡岳留遗泽;党国立功勋,忆频经困难危疑,不移初志,万端须建设,何堪砥柱失中流"⑤,高度评价了谭延闿对于湘雅医学院的付出和贡献。

谭延闿大力支持周南女校重建。周南女校是朱剑凡于1905年建立的。民国以后,在谭延闿大兴教育的背景下,通过校长朱剑凡的努力,办学规模不断扩大,教学质量也不断提高,成为湖南私立学校中的佼佼者,培养出向警予、

---

① 《谭院长电请援助恢复湘雅》,湖南《国民日报》1929年1月29日。
② 《谭院长电请恢复湘雅津贴》,湖南《国民日报》1929年2月15日。
③ 《谭院长电请继续维持湘雅》,湖南《国民日报》1929年5月7日。
④ 黄珊琦:《湘雅师生痛悼谭延闿》,《中南大学学报(医学版)》2015年第10期。
⑤ 黄珊琦:《湘雅师生痛悼谭延闿》,《中南大学学报(医学版)》2015年第10期。

蔡畅、丁玲等一批杰出的女性。1927年"马日事变"后,校长朱剑凡被湖南当局通缉,被迫离开湖南。周南女校也因此被查封,校产被政府移作他用。1928年,湘绅胡元倓、陈润霖等人谋划恢复周南女校,于是邀请时任南京国民政府主席的谭延闿出面与湖南当局沟通。谭延闿欣然允诺,于1928年6月13日致电时任湖南省长的鲁涤平:"长沙鲁主席鉴:周南女校,经历二十三年,对于教育,贡献实多。办事人虽有错隘,于学校无涉。今既由学界耆老胡绅元倓等将该校彻底改组,必能发皇党义。"在谭延闿等人的努力下,周南女校很快复学,并由朱剑凡的留日同学李士元继任学校校长。

四、谭延闿的教育活动对近代湖南的影响

(一)推动了湖南教育近代化进程

谭延闿的教育活动对湖南教育近代化进程的影响,主要体现在以下几个方面:

第一,教学内容的变革。在谭延闿督湘期间,湖南各学校教学内容上,发生了巨大的变化。督湘之前,新式教育虽得到了部分普及,但是范围还比较有限,不少私塾和学堂依然设置充斥忠君、尊孔思想的读经讲经课。谭延闿督湘之后,取消了读经讲经课,代之以国文课,摒弃了封建守旧教育思想,融入了民主和科学的内容,向学生灌输资产阶级的"自由、民主、平等"观念,同时重视美感教育和军国民主义教育,开设图画、唱歌、体操等课,促进学生全方面平衡发展。在学校的设置上,谭延闿关注实业教育,使得实业教育体系趋于完备。1912年颁布的《湖南暂行学制大纲》规定了各级各类实业学校,分高等农、工、商业学校、中等农、工、商业学校、初等农、工、商业学校、艺徒学校、矿业学校等实业学校。在课程内容的设置上,也更加强调实用性。例如,初等小学除开设修身、国文、算术、手工等教育部规定的课程外,还特别加设了农业课和缝纫课。

第二,教学制度和形式变革。1912年,在教育部颁布新学制之前,以谭延阎为首的湖南当局就颁布了《湖南暂行学制大纲》,在制度上对于新时期的湖南教育作了一系列规定。辛亥革命之前,虽已经出现了不少新式学堂,但是湖南各地方仍有大量的私塾存在。谭延闿督湘之后,彻底取消私塾,一律改学堂为学校,改监督为校长,从名称上与旧式教育划清界限。此外,谭延闿还下令各学校统一改用阳历。辛亥革命之前,一直使用阴历纪年。民国初建,公元纪年虽已颁布,但并没有彻底实行。于是,谭延闿发布布告:"照得民国改用阳历,久已通行在案。查习惯相沿,骤难尽革,而各学校学期与年假之期限有阴历之旧习,不免扞隔难通。兹教育司征集学界全体会议表决,确用阳历办理。"[1]令湖南所有学校改用阳历,学校放假等其他风俗习惯上也一律按照阳历实行。

第三,女子教育权利进一步发展。新社会和旧社会最明显的区别之一就在于女性权利的不同。辛亥革命之前,女性的受教育权受到诸多限制。当时一些人意识到女子教育的必要性,但鉴于封建保守的社会环境,只能暗中办学,出现了一些假借家塾的名义存在的女学堂。1903年,谭延闿与龙绂瑞、胡元倓、许玉屏和俞蓍等人发起创办了湖南民立第一女学。然不过一年,就因顽固势力的反对而夭折了。辛亥革命以后,以谭延闿为首的湖南当局颁布了《湖南暂行学制大纲》,不仅规定了各个年龄阶段的女子教育,而且提出男女可以同校,在为争取女子合理教育权利的进程中迈出了重要一步。

第四,初等教育义务化。清末,虽已提倡实行义务教育,且1911年,学部也通过了《试办义务教育章程》,但是并未得到落实。1912年,颁布的《湖南暂行学制大纲》,规定了普通教育的第一步是初等小学教育,修业年限为4年,实行义务教育。这是近代以来湖南地方政府第一次明确规定初等小学实行义务教育。且这一规定颁布后,谭延闿饬令各县修建小学,使得义务教育得到了一定程度的实行。

---

[1] 《各学校改用阳历布告》,《长沙日报》1912年11月30日。

（二）促进了湖南学校教育的发展和人才的培养

在谭延闿主政湖南期间,湖南的小学学校和学生的数量都取得了极快的发展。据统计,1912年,湖南小学数量由1911年的2085所增加到4001所,增长了91.89%;在校小学生也由1911年的73577人,增加到20.6625万人,增加了1.8倍,跃居全国第五位。1913年,小学又增加到5474所,学生为20.2782万人,仍居全国第五位。① 1914年,湖南小学教育发展势头依旧较好,全省小学达7024所,在校小学生达270519人,居全国第六位。② 汤芗铭督湘时,1915年,全省小学锐减为4244所,仅为上年的60.4%;在校学生也减少至14.4403万人,为上年的53.4%,退居全国第12位。③ 1916年8月至1917年8月,谭延闿再次督湘,全省小学数量有所回升,为4785所。④ 此外,普通中学数量在谭延闿督湘期间也有所发展。湖南普通中学1912年有29所,学生有4478人,1913年增至32所,学生也增加到5003人。直至1904年,湖南中学教育发展势头不减,全省普通中学45所,学生有8125人,是1912年至1921年间的最高点。⑤

实业学校在谭延闿督湘期间得到了快速发展。1912年,湖南全省甲种实业学校有10所,在校学生数量计1404人;乙种实业学校有64所,在校学生数量计3403人。⑥ 总体来看,当年湖南全省实业学校达74所,在校学生数量总

---

① 湖南省地方志编纂委员会:《湖南省志·教育志》,湖南教育出版社1995年版,第131—132页。
② 湖南省地方志编纂委员会:《湖南省志·教育志》,湖南教育出版社1995年版,第132页。
③ 湖南省地方志编纂委员会:《湖南省志·教育志》,湖南教育出版社1995年版,第132页。
④ 湖南省地方志编纂委员会:《湖南省志·教育志》,湖南教育出版社1995年版,第132页。
⑤ 湖南省地方志编纂委员会:《湖南省志·教育志》,湖南教育出版社1995年版,第305页。
⑥ 湖南省地方志编纂委员会:《湖南省志·教育志》,湖南教育出版社1995年版,第504页。

计达4807人。据查,当时全国实业学校也才425所,在校学生数量仅为3.1736万人,单湖南一省的实业学校和在校学生就分别占全国总数的17%和15%。① 汤芗铭统治湖南后,1916年,甲种实业学校仅存5所,在校学生只有925人;乙种实业学校也将近减少了一半,只剩35所,在校学生数量也减少到2499人。② 1916年8月至1917年8月,谭延闿再次督湘,重振湖南的实业教育,至1917年底,湖南省甲种实业学校有12所,在校学生数量达15555人。据统计,在23个省区中,湖南学校数量名列第一,在校学生数量也高居第二。③

谭延闿多次派学生出国留学,培养了大量优秀的人才。例如公费留美学生杨卓新,先后就读于哈佛大学、伊利诺斯大学、锡拉丘兹大学,并获博士学位,是我国近代历史上第三位数学博士。随后又就读英国剑桥大学、伦敦大学,法国巴黎大学,德国柏林大学,回国后参与湖南大学的创建工作,曾代理校长职务。又如留美学生黄士衡,获美国爱荷华大学文学士学位,哥伦比亚大学历史学硕士学位。回国后曾任职于湖南商业专门学校、湖南工业专门学校,后任湖南省教育厅厅长、省立湖南大学校长、湖南文史馆副馆长。再如留美学生董维键,获得哥伦比亚大学经济博士学位,是我国第一个经济学博士。回国后就职于湖南省立高等工业专门学校,后仅担任湖南省议会议员兼省交涉署长、湖南省党部宣传部长、湖南省教育厅厅长。后加入中国共产党,致力于抗日救亡工作。

谭延闿援助留法勤工俭学生,这些学生学有所成后,对国家的发展作出了重要贡献。留法勤工俭学生萧振声,加入了中国共产党,参与组织了渭南县起义,后曾任中共地方委员、书记等职。新中国成立后,他先后担任北京市工委

---

① 周秋光、莫志斌:《湖南教育史》(二),岳麓书社2008年版,第405页。
② 周秋光、莫志斌:《湖南教育史》(二),岳麓书社2008年版,第406页。
③ 朱有瓛:《中国近代学制史料》第3辑(下),华东师范大学出版社1992年版,第262—263页。

书记、总工会副主席等职,致力于新中国的建设工作。留法勤工俭学生唐铎,自1925年去往苏联空军院校学习后,留在苏联空军服务二十八年。在此期间,他不仅加入了中国共产党,而且还获得了苏联国家最高荣誉勋章——列宁勋章。1953年回国后,他就任哈尔滨军事工程学院空军工程系主任,为国家培育了众多优秀的空军人才。

(三)开启了民智,庇护了新生的革命力量

谭延闿实行初等小学义务教育,学习年限定为四年,湖南全省受初等教育者人数一时间大为增加,许多贫困无法上学的适龄儿童也可以正常接受初等教育,使得湖南省民智大开。

谭延闿大力提倡社会教育,也进一步开启了民智。据统计,谭延闿督湘一年后,1912年11月,湖南全省简易识字学校有12所,在校学生数有200人;讲习所有14所,在校学生数有1489人;半日学校有8所,在校学生数有835人;夜校有6所,在校学生数有164人。[①] 不少成年失学者也获得了学习的机会。省立湖南图书馆建立后,东安、慈利、湘潭、桃源等县也陆续开办了新式图书馆。这些图书馆添置书籍、报刊,并对外开放,大大促进了地方通识教育的发展。

谭延闿主政湖南也促进了民主、平等、自由思想的传播。谭延闿督湘之后,摒弃了清末"忠君"、"尊孔"的教育观念,下令向学生灌输"自由、平等、博爱"的观念。而且当时教育部规定,在各级各类公立学校的主管人员的任用上,实行委任制。因此督湘之初,谭延闿任命孔昭绶、廖名缙、凤高骞、蔡湘、黄绍棠等一大批具有海外留学经历的人为湖南各公立学校的校长。他们就任之后,一扫过去封建守旧的风气,利用自己在国外所学知识来管理学校,聘用一批受过新式教育的教员,向学生传播国外先进的新思想、新观念,使

[①] 周秋光、莫志斌:《湖南教育史》(二),岳麓书社2008年版,第440页。

得民国之初湖南各学校的风气为之一变,民主、平等、自由等观念得以广泛传播。

在谭延闿督湘期间,各种新思想新观念也陆续涌现。1920年10月至11月的"学术讲演会"虽然举行的时间只有二十多天,但是其内容之丰富、声势之浩大却极为罕见。在这场视听盛宴中,杜威作《学生自治》、《教育哲学》、《科学与近世文化之关系》、《教育是领袖或指导员》等演讲,宣传自己的平民教育、实用主义等思想;罗素作《布尔什维克与世界政治》的演讲,阐述了俄国式国家社会主义。这些新思想新观点带给湖南学界不一样的体验,给处在迷茫状态的湖南知识界带来了新的思考方向。

(本文系湘潭大学哲史学院专门史专业2018级研究生武佩的硕士学位论文,本人为其指导教师,选入本书时作了较大修改。)

"二次革命"中的谭延闿

"二次革命"中,湖南迟迟独立而迅速取消,谭延闿态度消极是重要原因,但更主要的是因为"二次革命"的群众基础相当缺乏;南方进步势力内部涣散,思想、行动极不统一,尚未形成一种武力讨袁的社会氛围;当时湖南的军事力量极其薄弱,财政拮据等方面的因素。事实上,谭延闿在"二次革命"中有许多表现还堪称积极,可圈可点。

1913年7月12日,李烈钧在江西湖口通电讨袁,拉开了"二次革命"的序幕。7月25日,谭延闿宣布湖南独立,但在8月13日,又宣布取消湖南独立。湖南迟迟独立而迅速取消,谭延闿态度如何,在其中的表现怎样呢?

一、谭延闿不仅赞同筹建国民党湖南支部,还担任了支部长,对回湘参加竞选活动的宋教仁更是推崇备至,表现出对议会政治的积极态度

1912年8月,国民党北京总部成立以后,便计划派人到各省组党,成立各省党支部,以取得国会及省、县议会中的压倒多数,及早组织强有力的、名副其实的政党责任内阁。为此,同盟会还在改组成国民党前,就注意物色各省组党和掌握选举的负责人。湘籍同盟会员仇鳌受同盟会总部派遣,于1912年6月底7月初回到湖南,筹备改组工作。

湖南自焦达峰、陈作新被杀后，局势动荡不安。部分同盟会员并未听从黄兴等人关于维护继任都督谭延闿政权的指令，仍在积极部署推翻谭延闿的活动。但在仇鳌看来，谭延闿"这个人要完全站在反动的一边他是不干的，因为他也认识孙中山、黄克强和同盟会的力量，不敢过于立异；但是，要他死心塌地地站在革命方面来，当然也不可能。在焦、陈被害以后，同盟会与谭延闿有矛盾，不过比起同盟会和袁世凯的矛盾来，就是次要的了。"[①]而湖南的同盟会员敌视谭延闿的风气又极不利于改组国民党的工作。于是，他反复向湖南同盟会员讲解宋教仁有关"新旧合作"、"朝野合作"的精神，并大做焦、陈旧部和会党的工作，几经周折，缓和了他们对谭的积愤。

至于谭延闿，原是宪友会在湖南的骨干，在获知仇鳌回湖南的打算后，不仅同意仇鳌在湘筹建国民党支部，并表示愿意加入国民党。仇鳌等人更是希望把谭拉进国民党，树起这面"旗帜"，以拉拢立宪派人士加入国民党。他们认为，谭在湖南不但代表原属改良派而新近转向革命的一些人，同时还代表一些旧人，把他拉过来以后，这些人也就跟着过来了。

1912年8月底，即仇鳌回湘活动筹建国民党湖南支部近两个月后，仇鳌等人接到了北京国民党总部已经成立，要求各省成立分支部的通知。9月中旬，国民党湖南支部正式改组成立。成立大会上，推举谭延闿为支部长，仇鳌为副支部长，在实际上负责党务工作。作为支部长的谭延闿，为协调湖南政局的人事纷争，在立宪派与国民党之间、南北势力之间、新旧派系之间、政客与军人之间、老年人与青年人之间，极尽调和斡旋之能事，因此也赢得"谭婆婆"的绰号。

1912年8月10日，袁世凯政府正式公布由临时参议院议决通过的国会组织法，并定于1913年2月，在北京召开第一届国会。因湖南的军事、政治都已置于国民党的领导之下，国民党湖南支部成立后，其首要工作是布置近在眼

[①] 仇鳌：《1912年回湘筹组国民党支部和办理选举经过》，中国人民政治协商会议全国委员会文史资料研究委员会编：《辛亥革命回忆录》（二），中华书局1962年版，第180页。

前的国会选举。

　　为了保证取得选举的胜利,仇鳌兼任了湖南省民政司长。民政司是主办全省选举的机关,民政司长是法定的选举总监督,各区的分监督是由民政司选派的,各县县长也由民政司委派,而县长主办一县的选举。由此可见,湘省的选举大权完全掌握在国民党的手中。当湖南开展国会选举活动之际,宋教仁于1913年1月回到湖南。他到处演说,不仅大力宣传"政党责任内阁制",而且还和湖南当局的头面人物商谈了组阁计划。谭延闿对宋教仁推崇备至,常说宋教仁是"崭新的人","非一般政治上的人物可比"。在国民党湖南支部召开的欢迎宋教仁的大会上,他作了一长篇欢迎词,称:"宋遁初(宋教仁,字遁初——引者注)先生频年奔走国事,推倒满清,建造民国,实为我国之大政治家,国民所公认者也。……先生此次在北京之经验及沿途之观察,既旋桑梓,必抒其宏硕政见,以诲我党员。而党员对于伟大人物,最宜服从,尤应确遵其主张,互相砥砺以增党德而扩党权。今日开会欢迎,非欢迎过去之宋遁初先生,乃欢迎未来之宋遁初先生;非欢迎推倒旧政府之宋遁初先生,乃欢迎建造新政府之宋遁初先生。"[①]对宋教仁的敬佩之情溢于言表。

二、湖南独立迟缓而取消迅速,自与谭延闿态度消极有关,但主要是缘于当时的客观情况

　　1913年3月20日宋教仁遇刺的当夜,谭延闿就接到了黄兴的电报。黄兴在电文中告知:"遁初兄痛于今晨四时四十分绝命,请转电其家属,遗命切勿告知老母。"为此,国民党湖南支部定于4月2日到5日召开宋教仁追悼大会。"宋案"真相大白后,国民党内部经过激烈争论和紧急磋商,终于确定了武力讨袁的策略。但在湖南,国民党虽势力最大,反袁呼声甚高,却又久不见付诸行动,这当然与作为都督的谭延闿有关。

　　[①]《民立报》1913年1月21日,转引自成晓军:《谭延闿评传》,岳麓书社1993年版,第79—80页。

"二次革命"中的谭延闿

当时,湘籍国民党员在孙中山的领导和影响下,纷纷回湘活动,并一致主张追查"宋案",要求湖南当局宣布独立。7月7日,谭人凤受黄兴指派由沪返湘,传达黄兴指示:"赣、苏、皖、闽、粤各省决计在七月间起义讨袁,湖南万不容坐视,要立即响应。"①而谭延闿一方面极力强调独立的困难,与革命党人讨价还价,借以拖延;暗地里又与袁世凯、黎元洪等人私通款曲,留作退路。1913年5月,江西都督李烈钧、安徽都督柏文蔚等虽以谭延闿的名义领衔发表通电,声讨袁世凯卖国借款,但这一通电并未经谭延闿签署。当江西方面陆续派遣信使到湖南与谭延闿联络,都被他婉辞拒绝。他还致电江西、安徽、广东三省都督,劝告他们"国如累卵,不可内讧,召外人之瓜分,陷中国于破产"。因为感到革命党人的压力,他致电黎元洪,称"延闿此刻身体言动皆不能自主,目击时局如斯,欲设法维持,则荆棘当途,无可施展之地;欲径行退职,又恐为人所据,猖獗益甚。"②表明自己虽愿"维持",却心有余而力不足的困难处境。6月,他又派都督府参谋晋京谒袁,"陈述湘省之近情,并辩明外间有所传湘省有独立之说,全系反对党捏造谣言,请勿轻信。"③

1913年7月12日,李烈钧在江西湖口宣布独立,通电讨袁,拉开了"二次革命"的序幕。此时,谭延闿还试图以调停者的身份力劝南北双方息兵言和,好好进行和平建设。他在7月14日致黎元洪的电文中说:"当此之时,即令同德同心,群策群力;乘四境又安之会,为十年生聚之谋……伏乞大总统开诚布公,与民生息,副总统、各省都督排难解纷,各抒谠论,以维大局,勿使浔阳一隅为全国糜烂之起点。"④

7月15日,黄兴入南京,自称江苏讨袁军总司令,迫都督程德全独立,苏、闽、皖、粤各省及川东同时响应。湖南革命党人不断向谭延闿进言,要求宣布

---

① 《邹永成革命回忆录》,《近代史资料》1956年第3期。
② 《谭延闿求死不得》,《国报》1913年5月23日。
③ 《燕市燃犀录》,《民主报》1913年6月2日。
④ 《黎副总统政书》卷24,中国社会科学院近代史研究所、中华民国史研究室主编,朱宗震、杨光辉编:《民初政争与二次革命》(下编),上海人民出版社1983年版,第755—756页。

独立。谭延闿遂于7月中旬两次召开全省文武官吏会议,讨论湖南去向,但都是议而未决。会上,内务司长萧仲祁攻击李烈钧"与北军肇衅,牵动各省,扰害地方,实无人道",表示对于湖南独立,"决不认可"。省防守备队长余道南、国税厅筹备处长陈炳焕、机关枪营营长张松本等均发言反对讨袁。谭延闿于是宣布:"如必欲宣布独立,鄙人固不敢赞成,然亦无反对之能力,但请另举贤能,继此重任。如不许鄙人去职,鄙人惟有闭户深居,听诸君为所欲为而已"。革命党人唐蟒、陈强、谭人凤等人虽"极力辩驳,意气激昂",还是无济于事。

7月22日,袁世凯下令褫夺黄兴、陈其美、柏文蔚荣典军职,命张勋、冯国璋剿办。24日,湖南革命党人"草定宣告独立通电,公推谭都督为讨袁军总司令"。在革命党人的催促下,谭延闿于25日清晨发布《谭延闿独立示谕》,"宣布与袁政府脱离关系,连合各省共灭元凶。"①湖南正式宣告独立。

但在湖南宣布独立不久,各地讨袁军在与北军的交战中相继败退。在江西,林虎率领的讨袁军败于李纯,7月25日,湖口陷落,南昌岌岌可危。在江苏,张勋等人在7月24占领徐州,讨袁军一、八两师被迫撤回南京。上海的陈其美在7月底进攻江南制造局受挫,退守吴淞。程德全于28日通电取消江苏独立,黄兴在一筹莫展之际离宁赴日,南京处于三军无主的境况。此外,福建、广东、安徽诸省的战局也逆转直下。在此情势下,湖南革命党人内部也发生分化。程潜辞去军事厅长一职;文经纬、吴作霖、文斐等人主张取消独立。军队之中,离心离德,士气不振。"下级军官多不赞成独立。即上级军官,亦有反对独立者,如第二区守备队司令赵春霆,决计不肯出发"。独立前就持反对态度的商界、商民因政府逮捕破坏独立的商会董事,"全体愈力愤激,几乎一律罢市"。加之袁世凯又运动在京的湘籍军人,对本省军界实行策反,以致"西、南两路军队得悉听中央命令",就是长沙军队也与北军"暗通消息"。谭延闿"眼红面黑,大起恐慌",于是在8月11日密电袁世凯说:"湘事措置无方,咎

---

① 《民权报》1913年8月3日,中国社会科学院近代史研究所、中华民国史研究室主编,朱宗震、杨光辉编:《民初政争与二次革命》(下编),上海人民出版社1983年版,第758—759页。

在延闿一人,惟维持操纵实具苦衷。现情安谧,终当始终保持,不敢上烦苾扰"。① 8月13日,谭延闿通告取消独立,"一面发布命令,即行罢兵;一面电达中央,静待处分。"②

不可否认,谭延闿态度消极是"二次革命"中湖南独立迟缓而取消迅速的重要原因,但这又绝不能只归咎于谭延闿个人的思想性格特征。应该看到,当时有许多方面的因素对他的行为发生影响。

其一,"二次革命"的群众基础相当缺乏,不仅民族资产阶级厌恶战争,迫切希望有一个和平安定的局面,实现发展实业的愿望;就是当时一般民众对革命后的不安定局面也深感厌烦。

就全国的情况来说,"二次革命"爆发之初,很多地方的官员、商会及其团体都发出了反对动武的电文,大部分国人对"二次革命"并不理解,也不支持。实事求是地讲,当时,即使孙中山可以动员足够的兵力,立即讨袁还是有难度的。因为一则袁世凯的独裁面目还没有大白于天下;二则经过辛亥革命的社会大动荡,国民有一种求安定的普遍心理,如果动武讨袁,必须有足够的舆论宣传,得到国民的理解和支持。所有这些,都需要一定的时间。国民党人周震鳞回忆说:"克强先生则认为袁世凯帝制自为的逆迹尚未昭著,南方的革命军人又甫经裁汰,必须加以整备才能作战,因而主张稍缓用兵,以观其变。各省领兵同志多同意黄的意见。"1913年5月7日,上海总商会发出通电称:"光复以来,瞬经一载,损失纵不可数计,而秩序渐定,人心渐定。当此春夏之交,正商业渐进之际,满望国会成立,选举正式总统,为我商民造福。讵意风波迭起,谣诼朋兴,谗说谊言,如沸如羹,致人心静而复动,国家安而复危。……务祈大总统、国务院、参众两议院、各省都督、民政长以保卫商民、维护秩序为宗旨,无

---

① 中国社会科学院近代史研究所、中华民国史研究室主编,朱宗震、杨光辉编:《民初政争与二次革命》(下编),上海人民出版社1983年版,第762页。

② 中国社会科学院近代史研究所、中华民国史研究室主编,朱宗震、杨光辉编:《民初政争与二次革命》(下编),上海人民出版社1983年版,第762页。

使我商民喘息余生再罹惨祸,坐致大局沦胥,贻革命丰功之玷。"①《民主报》发表文章说:"前次大革命之后,元气凋丧,民力疲极,并力恢复,犹虞不及,庸能再受莫大之损失乎?且社会心理,莫不翘首企踵以渴望太平之隆盛,一闻变起,心惊胆裂,寝食为之不宁,较诸前次革命时,闻兵变而色然以喜者,盖大相悬绝者矣。夫人民之厌敌既如此,则尚有谁敢为戎首,轻心发难乎?发难之后,谁肯附从之乎?此我国之无二次革命之余地可知。"②一直跟踪报道"宋案"并认定袁世凯为杀宋主谋的著名记者徐血儿,在具有国民党背景的《民立报》上撰文云:"今日已为民国,苟对于民国而谋乱,即是自绝于国,罪在不赦。即政府为恶,法律与国会,终应有解决之能力,无俟谋乱,以扰苍生。故谋乱之事,为商民所疾视,亦明达所屏弃也"。类似这样的议论,还可以找到很多,它表明 1913 年春夏之际的人心和武昌起义时大不一样。两年前是"人心思动",如今则是"人心思定"。这无疑不利于立即起兵讨袁。孙、黄也曾感到形势的严峻,采取发通电、演讲和利用报刊宣传等手段表明讨袁的必要性和正义性。但从根本上扭转视听,也绝非一件容易的事。

就湖南省的情况来看,湘省各界对于独立的态度,也是莫衷一是。最赞成反袁的是工界(主要指工人和城市贫民),而学界和军界,则分作赞成与反对两派。学生当中,因不满湘政府在派遣留学生的问题上优待国民党人及其子弟的方针,不少人倾向于共和党人。例如学生最多的省高等工业学堂,"对于国民党人异常痛恶"。军队当中,革命党人力量最大的新军已被裁撤殆尽,所剩的少数新军及巡防营中派系复杂,矛盾重重,一些原属革命党人的军官也纷纷变节背叛,如赵春霆等人即投靠了袁世凯。因此,"军界对于近日独立之说,除二三附和者外,绝对不赞成,曾有多人联名电京,称除捍卫国家安全秩序外,他非所知"。最反对独立的,则莫过于商界。5 月 18 日,长沙商民数千人

---

① 《上海总商会要求保卫商民维持秩序通电》,载《黎副总统政书》卷 20,朱宗震、杨光辉:《民初政争与二次革命》(下编),上海人民出版社 1983 年版,第 373 页。
② 朱宗良:《二次革命声中之冷眼观》,《民主报》1913 年 6 月 1 日。

召开大会,公然反对独立讨袁,并发布宣言:"如有议助饷助捐等事,当抵死不能承认。"①据事后不久的报载;"宋案、借款风潮发生以来,强暴之徒倡言独立,商界中人莫不惊恐,惧其复有扰乱秩序之事。见政界诸人不能维持,遂自行开会,以不助捐、不开市相抵制。暴徒以商界不能煽惑则饷项无着,一旦独立未有后援,遂偃旗息鼓,不敢暴动。故前次销弱独立之祸,商界之力居多。"②"二次革命"爆发后,谭延闿召集官绅商讨对策,"与会者二十余人皆谓此刻以维持、保安全、宁秩序为第一要事";谭延闿宣布独立后,"各商民均恨之刺骨,敢怒而不敢言"③;即使在独立期间,湖南商业团体董事会还特地呈请都督取消独立。故黎元洪说:"湘省谋独立亦因不得商会之赞同,故宣布最迟,取消亦最速。"这是有一定道理的。

其二,南方进步势力内部涣散,思想、行动极不统一,尚未形成一种武力讨袁的社会氛围。

"二次革命"初期,连黄兴等革命派上层人物也不主张武力讨袁。在如何应对"宋案"的问题上,孙中山力主军事解决,提出联日计划,拟再东渡,争取日本的支持。黄兴则主张按照法律程序推倒袁世凯,他认为"南方武力不足恃,苟或发难,必致大局糜烂。"④他反对孙联络日人干涉中国内政。

就是蔡锷这样富有正义感的军人,当时对讨袁都不理解。当黄兴转变态度后派人和他联络共同起兵时,他却称:"宋案应以法律为制裁,故审判之结果如何,自有法律判决。试问我国现势,弱息仅存,邦人君子方将勠力同心,相与救亡之不暇,岂堪同室操戈,自召分裂!谁为祸首,即属仇雠。……万一有人发难,当视为全国公敌"。"现在袁贼逆迹未彰,师出无名,故我主张暂时忍

---

① 《长沙人除灭黄兴》,《国报》1913年5月29日。
② 《湖南独立声中之各界态度》,《申报》1913年6月22日。
③ 《亚细亚日报》1913年7月31日,中国社会科学院近代史研究所、中华民国史研究室主编,朱宗震、杨光辉编:《民初政争与二次革命》(下编),上海人民出版社1983年版,第760页。
④ 《孙中山全集》第3卷,中华书局2006年版,第165页。

耐,时机未到,劝公等万勿轻动。"①湖南宣布独立前,蔡锷曾几次电告谭延闿,"以保境安民,维持秩序为第一要义"。当李烈钧在湖口起事后,他在7月19日给谭延闿电文中说,李的行动是"以不慊于袁之故,愤然一逞,不惜以国家为孤注,未免急不能择"。他劝谭延闿,因湖南"水灾频年,盗贼蜂起……饥馑之后,岂堪再有兵劫!"7月24日,蔡锷在复谭延闿电中,再次强调说:"自睹国势之阽危,与夫地方之凋敝,方图休养生息之不暇,岂肯随风而靡,贸然兴戎!即云不慊于袁,必欲推倒,则袁之将来当选与否,宜取决于全国人之同意,自有国会解决,亦非三数省份所能武断,则此事之不能诉之武力,以人民生命财产为牺牲者亦明矣。我国自改革以后,元气大伤,至今疮痍满未复,断不可有第二次之破坏。"特别是湖南,"倘不计利害,随声附和,则北兵必越洞庭而来,西则有黔军下逼辰、沅,南则有桂军下逼衡、永,三面受敌,其何以支?……全境糜烂,咎将谁归?"②诚然,蔡锷那时受其师梁启超的影响很深,其政治立场基本倾向于进步党,所以他反对"二次革命"的原因是很复杂的。令人难解的是,李烈钧这一"二次革命"的中坚分子,在起兵讨袁上也曾举棋不定。1913年6月9日,袁世凯罢免了李的江西都督,李烈钧仍未完全下决心起兵,甚至还通电欢迎黎元洪代任本职,他"自己准备些款项,拟带一群英俊青年,分赴东西洋留学"③。

所有这一切,反映了资产阶级固有的软弱性和妥协性,而这在谭延闿身上显得尤为突出。谭延闿虽身为国民党支部长,但他是从立宪派走过来的,在革命高潮到来时,谭延闿是愿意向革命靠拢的并能参与革命;但在革命低潮之际,他就必然动摇并偏离革命。湖南革命派在反袁独立斗争中内部意见分歧

---

① 毛注青编著:《黄兴年谱》,湖南人民出版社1980年版,第223页。
② 《共和滇报》1913年8月14日。《蔡松坡集》,上海人民出版社1984年版,第723—724页。
③ 《仁斋文选》,中国社会科学院近代史研究所、中华民国史研究室主编,朱宗震、杨光辉编:《民初政争与二次革命》(下编),上海人民出版社1983年版,第578页。

甚大,加之在整个"二次革命"的反袁战场上,革命的形势十分不利,这就必然促使谭延闿抱犹豫观望态度。难怪湖南取消独立时就有人在报上著文议论,其中,《论湘闽两省之取消独立》一文讲得最为明白:"湘闽两省之独立也,非谭延闿、孙道仁为之,而谭人凤、唐蟒、许崇智之徒为之也;其取消独立也,亦非谭延闿、孙道仁能取消之,而谭人凤、唐蟒、许崇智之徒相率潜遁,独立遂自即于斯灭也。然则谭人凤、唐蟒、许崇智之徒曷为而潜遁?曰:江西败而湘闽之势孤也。……湘省虽有洞庭三湘之险,然为四战之地,亦不足资以割据。自来起兵湘闽者,不能进取争雄,未有不立致败亡者也。"①

"二次革命"失败后,谭延闿在给徐世昌的密电中说:"湖南独立,水到渠成,延闿不任其咎;取消独立,瓜熟蒂落,延闿不居其功。"既是自嘲自解,又表达了他在"二次革命"中身不由己的实情。

其三,当时湖南的军事力量极其薄弱,财政拮据。

湖南独立后,军事力量十分薄弱,湖南自大裁兵后,"一兵一卒未练",由巡防营改编成的守备队大多与国民党人异趣,反对"二次革命"。程潜在"宋案"前三天方接任军事厅长一职,他在三个月内匆匆组成三个步兵团和一个炮兵营,而战争又在他毫无准备的情况下发生。有限的兵力既要北攻武汉,又要救援江西,自是捉襟见肘。

特别是"宋案"发生后,在国民党人紧张活动的同时,袁世凯的走卒也回湘进行破坏活动。6月,向瑞琮、杨宏图等受袁世凯的遣派,携带巨款回到湖南。他们看到湖南国民党势盛,便贿买军装局王章耀、喻直三、涂寿远等人,于7月7日晚纵火,引起弹药库爆炸,所有械弹尽付一炬,损失步枪约一万一千余支、子弹约三百万发。这批军火的焚毁,极大削弱了国民党人的反袁力量,湖南军事力量几乎消失殆尽。对此,连激烈反袁的邹永成也说:"以如此单薄的力量,如何造得反来。"黎元洪则称湘军"子弹甚少,不堪一击"。袁世凯亦

---

① 冯仁佳:《民国经世值说文集》,文明进行社1914年版,第93页。

将其对湘方针由进攻改为防御,只派兵驻扎湖南边境实行监视。当李烈钧电促湖南响应时,谭延闿和赵恒惕的回电大意都是:军械子弹尽行被焚,不能作战,心有余而力不足,实在惭愧。

财政方面,由于战事频仍,对外资助各地,尤其是全力援鄂;对内则整军裁兵,兴办企业和教育文化事业等措施,开支浩繁,入不敷出,仅1912年便亏省平银4128890两。由于商人不支持反袁独立,发动讨袁战争,饷项无着,不得不求助于外债一途。6月初,政府与日本某公司商借外债的借款条件登诸报端,引起反对派的一片唾骂。政府迫于社会压力,于7月20日将借款草约提交省议会讨论,声称"合计商借日金一千万元,专作开矿之用"。但省议会多数议员以其条件严苛,坚决反对。军界则"以借款一事非常危险",联络多人致函议会,警告议员"严格防维,勿为利诱",否则,"大兴问罪之师"。此外,又有"拒债会"发起,宣称"若议会不予否决",就要"联合全省公民决死力争"。于是,在各界的同声反对中,借款之事被否决。

总之,谭延闿权衡局势和利害得失,发兵胜券难操,不发兵则义所不许,他就是在这种两难窘境中宣布独立的。他在自题7月日记后云:"自辛九月以来,簿书填委,宾客杂沓,凌晨而起,夜分不休,几于习惯成自然矣。劳精疲神,以事敷衍,以今视昔,觉措施之可笑,更数岁者,维持经划之苦心,既不可得见,惟余丛脞废弛之状,供人嗤点不必远征,翻此册可知矣。"[①]而在《取消独立布告》中解释取消独立的原因为:"大势所趋,皆以保境息民为主,湘省既不能以独立为支柱,而何可以全省为牺牲,于事无补,于心不忍!"[②]应该说,这番话是合乎情理的。在革命无法避免的情况下,他希望的是动荡不要蔓延开来,以免无谓的牺牲。虽以保存实力为出发点,但其救时之心亦不可否认。

---

　　① 谭伯羽:《茶陵谭公年谱》,沈云龙主编:《近代中国史料丛刊》第68辑,台湾文海出版社1971年版,第77页。

　　② 中国社会科学院近代史研究所、中华民国史研究室主编,朱宗震、杨光辉编:《民初政争与二次革命》(下编),上海人民出版社1983年版,第762—763页。

三、谭延闿在"二次革命"中有许多表现堪称积极,可圈可点

虽然谭延闿宣布独立较为迟缓,但他在加入反袁行列以后,在行动上是较为积极的。《谭延闿独立示谕》对袁世凯的倒行逆施进行了揭露和批判,谓:"袁世凯席其在满清时代之毒焰,于南北统一之际,百端要挟,攘取临时总统。年余以来,帝制自为,多行不义,摧残舆论,破坏约法,擅定官制,暗杀元勋,任用私人,结纳匪徒,抵押盐厘,大借外债,侮弄国会,铲除民意,共和政体几于中斩。""大逆不道,人人得而诛之"。湖南宣告独立的当天,湖南《国民报》发表祝词,列举袁世凯破坏民国二十大罪状,指出:"迹其所为,罔非灭绝人道、违背国法。复帝制本其初心,乱神州甘为祸首。袁贼不去,则中国必亡。湘人不讨袁,则湖南无色。"同日,省议会议定宣告独立办法八条,与袁政府断绝关系,凡中央所命之官吏由都督另给委任。谭还于8月3日组织讨袁军参议处,以军政府高等军事顾问及各司司长充任议员,"筹划军事",招募部队,计划招足十个师。8月初,已招齐五个师。同时,大力赶造和派人四处探办枪械,多方筹集军饷。1913年8月初,海外华侨一次就汇来二千万元,并派人由沪购运新枪六千支、机关枪多挺。

谭延闿还商定了湖南讨袁的军事部署:以谭延闿兼任湖南讨袁军总司令,程子楷任讨袁第一军司令,赵恒惕为副司令,进驻岳州,邹永成为湘鄂豫联军第三军军长同赴岳州,并以蒋翊武为鄂豫招抚使,部署对湖北军事;又以唐蟒为援赣司令进兵萍乡,另一部分驻守常德、澧州一带的讨袁军,以湖北荆州为进攻目标,试图在荆州、襄阳一带与四川讨袁军和湖北刘铁率领的讨袁军会师,然后进取武昌。湖南的军事部署壮大了南方革命党人讨袁的声势。

谭延闿还特别注意对外联络,下令各招抚使及讨袁军首领利用各种关系与邻省区军政要人联络;派滇黔宣慰使、川滇联络使等分赴各处联络讨袁,向邻省请求接济军火;派敢死队管带韩君韦往云南、贵州两省联络军队,一齐讨袁。他与谭人凤、周震鳞等致电甘肃教育司马振吾,呼吁马"联合回族,举兵

东向,保障共和"。对内,谭延闿注意加强政治控制和宣传鼓动,严肃军纪,维护社会治安。警察厅发布告示,严告各讨袁军中如有"私行逃逸及不听调遣者,以军法从事";通电宣布"保护地方;以防肖小乘机窃委,……凡拿获重要罪犯,无论首徒,一律处决。"对于在独立期间敢于通敌的不法之徒,严惩不贷。7月28日,稽查处在商会董事周燮阶、石国钧家中,查出周、石二人与北军及黎元洪的来往秘密函电多件,遂将二人逮捕法办。与此同时,谭延闿将袁中央集权下的一些部门易名,如原部立湖南司法筹备处改为湖南司法局,湖南审计分处改为湖南审计处,等等;取消袁政府的特派员,改为湖南交涉使。政治宣传方面,谭延闿对拥袁的《湖南公报》、《民国公报》、《黄钟报》等十多种报刊厉行查禁,同时查封共和党、统一党、民主党和进步党等党派驻长沙机关,一时国民党独步湘省舆论。

谭延闿虽然取消独立,但并没有和袁世凯同流合污、沆瀣一气。谭延闿对反袁革命派的悉心保护与黎元洪的穷追捕杀形成鲜明的对比。取消独立之前,有人给他建议捕杀遭袁通缉、处境危急的谭人凤、周震鳞等向袁悔罪,但谭延闿不仅没有乘人之危,反而在自己也将身陷虎吻的情况下,对他们加以庇护。他还因资送程潜出逃,被湘南镇守使赵春霆向袁世凯告密。湖南取消独立时,黄兴的继母和夫人尚在长沙,谭延闿担心她们受到迫害,派人送她们到上海。他在取消独立时,曾致电李烈钧:"大局如此,兄弟可早抽身,弟所以在此赧然暂留者,实为兄弟留一条路耳,望速来湘,再俟良机。"后来李烈钧等果然取道湖南才得以安全转赴上海流亡日本。

谭延闿在反袁独立之中的反复态度,黎元洪显得非常体谅,并且对谭氏始终加以庇护。在湖南宣布独立前后,黎元洪就多次致电袁世凯,代其表达暗中维持湘省内部局势的苦衷。取消独立后,他又电告袁世凯为其辩解说:"窃查湘未宣布独立以前,谭督因事势危迫,无力维持,派员来鄂代达苦衷。云已准备药水,如湘称独立,即服毒自尽,以谢天下。元洪以湘失谭督,内部必更大乱,当即劝以徒死无益,不如暂为一时权宜之计,阳为附和,徐图牧乎。旋复以各军均驻长沙省城,深以为忧,故调赴岳州,以分其势。而是调兵赴岳,先曾派员来鄂协商。故湘省虽称独立,始终未尝暴动。今复自行取消,足见谭督暗地维持,始终一致。如来电自请谴处,拟请温辞慰留,以维湘乱而全大局"①。但在获悉黎元洪急电力保以后,谭延闿立刻发表通电,公开揭示:"黎副总统心存爱护,力为解免,延闿并非不知感激。但延闿通电宣布湖南独立之际,既未仰药,亦未受迫。延闿身为湖南都督,发号施令,权责在我,倘若政府治罪,一身甘当,决不走避。"②谭延闿心腹、幕僚吕苾筹为给他开脱,自作主张代他拟了一个电报,将湖南宣告独立讨袁一事,推给湖南的革命党人。不料,谭延闿一见电文稿,勃然大怒,一把将民报稿摔到地上道:"这岂是我谭某人所可做的事!"

其实,在《取消独立布告》中,谭延闿就声明:"所有咎戾,罪归一人,务使秩序如常,市民安堵。"谭延闿在"二次革命"失败以后,公开担当责任,不推卸,不诿过,俨然"士可杀不可辱"的书生本色,这倒是难能可贵的。

(本文原载《湘潭大学学报(哲学社会科学版)》2011年第2期。)

---

① 《黎副总统政书(卷)》,中国社会科学院近代史研究所、中华民国史研究室主编,朱宗震、杨光辉编:《民初政争与二次革命》(下编),上海人民出版社1983年版,第763页。
② 章君毅:《谭延闿通而有节》,朱传誉编:《谭延闿传记资料》(五),台湾天一出版社1985年版,第97页。

谭延闿与济南惨案

在第二次北伐战争的关键时刻,日本在中国制造了骇人听闻的济南惨案。此时,作为国民政府主席的谭延闿,综合各方考虑,主张放弃武装抵抗,与日本进行外交谈判。在此态度之下,谭延闿在军事、外交和国内外舆论上都进行了一定的努力。从历史的发展来看,谭延闿针对济南惨案的应对工作取得了一定的效果。但同时也应认识到弱国无外交,只有增强综合国力,才能维护国家的利益。

一、日本蓄意制造济南惨案

1928年2月2日,国民党在南京召开了二届四中全会,此次会议不仅改组了国民党中央和国民政府机构,任命谭延闿为国民政府主席,而且还决定继续完成北伐任务,讨伐奉系军阀张作霖,完成统一大业。4月7日,蒋介石下总攻击令,国民革命军开始分路北进,会攻奉军,由此第二次北伐轰轰烈烈展开。第二次北伐一开始,国民党军队就一路过关斩将,直逼京津。特别是第一集团军在第二、三集团军的帮助下,从4月7日开始后,接连攻克郯城、台儿庄、兖州、泰安,并于5月1日进入济南。北伐的顺利进展引起了日本的高度关注。日本早将中国东北和山东视为自己的地盘,并有吞并中国的野心。1927年7月7日,日本首相田中义一召开东方会议,确定了以攫取满蒙、武力侵华为核心的《对华政策纲领》。所以,面对节节败退的奉军,日本迫切需要寻找一个理由阻碍北伐。1928年4月18日,日本以"护侨"为借口发表出兵山东说明书。此后,日本陆续从青岛、天津以及日本本土派遣士兵到济南。至5月1日北伐军队到达济南时,济南早已被日军把持。在两军对垒的济南城中,到处充斥着紧张的氛围,战争一触即发。果然,5月3日上午9时前后,日军率先攻击北伐军士兵,随后射杀中国军民、发动炮击,并武装闯入外交部长黄郛的临时办公大楼,无理搜查、抢掠外交文件和私人财物,甚至还非法包围和封锁山东交涉使署,极为野蛮地虐杀蔡公时等交涉署的工作人员。据统计,仅5月3日一天,遭日军残杀的中国军民就达千人以上。在这个历史的重要关口,济南惨案的爆发及对此事的应对,既关系到北伐的进展,也可能深刻影响中国的命运。

二、谭延闿意图避战求和

　　任职南京国民政府主席的谭延闿此时正坐镇南京,在后方极力配合前线工作。面对日本出兵山东,并且残忍杀害中国军民的残酷事实,谭延闿感到非常愤慨。5月4日,当谭延闿收到济南惨案发生的电报后,在日记中写道,"日兵横暴至此,为之气结不能言"[①]。5月7日,谭延闿又写道,"听说山东事,使人气塞"[②],在日记中发泄对日军的不满情绪。然而在与民党高层商议日本出兵山东问题时,谭延闿却是倾向于与日和谈的。5月5日,陈果夫来见谭延闿,说党校学生请求与日本宣战,谭延闿感慨其为"初生之犊不畏虎矣"[③]。5月9日,谭延闿邀吴稚晖、张静江、黄郛、于右任、李烈钧等召开紧急会议,会议决定"对日军在济南制造的惨案,由外交部继续严重抗议交涉"[④],基本确定了

[①]　《谭延闿日记》(未刊稿),1928年5月4日。
[②]　《谭延闿日记》(未刊稿),1928年5月7日。
[③]　《谭延闿日记》(未刊稿),1928年5月5日。
[④]　刘建强:《谭延闿大传》,九州出版社2011年版,第312页。

以外交方式来处理济南惨案。5月12日,蒋介石来电,就"福田压迫承认条约事"①,询问谭延闿的意见。谭延闿与何应钦商量后,给黄郛、蔡元培、张静江等人发了一封电报,谓:"弟与敬之以为迁移愈久,牺牲愈大,请三公速商密复"②,商求黄、蔡、张的意见。其实,此时的谭延闿不仅主张尽快与日和谈,而且他认为为使日本早日退兵,牺牲部分权利,承认条约是可行的。虽然他也感到此举"颇有秦会之和金之感"③,但还是倾向于以外交手段和平解决济南惨案。综观济南惨案的历史背景和谭延闿本人的性格,谭延闿持此态度,主要有以下几个原因:

一是出于敌强我弱的"现实考虑"。自1868年明治维新后,日本的发展势不可当,军事力量得到了极大的发展,逐渐成了亚洲的头号强国。而中国的军事力量虽有了一定的发展,但是中日之间仍有很大的差距。而且,自鸦片战争以后,中国与外国大大小小的战争,基本上都以失败告终,特别是1894年甲午中日战争彻底改变了中日之间的历史地位,这些战争的失败给中国人心中蒙上了深刻的阴影。所以,谭延闿自然而然地认为中国与日本开战无异于以卵击石,战争只能是最后迫不得已的选择。他感慨与日本的关系是"人方为刀俎,我为鱼肉,无可言者"④,并且叮嘱蒋介石"能忍必委曲求全"⑤,千万不能给日本扩大战争的借口。

二是深知日方阴谋,出于为北伐大局考虑。日本希望通过一场战争彻底打败国民政府,以便困住北伐军北进步伐,一劳永逸地解决东北问题,并且进一步获取更多在华利益。谭延闿对于日本的侵略目的有一定的了解。他提出"日本出兵,一方为延长军阀生命,一方对中国施行侵略"⑥,并认为现在国民

---

① 《谭延闿日记》(未刊稿),1928年5月12日。
② 刘建强编著:《谭延闿文集·论稿》,湘潭大学出版社2014年版,第453页。
③ 《谭延闿日记》(未刊稿),1928年5月12日。
④ 《谭延闿日记》(未刊稿),1928年5月20日。
⑤ 刘建强编著:《谭延闿文集·论稿》,湘潭大学出版社2014年版,第458页。
⑥ 刘建强编著:《谭延闿文集·论稿》,湘潭大学出版社2014年版,第449页。

政府的重中之重应是继续北伐,打败奉军,统一中国,如果国民政府一气之下选择与日本开战,那就是中了日本的奸计。因此,他在国民党中央党部"五五"庆祝大会上说:"现在党部政府正商量办法,对帝国主义当然不怕,但为利害及所处地位,求革命早日成功计,不能不审慎从事。大家一致不上其当,揭破其阴谋。一方为求达成目的,暂时不管其他问题。到统一以后将一切被压迫条约取消,并非一件难事。"①

三是为保证国民党统治地位。济南惨案发生后,谭延闿害怕与日开战,会改变国共局势,丧失目前的优势统治地位。正如谭延闿就济南惨案答记者问时谈道:"且国府得确报,共产党图乘此机会,扰乱后方。因是全国民众之行动,更当慎重。免为共产党徒造机会,此点最应预防。"②

四是谭延闿自身性格使然。谭延闿素以八面玲珑的"水晶球"著称。在他死后,上海一报刊刊登一副署名"解组"的挽联:混之为用大矣哉,大吃大喝,大摇大摆,命大福大,大到院长;球的本能滚而已,滚来滚去,滚入滚出,东滚西滚,滚进棺材。借此来讽刺谭延闿见风使舵、圆滑世故的性格特征。因此,面对日本强大的军事实力,作为向来以圆滑著称、遇事不会轻易表态的"和事佬",谭延闿自然不会首倡对日宣战。而且,面对日方咄咄逼人的强硬态度,谭延闿自身性格的弱点充分地暴露在公众的视线之中。从主张与日和谈到同意放弃部分利益以换取日军退兵,谭延闿在面对日本帝国主义时的软弱性和妥协性一览无余。

三、谭延闿的应对工作

济南惨案发生后,谭延闿在军事、外交、国内外舆论上,展开了一系列工作,以期顺利解决济南惨案。

一是军事上,力劝士兵保持冷静,主张绕道北伐。1928年5月4日,正当

---

① 刘建强编著:《谭延闿文集·论稿》,湘潭大学出版社2014年版,第449页。
② 刘建强编著:《谭延闿文集·论稿》,湘潭大学出版社2014年版,第450页。

我所知道的谭延闿

谭延闿沉浸在北伐即将胜利的喜悦中时,却收到蒋介石的电报。蒋介石电告谭延闿"昨日十时,日本兵与我军冲突,由双方高级官制止云云"①。谭延闿这才得知"济南惨案"的消息。与李烈钧深刻分析此事后,谭延闿已"深忧其非偶然"②。当天,就济南惨案一事,除了蒋介石发来多封电报外,易培基、李范一也带来了外交部长黄郛的电报,抗议日军的暴行,甚至京报馆也专程派人访问谭延闿。为了商谈具体的应对方针,当晚谭延闿至张静江家中,与张静江、叶楚伧、蔡元培、何应钦召开济南惨案的专门会议。在详细商量之后,谭延闿给时任国民革命军总司令的蒋介石发了一封电报,谓:

> 机国急限即刻到,蒋总司令介石助鉴:密。日兵挑衅,意欲逼我于无可忍,资为口实。勿堕奸计,前敌武装同志力持镇静,总司令部不宜与日军逼处太近,似可慎择老成持重之将领,在济妥慎应对,如何乞酌,支卯电已摘要发表,并告民众暂持镇静,延闿、元培、人杰叩,支亥。③

从电报可以看出,谭延闿希望蒋介石能严格约束部下,控制前方士兵和百姓的反日情绪,使他们保持冷静,避免与日军冲突升级以造成不可挽回的局面。收到电报后,蒋介石再三斟酌和权衡,5月5日凌晨,蒋介石下令,除李延年团和邓殷藩团暂留济南城外,其他士兵全部撤离济南。然而蒋介石如此"诚心"求和,日方却并不买账。5月8日,日方以蒋介石没有按时给出满意的答复,下令重炮攻击济南城。谭延闿得知此消息后,"为之大骇"。5月9日,谭延闿又与黄郛、吴稚晖、张静江、李烈钧等国民党高层召开紧急会议,会议决定:

一、北路军继续前进,冀于最短时期完成北伐。

二、电令蒋介石依旧积极进行军事。对日军在济南制造的惨案,由外交部继续严重抗议交涉。

---

① 《谭延闿日记》(未刊稿),1928年5月4日。
② 《谭延闿日记》(未刊稿),1928年5月4日。
③ 刘建强编著:《谭延闿文集·论稿》,湘潭大学出版社2014年版,第448页。

三、关于济南惨案,促蒋电致全国各省,努力宣传,唤起军民团结奋斗。

四、将济南惨案通电全世界各友邦。

五、电令两湖军队增派主力速行北上。

六、由中央党部命令各级党部对各地民众慎重指导,务令勿起意外之事。①

可以看出,在此次会议上,以谭延闿为首的南京国民党高层基本上确定了,在军事上继续集中兵力,加速北伐进程,以便尽快讨伐奉军,完成统一大业。会议结束之后,谭延闿当天赶赴徐州,传达会议的精神。10日,谭延闿代表后方与蒋介石等人交流意见,谭延闿在日记中写道,"前方决定办法与后方正同"②,双方就济南惨案的后续应付办法达成一致。

二是外交上,谋求日方政界要人调解,改变日本军方决定。济南惨案后,国民政府与日军开始进行军事谈判。谈判伊始,日方的态度就十分蛮横。5月7日,日方代表福田彦助向蒋介石提出了五项条件:

一、严峻处置有关骚扰及暴虐行为之高级武官。

二、解除在日军阵前抗争之军队武装。

三、在南军治下严禁一切反日宣传。

四、南军应离开济南及胶济铁路两侧沿线二十华里以外。

五、为监视实行上列各条起见,限十二小时内开放辛庄及张庄兵营。③

福田彦助限蒋介石十二个小时内答复。对于如此苛刻的条件,蒋介石当然不可能马上答应。为了改变谈判的僵持局面,5月11日,谭延闿致电日本政界名流头山满、佃信夫、水野梅晓等人,希望他们能从中斡旋,改变日本政府

---

① 《国闻周报》第5卷第18期,1928年5月13日。
② 《谭延闿日记》(未刊稿),1928年5月10日。
③ 李家振:《济南惨案》,中国政法大学出版社1987年版,第128页。

的决定。电云：

> 理法之事，以诚相见，先求相安，后谈是非。勿因一时而忘久远，勿因一部而忘全局。介石、焕章两同志亦同此心。故肇事之日，即严令所部离开日军所占区域，继续渡河北伐，力避冲突。惟前线紧张特甚，贵国军队长官于七日提出要求五条，限期答复，而路阻期迫，至难融贯。万一误会扩大，妨碍多年彼此之努力，且与投间抵隙者以好机。凡关心东亚大局者，沉痛何如！诸公德高望重，久为两国人士所钦崇、务恳与贵国政府一述此状，有以赐教。延闿等无似，当继续以尽心力也。谨电奉复，伫候佳音。①

三是国际舆论上，揭露济南惨案事实真相，寻求国际社会的帮助。济南惨案爆发后，国民政府并没有马上意识到这一点。由于日本利用其丰富的报刊资源抢占先机、歪曲事实，最初绝大部分国际舆论倾向日方。当时，大部分的西方国家都被日本蒙蔽，认为济南惨案是日本正当合理的自卫手段，而作为受害者的中国反而深受西方各国的诟病。为了还原真相，扩大舆论对日本政府的压力，国民政府开始大力进行国际舆论宣传。5月10日，谭延闿致电国际联盟秘书长德兰孟，陈述济南惨案的真相，并希望国联来华调查事情的真相，制止日本的暴行。电谓：

> 本月三日，在济南之日军开枪射击我徒手士兵及无抵抗之人民，而我兵民当时并毫无挑衅行为。同时，日军对附近居民区域实行炮击。更骇人听闻者，日军事当局派兵侵入我交涉员公署，捕交涉员，割其耳鼻，并将交涉职员一律枪毙，我军多数被日军强迫缴械。当地无线电台亦被毁坏。国民政府严令在山东之军事及民政当局绝对自行抑制，对日军迄今并未取任何报复手段。华民此次死伤之数，达数千余人。现日本政府仍对山东增派军队，其未来暴行，尚不可测。余兹依联约第十及第十一条，请执

---

① 刘建强编著：《谭延闿文集·论稿》，湘潭大学出版社2014年版，第452页。

事注意,现日本之侵略行动,实侵略中国领土及独立,而危害国际和平。应请执事照规约第十一条第二项,立即召集理事会议,取必要之行动。余亟盼国际联盟知照日本,停止暴行,并立即撤回派兵,并由联盟派员来华实地调查,以明责任。①

5月12日,谭延闿又致电美国总统柯立芝,期望美国在中日之间代为斡旋。电云:

> 日本派遣军队入我山东,杀害我交涉人员,迭次炮击我和平军民,为实际的战争与侵略,现仍增兵不已。余以中华民国国民政府主席之资格,敬请贵总统注意。中国方面深信国际和平与正义之维持,为文明诸国之共同责任。故对于日方暴行,迄今极端容忍。往者山东问题之解决,实有赖于诸友邦之斡旋,而贵国之尽力尤多,敝国人民至今耿耿在念。现在贵国政府与人民对于日本所演成之严重局势,余与敝国人民亟望其所持之态度。②

13日,国民政府派王宠惠、李石曾、伍朝枢分别去往英、法、美三国,陈说事实,游说各国。而在国内,谭延闿则积极配合他们的外交活动,积极下令保护在华侨民,以期获得各国支持。

四是国内舆论上,稳定国民情绪,争取民众的支持。济南惨案发生后,谭延闿作为国民政府主席曾多次发表讲话,主要内容包括以下几个方面:

(1)陈述济南惨案的实情,批驳日方一面之词。5月8日,报社记者就济南惨案专门采访谭延闿,谭延闿对记者再三强调:

> 盖日本方面,乘济南惨案,正造种种谣言,蛊惑各国之视听也。当济南惨案发生之际,日兵先向我军开枪,我军为自卫计,当然还击,日人将彼方被害者摄制照片,分送日本报纸以及各外国报纸登载。我方则因本国官兵被害者,大半死于济南商埠地附近。现该处为日兵警备区域,我方搜

---

① 湖南《国民日报》1928年5月14日。
② 《国民政府公报》1928年第57期。

集当时日兵暴行之证据,不免困难。关于被害者之详细调查,战地政务委员会主席蒋作宾同志,尚未有报告寄来,而日来外国报纸所载济南惨案之情形,为日方宣传所惑,尚多帮助日本之言论。字里行间,不免抹煞事实之真相,此乃审案以后,各国视线尚未变之结果。在此时际,我全国民众,不从此处注意,则恐影响所及,有关于党国在国际间之地位及各友邦对我国固有之睦谊。故现时正在调查我方遇害官兵之姓名录,并搜求日兵暴行种种之证据,俾传播各处,以博世界舆论之同情。①

(2)力劝国民保持冷静,稳定国内高昂的民族情绪。济南惨案暴发后,不少民众既愤慨日本的嚣张蛮横,又不满国民政府的妥协退让,一时间民族情绪高涨,在华日侨人人自危。为了不落人口舌,在中日谈判上占据上风,谭延闿极力安抚民众情绪,不断提出民众"应一致坚忍以待"②。早在5月4日,谭延闿就意识到济南惨案发生后,稳定国内民众的情绪是十分紧迫的任务。于是他在发给蒋介石的电报中,就提到了要"告民众暂持镇静"③。5月8日,就记者的提问,谭延闿也提出要求:

> 望全国民众,在此时际,抱镇静态度,努力稳固后方之秩序。对日外交,固不能让步,但友邦对我国之态度,亦不应忽视。在中日两国间时局如此严重之际,我国民众对日之行动,千万不能予日人以借口。
>
> ……
>
> 对驻在我国各地之日侨,中央及各地方长官决负责保护。民众亦不应有所妨害,使彼出兵山东。毫无借口之理由。中央对日政府,亦易于交涉。极望全国民众,忍痛一时。凡事总循正当轨道做去,是非曲直,纵使一时难大白于天下,日后自有公论。④

---

① 湖南《国民日报》1928年5月17日。
② 刘建强编著:《谭延闿文集·论稿》,湘潭大学出版社2014年版,第449页。
③ 刘建强编著:《谭延闿文集·论稿》,湘潭大学出版社2014年版,第448页。
④ 湖南《国民日报》1928年5月17日。

5月16日,谭延闿又在国民政府纪念周会上提出,希望国民听从国民党的领导,严守纪律。

> 现在前方同志非常困苦,我们后方同志要事事殚精竭虑,不忘大耻,还要服从命令,严守纪律。我们爱国,不但精神上须兴奋,尤要在物质方面谋发展,不是徒然开会叫嚣,即可于事有济,这是望各位注意的。①

(3)寻求新闻媒体的谅解,争取新闻媒体的支持,掌握国内的舆论方向。在与记者的谈话中,谭延闿再三提出"在舆论界方面,尤望能切实劝导民众,俾全国上下,同心协力"②。

四、谭延闿应对工作的成效

军事上,谭延闿力劝士兵保持冷静,主张绕道北伐。尽管日本军气焰嚣张,极力想挑起战火,但国民革命军极力避免与日军发生冲突,并撤离济南,绕道北伐。5月28日,蒋介石正式下令北伐军向京、津发动总攻,北伐进程大大加快。6月9日,国民革命军进入北京,除东三省外,南京国民政府已在形式上统一了全国。

外交上,国民政府底线一退再退,日本反而变本加厉。谭延闿发给头山满等人的电报对局势没有起到丝毫作用。6月9日,南京国民政府已形式上统一了关内地区,随后又发表《对外宣言》,要求与各国遵正当手续另订新约。国民政府也再次强调不与日军交涉,济南惨案应归于外交正途。由于当时欧美各国已相继承认国民政府,并与国民政府签订了新的条约。日方考虑内外国情,也只能答应以外交手段与国民政府处理济南惨案。经过反复且曲折的谈判,1929年3月28日,国民政府外交部长王正廷和日本全权代表芳泽签署了《济南协定》及《会议记录》,中日就济南惨案的谈判和交涉也最终落下了帷幕。但是此协定和记录不仅把日本侵略济南给中国造成的巨大生命财产损失

---

① 《申报》1928年5月16日。
② 湖南《国民日报》1928年5月17日。

一笔勾销,而且承认中日"两国同受损害"。因此从最终结果来看,尽管国民政府也进行了一定的努力,但是,因国民政府的孱弱,在济南惨案上,日本不仅没有得到应有的惩罚,反而摇身一变成为另一个"受害者",这也证明了济南惨案国民政府外交上的失败。

国内舆论上,以《申报》为代表的民间报刊舆论,客观陈述日本的侵华事实,并积极响应国民政府的号召,力劝民众保持冷静、团结一致。在谭延闿与新闻媒体的影响下,民众运动基本上在国民党的控制之下。谭延闿欣喜地看到"各处民众呼声虽高,实际皆尚听党指导,至今日止各地皆安静,可纡盖厪"①,"我国各界人士皆非常愤激,同时并能遵守中央指导,毫无越轨举动"②。

在国际社会上,谭延闿致电国际联盟和美国,陈述日本的侵华事实,期望其对日本的侵略行为施加压力,并且谭延闿积极配合胡汉民、伍朝枢、孙科等人在国外的外交活动,努力满足英美等国的要求,保护在华侨民,以望得到他们的支持。不过,除了5月15日美国通过了《调停济案争议决议案》,提出调解中日关系、和平解决中日问题之外,谭延闿收效甚微。5月12日,国际联盟秘书长德兰孟复电谭延闿,称由于国民政府未经承认,难以受理此事。此外,英、德、法等国也都仅仅表示同情,拒绝实施行动。

(本文为与武佩合著,原载《湖南工程学院学报(社会科学版)》2021年第2期,收入本书时作了修改。)

---

① 刘建强编著:《谭延闿文集·论稿》,湘潭大学出版社2014年版,第454页。
② 《民国日报》1928年5月23日。

谭延闿与宁汉合流

宁汉合流是国民政府的一个重要转折点,是国民党从"联共"政策到"反共清党"政策的分界点,谭延闿作为当时最重要的国民政府官员之一,在宁、汉双方之间以及在宁汉合流中都起着重要的作用。

一、谭延闿与汪精卫通过郑州会议达到了联冯反共目的,走出了与蒋介石合流的关键一步

1927年春,国民党二届三中全会后,国民革命军继续向长江下游的安徽、江苏等地推进,于1927年3月24占领南京;这时,蒋介石一路摧残工会,镇压工农运动,组织反动工会和反动团体。蒋介石这种令人发指的行为遭到了武汉国民政府的强烈谴责,并密令"程潜在蒋抵达南京时将蒋逮捕"①,"密令系武汉国民政府主席谭延闿亲笔写在绸料上,交由第六军党代表林伯渠缝在衣服内,带到南京转给程潜。"②但是程潜因为事关重大,又力不胜任,并没有遵照谭延闿的指示去做,而是在蒋介石乘军舰由九江到达南京时,登舰欢迎。

---

① 刘建强:《谭延闿大传》,九州出版社2010年版,第296页。
② 谢慕韩:《关于"东征""西征"第六军被消灭的片段回忆》,中国人民政治协商会议湖南省委员会文史资料研究委员会编:《湖南文史资料选辑》第4辑,湖南人民出版社1982年版,第32页。

4月1日,汪精卫从欧洲回到上海,与蒋介石在上海见面,汪精卫应允帮助其阻止武汉政府,而蒋介石答应汪精卫支持他主持政务,两人为了各自的利益一拍即合。有了汪精卫的支持,蒋介石的行为更加猖獗起来,他于9日离开上海赴南京,11日就发布了"清党"密令。4月12日凌晨,冒充工人的青帮流氓从租界向闸北、南市、沪西、吴淞等十四处工人纠察队袭击,然后,国民革命军第二十六军第二师以调解"工人内讧"的借口,收缴工人纠察队武装,一千七百多支枪被缴,三百多名纠察队员被打死打伤。在事变后三天内,上海共产党员和革命群众被杀者多达三百多人,被捕者五百多人,失踪者多达五千多人,四川、江苏、浙江、安徽、福建、广西和广东等地也以"清党"的名义大肆地捕杀共产党人和革命群众。

对于蒋介石的反动行为,武汉国民政府于4月17日发布命令,宣布开除蒋介石的国民党党籍,免去其本兼各职,通缉捉拿蒋介石,并将国民革命军第一集团军所统率的第一、第二、第三、第四军及总预备队划归中央军事委员会直辖指挥。4月18日,蒋介石等在南京另立国民政府,同武汉国民政府相对抗。4月22日,谭延闿与谭平山、吴玉章、毛泽东等共产党人共三十九人以国民党中央执监委员、候补执监委员、国民政府委员、军事委员会委员身份,联名发表《讨蒋通电》,声讨蒋介石勾结帝国主义,纠集新老军阀,屠杀革命民众的罪行,号召:"凡我民众及同志,尤其武装同志,如不忍革命垂成之功,隳于蒋中正之手,唯有依照中央命令,去此总理之叛徒,本党之败类,民众之蟊贼,各国民革命军涤此厚辱。"①

1927年6月1日,国民革命军第三十六军刘兴部占领郑州,随后,唐生智以第四军前总指挥的名义,分别向武汉国民政府和国民革命军第二集团军总司令冯玉祥发电,"请负责同志赴前方指导政治"。汪精卫在接到唐生智的电报后,召集政治委员会议,决定"政治委员主席团赴前方指导"。1927年6月

---

① 汉口《民国日报》1927年4月22日。

谭延闿与宁汉合流

6日,汪精卫与谭延闿等人启程前往郑州。汪精卫、谭延闿此行的目的是与冯玉祥会谈,争取冯玉祥支持。这时的汪精卫和谭延闿在内外反动势力的压迫下,政治立场已经逐渐转向。1927年6月8日、9日,汪精卫、谭延闿和冯玉祥先后抵达郑州,并于10号在陇海花园举行郑州会议。在会上,汪精卫为了拉拢冯玉祥,摆出了左右开弓的姿态:一方面发泄对共产党和工农运动的不满,攻击共产党"借口国共合作,搞他的阶级斗争,弄得人心惶惶,秩序大乱",必须予以"严厉制裁";另一方面又对蒋介石的独裁专断大加谴责,声称"蒋介石要把党和政府放在他的军权控制之下",谭延闿还在会上恭维冯玉祥"功高劳苦",希望冯能继续担负北伐任务。冯玉祥对共同反蒋问题不作正面回答,对宁汉分裂持调解态度,但对分共问题持一致意见,表示要立刻进行"清党"、"分共"。会议就党务、军事、政治、工农问题进行了协商,汪精卫、谭延闿等人通过会议达到了联冯的目的。

二、谭延闿对徐州会议的极表赞成,加速了汪精卫集团公开反共的步伐

在郑州会议后回到武汉,汪精卫、谭延闿便以共产国际的指示"根本危害"国民党的"生命"为借口,加快了分共的步伐,立刻与国民党中央部分非共产党的成员商量和共产党分离的办法。认为现在讨论的"不是是否应该驱逐共产党,而是什么时候驱逐——现在还是过些时候"。6月11日,武汉国民党中央执委政治会议密令武汉的党政军司法各高级长官,严查各地所有共产党机关,准备解散共产党的机关,逮捕共产党员。正如周恩来指出:"在郑州打下后,什么人都跑到郑州去会冯玉祥了。……冯玉祥一面与武汉来的这些人应付,一面宣布他要去徐州会蒋介石。于是武汉去的这些人一连串地跑回来。这时汪精卫、谭延闿、孙科、顾孟余等态度全变了"。[①] 而此时的冯玉祥,已成

---

① 《周恩来选集》上卷,人民出版社1980年版,第170页。

为中国政坛上的风云人物,他拥有庞大的武装力量,占据豫陕甘和包头地区,左右着宁汉双方形势的发展,南京的蒋介石和武汉的汪精卫一样,极力地想要拉拢冯玉祥,取得更具有保障的武装力量。蒋介石向冯玉祥发出会谈邀请,1927年6月19日冯玉祥到达徐州,徐州会议的主要内容是关于"北伐"和"清党"。关于北伐,蒋介石希望冯玉祥能与之合作,先对武汉发兵,解决内部忧患,再进行北伐。但冯玉祥表示国民政府目前最重要的任务是讨伐奉鲁军阀,而宁汉之间的矛盾只是内部矛盾,何况郑州会议上,武汉政府已经准备分共,那么宁汉之间就不存在政治分歧,并表示自己愿意对宁汉双方负调解之责。21日,冯玉祥便向武汉政府致电,攻击共产党是"冒国民党革命之名","布全国恐怖之毒",要求武汉汪精卫、谭延闿"速决大计,早日实行'清党''分共'"。①

6月27日,武汉国民政府应冯玉祥的要求,决定解散工人纠察队,逼迫共产党人谭平山、苏兆征辞去所任政府的部长职位。对于汪精卫公开的分共行为,中共中央于7月13日发表《对政局宣言》,谴责武汉政府的反动行为,宣布撤回参加国民政府的共产党员。7月14日,武汉国民党中央政治委员会知悉团召开了秘密会议,接受了汪精卫的"分共"主张。7月15日,国民党中央执行委员会举行第二届常务委员会第十二次扩大会议,汪精卫、谭延闿、孙科等人参加会议。汪精卫在会上提请会议讨论决定对共产党的"处置办法"。谭延闿发言,认为"共产党同志加入国民党是要使三民主义共产化","将国民党作为共产党的工具",现在国民党的主义、政策、组织"差不多都受了容共的影响"。因此,不能不对共产党"加以相当的制裁"。会后,汪精卫在武汉的党、政、军等部门进行大规模的"清党"。随着汪精卫的叛变,国共两党的合作彻底破裂,在此过程中,谭延闿对于徐州会议中达成的"分共"主张的极大赞成大大加快了汪精卫的公开反共步伐。

----

① 刘建强:《谭延闿大传》,九州出版社2010年版,第302页。

三、谭延闿事实上成为宁汉合流中的重要人员

1927年7月后,国民党内形成了宁、汉、沪三个集团,南京的蒋介石、武汉的汪精卫、上海的"西山会议派"各自占据一块领地,互不相让。为了实现"合作清党、统一党务",冯玉祥从中牵线,和各方反复电商,于7月20日提出解决宁、汉合作的具体办法。汪精卫等表示愿意"和平统一",并同意"迁都南京";蒋介石、李宗仁、胡汉民等人对武汉重要党政人员表示欢迎。8月上旬,宁、汉双方基本达成妥协,虽然宁、汉双方在反共的问题上态度一致,但是汪精卫和蒋介石都想成为国民党的头号人物,都不想放弃自身的利益,不肯向对方俯首称臣,双方先是电文往返,吵来骂去,后一度升级到战争一触即发。蒋介石在权衡利弊之下,他决定"以退为进",于8月13日发表下野宣言,宣布辞去国民革命军总司令的职务。蒋介石下野之后,宁、汉双方之间的斗争并没有因此而减少,宁方有影响的国民党人物如胡汉民、张静江、蔡元培等人纷纷离宁赴沪,南京国民政府的实权也暂时旁落到桂系手中,这为宁、汉双方合流创造了一个大好机会,于是8月15日,谭延闿自武汉动身前往庐山,与李宗仁、汪精卫、唐生智等人举行会议,商议如何应对孙传芳向南京进攻的问题。会上,李宗仁与唐生智各持己见,后经陈公博调解,才决定汉方要人赴南京策划大计,因李宗仁的轮船较小,先由谭延闿、孙科随李宗仁赴宁,汪精卫、陈公博等人由南京派军舰来接。武汉国民政府正式宣布迁都南京,国民党在组织形式上暂时统一。

8月底,谭延闿、孙科与李宗仁等人到达南京后,孙传芳的势力已基本被消灭,南京形势转危为安,这时,谭延闿施展调和折中之术,"斡旋于反复支离之局势中,举手投足之间无一而非世局国脉所关"①。9月5日,谭延闿与孙科在上海同胡汉民及"西山会议派"等人反复商谈,力促宁、汉彻底合流。9月

---

① 谭伯羽:《茶陵谭公年谱》,沈云龙主编:《近代中国史料丛刊》第68辑,台湾文海出版社1971年版,第137页。

7日,谭延闿从上海返回南京,向汪精卫、陈公博等人汇报协商情况,当陈公博问谭延闿在上海见到哪些人时,谭延闿回答说:"人倒是见了不少,连西山会议各人也见过了。"陈公博又问到这些人有什么意见时,谭延闿说:"他们的意见很多了,我主张汪先生应该到上海一次和他们见见面,就是胡展堂也应该见见。"陈公博非常疑惑地说:"恐怕谈不拢罢!"谭延闿笑着说:"我们都分共了,说到分共,他们还是老前辈呢。我以为趁此机会大家就团结起来罢。"①9月8日,谭延闿一行赴上海,11日到13日,宁、汉、沪三方成员在上海举行谈话会,会上,孙科提出了成立国民党中央特别委员会来代替中央全会职权,特委会由三方成员共同组成,这一提议得到了三方的赞成。当三方代表通过这一提案时,陈公博表示反对,他认为这"有违法统",谭延闿力劝陈公博说:"我们必须要承认事实,不必再谈法统了。"②平时不轻易表态的谭延闿,在这件事上却坚持自己的主张。9月16日特委会在南京成立,共设正式委员三十二人,谭延闿被推为成立大会主席。会议决定改组宁汉双方政府,成立统一的国民政府。宁、汉双方正式合流。

四、谭延闿由左向右转变的原因分析

谭延闿从拥护"联共"的左倾政治态度到坚决支持"清党反共"的右派,这个过程非常的短暂,态度转变非常急剧,究其原因,主要有以下几点:(一)迫于局势的压力。谭延闿从郑州会议开始看清楚汪精卫的政治倾向,虽然有所意识但是没有实际行动,但是后来冯玉祥的倾蒋反共和一些政府官员的倒戈,让武汉政府和武汉的核心政府官员处于孤立状态,徐州会议之后,冯玉祥和蒋介石大肆反共,"这时汪精卫、谭延闿、孙科、顾孟余等态度全变了,国民党的人更加动摇了"③。面对这样的局势,谭延闿也跟着反共。(二)对工农运动

---

① 陈公博:《苦笑录》,现代史料编刊社1981年版,第103页。
② 刘建强:《谭延闿大传》,九州出版社2010年版,第306页。
③ 《周恩来选集》上卷,人民出版社1980年版,第170页。

的惧怕。1927年4月,工农运动再一次高涨,工会、农会迅速增加,并且向各个封闭的乡村蔓延,谭延闿的一些亲属故旧大多是湖南的土豪劣绅,在农民运动的冲击下,纷纷逃到武汉寻求谭延闿的庇护。谭延闿本是湖南茶陵地主家庭出身,面对汹涌的农民运动,谭延闿深感恐惧,他认为工农运动触犯了他的集体利益,于是坚决反对工农运动,希望借此来维护地主阶级的利益。(三)考虑到自身的政治前途。谭延闿作为一名国民政府官员,一直以"药中甘草"著称,除了考虑到国民政府的去向问题,自身的政治去向也一直是谭延闿最关注的问题。郑州会议后,面对武汉政府大批官员倒向蒋介石,谭延闿感到合流是大势所趋,于是选择促进合流。

(本文为与黄姣合著,原载《湖南工程学院学报(社会科学版)》2019年第1期,收入本书时作了修改。)

谭延闿与第一次国共合作

谭延闿是著名的湖南立宪派人物之一,辛亥革命后三次督湘,1920年11月在湘军内讧中被迫离湘赴沪后,追随孙中山来到广州。孙中山逝世后谭延闿成为广州和武汉国民政府的重要人物,对第一次国共合作的建立和破裂产生过重要影响。

一、早期参与革命斗争,促成国共合作

(一)放弃自治,追随孙中山

孙中山在反对北洋军阀政府的斗争中,曾经一再争取过谭延闿。谭延闿虽然是湖南制宪自治的首倡者,但是他本身对自治就怀着观望态度,因此,是在经历了一个比较曲折的过程后,受孙中山革命思想的影响,日益倾向于三民主义,放弃自治的招牌而选择革命道路的。

谭延闿在辛亥革命以前对孙中山及其革命思想的理解还是比较肤浅的。当时的谭延闿在很长一段时间"以为孙是只会讲外国话而没有读多少中国书的一个革命党人"[①]。1913年,谭延闿在"二次革命"后的较长时间里不敢响

[①] 中国人民政治协商会议广东省委员会文史资料研究委员会编:《广东文史资料》第15辑,广东人民出版社1964年版,第6页。

应孙中山的号召,直到邻近各省纷纷宣布独立并在革命党及已独立各省的催促之下,才在7月25日表态支持讨袁。当江西、江苏传来讨袁军失利,黄兴在南京兵败出走的消息时,谭延闿又在8月13日宣布取消独立,并给徐世昌发去密电,表示"湖南取消独立,延闿不居其功"。1917年护法战争爆发时,谭延闿公开响应孙中山的护法号召,并通电斥责段祺瑞等人"违立法之精神,蹈专制覆辙",表示要"率三湘军民,秣马厉兵,以为前驱"。① 被段祺瑞委任的湖南督军傅良佐剥夺其军权后,谭延闿卸任隐居上海。1918年2月25日,孙中山委托陈家鼎问候并转告在上海闲居的谭延闿,"倘关于时局,执事有待商榷之处,统希不吝指示"②,对谭延闿继续支持护法,反对北洋政府寄予厚望。1920年5月下旬,孙中山再次致电谭延闿,"湘为桂所左右,纵胜北方,无异为渊驱鱼"③,应做好军事应变。但是,谭延闿却在陈炯明回到广东后,分别致电陆荣廷、陈炯明等人,劝说陆荣廷退出广东,希望让广东自治。孙中山之后斥责谭延闿"倡调和之说"。因当时谭延闿已在1920年6月开始第三次主政湖南,孙中山曾指示回湖南活动的周震鳞等人:"如谭延闿不愿意革命,就把他拿下来;谁把谭延闿拿下来,我就让他做湖南督军。"④周震鳞等到达湖南后对谭延闿传达了孙中山的意思。而这时徐世昌也劝告谭延闿支持北京政府的武力统一。一时之间,谭延闿借助"联省自治"的招牌,成了"南北双方争取的对象"⑤。于是,孙中山继而又寄希望于程潜联合赵恒惕推翻谭延闿。

此时,因北京政府下达了"统一令",桂系陆荣廷等人向北洋政府靠拢;四川的熊克武也宣布取消自主,"联省自治"旗帜就显得孤掌难鸣。因此谭延闿不得

---

① 罗家伦:《革命文献》(第七辑),《护法史料》,台北正中书局1954年版,第923页。
② 《孙中山全集》第4卷,中华书局1985年版,第325页。
③ 《孙中山全集》第5卷,中华书局1985年版,第265页。
④ 中国人民政治协商会议湖南省委员会文史资料研究委员会编:《湖南文史资料选辑(第2集)》第4辑,湖南人民出版社1981年版,第2页。
⑤ 中国人民政治协商会议湖南省委员会文史资料研究委员会编:《湖南文史资料选辑(第2集)》第4辑,湖南人民出版社1981年版,第5页。

我所知道的谭延闿

不公开与桂系分道扬镳,明确支持孙中山的号召。孙中山对谭延闿态度的转变感到非常欣慰,肯定谭延闿说,"组庵护法决心,至所佩仰,前沪报载其反对桂系单独媾和,义正词严,尤足慑服群奸"①,并且称赞他"支持危局,始终不渝"②。

1920年11月赵恒惕继任湘军总司令后,谭延闿被逐出湖南,赋闲上海。赵恒惕以湖南自治为名,阻挠孙中山借道湖南北伐。孙中山对此十分愤怒,被迫取道江西。为了扫除北伐的障碍,孙中山不得不在湖南寻找新的支持革命的力量,而鉴于谭延闿在湖南军政界的影响力,仍注意争取谭延闿到革命阵营中来。孙中山对胡汉民等人曾说过:"吾党缺乏政治人才,今后必须多联系国内知名人士以为我助,如北孙南谭,均一时人望。"③这里所说的"北孙"是指孙洪伊,"南谭"即指谭延闿。何况当时的孙中山所掌握的武装力量不多,若能争取谭延闿,也就能够争取到一部分湘军,这对于壮大革命阵营是有利的。谭延闿由此成为孙中山争取的重点对象。

而此时的谭延闿在经过长期的湖南自治运动之后,官场的失意与三次督湘的教训使得他的政治态度发生了重大变化,逐渐倾向于革命。在1922年8月湖南举行的省长选举中,谭延闿输给了赵恒惕,谭延闿对通过自治途径重新掌管湖南的希望破灭,也认识到想在湖南这块混战之地上高举"自治"的大旗是不可能的。通过与杨庶堪等一些国民党人的经常往来和接触,谭延闿对孙中山的政治主张和理念有了一些认识,对三民主义和救国主张有了进一步的理解。当孙中山蒙难来沪时,谭延闿亲自到码头恭迎,殷情安慰,并时常造访孙中山,"信使书札往还,讨论国是"④,有机会得到孙中山的教诲,在与孙中山

---

① 中国人民政治协商会议湖南省委员会文史资料研究委员会编:《湖南文史资料选辑(第2集)》第4辑,湖南人民出版社1981年版,第427页。
② 中国人民政治协商会议湖南省委员会文史资料研究委员会编:《湖南文史资料选辑(第2集)》第4辑,湖南人民出版社1981年版,第265页。
③ 西南军阀史研究会:《西南军阀史研究丛刊》,四川人民出版社1982年版,第346页。
④ 谭伯羽:《茶陵谭公年谱》,沈云龙主编:《近代中国史料丛刊》第68辑,台湾文海出版社1973年版,第110页。

的往来中,谭延闿认识到"自恨其直接承教之晚"①,坚信"革命领袖非孙公莫属"②。当孙中山革命经费捉襟见肘,财源枯竭之际,谭延闿变卖自己的全部田宅,"得值五万元,悉以捐献总理,作为军糈之助"③。当孙中山亲临前线与陈炯明作战之时,谭延闿寸步不离。孙中山对此大为感动,对谭延闿的襄助相当地信赖,先后委以陆海军大元帅府大本营内政部长、建设部长、湖南省长、湘军总司令、大本营秘书长、北伐建国军总司令等重任。谭延闿也彻底放弃了"自治"旗帜,致力于广东革命根据地的巩固和统一。

(二)致力巩固广州革命根据地的斗争

谭延闿到广东成为孙中山先生的忠实得力助手以后,"全力襄助","擘划一切"④,他一再表示:"既是总理主张了,不管难不难,我们不能赞一词,只有努力去干"⑤。因而,很得孙中山的信赖和赏识,"有时他参与机密,决定大计,有时以一身负天下之重。"⑥多次参加了广东革命政权的军事斗争,对巩固广东革命根据地作出过重要贡献。

1. 北伐讨赵,废除省宪

赵恒惕继任为湘军总司令后,以湖南自治为名,阻挠孙中山北伐。孙中山为了摆脱滇、桂军阀的掣肘,也为了联合皖奉,打倒曹锟、吴佩孚,委任谭延闿为北伐讨贼湘军总司令兼湖南省长职,主持北伐军事,将其部队改称建国湘军,令谭延闿率师北伐进讨湖南。1923 年 8 月 7 日,谭延闿到达衡阳后,通电就任孙中山任命的湖南省长兼湘军总司令职务,并打出"省宪修正事务所"的

---

① 杜元载:《革命人物志》第 8 集,台湾文物供应社 1971 年版,第 412 页。
② 谭伯羽:《茶陵谭公年谱》,沈云龙主编:《近代中国史料丛刊》第 68 辑,台湾文海出版社 1973 年版,第 113 页。
③ 谭伯羽:《茶陵谭公年谱》,沈云龙主编:《近代中国史料丛刊》第 68 辑,台湾文海出版社 1973 年版,第 113 页。
④ 广州《民国日报》1924 年 4 月 10 日。
⑤ 杜元载:《革命人物志》第 8 集,台湾文物供应社 1971 年版,第 414 页。
⑥ 杜元载:《革命人物志》第 8 集,台湾文物供应社 1971 年版,第 412 页。

牌子,与长沙的赵恒惕自治政府分庭抗礼。

在三个多月的讨赵战争中,谭延闿自始至终,一直以三民主义为旗帜,宣称:"此次延闿回湘,奉大元帅的命令及主义,欲有所设施。很希望诸君一致来帮助。中山的三民主义、五权宪法,是医治中国的良药","但以湖南人打湖南人我却不愿意。若是阻止我的主义,我就要打他。这就是我此回所抱的决心。"①

谭延闿入湘,宣扬了三民主义,促使一部分湖南官兵投奔广东革命政权。部分当年拥护省宪运动的军人或出于信念的驱动,或为了自己的政治利益,对湖南自治的态度和认识发生了变化。谭延闿顺利将两万多湘军将士带出湖南,壮大了革命阵营,使得广州革命政权转危为安,缓解了对广东革命根据地的压力。

2. 奉命讨贼,保卫广东

1923年10月,陈炯明部进犯广州。孙中山亲临前线督战,令滇、桂各军将领拒敌,滇、桂各军畏敌拒战,不听指挥。孙中山急电远在湖南前线的谭延闿"迅率所部星夜来援"。谭延闿接电后毅然放弃已经收复的湘南,率所部湘军兼程进粤,于广州近郊击败叛军林虎部,屯兵于从化、增城之间,阻击龙门来犯之敌。战局逐渐好转,各军随机反攻,广州转危为安。孙中山对此特予嘉勉,设宴招待谭延闿及各作战有功将领,并决定"北江各部归谭指挥"。

当陈炯明叛军疯狂进犯东江之时,北军方本仁部一万五千余人奉吴佩孚命进犯粤北,占领南雄、始兴,威胁省城。为巩固粤北边陲,孙中山又命谭延闿统领湘军及北江各部增援粤北。谭延闿执行帅令,11月下旬在始兴以南与敌激战多日,连战连捷,俘北军官兵六百多人。叛军于12月18日被全部驱逐出广东,南雄、始兴被重新收复。12月11日,孙中山颁布大元帅令,嘉奖谭等所有前敌作战将领及官佐士兵。

---

① 广州《民国日报》1923年8月24日。

1924年2月23日,孙中山在谭延闿陪同下,赴广州北部湘军防地视察,对三千余湘军官兵发表演说,谓"湘军各将士这次来到广东,是为主义而来的,是为革命奋斗的。诸将士要能够为革命去奋斗,便先要变成革命军","希望湘军从今天以后,都能成为革命军"。① 2月27日,孙中山向谭延闿发布明令:"赶紧催促驻省湘军出发东江"②。3月11日起,所部湘军第一、二、三各军一万六千余人陆续开赴东江前线。4月上旬,东征联军分三路对叛军陈炯明部发起总攻。"当时广州各军的力量,便以谭先生统率为最大,人数既众,枪械又充实";"当时在大本营的各军,军纪之好,以湘军为最"③,而且湘军进军神速,作战英勇。据当时报载:"联军出发者,在七万以上,而尤以湘军居多数,湘军转战千里,所向有功,而爱民惜物,保护地方,益不遗余力","为各军之大良模"。④ 孙中山十分高兴,批令财政委员会,增拨湘军士兵薪饷10万元,"以示奖励"。4月中旬,湘军一举克复东江中游重镇河源,截断叛军北窜水路,对陈炯明老巢惠州呈包围之势。16日,陈炯明败退平山。

3. 平定杨、刘叛乱,扭转危局

广东政府内部的滇、桂军阀杨希闵、刘震寰,在孙中山去世后,反叛心志日见明显。谭延闿善意提出警告:"我一生佩服的只有孙先生,除孙先生外,再没有第二人了。便是我的同乡黄克强,也只佩服得一半,今日后大家如果只图私利,不能遵照孙中山遗教完成革命,便是孙中山的叛徒。"⑤这番话既表明了谭延闿坚持孙中山生前既定路线方针的心迹,也是警告杨希闵等人不要背离国共合作的方向。杨希闵、刘震寰勾结云南军阀唐继尧公开叛乱后,虽代理大元帅胡汉民犹豫不决,但谭延闿、廖仲恺等主张讨伐,并"从间道到北江抚杨、

---

① 《孙中山全集》第9卷,中华书局1986年版,第499—500页。
② 《孙中山全集》第9卷,中华书局1986年版,第519—520页。
③ 杜元载:《革命人物志》第8集,台湾文物供应社1971年版,第413页。
④ 广州《民国日报》1924年4月9日。
⑤ 杜元载:《革命人物志》第8集,台湾文物供应社1971年版,第415页。

刘之背,予以痛创"①,为迅速平定叛乱,稳定广东革命根据地起到了较好的政治和军事作用。至此,广东革命根据地,不仅在国共合作的条件下得到巩固,而且成了发展革命力量的可靠基地,为北伐全面进军打下了良好的政治、军事基础。

(三)拥护三大政策,促成第一次国共合作的建立

在国民党内,国共合作一开始就遭到了很多人的反对,由于国民政府内部政治斗争十分激烈,国民党形成了左中右三派,右派从中作梗,致使政府内部暗流涌动,常常发生摩擦。谭延闿作为国民党内的中间派,当时态度偏左,同意改组国民党,积极争取苏俄方面援助,坚持与国民党右派进行斗争。1924年1月,谭延闿作为孙中山直接指派的代表参加了国民党"一大",并当选为国民党中央执行委员。他对大会所确定的新三民主义政策及国共合作的实现表示拥护,对其发展的前景也充满了希望。谭延闿在《甲子元日试笔》中说道:"在昔轩辕纪,龙飞肇此年。上元今岁始,佳节立春先。尚想中兴业,重寻皇极篇。太平端可致,努力仗群贤。"②意思是:1924年(上元甲子始年)初,国民党"一大"通过的宣言和制定的政策,是治理国家、振兴中华的宏伟篇章,而实现这宣言和政策,建立独立、富强的中国,全仗国共两党群贤的共同努力。大会闭幕后,谭延闿作为孙中山的助手,直接在孙中山指导下工作,并认真执行"一大"制定的各项政策,为促进国共合作的方针政策而努力。

孙中山病逝后,敌对势力乘机制造混乱。部分国民党员也以为孙中山去世之后,时局和政策将发生变化,对国共两党合作的前途感到忧虑。对此,谭延闿在给友人的一封信中表示,"孙先生新逝,外间揣测必多,实则此间以维

---

① 杜元载:《革命人物志》第8集,台湾文物供应社1971年版,第417页。
② 谭伯羽:《茶陵谭公年谱》,沈云龙主编:《近代中国史料丛刊》第68辑,台湾文海出版社1973年版,第35页。

持现状为主,一循定轨,毫无更易"①。他和胡汉民等联名通电表示,"谨承总理遗志",执行其生前既定的路线和政策。谭延闿还致书好友石陶钧说,"渐有重视共产派的倾向",并警告石陶钧"勿为国家主义的国民党员"。石陶钧后来评价,当时谭延闿的政治态度是"必继承孙先生的精神,以亲俄为政治手段罢了"。②

1925年6月15日,在中共的倡议及国民党左派廖仲恺等人的促成下,国民党中央委员会召开全体大会,谭延闿在会上发表赞同改组的意见。大会最后决议:国民党中央执行委员会为最高权力机关;改组大元帅府为国民政府;改组军队,统一军队编制,国民党所属的军队,一律改称国民革命军;整理政府和军队的财政。

1925年7月1日,广州军政府改名为国民政府后,谭延闿被任命为国民政府委员会常务委员和军事委员会委员,并对国民政府所采取的各项进步措施持积极态度。谭延闿成为国民政府党政军重要人物后,在对待国共合作的政治态度上比较积极,并为国共合作局面的继续稳定而努力。为了适应客观革命形势的发展,谭延闿坚持联俄、联共、扶助农工的三大政策,8月4日,谭延闿、许崇智等联名通电表示"实行中国国民党之议决案及训令"③。

当国民党中央少数右派在北京西山碧云寺召开所谓"一届四中全会",并通过《取消共产党员在国民党中的党籍》等反苏、反对国共合作的议案,进行公开反共的分裂活动之时,谭延闿旗帜鲜明地表示反对。他和谭平山、林伯渠、李大钊、毛泽东等联名通电反对"西山会议派",指出西山会议是非法的,应立即停止其反共活动。1926年1月在国民党第二次全国代表大会上,谭延

---

① 龙伯坚、简权乾藏:《谭延闿手札》,《近代湘资手札》,台湾文海出版社1970年版,第46—47页。
② 《湖南历史资料》编辑室:《湖南历史资料》(第2辑),湖南人民出版社1981年版,第35—36页。
③ 《国民政府军事委员会成立》,上海《民国日报》1925年8月18日。

我所知道的谭延闿

闿作为大会主席团主要成员,与谭平山、吴玉章、毛泽东、恽代英等共产党人合作,通过了《接受总理遗嘱决议案》、《弹劾西山会议决议案》,决议继续坚持联俄、联共、扶助农工的三大政策,重申了国民党一届四中全会的精神,明确指出西山会议纯属违法,斥责西山会议是破坏国民革命的反动行为,给"西山会议派"中的几个反动分子以开除党籍和警告处分。国民党"二大"取得的这些成就,谭延闿的作用和表现是不能忽略的。

国民党"二大"以后的一段时期里,作为国民党中央执行委员会常务委员的谭延闿,一方面凭借自己的政治影响,拉拢各军领袖;另一方面,在处理国共双方的矛盾时,注意维护国共合作和工农利益,积极支持苏联和中共,在实施三民主义、执行三大政策、协调两党合作、指导群众运动等方面,同常委中的共产党人林伯渠、谭平山等相互尊重和支持,力图达到平衡各方力量,遏制蒋介石势力膨胀。为此,谭延闿采取了一些得力的措施,对工农运动的恢复与发展有一定的影响。如在1926年3月19日,当江西代表向国民党中央常务委员会控告蒋介石等在南昌、九江组织AB团,破坏省市党部、捣毁工农团体,制造反共事件的摩擦时,谭延闿和林伯渠提议"用中央执行委员会"的名义,令其"保护党部及人民团体,并严拿凶手及反革命叛徒"。在4月1日的国民党中央执行委员会政治委员会议上,针对蒋介石超越中央,以总司令名义非法进行外交活动,任免文武官员,解散工人纠察队,特作出决议加以制止。谭延闿要求:"将决议案的内容正式告诉他","如违背,警告处罚"。[①] 在蒋介石抛出"整理党务案"后,谭延闿还积极拉拢苏联,以牵制蒋介石。他时常走访鲍罗廷的住所,并在纪念十月革命九周年的庆祝活动上,和其他政府委员宣称:"应巩固同苏联的联盟,苏联是全世界被压迫民族解放

[①] 中国第二历史档案馆编:《中国国民党第一、二次全国代表大会会议史料》(下),江苏古籍出版社1986年版,第1009—1010页。

事业的指路明星"①。1926年12月在国民政府北上前夕,谭延闿与宋庆龄、孙科等举行专门会议,讨论了保送中国革命青年去苏联学习的问题,并赞助莫斯科中山大学协会的成立。

二、大革命高潮中维护国共合作

(一)谭延闿的第二军与共产党亲密合作

谭延闿是中国国民党人士中与中国共产党人接触较早,并建立了比较融洽的政治联系的国民党人之一。1923年中共三大召开期间,毛泽东"每天除了开会外,还经常到'简园'找谭延闿商谈统一战线工作"②,争取谭延闿对国共合作的支持。

早在入湘讨赵之时,谭延闿就以孙中山的三民主义为旗帜召集旧部,经常教育士兵要明确作战目的,为三民主义而奋斗。他说:"兄弟这次回来,以主义救湘救中国,纵有困难的地方,自愿甘心。"③国民党改组之时,谭延闿介绍全体湘军军官加入国民党,湘军入粤后,战事频繁,湘军将领也常用孙中山的三民主义对士兵进行教育,谭延闿、鲁涤平、吴剑学在训示军队时经常提及三民主义、五权宪法。此外,在谭延闿所部的湘军中成立了中国国民党特别党部,设立了政治部和党代表制,共产党员李富春、李六如、方维夏、萧劲光和谢晋在军队中担任各师团党代表,共产党员和政治工作人员宣传国共合作,宣传反帝反封建,改造部队旧的军阀制度,团结部队,使之不断革命。谭延闿对在第二军中从事党务和政治工作的李富春、萧劲光、方维夏、李六如等共产党人是尊重和信任的。谭延闿担任广东国民政府代理主席,第二军的重大问题,由

---

① [苏]维什尼亚科娃-阿基莫娃:《中国大革命见闻(1925—1927)》,王驰译,中国社会科学出版社1985年版,第207页。
② 梁复然:《关于中共"三大"的回忆》,中共广州市委党史资料征集研究委员会办公室:《广州大革命时期回忆录选编》,广东人民出版社1986年版,第164页。
③ 《谭延闿在衡州欢迎会上之演说》,广州《民国日报》1923年8月24日。

鲁涤平、李富春和苏联顾问共同商量决定。国民党规定不准在国民革命军中发展共产党员,建立共产党支部。李富春是谭延闿第二军的党代表和政治部主任,同时是军法处长。全军一切重大问题的商讨、决定,李富春必定参与,军队的政治工作,实际上是共产党人在负责。李富春在第二军中健全了各级党代表制度,组织军、师两级政治部。这样使得中共在第二军中的组织建设既合法,又有力量。

这些共产党人在革命军中做了大量的政治工作,使得湘军广大官兵的政治思想觉悟和军事素质都比以前有了较大的提高,成为一支具有明确政治目标和革命精神的军队。广州国民政府的苏联军事顾问古比雪夫在1926年3月给莫斯科提交的一份关于广东国民革命军的综合报告中提到了谭延闿所部湘军的状况,"该军被认为是一支不错的军队,有战斗力,而且军事训练适度,供应充足",甚至认为谭延闿"尽管他不十分激进,但仍被看作一个革命者","革命政府和我们的领导人认为,谭延闿将军值得信赖,是政府中忠诚而坚决的支持者。"[1]方鼎英也曾回忆道:"谭以文人而兼湘军全军统帅,关于部队内部的一切,彼惟众意是从。"[2]

1926年春,谭延闿以国民党中央党部的名义在广州开办"中国国民党政治讲习班",并指定由湘籍高级将领所组成的湖南政治研究会具体领导,主要为第二军培养政治工作干部。政治讲习班的学员一部分是湘军整编为国民革命军第二军时的编余人员,一部分是湖南国民党秘密招收的共产党员、共青团员和进步青年,还有从江西、湖北、广东等地招收的少量学员。"那时,在国民革命军中,除了四军的叶挺独立团以外,二军政治工作人员的数量是比较多的。"[3]

---

[1] 《苏联顾问关于国民革命军的报告》,韦慕庭:《革命的传教士——苏联顾问与中国革命》,刘德喜、阮守应译,《中山大学学报论丛》1994年第1期,第187页。
[2] 中国人民政治协商会议广东省委员会文史资料研究委员会:《广东文史资料》(第15辑),1964年版,第3页。
[3] 中共党史资料征集委员会、中共中央党史研究室:《中共党史资料》(第9辑),中共党史资料出版社1984年版,第32页。

湖南政治研究会以研究湖南革命运动为目标。谭延闿、程潜、鲁涤平及共产党员毛泽东、林伯渠、李富春等组成理事会,谭延闿担任理事会主席,李富春担任讲习班主任。该会主要是培养干部,实际上是由毛泽东和李富春负责领导。教员有肖楚女、恽代英、张太雷等共产党员。湖南研究会和政治讲习班的建立,反映了谭延闿早在大革命初期就与共产党相联系。即使在大革命紧急阶段,国共关系恶化的时候,谭延闿仍未中断和共产党人的友好来往。据《林伯渠日记》记载:1927年4—5月,谭延闿、林伯渠互访达9次之多。

(二)"中山舰事件"中准备讨蒋

国民党"二大"召开之后,国民党内部的分化加剧。随着廖仲恺被刺杀,蒋介石乘机把胡汉民逼走,将许崇智轰下台,夺取了兵权。国民党中央掌握军政实权的只剩下汪精卫、谭延闿、蒋介石三人。蒋介石为了打击中共和排挤汪精卫,夺取国民党最高领导权,在3月制造"中山舰事件"。事实上,当时各界对于蒋介石擅自行动,宣布戒严、逮捕李之龙、包围苏联顾问住宅的做法也和汪精卫一样不满。为了防止蒋介石的武力胁迫,谭延闿作了应变,"已准备上火车返曲江防地正式发动"讨蒋。他令陈公博转告鲁涤平等"盼咐军队准备,以备万一之变"[1];亲自赶到苏联顾问团住处,提议"严厉反蒋之法"[2]。王若飞的《大革命时期的中国共产党》资料更是证明,谭延闿曾经找过毛泽东,并向他提出了反击蒋介石的主张,但苏联顾问布不洛夫等不同意。[3]

但是后来方鼎英主张对蒋介石先礼后兵,请谭延闿出面调停,提出首先谴责蒋介石不该如此妄动,并谈调处条件,劝蒋介石顾全大局,接受和解,"如蒋

---

[1] 中共广东省委党史研究委员会办公室、广东省档案馆:《中山舰事件》,内部资料,1981年版,第162页。
[2] [苏]斯切潘诺夫:《关于"三二○"事件的报告》,中共中央党史研究室第一研究部编:《共产国际、联共(布)与中国革命文献资料选辑》(上),北京图书馆出版社1998年版,第149页。
[3] 王若飞:《关于大革命时期的中国共产党》,中国社会科学院近代史研究所:《中共党史革命史论集》,中共中央党校出版社1982年版,第112页。

不接受,再打不迟"①。共产党内以陈独秀为代表的一部分领导人,也在压制党内主张彻底揭露和坚决反蒋的意见,并派张国焘与国民党中央主要领导人之一的谭延闿进行了谈判。

谈判中,双方主要就以下几个方面表达了自己的观点:

第一,关于联俄政策,谭延闿担心"中山舰事件"会影响到俄国对中国革命的态度。谭延闿认为,如果苏俄与广东国民政府的关系闹僵,广东便得不到苏俄的军火援助,那么国民革命就会失去保障。因此,谭延闿强调,蒋介石不会放弃联俄政策,张国焘向谭延闿表示,俄国方面对蒋介石的态度不会改变。

第二,关于国共关系问题。张国焘表示,中国共产党希望孙中山所定的联共政策不会走样。谭延闿安慰张国焘说,蒋介石在这个问题上"已在回心转意",但是他又说,"也许中共和国民党左派不免要吃一点亏,例如中共党员甚至左派人物不好再在第一军工作,但仍旧可在其他各军中工作。各军均缺乏精干人员,一定会欢迎原在第一军的工作者来参加。"②谭延闿向张国焘保证,他所统帅的第二军就能这样办。

第三,关于国民政府和统一战线的领导问题。谭延闿认为,蒋介石与汪精卫既然难以合作下去,也不要强人所难。张国焘认为,国民革命的领导权应由国民党担当,中共不宜干涉国民党内部的事务。③

谭延闿与张国焘谈判结束后,与蒋介石在造币厂见面,对蒋介石说:"国共合作是总理生前的主张,你现在的行动,总理在天之灵能允许吗?"④"事态搞的太严重了,应该及时挽回。"⑤蒋介石尽管神色镇定,但对于各军的态度也

---

① 《文史资料》合订本,第3册,中国文史出版社1989年版,第419页。
② 范小方、毛磊:《国共谈判史纲》,武汉出版社1996年版,第43页。
③ 范小方、毛磊:《国共谈判史纲》,武汉出版社1996年版,第43页。
④ 《谢华集》编辑委员会:《谢华集》,湖南人民出版社1989年版,第302页。
⑤ 中共广东省委党史研究委员会办公室、广东省档案馆:《中山舰事件》,内部资料,1981年版,第189页。

不能不有所顾忌,表示可以"和平解决"①,通知取消戒严,释放了所有被拘捕的共产党员,同时还委托谭延闿等带信给汪精卫请求其原谅。

"中山舰事件"发生后,不论是汪精卫、蒋介石,还是苏联与中共,都处于一种两难的境地,各方都不至于作出有损国共联合统一战线的轻率决定,想找一个台阶和平解决。这种情势下正好需要居间调停的牵线人物,而谭延闿成了最好的选择。首次国共合作带来的大好革命形势能否延续关系重大,谭延闿居间调停对于打破两党僵局、缓和国共关系的紧张,具有不可忽视的作用。张国焘评价谭延闿说:"在这种情况下,任国民政府代主席的谭延闿氏充当沟通各方面意见的角色。他似不受国民政府日常事务的拘束,大部分时间都在与各政要人物周旋。他的这种活动确曾对时局产生了稳定作用。"②张国焘还曾说道:"谭曾指出广东如得不到苏俄军火的援助,国民革命将成空谈。蒋氏之不会放弃联俄政策,我们似也不难从谭的这句话中获知梗概。"③

(三)支持"提高党权"和工农运动

1926 年 10 月 15 日至 26 日,在广州召开了中国国民党中央执行委员和各省、区代表联席会议(即广州联席会议),谭延闿作了开幕词,表示:"我们大家都是党员,我们的言论步骤要非常统一,我们对于党的决议要绝对服从,只看俄国便是我们的榜样。"④谭延闿和吴玉章、宋庆龄、徐谦等共同努力,制定并通过了《中国国民党最近政纲》、《对全国人民宣言》、《全国人民团体联合会之纲领》、《国民革命军代表条例》以及国民政府发展问题等文件,《中国国民党

---

① 中共广东省委党史研究委员会办公室、广东省档案馆:《中山舰事件》,内部资料,1981年版,第 189 页。
② 中共广东省委党史研究委员会办公室、广东省档案馆:《中山舰事件》,内部资料,1981年版,第 148—149 页。
③ 中共广东省委党史研究委员会办公室、广东省档案馆:《中山舰事件》,内部资料,1981年版,第 149 页。
④ 荣孟源主编:《中国国民党历次代表大会及中央全会资料》(上),光明日报出版社 1985年版,第 265 页。

最近政纲》提出了废除军阀官僚制度，建立民主政权，发展民族工商业，组织农会和农民武装，实行"二五减租"等体现国民党"一大"宣言的近期具体奋斗目标。

在之后通过的国民党中央及各省区联席会议宣言宣布："本党呼吁：中国国内一切革命阶级联合在本党旗帜之下，一齐为本党目前政纲而奋斗，期于最短时期使其实现。本党愿对全国人民重复申明：本党将以全力保障人民的一切自由，及扶助民众组织起来，使民众能建立自己的势力。因为这样，国民革命才能有成功，国民革命的胜利才能有正当的保障。"①

迁都之争使得武汉与南昌之间的关系紧张，而蒋介石故意将召开国民党二届三中全会的日期拖延，更使得形势迅速白热化为军权与党权之争。随即，国民党内一些人提出了反对独裁、实行民主、提高党权的主张，掀起了恢复党权运动的序幕。

谭延闿抵达武汉后，极力协调南昌和武汉之间的矛盾。在武汉临时联席会议召开的中央执行委员会第三次全会预备会议上，谭延闿曾力争将国民党二届三中全会推迟到1927年3月12日举行，以便等蒋介石、朱培德等人能来汉参加会议，受到吴玉章、恽代英、彭泽民、董必武等的驳斥，谭延闿同与会者展开了激烈的辩论。一方面，表明他不支持迁都南昌，"同意"武汉方面"提高党的权威"的意见②；另一方面，他又表示"希望大会亦能容纳南昌同志意见，使大会顺利"，并提出，"各位同志发表意见有些误会，所请延会并非专等一人"，"两方表示已无隔阂"，"延闿不愿党有裂痕，南昌之请求请大家须注意"。③"南昌同志因求党务进行顺利而皆来参加，关系甚大，并不在一、二日

---

① 荣孟源主编：《中国国民党历次代表大会及中央全会资料》（上），光明日报出版社1985年版，第274页。
② 中国第二历史档案馆编：《中国国民党第一、二次全国代表大会会议史料》（下），江苏古籍出版社1986年版，第743页。
③ 中国第二历史档案馆编：《中国国民党第一、二次全国代表大会会议史料》（下），江苏古籍出版社1986年版，第747—749。

之争执。"①"南昌要求展期之理论,上固不足,可是事实,上亦须顾到。为爱党起见,使南昌同志得参加亦可使开会之顺利,且与军事有关系甚多。"②

当时的情况下谭延闿坚持推迟会议的主要原因是,首先,他刚从南昌而来,希望借助推迟会议,使得蒋介石没有借口。当时谭延闿就曾说过:"此间决定南昌同志不到亦开会,如能侯蒋、朱到来,则他人无从挑拨矣。"③其次,谭延闿在国民党党内以"和事佬"闻名,而且同来的李烈钧、陈果夫等亲近蒋介石,如果谭延闿不发表自己的意见,势必引起他们的怀疑。他推迟会议只是想通过双方的妥协来缓和矛盾,也为自己留后路。因此,当会期最后付诸表决之时,谭延闿保持中立态度,既没有像李烈钧那样愤而退席,也没有像陈果夫那样返回南昌,更没有对会期提出异议。

国民党二届三中全会召开之时,汪精卫和蒋介石均未出席。谭延闿作为中央常委、国民政府代理主席,自然成了全会关键人物。他与共产党人林伯渠、吴玉章,国民党左派徐谦、陈友仁等合作主持了全会。国民党二届三中全会于3月10日至3月17日召开,谭延闿在开幕词中说:这次会议是在北伐取得重大胜利、工农运动迅速发展的形势下召开的,希望这次全会"刷新"党的工作,完善党的组织,发扬成绩,"巩固党力"。④ 会议针对蒋介石军事独裁的倾向及干涉政治、留难国民党中央委员的举动,决定提高党权,将大权集中于国民党中央。会议还决定废除主席和委员长制,实行国民党中央常务委员会、政治委员会、军事委员会的集体领导体制,通过了维护三大政策、扶助农工运动等系列决议。全会在一些主要问题上坚持了国民党"一大"、"二大"的正确

---

① 中国第二历史档案馆编:《中国国民党第一、二次全国代表大会会议史料》(下),江苏古籍出版社1986年版,第748页。
② 中国第二历史档案馆编:《中国国民党第一、二次全国代表大会会议史料》(下),江苏古籍出版社1986年版,第749页。
③ 中国人民政治协商会议湖北省委员会文史资料研究委员会编:《湖北文史资料》(第3辑),湖北人民出版社1981年版,第76页。
④ 荣孟源主编:《中国国民党历次代表大会及中央全会资料》(上),光明日报出版社1985年版,第298页。

方针和政策。会议还重申:"必须遵守总理决定之革命策略,诚意地与世界革命战线上先进之苏俄亲密联合","一致努力领导群众,根据总理所决定之策略以奋斗,本党即无由以完成革命之使命","同时必须在国内努力发展工农运动,在国外与世界革命势力相联结,使本党基础深入于农工群众之中,且成为国际革命阵线之一部分,方能获得广大之援助。党能亲密的与国际革命势力相结合,而且与农工群众之意志与力量形成一片,方足以使反革命之现象永远绝迹于党内。"①在3月23日,联席会议推举出十三名执行委员,组成"中华全国农民协会临时执行委员会",以邓演达、谭延闿、陆沉、毛泽东、谭平山等五人为常务委员,随后发出就职通电。原定5月15日召开全国农民代表大会以正式成立全国农协,后因革命形势的急剧变化,全国农代会一再延期,终归流产。

　　本次会议以主要精力讨论并通过了两个决议案:《统一党的领导机关决议案》和《中执委军委会组织大纲案》。这是会议的两个主要议案,也是主要目的,即提高党权,反对蒋介石实行个人军事独裁。显而易见,上述议决案多是针对蒋介石的独裁而设,这也是国民党左派和中共努力斗争的结果。就谭延闿个人而言,一方面,他与蒋介石的关系及自身利益,使得他不可能主动去作出这些规定;另一方面,谭延闿也不可能从中作梗,因为会议上国民党左派和共产党人占据多数。但毕竟是他主持通过的这些决议案,而且在会议讨论这些提案的过程中,他还明确表示过"同意",因此讨论顺利也就很正常了。会议还改组了国民政府,增设了农政、劳工等部,共产党员谭平山担任农政部长,共产党员苏兆征担任劳工部长,组成了国共合作的联合政府。谭延闿被选为国民党中央常务委员会委员和政治委员会委员及军事委员会主席。

------

　　① 中国第二历史档案馆编:《中华民国史档案资料汇编》(第4辑),江苏古籍出版社1991年版,第402页。

三、大革命后期谭延闿的急剧右转

(一)迁都就蒋助推了蒋介石的反动倾向

随着北伐战争的进行,蒋介石的军事实力也不断膨胀。蒋介石首先抛出了将国民党中央和国民政府迁至武汉的主张。1926年9月9日,蒋介石致函张静江、谭延闿,请政府常务委员来鄂主持政务:"武昌克后,中(蒋自称,引者注)即须入赣督战,武汉为政治中心,务请政府常务委员,先来主持一切,应付大局。否则迁延日久,政治恐受影响,请勿失机。最好谭主席先来也。如何?"[①]18日,又再次去信:"政务会议在鄂设施,凡政务须有省党部政治部政治局通过施行。惟中离鄂以后,武汉政治,恐不易办,非由政务委员及中央委员先来数人,其权恐不能操之于中央,必中央来人另组政治委员会,以代临时政治会议为要。"[②]

很显然,蒋介石迫切想将国民政府迁往武汉,主要是因为中共和国民党左派在广东力量较强,工农运动的基础雄厚,这些都是蒋介石推行独裁的障碍。而国民政府迁都攻克不久且工农群众的革命斗争才开始兴起的武汉,有利于蒋介石控制国民政府,运用国民党和政府的力量来控制并限制唐生智的发展,以防他在武汉另创局面;同时也便于他借助地方政府镇压在广东的革命势力。这正如他所说的那样,"意以为共产势力在粤,迁之使其失所凭藉,易于取缔"[③]。中共中央倒是早就看出这一点,并针对蒋介石的企图,于9月中旬对党内连续发出了几个文件,明确反对国民政府迁都武汉。至于谭延闿,则因为广州风平浪静,他与各方的关系很融洽,不愿去武汉与昔日冤家唐生智纠缠在一起。因而谭延闿回答道:"现在的主要工作在巩固各省基地,这种工作以首

---

① 王安华:《蒋介石信函秘事》,河南人民出版社2007年版,第104—105页。
② 王安华:《蒋介石信函秘事》,河南人民出版社2007年版,第104—105页。
③ 中国革命博物馆党史研究室编:《党史研究资料》(第6集),四川人民出版社1985年版,第90页。

先向广东实施最为适宜。如真忙于迁移，不如先把各省的基础巩固起来。"①他以此为由，回绝了蒋介石的请求。

北伐军攻克武昌后，随着国民革命军的势力向两湖发展，革命的中心转移到长江流域。迁都问题随之又提上了国民政府的议事日程。

谭延闿在迁都问题的态度上是比较民主的。1926年10月15日至26日，在广州召开的中国国民党中央执行委员和各省、区代表联席会议（即广州联席会议）上，谭延闿在致开幕词中表示："国民政府现在要不要迁移，国民会议如何召集，都要请大家共同讨论，以求一个适当的方法。"11月26日，谭延闿主持召开了国民党中央执行委员会政治会议，决定国民政府迁都武汉。12月中旬，国民党中央委员会宋庆龄、徐谦、陈友仁、吴玉章和苏联顾问鲍罗廷等一行十余人抵达南昌，在庐山举行会议之后便往武汉筹备迁都工作，国民党中央发表迁都通电："当政府为适应环境，实行迁都。决七日迁移，准半月内可到武昌办事。"同时决定国民党中央委员和政府委员分两批离粤赴鄂。

在迁都的过程中，由第一批到汉口的国民党中央和国民政府委员会组织了"中国国民党中央执行委员暨国民政府委员临时联席会议"，宣布在国民党中央政治会议未在鄂召开之前，代行最高职权。此时，代理国民政府主席的谭延闿和国民党中央常务委员会主席的张静江仍然滞留在广州做善后工作。这个决定，蒋介石是赞成的，并曾致电祝贺。

但是，当谭延闿和张静江两人率领第二批从广州北上的国民党中央和国民政府委员何香凝、朱培德、李烈钧等十余人到南昌后，蒋介石却出尔反尔，提出将国民党中央和国民政府留设南昌之议，并在南昌召开国民党中央执行委员会政治会议临时会议。这就必然使得国民政府无法行使职权，国民党也无法在武汉举行全体会议。自北伐军攻克南昌以后，因为在武汉的是第四军、第八军，没有蒋介石的心腹部队，蒋介石随即以"政治应与军事相配合"为理由，

---

① 王安华：《蒋介石信函秘事》，河南人民出版社2007年版，第105—106页。

坚决主张把中央政府迁往南昌,以便自己直接控制。这当然引起了武汉方面的不满,遭到在武汉的国民党中央和国民政府委员的抵制。

鉴于此种情况,武汉临时联席会议决定,一方面以宋庆龄、徐谦、陈友仁等人的名义致电蒋介石,要求他立即撤销南昌政府,让在南昌的中央委员和国民政府委员去武汉报到;另一方面,武汉的国民党左派和中共中央决定派谢晋(共产党员)秘密赴南昌联络被蒋介石留住的谭延闿及其他一部分国民党中央委员,敦促他们速到武汉。

谢晋到达南昌后,住在谭延闿处,敦促谭延闿到武汉,并商议对付蒋介石的问题,谭延闿表示同意。正当谭延闿设法离开南昌之时,被蒋介石察觉,受到阻拦。谭延闿迫于蒋介石的压力,不敢贸然前往,乃促谢晋离开南昌,临行时交给谢晋密电码一本,约定以后互通情报,密切联系。谢晋回到武汉后向武汉方面的国民党中央和中共中央汇报说:"谭延闿本决心到武汉来,只是想多争取几个留在南昌的国民党中央委员一同来武汉。"①

在南昌与武汉之间争论不休时,谭延闿实际上在南昌的两个多月里行动有着很大的自由,而且没有也不敢违逆蒋介石的任何重大意见。苏联顾问就曾回忆道:"政府主席谭延闿将军犹豫不决,无论如何也不肯同蒋介石决裂,全会开会在即,还是呆在南昌。"②值得一提的是,在1月3日的国民党中央政治委员会会议上,当蒋介石向谭延闿问及关于国民党中央党部和国民政府是留南昌还是前往武汉之时,谭延闿表示:"论道理是应该迁武汉,论局势是应该留南昌,我倒主张中央暂时留赣。"③在会后,谭延闿还曾对陈公博说过:"如果主张搬汉口,倒有两层不便","我若支持主张国民政府搬迁武汉,介石不难

---

① 中国人民政治协商会议武汉市委员会文史资料研究委员会:《武汉文史资料选辑》(第4辑),内部发行,1981年版,第46页。
② [苏]维什尼亚科娃-阿基莫娃:《中国大革命见闻(1925—1927)》,王驰译,中国社会科学出版社1985年版,第247页。
③ 陈公博:《苦笑录》,东方出版社2004年版,第60页。

要怀疑到我要和他分庭抗礼,对立起来"。① 可以看出他已经不像之前那么强硬,对蒋介石的意见是比较迁就的,这也助长了蒋介石的野心。

为了迫使蒋介石同意按原议迁都武汉,武汉国民党左派联合起来,发出通告,要求蒋介石"根据前议,定鼎鄂诸"。宋子文暂扣蒋介石所需军费,后于2月4日亲自到江西斡旋。2月8日,南昌方面召开"中央政治会议"第五十八次会议,被迫同意中央党部及国民政府一律迁往湖北。武汉方面在2月21日的扩大联席会议上又重申:"联席会议既不能视为永久机关,而南昌同志之来又遥遥无期;大家均以为应有正式办事地点,以副民众之仰望。故廿一日开扩大联席会议,一致表决均认为中央党部、国民政府均应正式开始办公,以接续联席会议。而南昌又复通电否认,谓中央并未移鄂,并通电各地党部停止开全体中央执行委员会议。"②此后不久,陈公博由南昌来武汉,疏通双方的关系。武汉方面也派谢晋、陈铭枢带着提高党权的联名信,随陈公博一起到南昌,以说服南昌各委员。谭延闿对陈铭枢说:"既然大家希望我去,我当然要去。不过蒋总司令能一同去更好。"③经过国民党左派邓演达等人的努力以及谭延闿的从中斡旋,蒋介石迫于舆论的压力和其他各种原因,被迫同意将中央和政府迁往武汉,临行前蒋介石曾对谭、陈二人说道:"他们能等我,等到3月12日开会,就相信他们有诚意;假使提前举行,则虚伪可知。"正因为蒋要将召开国民党二届三中全会的日期无限期延迟,才有了之前所讲的"提高党权"运动。

(二)宁汉分立时限制工农运动

迁都之争后,蒋介石大权独揽,引起了国民党内一些人的强烈不满,因此,国民党内谭延闿等人一面与共产党合作,形成左派的中心,以减轻蒋介石的扩

---

① 陈公博:《苦笑录》,东方出版社2004年版,第64页。
② 中国第二历史档案馆编:《中国国民党第一、二次全国代表大会会议史料》(下),江苏古籍出版社1986年版,第745页。
③ 陈公博:《苦笑录》,东方出版社2004年版,第32页。

张所造成的压力;一面又希望借助汪精卫的政治声望,来抑制蒋介石的独裁分裂行为。于是,国民党内的主要斗争由迁都之争中的武汉与南昌之间的矛盾转化为宁、汉双方之间的矛盾。

随着北伐进军以及革命形势的蓬勃发展,工农运动出现了新的高涨,农民运动的中心由广东转向湖南。而湖南农民运动的迅猛发展,对武汉政府党政军势力的分化起了直接的重大影响。

汪精卫在回到上海后,成了蒋方与汉方争取的对象。汪精卫起初的态度是左右两可,他首先参加了蒋介石的分共会议,并同意蒋介石的分共主张。后来因为陈独秀与武汉方面对他的积极争取,而他在南京方面又无有力的支持者,同时对于蒋介石和过去的教训还存有戒心,所以他选择了站在武汉一边。4月5日,汪精卫与陈独秀发表联合声明,指出国共两党将为中国革命携手合作到底,绝不受人离间中伤云云。

谭延闿本来就很失落,加之各界的迎汪运动使得他的政治地位猝然下降,便自然地产生了一种门前冷落车马稀之感,革命情绪低落,对于武汉政府的东征讨蒋变得冷淡。5月底到6月初,鲍罗廷连续在谭延闿的寓所召开了两次会议,讨论反蒋的问题。汪精卫和程潜主张调动军队攻打南京,但是谭延闿已经对革命没有了兴趣,"索性睡着了"[①],其态度变得消极起来,而对宁汉合作和清共则比较积极。谭延闿对争吵袖手旁观,漠不关心,似乎他们不再成为一种政治因素,其实他在政治上已经另有自己的打算。

日益高涨的工农运动,也直接威胁到了谭延闿的家族利益,他对革命的发展深表恐惧,对革命的态度发生了改变,这在一定程度上影响了他对国共合作的前途的看法。谭延闿的一些亲属故旧,大多在农民运动的冲击之下,陆续逃到武汉,并在谭延闿面前攻击农民运动。据唐生智回忆,"当时武汉国民政府主席谭延闿就对我说:'不赞成农民运动,打土豪劣绅运动。连我部下的一些

---

① [苏]亚·伊·切列潘诺夫:《中国国民革命军的北伐:一个驻华军事顾问的札记》,中国社会科学院近代史研究所翻译室译,中国社会科学出版社1981年版,第551页。

连排长的家属,也被农民捆起来了,这太不像话了'。"①一位在武汉工作的苏联人曾说道,谭延闿"特别注意的是:主要危险不在于马上夺取土地,最难办的事情据说是分配土地。"②

面对武汉革命形势及工农运动的蓬勃发展,谭延闿深受刺激。他开始大肆攻击农民运动,甚至夸大其词地声称"茶陵家里的佃农,也难逃此劫运"③,并且断言"这条道路走不通,假如一定要勉强去走,鼻子会碰出血来的"④。在听到大劣绅叶德辉被枪决的消息后,他更是非常惊恐。他利用自己的政治特权,窝藏逃亡的地主,又攻击工农运动"过火",而且他还表示反对"破坏农村社会秩序的行为",主张"改组农民协会"。⑤ 惊呼"湖南葬送了革命",认为"湖南农民处于农会的控制之下,现在农会对农民的压迫甚至比军阀要厉害得多",甚至说湖南闹事的"并非真正的农民",而是"痞子"。⑥ 夏斗寅、许可祥的叛乱发生后,谭延闿还曾与汪精卫一起操纵国民党中执委和国民政府,不准革命军队进入长沙,极力主张用和平方式解决,并决定组织"特种委员会","以制裁民众运动的越轨行为",发布保护"善良绅士"的训令,禁止工会对不法资本家进行逮捕、罚款及其他"压迫"事情。5月24日,又连续颁布了"保护军人田产"的命令,命令各级政府严禁土地革命,清查和发还所有被没收的土地财产,公开压制工农运动,保护资本家和地主阶级的利益。

从这里可以看出,谭延闿因为害怕工农运动的继续发展会造成国民党的

---

① 中国革命博物馆党史研究室:《党史研究资料》(第3集),四川人民出版社1982年版,第289页。
② [苏]A.B.巴库林:《中国大革命武汉时期见闻录:1925—1927年中国大革命札记》,郑厚安等译,中国社会科学出版社1985年版,第165页。
③ 李宗口述,唐德刚撰写:《李宗仁回忆录》(上),广西人民出版社1980年版,第438页。
④ 中国人民政治协商会议湖南省委员会文史资料研究委员会:《湖南文史资料选集》(第五辑),湖南人民出版社1981年版,第193页。
⑤ [苏]亚·伊·切列潘诺夫:《中国国民革命军的北伐:一个驻华军事顾问的札记》,中国社会科学院近代史研究所翻译译室,中国社会科学出版社1981年版,第538页。
⑥ [苏]A.B.巴库林:《中国大革命武汉时期见闻录:1925—1927年中国大革命札记》,郑厚安等译,中国社会科学出版社1985年版,第177页。

混乱,危及自身的利益,才改变了比较热心的初衷。时人回忆:国民党上层中,"带头丧魂落魄、助长慌乱、助长右倾的就是谭延闿。"①5月6日,当谭平山、邓演达、毛泽东等人将解决农民土地问题的提案送交国民党政治委员会审核之时,谭延闿驳回说:"现在不能讲分配,要讲分配,必惹起极大的纠纷。"汪精卫也因为谭延闿的反对而主张"不公布"。在6月13日的国民党中央执行委员会政治委员会第二十八次会议上,汪精卫报告道:"将刚才在军事委员会同程潜、唐生智、谭延闿、毛泽东诸同志的讨论来综合报告一下。这次的事变,毛泽东同志说的很详细,农民协会确有扰害军人家属的举动。""讨论的结果,是对于湖南的事件不用武力解决,免得引起纠纷。""毛泽东同志也承认不用武力的办法是对的。"②这显然是把责任全部推到了中共方面。在6月29日谭延闿主持的国民党中央政治委员会第三十三次会议上,詹大悲汇报了湖北自夏斗寅叛变后,各县民众"被害的已有三千人之多了"。谭延闿听了以后却只认为:"应该要有抚恤才好",并赞成派兵镇压"土匪武装"。詹大悲又说:省总工会,因外间谣言多,处境艰难,自动解散了纠察队。但枪支上缴卫戍司令部后,遭到反动分子的骚扰,要求政府保护。谭延闿听完后也只是说:"纠察队没有取消,不过缴械而已。""中央并没有要他们缴械","再有发生骚扰工会的事,还是喊巡警的好",最后决议"着地方军警从严拿办"。③ 而实际上,夏斗寅叛变和马日事变因为谭延闿与汪精卫等人的庇护,以及中共和苏联方面的妥协,不仅没有对叛军进行任何处理,相反湖南的工农武装被解散,无数工农群众惨遭反动军队的杀害。

随着武汉地区革命形势的急转直下,谭延闿的态度日益右转。夏斗寅叛

---

① [苏]A.B.巴库林:《中国大革命武汉时期见闻录:1925—1927年中国大革命札记》,郑厚安等译,中国社会科学出版社1985年版,第168页。
② 中国革命博物馆党史研究室编:《党史研究资料》(第1集),四川人民出版社1980年版,第348—349页。
③ 中国第二历史档案馆编:《中国国民党第一、二次全国代表大会会议史料》(下),江苏古籍出版社1986年版,第1296—1297页。

变和马日事变加速了武汉国民党中央的动摇和反动。由于谭延闿害怕工农运动胜过害怕蒋介石,而且汪精卫取代了他在武汉国民政府中的地位,之后随着汪精卫准备同蒋介石分共,而谭延闿为了自保就加紧投靠南京国民政府,从国民党左派彻底右转。

(三)宁汉合流时穿针引线、附蒋分共

蒋介石发动"四一二"反革命政变后,武汉方面打出"东征"讨蒋的旗帜,南京方面则以"西征"相对峙。而以郑州会议和徐州会议的召开为契机,谭延闿在宁汉之间左右调和,促成了宁汉合流后的公开分共。

1927年6月8日、9日,以谭延闿、汪精卫为首的武汉国民政府与西北国民军联军总司令冯玉祥举行郑州会议,希望达到拉拢冯玉祥、既反蒋又反共的目的,取得冯玉祥暂时的中立和可能的某些支持。在当时宁、汉对立的形势之下,宁汉双方都把"最后的希望押在冯玉祥身上"①。但是冯玉祥在这次会议上一面攻击共产党和工农运动,一面伸手要河南省地盘。随着阎锡山与冯玉祥内部产生矛盾,6月19日,蒋介石又与冯玉祥举行了徐州会议,蒋介石的拉拢离间使得冯玉祥倒向蒋介石,加之石友三倒戈,张学良拥蒋参战,反蒋联盟遂告失败,武汉国民政府显得孤立起来。冯玉祥态度的转变,使汪精卫、谭延闿等人感到联冯限蒋的希望落空,不得不向冯玉祥让步,把在河南前线的军队撤回武汉,同时也希望以巩固后方为名,镇压工农运动,遏制共产党。

21日,冯玉祥致电谭延闿、唐生智等人,敦促谭、汪、唐实现宁汉合作。在这种情况下,谭延闿态度骤变,立即褪去左派外衣,配合汪精卫进行叛变革命和敦促宁汉合流的活动,加紧投靠蒋介石。

郑州会议召开后,由于武汉方面内部中共对汪精卫、冯玉祥、唐生智等仍然抱有幻想,没有认识到会议实质上已经成为汪、冯联合的反共会议,致使汪

---

① 《周恩来选集》上卷,人民出版社1980年版,第170页。

精卫集团加快了反革命步伐,促成了宁汉合流的实现。而徐州会议之后,由于冯玉祥与蒋介石的大肆反共,"这时的汪精卫、谭延闿、孙科、顾孟余等态度全变了,国民党的人更加动摇了。"①武汉国民政府中汪精卫、谭延闿以及军事领导人唐生智,甚至张发奎都准备同蒋介石言归于好,准备满足蒋介石和冯玉祥在徐州会议上共同提出的最后通牒式的要求。谭延闿的政治态度右倾,完成了从"联共反蒋"到"附蒋反共"的转化过程。

谭延闿与汪精卫等人从郑州返回武汉后,在国民党中央党部和军队中加紧策划"分共",一时间如何"分共"成了谭延闿等人讨论的中心。与此同时,谭延闿和汪精卫等人在经过多方密谋策划和布置后,于7月15日主持召开了国民党中央常务委员会扩大会议,正式宣布"分共",武汉政府以中政会主席团名义发表声明,指责共产党破坏联合战线,将各级政府的共产党员一律解职。谭延闿与汪精卫等人开展"清党"和"分共"后不久,大批共产党员和革命群众被捕杀,曾经被称为"赤都"的武汉成了染着革命者鲜血的场所。至此,国共双方的第一次合作宣告破裂。

(本文系湘潭大学哲史学院专门史专业2008级研究生唐有武的硕士学位论文,本人为其指导教师,收入本书时作了较大修改。)

---

① 《周恩来选集》上卷,人民出版社1980年版,第170页。

谭延闿与武汉国民政府

武汉国民政府建立于北伐战争和第一次大革命的转折时期,它从 1926 年 12 月在武汉成立国民党执行委员及国民政府委员临时联席会议开始,至 1927 年 9 月 9 日宁汉合流止,共约九个月的时间。而谭延闿对武汉国民政府的成立和终结都起着举足轻重的作用,他本人的政治立场在这段时期也经历了从支持革命、主张联共的左派转向反对革命的右派的过程。

一、一波三折的武汉迁都,谭延闿始终起着关键性的作用

随着北伐战争的胜利进行,特别是国民革命军占领武汉后,革命形势由南向北迅速扩展,全国革命的中心成功地转移到长江流域。基于革命形势的需要,国民政府是否随军北迁的问题逐渐提上日程,且国民革命军内部围绕国民政府的迁移地点展开了激烈的斗争。1926 年 8 月,北伐军总司令蒋介石主持召开长沙特别联席会议,会上国民党内部首次有人提出将国民政府迁至武汉,且"中央政府移至武汉案可请中央决定"①的决议也得以通过。这是提出将国民政府由广州迁至武汉的最早记录。

同年 9 月,当北伐军即将攻克武昌时,为了更好地控制国民政府,蒋介石

---

① 《占领武汉之政治及党务》,《黄埔日刊》1926 年 9 月 13 日。

多次致电张静江、谭延闿,催促二人尽快前往武汉建立政权,"意以为共产势力在粤,迁之使其失所凭藉,易于取缔"①。此时中国共产党对迁都是持反对态度的,对党内连续发出几个文件表明态度。基于党内外的舆论压力,10月,国民党召开广州联席会议,会上的中心议题之一就是迁移问题。谭延闿在迁都问题的态度上是比较民主的。他在开幕词中就表示:"国民政府现在要不要迁移,国民会议如何召集,都要请大家共同讨论,以求一个适当的方法。"②在谭延闿的主持下,与会代表就政府是否迁移问题进行了激烈的讨论。受蒋介石态度的影响,孙科等人主张立即迁都;而受中共中央政策影响,吴玉章等共产党人和国民党左派均反对迁都武汉,意图以此来抑制蒋介石的专制独裁。由于此次会议参会的左派人数较多,会场"完全为'左倾'空气包办"③,故大部分与会成员是反对迁都武汉的。此外,谭延闿关于国民政府发展的阐述和徐谦的议案报告,也充分表明了国民政府需继续暂驻广州的缘由。因此,联席会议于16日顺利地通过了国民政府发展问题等决议案,提出:"国民政府的地点应视其主要工作所在地而决定之,现在国民政府之主要工作在巩固各省革命势力之基础,而此种主要工作以首先由广东省实施最为适宜,故国民政府暂设于广州。"④这暂时否决了蒋介石关于国民政府北迁的提议。

但以蒋介石为代表的主张政府北迁的人并未就此止步,他们继续主张迁都并影响着大部分军事将领,李济深等人也极力主张迁都。此外,鲍罗廷出于对唐生智的忧虑,一改往日态度也主张迁都,加上北伐军成功地攻克江西,故国民党中央政治委员会作出了迁都武汉的决定,同时采取了一些准备措施,如改组广州国民政府,去武汉进行调查,为迁都做准备。1926年11月8日,谭

---

① 王安华:《蒋介石信函秘事》,河南人民出版社2007年版,第105—106页。
② 荣孟源主编:《中国国民党历次代表大会及中央全会资料》(上),光明日报出版社1985年版,第265—266页。
③ 《国民党中央地方联席会议经过情形》,中央政治通讯,1926年12月。
④ 《中国国民党中央执行委员各省区代表联席会议宣言及决议案》,国民革命军总司令部政治部印行,1927年,第28页。

延闿主持国民党中央政治会议,"根据形势需要和蒋介石的主张决定将中央党部和国民政府迁至武汉"①,并作出了具体部署。11月26日,谭延闿主持中央政治会议临时会议,提出迁都人员于12月5日第一批出发,正式决定迁都武汉。自12月1日起,广州国民政府开始陆续停止办公,国民政府并于12月5日发表北迁通电,决定国民党中央委员和政府委员分两批迁往武汉。12月2日,鲍罗廷与宋庆龄、徐谦、陈友仁、吴玉章等组成的迁都调查委员会抵达南昌,7日在庐山举行会议商谈迁都问题,之后便前往武汉筹备迁都的工作,第一批迁都北上成员于10日顺利到达武汉。

12月13日,第一批到达汉口的宋庆龄、徐谦、陈友仁等人举行了谈话会,会议根据鲍罗廷的提议,决定在中央执行委员会政治会议未迁到武昌开会之前,由中国国民党中央执行委员和国民政府委员组织临时联席会议,执行最高职权。对此蒋介石虽有不满但仍表示赞成,并复电祝贺。谭延闿为第二批北迁人员之一,留在广州做善后工作,与张静江等人于11日才从广州动身。1926年12月31日,谭延闿和张静江两人率领的第二批离粤赴汉的国民党中央和国民政府委员到达南昌,武汉党政联席会议闻讯一面着手欢迎,一面宣布1927年1月1日在汉口办公,同时决定3月1日在武汉召开二届三中全会。联席会议的正式成立,表明国民政府已由广州迁往武汉,标志着历史上进入了武汉国民政府时期。

但是,蒋介石却无视国民党中央的决议和自己以往的主张,将谭延闿等第二批北迁成员全部留在南昌,以谭延闿是国民政府代理主席、张静江是国民党中央执行委员会代理主席为由,提出国民党中央和国民政府已迁至南昌。并在南昌召开国民党中央执行委员会政治会议临时会议,决定迁都南昌。会后致电武汉取消武汉中央党政联席会议改为武汉政治分会。蒋介石这样做的目的,是想要凭借军事力量,把国民党中央和国民政府掌握在自己手里。因此,

---

① 孙泽学:《北伐战争中迁都之议研究的几个问题》,《史学月刊》2008年第8期,第73页。

武汉的共产党人、国民党左派和人民群众与蒋介石围绕着迁都地点,展开了一场针锋相对的政治斗争。

蒋介石为实现自己的目的,采取了一系列措施。首先,如前所说,在南昌召开中央政治会议临时会议,提出迁都南昌。其次,为了压制武汉的革命力量,说服各委员迁都南昌并打探武汉方面的虚实。1927年1月中旬,蒋介石到达武汉进行了多方面的活动,劝说武汉临时中央党政联席会议成员同意他的意见即同意迁都南昌。最后,蒋介石以"中央"的名义给武汉联席会议主席徐谦打去电报,要求撤去鲍罗廷的顾问职务,并坚持迁都南昌,主张撤销武汉联席会议执行最高职权的决定。

对于蒋介石的非法活动,武汉方面予以回击。其一,宋庆龄、徐谦、陈友仁等人立即回电驳斥蒋介石,"要求他立即撤销南昌政府,让在南昌的中央委员和国民政府委员去武汉报到"①。其二,武汉方面通过联席会议,多次表明迁都武汉的必要性和合法性,扣押蒋介石的军事经费,拒绝蒋介石的无理要求,坚持按中央决议办事,以武汉为中央党部和国民政府所在地。其三,为敦促谭延闿等人前往武汉,武汉临时联席会议于21日召开扩大会议,决定结束联席会议,中央党部及国民政府即日正式开始办公,并决定在31日前召开中央执行委员会全体会议。其四,武汉地区各机关团体通过报刊宣传迁都武汉的决定,表明迁都武汉是革命形势的需要,以获得群众支持。

在南昌逗留的两个多月里,谭延闿因为蒋介石的限制不能立即前往武汉,但谭延闿的行动是自由的,并不是被扣留的。出于对自身处境的考虑,他并未也不愿违背蒋介石的任何重大意见,在迁都问题上他并没有直接发表意见。苏联顾问回忆所说:"政府主席谭延闿将军犹豫不决,无论如何也不肯同蒋介石决裂,全会开会在即,还是呆在南昌。"②在1月3日的政治委员会会议上,

---

① 成晓军:《谭延闿评传》,岳麓书社出版1993年版,第315页。
② [苏]维什尼亚科娃-阿基莫娃:《中国大革命见闻(1925—1927)》,王驰译,中国社会科学出版社1985年版,第247页。

当蒋介石询问他关于迁都问题的态度时,他也是很嗫嚅地说:"论道理是应该迁武汉,论局势是应该留南昌,我倒主张中央暂时留赣。"①会后,他与陈公博的谈话中进一步表明他的担心:"你不知道,我也犯了嫌疑了。……如果我主张搬汉口,倒有两层不便,若他们反对张静江,我没有方法替他辩护,结果不是形成拥谭反张的恶劣形势吗?我若支持主张国民政府搬武汉,介石不难要怀疑我要与他分庭抗礼,对立起来。"②可知,此时谭延闿对蒋介石的意见是比较迁就的,这也助长了蒋介石的野心。

随着双方争论的白热化,为尽快解决这一问题,武汉方面决定召开国民党二届三中全会。蒋介石以中央党部和国民政府未迁往武汉为由来拖延开会日期,并派陈公博从南昌去武汉打听相关情况。为了使会议顺利召开,武汉方面决定单独拟一公函致蒋介石说明情况,并派谢晋、陈铭枢持提高党权的联名信件和拟在二届三中全会讨论的各种提案,随陈公博前往南昌与蒋介石进行协商,让他们设法说服谭延闿等其他在南昌的人员前往武汉。谢晋等人到达南昌后,积极联系谭延闿,成功说服谭延闿前往武汉。谭延闿说"既然大家希望我去,我当然要去。不过蒋总司令能一同去更好"③,可见他同意去武汉,但希望能与蒋介石一同前往,尽量做到不违背双方。但武汉方面是想要等到谭延闿及何香凝等人来到武汉后,国民政府就可以正式在武汉建立,行使职权,并举行国民党中央委员会全体会议,免除蒋介石主席等职务,防止其专制独裁。经过长时间讨论和诸人苦劝,蒋介石被迫同意全体在赣委员启程前往武汉。

经过几个回合的斗争,武汉方面的理由十分充足,并有广大群众的支持,而南昌方面则处于被动局面。更重要的是,不仅在武汉的国民党和政府的委员主张迁都武汉,且在南昌的许多委员包括谭延闿也开始主张执行中央迁汉的原议,更有一些委员离赣赴汉。蒋介石处境孤立,只能放弃迁都南昌的主

---

① 陈公博:《苦笑录》,东方出版社 2004 年版,第 60 页。
② 陈公博:《苦笑录》,东方出版社 2004 年版,第 64 页。
③ 陈公博:《苦笑录》,东方出版社 2004 年版,第 32 页。

张。经过国民党左派邓演达等人的努力以及谭延闿、宋子文等人的调停,蒋介石迫于形势压力,不得不暂时同意将中央党部和国民政府迁往武汉。谭延闿、李烈钧、何香凝等人于3月7日到达武汉。此后虽稍有周折,但大局已定,迁都之争议也告结束。

总之,在迁都武汉这段时间里,虽然谭延闿一直持骑墙态度,一度助长了蒋的嚣张气焰,但他的思想言行基本符合历史前进的步伐,赞同和尽力实施国共合作的相关大政方针,对蒋介石的专制独裁行为在一定程度上有所抵制。

二、谭延闿积极主张提高党权,扶助农工,促进了武汉国民政府的发展

随着迁都之争的结束,为了巩固新建立的政权,反对蒋介石的独裁和分裂行为,武汉方面掀起了反对独裁、提高党权、扶助农工的运动,武汉国民政府也因此取得了巨大的发展,革命形势到达了高潮。谭延闿到达武汉后,积极支持提高党权运动和工农运动,积极倡导孙中山联俄、联共、扶助农工的三大政策,符合形势需要,从客观上促进了武汉国民政府的发展。

1927年3月10日至17日,武汉国民政府在汉口召开了二届三中全会。全会的中心议题是"提高党权、反对军事独裁"。由于汪精卫尚在返国途中,所以谭延闿成了关键人物,他被推选为大会执行主席。在他的主持下,会议充分肯定了联席会议成立的必要性及其工作成绩,明确指出该会代表中央权力之必要组织,表明此次会议就是"为党的胜利,巩固党力,使一切皆党的精神贯彻之表现"而召开的,是符合革命形势需要的,大大提高了政府的权威。会议通过了《统一党的领导机关案》和《中执委军事组织大纲案》等提案,充分提高了党权,防止独裁,并确定废除中央常务委员会主席、政治委员会主席和军事委员会主席的制度,改为委员集体领导制度,这实际上就剥夺了蒋介石中央常委会主席和军事委员会主席的职务,一定程度上削弱了蒋介石的权力,从他手中夺回了党权。会上,谭延闿被任命为国民党中央执行委员、政治委员、国

民政府常务委员、军事委员会委员兼军事部部长和国民政府委员等。此外,会议强调了联席会议的合法性及其议案的有效性。

通过国民党左派和共产党的努力,国民党二届三中全会取得了成功。这次会议是在大革命高潮时召开的,旨在反对蒋介石的军事独裁,提高党权,这一主张在会议提案中得到了实现。会议重申了国民革命的不妥协的反帝反封建方针,通过了维护孙中山三大政策的决议,在一些主要问题上坚持了"一大"、"二大"的政策,有利于壮大革命力量,促进反帝反封的国民革命的发展。此外,全会强调国共两党联席会议的重要性,在谭延闿等人的坚持下通过并贯彻实施了《统一革命势力决议案》,以谭延闿等人为代表的国民党和以陈独秀等人为代表的共产党共同组成两党会议,共同协商解决问题,这意味着武汉政府是国共联合的政权。这正是中国共产党人和国民党包括谭延闿在内的左派人士共同合作努力的结果,得到了广大工农群众的拥护和支持。

在武汉国民政府前期,谭延闿有感于当时革命形势的高涨,以左派自居,为实行大会所制定的各项方针政策而努力工作,以革命手段处理一系列重大内政外交问题,推动了武汉革命运动的发展。此时,谭延闿主张与中国共产党通力合作,他希望利用中共和苏俄的力量来抑制蒋介石,巩固自己的地位,在一定程度上限制了蒋介石的权力扩张。

二届三中全会的成功召开,对于支持工农运动的发展起到了一定的作用。二届三中全会以后,国民革命军在北伐中捷报不断,革命形势迅速发展。此时的蒋介石为满足个人野心,一路摧残工会,镇压工农运动,一方面指使其爪牙制造多起惨案,沉重地打击了各地的工农运动;另一方面组织组织反动工会和反动团体,杀害了大量工农群众。针对蒋介石的倒行逆施,武汉国民政府秘密派程潜在南京逮捕蒋。"密令系武汉国民政府主席谭延闿亲笔写在绸料上,交由第六军党代表林伯渠衣缝内,带到南京转给程潜。"[①]但是程潜没有这样

---

① 刘建强:《谭延闿大传》,九州出版社 2010 年版,第 296 页。

做,反而对蒋介石来南京表示欢迎,并企图劝服蒋直接前往上海。

此时蒋介石政治野心迅速膨胀,经过精心策划,发动了"四一二"反革命政变,杀害了大量党员和群众。对于蒋介石叛变革命的行径,谭延闿的基本态度是希望宁汉双方早日"息争",这种态度也促使其在宁汉分裂之初能够与国共两党合作,对实施二届三中全会有关方针政策起了一定积极作用。4月17日,武汉国民党中央对蒋介石作出"开除党籍,免去本兼各职"的处置,并通缉捉拿,将其所指挥的国民革命军第一集团军收归中央直辖指挥。谭延闿也以左派形象出现,甚至改号为"左庵",支持政府的决定。22日,谭延闿、汪精卫等国民党人与毛泽东等共产党人,以国民党中央执监委员、候补执监委员、国民政府委员、军事委员会委员的身份联名发表讨蒋通电。电文指出:蒋介石由反抗中央到另立中央,阴谋蓄之已久。电文号召全体国民党员及人民群众,尤其是国民革命军官兵"依靠中央命令,去此总理之叛徒,本党之败类,民众之蟊贼,为国民革命涤此厚辱"[1]。谭延闿签署这一通电的真实意图可能是在一定程度上的附和,但谭在武汉国民政府的地位仅次于汪精卫,一言一行极其重要。他能公开通电反蒋,本身在政治上给了蒋介石巨大的打击。此外,在此期间,谭延闿在处理许多重大问题上如处理反动军官叛乱等,基本上符合民众的利益,积极支持联席会议的决定,有利于维持国共两党合作的局面,有益于国民革命的继续发展。特别应该指出的是,4月底,谭延闿与徐谦、孙科组成的国民党中央代表团出席了中国共产党第五次全国代表大会的开幕式,这也是唯一有国民党中央代表参加的一次会议,具有重大意义。

在武汉国民政府前期,谭延闿根据当时革命形势的需要,在反蒋问题上,谭延闿与国民党左派的立场是一致的。

三、关键时刻谭延闿促汪反共,加速了武汉国民政府的叛变

自蒋介石叛变革命,宁汉分裂之后,武汉国民政府便四面楚歌,处于反革

---

[1] 刘建强:《谭延闿大传》,九州出版社2010年版,第296页。

命势力的包围之中。蒋介石、李济深、杨森、张作霖四方势力分别从东南西北进行包围。在这种严峻形势面前,武汉国民政府所控制的两湖地区的军阀又乘机发难。先是国民革命军独立第十四师师长夏斗寅率部叛变革命,紧接着许克祥又发动"马日事变"。与此同时,由中国共产党人组织的工农纠察队与叛军发生冲突。为了缓和局势,维护自身利益,谭延闿提出"抚"的主张即对工农革命行动予以限制和扼杀,在这一原则的指导下,派遣唐生智前往湖南处理此次事变。最终,夏斗寅叛变和"马日事变"在谭延闿、汪精卫等人的庇护下,没有受到应有的惩戒,湖南的工农武装反而解散了,无数群众惨遭反动军队的杀害。谭延闿已经从国民党左派开始向右转了。

直接促使谭延闿叛变革命、公开向右转的关键是郑州会议和徐州会议。在宁汉对立的局势下,冯玉祥成了举足轻重的人物。为了争取到冯玉祥的支持,1927年6月10日,谭延闿与汪精卫等人前往郑州与冯玉祥举行会议。由于害怕工农群众革命势力的壮大,会上,冯玉祥公开攻击共产党与工农运动,并提出想独占河南省。武汉国民政府都予以让步,以期实现联冯抗蒋的愿望。会后,唐生智返回武汉执行镇压两湖工农运动和反共的任务,为汪精卫集团日后发动反革命政变奠定武装力量。郑州会议使冯玉祥进一步了解了武汉方面的情况,加快了其联蒋的步伐,标志着武汉"分共"和宁汉合流的开始。

6月19日,冯玉祥在蒋介石的邀请下,与蒋介石、胡汉民等宁方要人在徐州举行了会议。蒋介石通过一系列承诺极力拉拢冯玉祥,蒋冯二人达成了宁汉合作、继续北伐、"清党"、反共的协议,并由冯电促武汉国民政府反共。会后,冯玉祥致电谭延闿、唐生智等人,敦促他们攻击中国共产党,实行宁汉合作。蒋、冯联手,武汉国民政府变得更加孤立。在这种情况下,谭延闿态度骤变,立即对冯玉祥与蒋介石的合作非常赞成,配合汪精卫进行叛变革命和敦促宁汉合流的活动。早在6月中旬,谭延闿和汪精卫等人就在国民党中央党部和军队中加紧策划"分共",一面集合中央党部非共产党的人,商谈分共的对策;一面加紧对军队策反的工作,党政军领导人达成了反共的共识。经过多方密谋策划之后,谭延闿与汪精卫于7月15日在武汉召开了国民党中央常务委员会扩大会议,决定"在一个月内,开第四次中央全体会议,讨论决定分共的问题。在未开会之前,裁制共产党人违反本党主义政策之言论行动"①,正式宣布"分共",这就是震惊中外的"七一五"反革命政变。此后不久,谭延闿、汪精卫等人大肆进行"清党",捕杀共产党员和革命群众,国共两党的合作彻底破裂了,第一次大革命宣告失败。

1927年7月以后,国内存在三个政权:奉系军阀控制的北京政府,蒋介石的南京国民政府,汪精卫的武汉国民政府。他们都自称为合法政府,各自为政,称霸一方,并且南京、武汉两个国民党政府忙于内斗,无暇顾及北伐奉系军阀张作霖的计划。在这种情况下,冯玉祥的态度就非常关键了。冯玉祥积极调停,建议宁汉双方停止内斗,共同合作解决国民党的统一问题。宁汉双方一开始并未达成共识,直到南昌起义爆发,双方才改变了态度。冯玉祥利用时机,积极联系双方,并提出实现宁汉合作的具体办法,建议召开二届四中全会,解决争端。汪精卫、谭延闿等人同意冯玉祥的主张;蒋介石等人也表示欢迎武汉方面要人到南京来"柄政"。宁汉双方基本上达成了妥协。8月13日,蒋介石突然宣布下野,辞去国民革命军总司令的职务,这也为宁汉合流提供了契机。自8下旬至9月上旬,武汉国民政府要人先后抵达南京,8月15日,谭延闿自武汉动身奔赴庐山,于22日与汪精卫等人召开会议,决定前赴南京的策略。这样,武汉国民政府正式宣告迁都南京,国民党在组织形式上暂归统一。9月初,谭延闿与孙科在上海同胡汉民及"西山会议派"要人反复商谈,成立特别委员会,极力促使宁、汉彻底合流。他后又附蒋反汪,极尽其调和之能,促使国民党二届四中全会顺利召开,帮助蒋介石复职并使其成了国民党领袖。这次会议是在蒋介石一手操纵下进行的,会议通过了《整理各地党务案》、《制造共产党阴谋案》等议案,彻底违背了孙中山的革命主张,是支持蒋介石军事独

---

① 唐有武:《谭延闿与第一次国共合作》,湘潭大学硕士学位论文,2011年。

我所知道的谭延闿

裁的会议,也是蒋介石在全国建立独裁统治的起点。同时,它也标志着宁汉双方正式合流。

谭延闿在促进宁汉合流、支持和帮助蒋介石重掌国民党军政实权的问题上起到了极其重要的作用,加速了武汉国民政府政权的终结。

综观谭延闿在武汉国民政府时期的思想变化,不可否认,在蒋介石背叛革命后的一个时期,他在较大程度上对工农运动表现了极大的支持,并采取了一系列措施。此外,与所有的国民党左派和共产党一样,在反对蒋介石分裂国民党和实行独裁专政上,谭延闿是持坚决批评态度的。这从客观上推动了工农运动的继续发展,抑制了蒋介石军事独裁的野心。

但他又是一个出身官宦世家,从小饱读四书五经,长期沉浮于上层政治社会的政治官僚,善于左右逢源,强调自身的利益和政治地位,这就促使他对革命的态度不坚定。当革命处于重要的历史关头,当时局发生根本性的转换,当自身利益和政治地位受到威胁的时候,他就会转变自己政治立场与态度,站在革命的对立面。最终,由原来的支持革命变为反对革命,由原来的联共反蒋变为附蒋反共。

谭延闿在这个时候发生这么大变化,原因有二。一是蒋介石在南京另立中央后,武汉国民政府处在反革命的四面包围之中,国民党上层为此张皇失措,有的公开宣称,后悔没有跟蒋介石走。当时在武汉工作的苏联人巴库林在其见闻录中就说:国民党领导层中,"带头丧魂落魄、助长慌乱、助长右倾的就是谭延闿"。[①] 二是蓬勃发展的工农运动,直接威胁到他自身的利益,促使他改变了对革命的态度。国民党二届三中全会后,工农运动更是达到了高潮,迅速蔓延至各个乡村,致力于打击封建统治旧秩序和打倒封建劣绅,其中包括谭的一些亲属旧故,他们多为土豪劣绅。谭延闿深为恐惧,开始撕下左派面具,反对工农运动。据唐生智回忆说:"当时武汉国民党政府主席谭延闿就对我

---

① [苏]A.B.巴库林:《中国大革命武汉时期见闻录》,郑厚安等译,中国社会科学出版社1985年版,第168页。

说:'不赞成农民运动,打土豪劣绅运动。连我部下的一些连排长的家属,也被农民捆起来了,这太不像话了'"①。谭延闿还断言:"这条路(指革命的路)走不通了,假如一定要勉强去走,鼻子会碰出血来。"②

（本文为与宋娟合著,原载《湖南工程学院学报(哲学社会科学版)》2014年第2期,收入本书时作了修改。）

---

① [苏]A.B.巴库林:《中国大革命武汉时期见闻录》,郑厚安等译,中国社会科学出版社1985年版,第168页。
② 黎泽泰:《何键与谭延闿》,中国人民政治协商会议湖南省委员会文史资料研究委员会编:《湖南文史资料选辑(第2集)》第5辑,湖南人民出版社1981年版,第193页。

谭延闿与南京国民政府

从南京国民政府初建,到宁汉合流;从国民党内部三足鼎立,到南京国民政府统一全国;从促成蒋介石回国复出,到直接让位国民政府主席职务,既是谭延闿活动的结果,也是他从左向右转变的体现。

一、谭延闿与武汉国民政府迁都南京

(一)谭延闿附和冯玉祥在宁汉合流中穿针引线

在蒋介石另立中央、宁汉对立的同时,北伐战争尚未完成,此时的北伐是由宁、汉两方分别出兵北伐的。早在1927年四五月,孙传芳在长江流域被北伐军击败之后,即向奉系军阀张作霖乞求援助。早已自封"安国军总司令"头衔的张作霖联合山东军阀张宗昌,组成所谓直鲁联军,企图反攻南京,奉系也进军河南,威胁中部地区的武汉。此时,北伐军内部却因蒋介石"四一二"反革命政变,使得宁、汉处于分裂状态,宁、汉双方各自掌握自己的一支军队,北伐也就进入宁、汉独自进行的阶段。

武汉方面通过几次"国共两党联席谈话会"确定了在其他三方向采取守势的同时,联合北方的冯玉祥一起打击河南的奉系军队的决议。4月19日,召开了第二次北伐誓师大会,大会声势浩大,党政军总共数十万人参会。谭延阎在日记中记载道:"偕至南湖,则民众以雨归者相属于道,车几不得行,久之始达。"①大会上,"精卫致开会词,季龙代表政府,哲生代表党部,余代表军事委员会,邓择生、嘉伦、农、工、兵、(妇女)各一人代表演说,孟潇致答词,呼口号散"。② 誓师会后,4月21日,唐生智的第一集团军第四军三个纵队由驻马店出发,分左、中、右三路齐头北上,5月29日攻占重镇许昌,30日占领新郑。而冯玉祥所部4月被武汉国民政府改编为国民革命军第二集团,冯任总司令。5月30日冯玉祥一部占领郑州,至6月1日刘兴部进驻郑州,武汉北伐军与冯玉祥部实现会师。谭延闿对于北伐的胜利进军也欣喜不已:"闻郑州今午克复,为一喜。"③

随即,唐生智分别电请武汉国民党中央政治委员会和国民革命军第二集团军总司令冯玉祥"赴前方指导政治"。武汉政治委员会主席团成员共有六人:汪精卫、谭延闿、徐谦、孙科、顾孟余、谭平山。谭延闿很愿意赴郑州参加会议,他在日记中写道:"毛泽东,夏明翰来,戴述人来,湘省党部代表,言皆幼稚可笑……偕颂云至政治委员会,因吾辈明当赴郑州,处分留守事也。"④谭延闿还对启程赴郑州的情形,在其日记中有清晰描述:"十一时至驻马。何健军长、富双英军长、危宿钟副师长及诸团长来迎,登车就见,谈甚久。"⑤6月8日,汪精卫、谭延闿一行到达郑州,"与汪、徐、孙、顾同车,访鹿、孙诸人,谈甚久。又访靳……张发奎咱开封至,朱晖日自许昌来。同食馒头、豆粥,谈种种事"。⑥ 可见,汪精卫、谭延闿等要员抵达郑州之后,为了会议的召开进行了种种磋商,而谭延闿此时对于南京方面蒋介石的态度还是不抱太多好感的,"至焕章处……徐季龙先在,谈政治军事极详尽。蒋介石乃电焕章,令不出兵,以

---

① 《谭延闿日记》(未刊稿),1927年4月19日。
② 《谭延闿日记》(未刊稿),1927年4月19日。
③ 《谭延闿日记》(未刊稿),1927年6月1日。
④ 《谭延闿日记》(未刊稿),1927年6月5日。
⑤ 《谭延闿日记》(未刊稿),1927年6月7日。
⑥ 《谭延闿日记》(未刊稿),1927年6月8日。

期孟潇之败,可谓无心肝者也"。① 谭延闿对于蒋介石拖延耗垮孟潇(即唐生智)的行径斥责为"无心肝者",显然对于蒋的行径是有些气愤的。6月10日,以汪精卫、谭延闿等为代表的武汉国民政府方面和以冯玉祥为代表的国民联军方面正式开会,"精卫主席,唐、徐、孙、顾、王、于皆来,议河南省政府事及党务。十二时散。与冯、徐商政府人选"。② 郑州会议对于中国共产党的农运和阶级斗争的做法大加指责,同时对于蒋介石也颇多责难;冯玉祥在"清党"、"分共"问题上,对于武汉方面的意见表示同意,而对于反蒋却表示暧昧,未有明确表示。郑州会议达成了以下决议:(一)成立河南、陕西、甘肃三省政府委员会。以冯玉祥为河南省政府主席,于右任为陕西省政府主席(其后于右任不就任,遂以石敬亭代理),刘郁芬为甘肃省政府主席;(二)组织开封政治分会,以冯玉祥、于右任、徐谦、顾孟余、王法勤、于树德、鹿钟麟、薛笃弼、刘伯坚、郭春涛、杨明轩等十一人为委员。以冯玉祥为政治分会主席。聘请乌斯曼诺夫为政治分会顾问。同时取消西安、北京两个政治分会;(三)由唐生智率领的第四方面军全部撤回武汉,以加强长江防务,巩固后方;(四)承认冯玉祥在第二期北伐中扩编的七个方面军。在会议进行的第二天,6月11日,汪精卫收到陈独秀的密电,说冯玉祥与蒋介石秘密联合,对武汉方面恐有不利动作,汪精卫、谭延闿一行于当晚深夜离开郑州返回武汉。

　　总的来说,郑州会议的双方都不是很信任对方,汪精卫、谭延闿等人不确定冯玉祥对蒋介石的真实态度,会议最终由于汪精卫一行的不辞而别而草草结束。但从会议结果来看,获益最大的是冯玉祥,他不仅摇身一变成为国民政府河南省主席,自己私自扩编的七个军也得到了武汉方面的承认,实力大大增强;武汉方面把已经攻下的河南拱手让给了冯玉祥,既损人又输地。但汪精卫、谭延闿等与冯玉祥就"清党"、反共达成了共识,这为后来的"七一五"汪精

---

① 《谭延闿日记》(未刊稿),1927年6月9日。
② 《谭延闿日记》(未刊稿),1927年6月10日。

卫集团公开"分共"创造了条件,而在国民政府中地位与实力皆大大增强的冯玉祥开始待价而沽,与南京方面的蒋介石集团频繁接触。

早在5月15日,南京政府即下达总攻击令。南京北伐军分为三路:第一路由何应钦任总指挥,由镇江出发进攻扬州;第二路由蒋介石亲任总指挥,负责津浦路正面的作战行动;第三路由李宗仁担任总指挥,从芜湖渡江北进,主要进攻津浦路北面,挺进安徽北部。南京北伐军的北伐行动进展顺利,迅速击溃张作霖和张宗昌的直鲁联军以及孙传芳残部,于6月2日占领徐州。

郑州会议之后不久,6月20日,已占领徐州的蒋介石邀请冯玉祥赴徐州参加会议。会议的双方都各有打算:蒋介石想利用冯玉祥牵制武汉国民政府,或与冯玉祥一起出兵对付武汉国民政府,然后再进行北伐;冯玉祥却有自己的打算,他虽在郑州会议中占了很多好处,但对于处于包围之中的武汉国民政府并无十足信心,已生出靠拢蒋介石之心,于是,双方一拍即合。在会上,对于蒋介石方面提出的对付武汉方面的建议,冯玉祥表明了武汉方面决心"分共"的态度;而对于继续北伐的问题,冯玉祥则认为宁汉双方应该消除隔阂,通力合作,不给敌人喘息的机会。可见,徐州会议上,冯玉祥极力撮合宁汉双方合力北伐,而"清党"、"分共"、北伐则是宁汉双方共同的目标,这也是宁汉双方由对立到慢慢走向合流的开端。

徐州会议后,冯玉祥致电汪精卫、谭延闿等,对于武汉方面在郑州会议表示的反共态度表示赞许,指出宁汉双方"应通力合作","对于个人有何意见,悉请完全化除"。[①] 很明显,冯玉祥是以"清党"和北伐来穿针引线,极力把汪精卫和蒋介石联系在一起,劝双方消除分歧,一致反共和继续北伐。而早已经对蒋介石有和解之心的谭延闿对此极为赞同,"出至汪宅,孙夫人、廖夫人、哲生、颂云、择生皆在,友仁后来,谈甚多,为冯电及唐传语也"[②]。谭延闿频繁前

---

① 陈宁生:《郑州会议和徐州会议——"宁汉合流"的酝酿》,《近代史研究》1984年第2期。
② 《谭延闿日记》(未刊稿),1927年6月29日。

往汪精卫住处，撮合汪蒋和解，"刘菊邨自郑州来，谈彼中情况甚悉。及开会，精卫颇露声色……散后，偕孙、程至精卫家，顾孟余自河南还，谈甚久。"①冯玉祥在宁汉之间的串联及谭延闿的附和，加快了武汉方面"清党"、反共的步伐，以"清党"、反共为共同目标的宁汉双方也越来越靠近了。

（二）谭延闿与"七一五"反革命政变及迁都南京

徐州会议之后，汪、蒋、冯三方对于"清党"、反共达成了共识和默契。6月21日，冯玉祥致电武汉国民政府，妄称共产党是以"国民革命之名"，"布全国恐怖之毒"，"搞得社会根本动摇，四民无一安宁"，要求汪精卫、谭延闿"速决大计，早日实行"，②而早在郑州会议刚结束的6月11日，武汉国民党中央执委政治会议就发布了一连串命令，要求武汉的党政军司法各高级长官，严查各地所有共产党机关，准备解散共产党的机关，同时要解除鲍罗廷的职务，逮捕共产党员。又加上冯玉祥的反共态度，"这时汪精卫、谭延闿、孙科、顾孟余等态度全变了"。③谭延闿在6月19日的日记中写道："与汪、陈、程至老鲍家，于胡子、仲甫、秋白、哲生……心涤来，谈广东县长收钱粮……又闻言农民协会待其家殊尽礼，则为善之报，孰谓乡人毫无黑白耶。"④可见，当时谭延闿及武汉国民党高层与共产党方面还是时常来往的，谭对于农运偶尔也有褒奖之语，但在国民党整体右转的大背景下，谭延闿也很快地转变了态度。1927年7月14日夜，汪精卫主持了召开了"分共"会议，决议将《统一本党政策案》和《统一本党政策决议案》提交国民党中执委常务委员会扩大会议通过实行。会议确定了"分共"的主张，谭延闿接受了汪精卫的主张，这次秘密"分共"会议，武汉方面诸多要员参加了会议，"颂云、孟潇、哲生、子文……右任、香凝皆在，商

---

① 《谭延闿日记》（未刊稿），1927年7月5日。
② 刘建强：《谭延闿大传》，九州出版社2011年版，第302页。
③ 《周恩来选集》上卷，人民出版社1980年版，第170页。
④ 《谭延闿日记》（未刊稿），1927年6月19日。

国共分家问题。汪、孙、程、顾、宋及余皆有极详之报告,陈、何、于、经、王、陈各述所见"。① 7月15日,国民党中执委举行第二届常务委员会第二次扩大会议,汪精卫、谭延闿、孙科、顾孟余、陈公博等17人参会,会议确认共产国际的土地革命与孙中山的三民主义相冲突,要商讨对共产党的处置办法,谭延闿在会上发言说:"共产党同志加入国民党是要使三民主义共产国际化","将国民党作为共产党的工具",②表示要对共产党予以制裁。汪精卫集团控制的武汉国民政府在党、政、军各部门开始公开"清党",大肆屠杀共产党员和革命群众,苏联的鲍罗廷住所也未能幸免:"三时,得子文电话,云有兵士至老鲍家"。③ 至此,第一次国共合作正式破裂。

在汪精卫集团公开"分共"、"清党"之后,谭延闿对于宁汉走近,最终合流起了重要作用。

早在1927年5月底至6月初,亦即蒋介石"四一二"反革命政变之后,在鲍罗廷寓所举行的两次以东征蒋介石为主题的会议上,谭延闿就表现消极。汪精卫和程潜都主张东征蒋介石,只留少数部队在鄂西,谭延闿对此并无兴趣,开会时"索性睡着了"④。而在1927年7月中旬以后,国民党内逐渐形成了汉、宁、沪三个集团:在武汉,有汪精卫为首的国民政府和中央党部;在南京,有以蒋介石为首的国民政府和中央党部;在上海,则有所谓"西山会议派"以"中央党部"的名义进行相关活动。除此之外,还有些地方派系。而实力最强的当属宁、汉两方,双方都有一批领袖人物,也都拥有一支军队,占有大片地盘。冯玉祥则继续以"合作清党"、"统一党务"等说辞从中牵线,几方之间电报频繁。对于冯玉祥频繁的电报促请宁汉和解与合流,谭延闿描述道:"哲生、公博、孟潇来。复冯玉祥电,在许与不许之间。"⑤谭延闿给冯玉祥回电:

---

① 《谭延闿日记》(未刊稿),1927年7月14日。
② 卢立菊:《从晚清权贵到民国元首:谭延闿》,南京出版社2012年版,第108页。
③ 《谭延闿日记》(未刊稿),1927年7月15日。
④ 刘建强:《谭延闿大传》,九州出版社2011年版,第300页。
⑤ 《谭延闿日记》(未刊稿),1927年7月24日。

"养电敬悉。承示四项,谨复于下:(一)中央自删日决议后,所有政府及党部、湖北省政府及党部共党份子均已退出。我军队亦已有严切训令,以次及各团体。鲍罗廷日内即首途回国。惟此皆属中央处分,不必列为条件。(二)本年三月,中央本已决议移往南京,早合而为一,则迁都南京,将来由南京移至北京皆无问题。(三)党部规定中央会议须在国民政府所在地行之,故开封预备会议决提议,如彼方统同意,此间亦可派员来商,但不必作为会议形式。(四)如有和平统一方法,自不必出于一战,尊意极表赞同。"①从电报内容看,汪精卫和谭延闿对于冯玉祥的养日(22日)电报确实是在"许与不许之间"的,既说明了武汉方面的情况,表示迁往南京可以商量;又在对于迁往南京后国民政府最高领导权这个核心问题提出要求,表示"党部规定中央会议须在国民政府所在地行之",和南京方面争夺谁是国民政府真正的中央政府之心表露无遗。而在8月1日南昌起义之后,谭延闿对于宁汉的合作更加热心了:"得精卫电,叶挺、贺龙据南昌,甚为太息。拆台至此,欲不开杀戒得乎。"②谭延闿对于南昌起义摆出一副坚决镇压的态势,他在与汪精卫、唐生智等联名回复冯玉祥的电文中称:"至于政府移宁,或在宁设政治分会,弟等无成见,未知宁方如何答复,果能尊重中央,南讨共贼,北伐奉鲁,革命成功可必,个人问题无关轻重。"③与此同时,蒋介石因孙传芳的反攻迫在眉睫,内部的桂系李宗仁、白崇禧一直是口服心不服,此时也趁机对蒋发难。汉方的唐生智也集结重兵,表示要东征讨蒋,蒋介石在权衡利弊之后,于8月13日宣布下野,辞去国民革命军总司令一职,回了浙江奉化老家,不久即东渡日本。谭延闿"见介石下野电,颇能自占地步,读之爽然"④。谭认为蒋在此时下野是明智之举。蒋介石的下野,让汪精卫一下子看到了希望,而宁汉双方反共和北伐的共同目标,加速了

---

① 《为答复开封会议办法四条与汪精卫致冯玉祥电》,《申报》1927年8月12日。
② 《谭延闿日记》(未刊稿),1927年8月1日。
③ 《与汪精卫为反共、开第四次执监会等事致冯玉祥电》,《申报》1927年8月12日。
④ 《谭延闿日记》(未刊稿),1927年8月20日。

宁汉合流的进程。

蒋介石下野后,南京方面如胡汉民、张静江、蔡元培等有影响力的人物纷纷赶赴上海,导致南京方面实权落入以李宗仁、白崇禧为首的桂系手中。8月下旬,谭延闿从武汉前往庐山,与汪精卫、李宗仁、孙科、唐生智等人举行会议,商讨应对孙传芳反攻南京的问题。结果会上争论不休,最后在商讨无结果的情况下采纳了陈公博的建议,武汉方面的要员赴南京再行商议,谭延闿与汪精卫等人在回复南京方面的电报中说:"现时共同目的,北歼奉鲁,南除共贼。所有兵力悉为此共同目的,而使用不复有彼此之分。诸兄方与敌相持,此间东下诸军,只有急难之谊。若有他图,岂复人类。请一意渡江作战,俾收夹击之效。"①他们极力劝说李宗仁、何应钦集中兵力对付江北的孙传芳部,并且保证武汉方面的军队不会掣肘。8月底,谭延闿与李宗仁、孙科等人到达南京,至此,武汉国民政府正式宣布迁都南京。

总的来说,谭延闿的思想在自身利益和其他复杂原因的影响下向右的转变,加快了汪精卫集团"分共"的步伐,同时也对宁汉合流的最终达成起了重要作用。

二、谭延闿与南京国民政府的改组

(一)谭延闿极力劝说唐生智

1927年8月底9月初,武汉方面国民党要员相继抵达南京,同时宣布宁汉合并,成立统一的南京国民政府。其时,孙传芳反攻南京的攻势已被李宗仁、白崇禧击败。对于此战的情形,谭延闿记述道:"今早敌人全线渡江,由江宁镇及巴达山者已缴械,由乌龙山、栖霞山、龙潭三点者凡万余人,守兵几不能支。七军以两师往,一军以三团往,又令海军夹击,当可无虞……得讯,栖霞之

---

① 《为促一意渡江作战与汪兆铭致南京芜湖李总指挥、何总指挥等电》,《民国日报》1927年8月21日。

敌向东败窜,正进击中。海军亦有电,云敌下窜,当易成禽矣。"①外敌虽退,但宁汉双方围绕谁是正统的问题仍争论不休。汉方的唐生智占领安徽后,以何健为安徽省主席。面对这样的复杂局面,谭延闿"斡旋于反复支离之局势中,举手投足之间无一而非世局国脉所关"。②9月5日,谭延闿和孙科在上海同胡汉民及西山会议派诸人就宁汉合作事宜进行了反复商谈,极力促成武汉、南京、上海三方会议,达成和解。但过程并不顺利,"登楼,则林焕庭在,谈访展堂事。偕哲生访蔡子民、李石曾,遇褚民谊,蔡、李皆不赞成第四次开会者"。③可以看出上海的宁方要员对于二届四中全会的召开都不是很赞成的,有些还持反对态度。由于蒋介石下野,原来的南京方面的有名望的国民党人物胡汉民、张静江等人都在上海,宁方的实际权利掌握在桂系手里;而汪精卫此时想借宁汉合流,趁蒋介石下野的机会,一举成为国民党的领袖;而携新近击败孙传芳之威的新桂系在国民党中声誉愈隆,李宗仁、白崇禧等人对于汪精卫借"正统"自居,以鼓吹"党统"之名、行吞并南京政府之实的企图有所察觉。为了防止汪精卫借二届四中全会的机会独揽国民党的最高权力,桂系提出要邀请在上海的宁方委员胡汉民、张静江、吴稚晖、蔡元培、李石曾回南京参加二届四中全会,这样宁汉合作才有实际意义。

9月8日,谭延闿等人赶赴上海。从9月11日到13日,武汉、南京、上海三方的国民党要员进行了多次商谈,过程充满波折。谭延闿在日记中记载:在9月11的谈话会上,"以昨夜彼等所商特别委员会办法相商,余为主席。议垂定矣,溥泉忽发异论,精卫愤而退席,于是劝者劝,赔不是者赔不是,遂中止而吃饭。"④9月12日,"增于右任、程颂云、缪斌三人。讨论特别委员人选,决定

---

① 《谭延闿日记》(未刊稿),1927年8月26日。
② 刘建强:《谭延闿大传》,九州出版社2011年版,第305页。
③ 《谭延闿日记》(未刊稿),1927年9月4日。
④ 《谭延闿日记》(未刊稿),1927年9月11日。

后日赴宁开会,皆大欢喜而散。"①汪精卫、陈公博此时对于特别委员会还是充满期待的,所以才有了"皆大欢喜而散",其实,孙科在会上提出的成立国民党中央特别委员会的提议,是西山会议派和汉方谭延闿、程潜等人早就谋划好的,汪精卫并不知情,因而未加反对。9月15日以后,"开执监临时会,先约西山会议诸人及宁汉两派开谈话会……特别委员会加入白、何……到会者,执行委员伍、李、朱、程、陈、孙、黄、朱、褚及余……德邻旋来,同饭。""议党部组织,于、谢皆有辩论……开特别委员会成立会,余为主席,亦略致辞……与二张、谢、李、于、程、朱、白、德林、杨幼京开会,讨论军事委员会,国民政府人选,至十一时乃散。与朱、程、李、白、孙谈党务久之。"②从这几天的参会情况可以看出,谭延闿无疑是核心人物之一,汪精卫在特别委员会成立及其后的党、政、军构成的讨论中,有时缺席,参加的时候也没能左右会议进程,反而是谭延闿与新桂系李宗仁、白崇禧以及西山会议派方面联系越来越多。可以看出,此时的汉方濒临分化,谭延闿、程潜等人偏向宁方态势明显。9月16日,国民党中央特别委员会在南京成立,谭延闿被推举为大会主席,改组宁汉双方政府,重新推选了国民政府委员,其中,汪精卫、胡汉民、谭延闿、蔡元培、李烈钧为常务委员;而会议通过的《国民政府组织案》并没有关于设立国民政府主席的规定,而在五名常委中,汪精卫、胡汉民两人因为国府主席落空而对特别委员会持抵制态度,政府日常政务实际上由谭延闿主持。

特别委员会的成立,使一向以国民党"正统"自居的汪精卫成为国民政府主席的美梦破灭,汪被变相剥夺了在国民党内的领袖地位。9月21日,汪精卫回到武汉,宣布成立武汉政治分会,唐生智、陈公博、顾孟余为常任委员,控制湖南、湖北与江西三省,形成了事实上的与南京国民政府的对立,短暂的合流之后又面临分裂。此时的武汉方面是有所恃的:"唐生智的势力雄厚,拥有

---

① 《谭延闿日记》(未刊稿),1927年9月12日。
② 《谭延闿日记》(未刊稿),1927年9月16日。

我所知道的谭延闿

第八、十七、三十五、三十六等四个军,又有汪精卫这块政治招牌,大有气吞南京之势。"①于是,谭延闿决定对唐生智进行劝和,"作书与唐孟潇,交介夫携去"。②但唐生智因为与桂系李宗仁有矛盾而并未买账,"得孟潇电,不臣之迹着矣"。③谭延闿见书信劝谏未成,又"拟电致孟潇,言北伐事"。④期望以北伐大义打动唐生智;并极力劝说汪精卫,桂系也请谭延闿等人去武汉与汪精卫、唐生智会谈罢兵之事,还是未能打消唐生智东征主意。面对这一情况,10月20日,南京国民政府决定西征唐生智,西征之战以唐部的迅速战败而告终,11月11日,唐生智下野,东渡日本。

在宁汉合流之初,国民党内各派势力纷乱不堪,谭延闿此时在政治上脱汉就宁,作为国民党中央常委,实际主持日常政务,对于稳定南京政府起了至关重要的作用;而在南京方面西征唐生智的过程中,谭延闿也起了重要作用。首先,谭延闿促进了南京方面的联合。从谭延闿的日记中可以看出,此时期,谭延闿与李宗仁、白崇禧以及程潜交往极其频繁,相互之间拜访也促成了他们四人之间对于倒唐的意见趋于一致,在唐生智一意孤行、不听劝阻的情况下,谭延闿赞成讨唐也就成了必然。其次,谭延闿在国民党内政治、军事上的影响力加速了唐生智的失败。政治上,南京国民政府已经是当时唯一的中央政府,作为此时南京政府核心之一的谭延闿的反唐态度,使唐生智在政治上极为不利。军事上,当时第二军军长鲁涤平是谭延闿的亲信部下,第二军本来就是忠于谭延闿的军队,谭延闿也是原先的第二军军长,最为重要的是,当时第二军的所处位置为鄂西,这就从侧后对唐部形成包围之势;而与谭延闿关系不错的方鼎英也率领第十三军进入湖南,夹击唐生智。最后,谭延闿的个人作用。在先前写信劝说唐生智没有起到效果之后,11月初,随着战事进行,唐生智已一败再

---

① 刘建强:《谭延闿大传》,九州出版社2011年版,第306页。
② 《谭延闿日记》(未刊稿),1927年9月23日。
③ 《谭延闿日记》(未刊稿),1927年9月27日。
④ 《谭延闿日记》(未刊稿),1927年9月30日。

败,退至武汉的情况下,谭延闿再次写信给唐生智,言语异常恳切:"制度因时而异,亦无不可变之制,得其人以付之,竭诚以莅之……望公推以诚心,成功必可操券……愿公恢宏远谟,以济国难。"①"唐生智读信的时候,情绪激动愤怒,没有作任何表示。"②之后没几天,唐生智在心灰意冷之下宣布下野。

(二)谭延闿助蒋介石复出

蒋介石下野后前往日本,与日本首相田中义一会谈,以保证日本在中国东北特殊利益为前提,换取日本不对国民革命军的北伐行动予以阻挠的承诺。此时,国内的形势依旧混乱,首先是南京政府与唐生智之战久而未决;其次是汪精卫赴广州策动张发奎部反对南京特别委员会,扬言南京特委会不合法,国民政府要在广州重新设置;在北方,奉系张作霖发起对陕西、河南的攻势。鉴于此纷乱局势,国民党内部呼吁蒋介石复出的声音甚嚣尘上。

11月8日,蒋介石由日本回到上海。回沪的蒋介石与国民党内各派系频繁接触,酝酿自己的复出。"白健生来,云介石招之赴沪,以夜车往。"③谭延闿在发给蒋介石的电报中说:"现战局扩张,岂能久事逸豫,应即旋都复职,共竞革命全功。"④他帮蒋介石为复出找理由,并在11月16日乘火车去上海会见蒋介石,11月中期后,谭延闿在上海频繁活动,时常拜访汪精卫、蒋介石、李石曾、胡汉民,积极为蒋介石复出铺路。

谭延闿还不遗余力,积极促成蒋介石与宋美龄的联姻。早在9月间,谭延闿即对于蒋宋婚姻表现出极大促成之意:"昨晚得电话约谈,谓是宋子文,乃至西摩路访之,则子文不在。方欲回车,忽传延入,至客座,则子文妹独在,云有事相商,则为介石结婚事,子文反对,欲吾斡旋。此等事非外人所能与,然吾

---

① 朱传誉编:《谭延闿传记资料》,台湾天一出版社1985年版,第175页。
② 刘建强:《谭延闿大传》,九州出版社2011年版,第307页。
③ 《谭延闿日记》(未刊稿),1927年11月12日。
④ 刘建强:《谭延闿大传》,九州出版社,2011年,第308页。

我所知道的谭延闿

与介石、子文皆相识者,乃许以设法疏通而出。"①显然,当宋美龄要求谭延闿劝宋子文同意她与蒋介石的婚姻问题时,谭延闿答应得很痛快,他觉得自己与宋子文、蒋介石皆是旧交,促成这桩婚事应该不是很难。11月16日,谭延闿到达上海之后,对于这桩婚事更是热心了,他经常拜访宋子文,"出访子文,偕至其家,介石在家。孔庸之来,宋三亦出现,披貂大衣而去。"②日记中的宋三,就是宋美龄。宋子文对于这桩婚事在很长时间都是持反对态度的,而对于来说和此事的谭延闿也心有不满。谭延闿自己也有点有苦说不出的意味,认为蒋介石与宋美龄的婚姻本来事不关己,但自己已答应宋美龄斡旋此事,不得不硬着头皮做下去。终于在12月1日,在谭延闿的积极说合下,蒋介石与宋美龄举行了婚礼,谭延闿担任了证婚人。与宋美龄有了婚姻关系之后,蒋介石身后等于就有了财阀宋家的支持,同时,因"国母"宋庆龄的关系,宋家庞大的政治、经济影响力对于蒋介石的复出帮助极大。

12月3日,国民党二届四中全会预备会在上海举行,参加会议的有南京、上海、广州三方面的国民党要员三十多人。会议争吵不休,谭延闿在12月3日的日记中写道,"汪、吴、廖、李稍有舌辩,仅组织秘书处一事为成绩耳",而在12月4日"议及地点问题,大有争执,乃舍而言他事"。到了12月5日,争执愈演愈烈,"谈开会事。明忧共产,实攻精卫,老吴更大放厥辞,最后决定今日延会"。③ 会议最后通过了蒋介石立即复职的决议,决定1928年1月在南京正式召开国民党二届四中全会,由蒋介石负责筹备。12月10日,蒋介石复任国民革命军总司令一职。

1928年1月4日,谭延闿与蒋介石一起返回南京,"六时,至下关,迎者如蚁,清道警跸,像煞有介事"。④ 1月6日,南京国民政府召开会议,谭

---

① 《谭延闿日记》(未刊稿),1927年9月5日。
② 《谭延闿日记》(未刊稿),1927年11月17日。
③ 《谭延闿日记》(未刊稿),1927年12月5日。
④ 《谭延闿日记》(未刊稿),1928年1月4日。

延闿为会议主席,会议议决免去杨森职务。此时的南京政府已被以蒋介石为首,谭延闿、宋子文等辅助,桂系参与其中的一众人等所把持,宋子文与蒋介石有姻亲关系,由宋子文就任财政部长,对蒋介石大为有利。这一时期对于南京方面各种人事调整,谭延闿虽然多有发言,但大部分时候"惟介石是依"。①

1928年2月2日至7日,国民党二届四中全会在南京召开。在2月4日的会议中,戴季陶想模仿日本军制以大本营取代总司令一职的提议遭到谭延闿的反对:"季陶高谈日制,欲以总司令为大本营,盖不知满洲军、征清军亦有总司令也。"②谭延闿认为戴季陶的说法片面,他认为日本在满洲的军队以及以前和清政府作战的日本军队皆有总司令一职。谭延闿这一态度,无论是从主观上还是客观上都对蒋介石的国民革命军总司令一职起了维护作用,而蒋介石就是通过就任国民革命军总司令一职控制军权,进而谋取国民政府最高权力的。大会决定恢复设立国民政府主席职务,谭延闿被选为国民政府主席、国民党中执委常务委员、国民政府常务委员会委员、军事委员会常务委员;蒋介石则一跃成为中央政治会议主席、军事委员会主席。至此,蒋介石在谭延闿等人的积极斡旋帮助下,正式获取了国民党的党、政、军大权,标志着宁汉合流的正式完成。谭延闿灵活的政治手腕表现得淋漓尽致,从东向投宁促成宁汉合流,到平定唐生智东征;从接洽各方到助蒋介石复出,直至最后改组后的统一的南京国民政府的诞生,都有谭延闿周旋各方的身影,正如他在国民政府改组后第一次组织纪念大会上的演讲中说的那样:"一方谋党的建设,一方为政治上之建设。"③

---

① 《谭延闿日记》(未刊稿),1928年1月13日。
② 《谭延闿日记》(未刊稿),1928年2月4日。
③ 《在国民政府改组后第一次组织纪念大会上的演讲》,《申报》1928年2月15日。

三、谭延闿与南京国民政府统一全国

（一）东北易帜与南京国民政府统一全国目标的达成

1928年5月底6月初，北伐军进占山东，马上就要进入平津地区，奉军主力节节败退，张作霖一面与国民政府保持接触，表示可以和谈；一面秘密准备赶回东北，稳定东北局势。6月4日凌晨，张作霖所乘火车在经过皇姑屯时，被日本关东军炸死。由于张作霖在北伐军接近平津之际就有了与南京国民政府和谈停战的意愿，在国际上也频频向英美示好，在张作霖被炸身亡之后，其子张学良更坚定了与南京方面和解的决心。6月初，张学良的代表与南京方面代表频繁接触会谈，商讨和平解决平津的问题，至6月8日，阎锡山军队进入北京，奉系部队北撤，北京、天津的北伐问题得以和平解决。而在6月中下旬，蒋介石又玩起了以退为进的把戏，借口自己牙疼、身体不适等原因，欲辞去国民革命军总司令职务。蒋介石的如意算盘是趁着京津北伐需要他之际，想再次确认其在国民党中央的领袖地位。对此，谭延闿心领神会，积极配合，多次表示挽留之意。6月18日，谭延闿在演说中表示，京津地区虽然已经收复，但残余之敌尚未完全肃清，京津地区外国人员和机构很多，担心战事的进行会伤害到外国人，形势还很复杂，因此"政府以军事虽可告一结束，而善后办法，诸待筹谋，故极力拘留。现蒋总司令业已打消辞意矣。"① 谭延闿以北伐尚未全部完成等理由，极力挽留蒋介石继续担任总司令一职，这进一步巩固了蒋介石在国民党中央的领导地位，谭延闿也成为蒋介石的极力配合者。谭延闿对于京津及处理与奉系张学良关系的方式也提出了自己的看法，他认为国民党内一些人坚持的对北退的北洋旧军全部消灭的做法有矫枉过正之嫌。在京津收复，全国趋于统一的情况下，对于残敌应持宽容态度："纵敌诚然不好，但攻心实为上策。北方将士不乏明哲之士，倘能诚意接受本党之主义，则本党亦自

---

① 《在国府纪念周上的演说》，湖南《国民日报》1928年6月25日。

谭延闿与南京国民政府

乐于予人以自新之机会。"①只要愿意信奉孙中山的三民主义,都可以摒弃前嫌,和平统一建国。谭延闿这一态度,对于和平解决京津问题,甚至后来的东北易帜都起了重要作用。谭延闿作为国府主席,他的态度,很大程度上就是南京国民政府的态度,因而对缓和北洋军阀与国民党北伐军之间的敌视,促进双方的和解,进而到东北易帜,南京国民政府形式上完成对全国的统一,都起了促进作用。

6月下旬,谭延闿多次与李宗仁派往奉天联络的杨振春密谈,"八时起。杨振春来,李德林所遣入奉天者","七时,杨振春来言奉天事"。② 6月19日,谭延闿以国府主席的身份,与张静江、于右任等人商议了收复后的直隶省政府委员的委任事宜,此事因为蒋介石赴汤山缺席而未有结果。7月1日,张学良发表通电,表达了欲归顺民意、爱护家国、南北统一的意愿。通电之后,国民政府复电张学良,提出东北问题要以政治解决为主的主张,这与谭延闿的和平方式解决的态度是一致的。自此之后,双方展开更为密切的商讨,奉方提出了国民党东北政治分会要由张学良任主席、国民革命军不得进入东北、南京方面不干涉东北军政等条件,而南京方面则提出了以奉军出关、奉行三民主义等为核心的几项条件,双方谈判较为顺利,身在北京的蒋介石表示,"只要东北易帜和服从三民主义,其他均可商量",张学良也复电表示"愿对国民政府服从到底"。③ 张学良的代表在北京与蒋介石谈判的同时,与南京方面谭延闿等政府要员也有会谈。"张学良代表吕荣寰、刘文清、赵巽来,陈镜陪之,谈顷乃去,语甚和也。"④在南京方面要求东北军裁军的问题上,张学良为表诚意,同意裁兵15万人,东北军由45万人裁至30万人。1928年12月29日,张学良正式宣布东北易帜,至此,南京国民政府在形式上统一了全国。

---

① 《在国民政府第37次纪念周上的报告》,《民国日报》1928年6月19日。
② 《谭延闿日记》(未刊稿),1928年6月16日。
③ 沈阳市人民政府地方志办公室编:《张氏帅府志》,沈阳出版社2013年版,第141页。
④ 《谭延闿日记》(未刊稿),1928年7月29日。

（二）谭延闿与南京国民政府的巩固

1.国民政府建都南京之争

1928年6月,国民政府"二次北伐"获得成功,奉系军队基本被赶到关外,北京的北洋政府也被推翻,长城以南基本统一。占领北京的阎锡山集团联合冯玉祥大肆制造舆论,极力主张要把国民政府的首都迁往北京。地理学家白眉初发表文章,指出历史上北京作为首都的朝代国运长久,而以南京作为首都的朝代往往国运不久,他还从地理学上指出：南京处于长江下游入海口,地势低平,气候湿热,且民风过于文弱,不似北方民风彪悍,建都南京的除了明朝朱元璋之外,没有一个是全国统一的政权,且大都时间持续不长,最后得出结论：南京是亡国之都。另一位学者叶叔衡也发表文章支持白眉初迁都北京的主张,叶认为：孙中山当时建都南京是因为北方有以袁世凯为首的北洋政府存在,现在北洋政府已被推翻,迁都北京顺理成章。而早在蒋、冯徐州会议之时,冯玉祥就与蒋介石提过迁都北京的倡议,只是当时京津地区还是奉系所占,此问题才被搁置。

针对阎锡山、冯玉祥迁都北京的主张,南京方面蒋介石阵营的吴稚晖马上予以反驳。6月20日,谭延闿按照蒋介石的旨意主持召开国民党中央政治会议,决定改直隶为河北省,改北京为北平,北京不再作为"京师"；6月25日,谭延闿主持召开了国民党中央政治会议临时会议,决定成立北平临时政治分会,迫使阎锡山辞去京津卫戍总司令的职务,迁都之争也告一段落。

1928年6月的迁都之争,明面上是南北双方为了民国国运而对都城选址的争议,实质上却是北方的阎锡山、冯玉祥集团与东南的蒋介石集团对于国民党与国民政府中央领导权之争。北方基本是阎、冯的势力范围,而以南京为中心的东南则被蒋介石占据,如果议决迁都北京,对于就任了京津卫戍总司令的阎锡山是极为有利的,阎在国民政府中央的位置势必更进一步；相对的,对于蒋介石却是极其不利的局面,谭延闿在关键时刻召开会议,确保了南京作为国民政府的首都,也巩固了蒋介石集团在国民党派系中的中心地位。

2.五权制度与卸任主席

1928年8月8日至15日,国民党二届五中全会在南京召开。此次会议,蒋介石有两个目的:第一,推行自己的训政主张;第二,在全国统一之际,进一步集党、政、军权于一身,巩固自己的领袖地位。会议推选了蒋介石、胡汉民、谭延闿、孙科、于右任、戴季陶、丁惟汾为中央执委会常务委员会委员,同时,谭延闿还是大会主席团成员。会议宣布,由于北伐胜利结束,全国统一即将达成,"军政时期"结束,开始"训政时期",这也是孙中山的遗训。与会人员对于军事问题分歧不大,政治上却争论不休。经过几天的争吵,会议通过了《政治问题案》,规定国民政府设立司法、立法、行政、考试、监察五院。通过了《整理军事案》,规定国民政府以后的军令、政令务必绝对统一。

二届五中全会只是做了五院的准备工作,而并未指定五院的具体负责人选,谭延闿对此在日记中写道:"虽五权诸院逐渐设立,而人选未提,不符昨议,岂有所避耶。草草完成,遂决明日闭会,五中不中,如梦如幻,劳民伤财,受冤呕气,亦何取乎。君子所以贵慎始欤。"[①]他认为这次会议劳民伤财,却未达成什么有意义的、有利于政治改革的实质性成果。10月8日,南京国民政府公布了《中华民国国民政府组织法》,规定政府由行政、立法、司法、考试、监察五院组成,设立国民政府主席一人,兼任海、陆、空军总司令。由于军权一直掌握在蒋介石手中,谭延闿也意识到自己国府主席的职务是不能再担任了。在同日举行的党内中常会,议决蒋介石担任国民政府主席兼海、陆、空军总司令,谭延闿则被选为国民政府委员、行政院长,这也是国民政府首任行政院长。谭延闿卸任国府主席,担任行政院长。这是南京国民政府政治改革的重大转变,有利于蒋介石的集权,突出了蒋介石的领袖地位。

3.谭延闿助蒋介石取得新军阀大战胜利

由于编遣会议与第三次全国代表大会的召开,蒋桂矛盾急剧上升,1928

---

① 《谭延闿日记》(未刊稿),1928年8月14日。

年3月26日,蒋介石以南京中央政府的名义下令征讨桂系。而此时的桂系早已今非昔比,李宗仁占据武汉,拥有众多军队的同时联通两广,辐射四川、中原;而白崇禧率领的以唐生智旧部为主的军队则驻扎于平津地区,兵力不下10万人。面对实力强大的桂系,蒋介石采取争取外援、挑动矛盾、各个击破的策略。冯玉祥是蒋介石主要的拉拢对象,冯玉祥占据陕西、甘肃、河南等地,刚好介于桂系两大集团之间。为了拉拢冯玉祥,蒋介石不得不牺牲了谭延闿的利益,用国民政府行政院长这个职务与冯玉祥做交易,谭延闿对此颇多怨言,但由于蒋在南京的地位已根深蒂固,谭延闿也有所顾忌,没有明说。谭延闿认为自己所做的牺牲过多了,先是1928年10月卸任国民政府主席让位于蒋介石,再是如今自己的行政院长职务也被蒋介石拿来做交易。他私下里与交情不错的胡汉民诉苦提起此事,胡汉民也为其不平:"何尝不对,而且不该。"①谭延闿虽有所抱怨,但对于蒋桂之战还是十分关心的:"刘峙电,破贼克黄州……真如及粤将通电,不加入桂系,此不假也。"②谭延闿在此期间身体多病体虚,写字作书不再像从前的挥洒自如了。他4月4日启程前往上海治疗,第二天才到上海就得到了桂系兵败、蒋军进入武汉的消息,"日本报云汉口已下,孔庚出维持事,子文电话亦云已得汉口电证实。不意桂系崩析之速如此。"③谭延闿对于桂系不到一个月就兵败如此的情形也是大感意外。几天后谭延闿返回南京,病情迅速恶化,左手、左脚疲软无力,后发展至无法上楼的地步,不得不于4月24日再次到上海治疗,而在每日看病服药的空闲里,一直关注着战事。蒋介石此时正为了分化白崇禧集团而极力拉拢唐生智,但唐生智对于蒋介石并无好感,对蒋的拉拢表现得不是很积极,蒋介石想到谭延闿在武汉国民政府时期与唐生智长期共事,极力促请谭延闿回南京劝说唐生智。5月13日,由上海返回南京的谭延闿与蒋介石讨论当下局势。他在日记中记载

---

① 刘建强:《谭延闿大传》,九州出版社2011年版,第316页。
② 《谭延闿日记》(未刊稿),1929年4月2日。
③ 《谭延闿日记》(未刊稿),1929年4月5日。

道:"余至介石家……行纪念周后,复与介石久谈。"①可见,谭、蒋二人联系之密切。

1929年8月10日,谭延闿与胡汉民、王宠惠、戴传贤、赵戴文联名发表针对全国军人的通电,一再强调和平与统一的重要性,号召军人要有国家观念,不要跟风作乱,贻害无穷,主要提出了四点主张:第一,军队是国家的武力,而不是个人的私产。号召军人要服从中央,而不是跟风军事长官作乱。第二,要以国家利益为重,不要只注重自己的私利。第三,不要有利用别人的心思,也不要被别人所利用。第四,要不畏恐吓,坚持正义在心。"故凡称兵作乱扰乱和平者,中央必根据人民之要求,以之为人民之公敌。且为谋国家之统一与独立,是万万不得已而讨伐之。"②1929年12月1日,唐生智、石友三伙同改组派再度反蒋。谭延闿对于石友三的叛变似是早有心理准备,"与介石谈久之。石之变吾以为意中,而介石以为意外,不令援粤不至是,吾以为变迟祸大,不若变速,或祸小也。"③谭延闿亲自电话调兵,解除部下的疑惑,安定人心,对于平定石友三叛乱功劳甚大。1930年,蒋介石与阎锡山矛盾尖锐起来,谭延闿数次发电报规劝阎锡山服从中央号令,"以整个的党决定一切,则不特党国受其福,即先生亦可远以一人之言支配党国之嫌"。④ 谭延闿认为,党内诸派系要以中央命令唯命是从,要从维护国民党内部团结和南京中央的权威出发,尽力调和南京蒋介石方面和山西阎锡山的冲突,并且再次电告阎锡山,指出国民党内迭次动乱,均有谬误:一是大家对国民党中央执委的人员不满,其实这是依法选举产生的;二是桂系与冯玉祥的叛乱开了一个不好的范例;三是阎锡山是国民党中央任命的海陆空副总司令,统领北方军事事宜,阎应该就任;四是蒋

---

① 《谭延闿日记》(未刊稿),1929年5月13日。
② 《与胡汉民等告全体军人书》,转引自刘建强编著:《谭延闿文集·论稿》,湘潭大学出版社2014年版,第494页。
③ 《谭延闿日记》(未刊稿),1929年12月3日。
④ 刘建强编著:《谭延闿文集·论稿》,湘潭大学出版社2014年版,第502页。

介石是受命于党的,蒋继承了总理的遗志,身负国家与党务的重大责任。谭延闿继续为南京方面蒋介石的合法性进行游说,竭力维护国民党南京政府的中央地位。1929年至1930年,历次的国民党派系之争,几乎都可以看到谭延闿联络各方,或是规劝,或是通电谴责、讨伐的身影。

(本文系湘潭大学哲史学院专门史专业2013级研究生周小城的硕士学位论文,本人为其指导教师,选入本书时有较大修改。)

谭延闿简谱

清光绪五年（1879） 十二月，出生于浙江杭州，字祖安、组庵（祖庵），别号慈卫，亦号畏三、无畏，初名宝璐。其父谭钟麟于几月前由陕西巡抚调任浙江巡抚，其母李太夫人随行。谭延闿祖籍为湖南茶陵县，十二月十四日夜，谭钟麟方寝，忽梦见嘉庆年间进士，曾官至工部尚书、户部尚书的湖南道县人何凌汉衣冠来拜，遽然惊醒，家人告知其儿子出生。谭钟麟因对湖南湘潭人王湘绮（字闿运）的才学推崇备至，于是将刚出生的儿子取名"延闿"；又因何凌汉谥号文安，于是，给谭延闿取字祖安。

光绪六年（1880） 随居浙江巡抚衙门。

光绪七年（1881） 谭钟麟调任陕甘总督，随父移居甘肃兰州。

光绪八年（1882） 居兰州官署。

光绪九年（1883） 居兰州官署。

光绪十年（1884） 居兰州官署。

光绪十一年（1885） 居兰州官署。始进私塾，拜兰州人张宝斋为师。张老先生"喜谈字学"，谭延闿对其印象颇深，在《儿时杂忆》里常有提及。陪同他一起读书的有姐姐谭福梅和弟弟谭恩闿等人，放学后，兄弟姐妹常常相互嬉耍，或高声朗诵诗书，童年生活快乐。

光绪十二年（1886） 居兰州官署。

光绪十三年（1887） 随父在兰州总督署就读，其父虽公务繁忙，但在公事之余，经常督促先生姐弟三人的学业，对表现好的给予鼓励。

光绪十四年（1888） 与方夫人初次相见。谭钟麟因目疾加剧，经多次向清廷奏请，获准辞去陕甘总督之职。谭延闿随侍南行。谭钟麟课子甚严，常常在灯下口授言教，谭延闿开始学习作文，并初次得见后来成为其妻子的方榕卿及其家人。

光绪十五年（1889） 谭钟麟到西安治病。谭延闿随父移居西安，受教于姚世贞先生。10月，谭钟麟目疾治愈，举家迁往湖南长沙荷花池，谭延闿随居长沙。

光绪十六年（1890） 随居长沙。先后受教于李少苏、陈春坞先生。其少年时代，受业老师不少，但因经常迁居，授课时间都较短，唯跟陈春坞先生学习的时间最长，受其学识影响也大。10月，随父回茶陵省墓。12月，其父奉诏入京，任吏部侍郎。

光绪十七年（1891） 5月，随母李太夫人自湘入京。谭钟麟因对儿子的习作非常得意，常交给翁同龢等友人传阅。翁同龢对谭延闿一见惊奇，赞不绝口，尝云："访文卿，见其第三子，秀发，年十三，所作制义奇横可喜，殆非常之才也。"

光绪十八年（1892） 5月，谭钟麟任闽浙总督，谭延闿随侍福州。7月，回湘应童子试，入府学，为附生，考试毕回福州。

光绪十九年（1893） 7月，随居福州官署，从陈春坞、姜竹轩读书。曾回湘应乡试。考试毕，回福州。

光绪二十年（1894） 谭钟麟任两广总督。7月，谭延闿回湘应乡试。

光绪二十一年（1895） 3月，就婚南昌，娶江西布政使方右铭之女方榕卿为妻。9月，随长兄朴吾，从长沙乘船经武汉、上海到广州，撰《南征日记》，是为其有日记之始。

光绪二十二年（1896） 随居广州官署。6月，回湘应科考，列一等。考试毕,回广州。

光绪二十三年(1897) 随居广州官署。6月,回湘应优贡考试,正取第二名。8月,应乡试。是年,其舅李安清先生病逝于湘潭,遂前往吊唁。

光绪二十四年(1898) 随居广州官署,从南海人丁伯厚课时艺。丁伯厚以翰林院编修在籍主讲粤秀书院,要求学生每三、八日作文一篇。谭延闿1929年在《自记课艺后》中云:"丁先生谨身慎行,躬行实践,下笔不苟,勤勤不稍假借。今日读此,犹见循循善诱之衷,至为可感。"

光绪二十五年(1899) 8月,长女谭淑生于广州。10月,谭钟麟请假回湖南茶陵为祖先扫墓,12月回到长沙,谭延闿随父返湘。

光绪二十六年(1900) 4月,谭钟麟从湖南入京,接受清廷询问。6月,谭钟麟请假南归,行至山东,因山东义和团运动,道路受阻,借住侄媳娘家尹佩之学使家中,直到8月才回到长沙。10月,长子谭伯羽生于长沙。是年,从主讲城南书院的刘采九先生学习时文。

光绪二十七年(1901) 随父居长沙,仍从刘采九先生学习时文。

光绪二十八年(1902) 随父居长沙。8月,在长沙参加补行庚子辛丑恩正并科乡试,中试第99名举人。

光绪二十九年(1903) 随父居长沙。2月,至河南开封参加壬寅癸卯恩正并科会试。因会试提调官为僚婿胡海帆,按例必须回避,未参加考试。3月,从开封南归。此时,攸县龙萸溪在长沙西园创办明德学堂,邀请湘潭留日学生胡元倓担任校长。谭延闿受邀到明德学堂参观,共董校事,并以母亲李太夫人名义,慷慨捐献钱千两作为学校经费,承诺每年承担英文教员薪金1000元。

光绪三十年(1904) 随父居长沙。2月,去开封参加最后一次科举考试——甲辰科会试,中第一名贡士,填补湖南在清代二百余年无会元的空白,整个三湘为之震动。王闿运谓:"看京报,文卿儿得会元,补湘人三百年缺憾,龚榜眼流辈也。"7月,参加殿试,列为二甲第三十五名,赐进士出身。朝考一等第一名,以翰林院庶吉士用,8月到职。不久,又请假南归。

是年秋,刚从日本回国的黄兴应胡元倓之邀到明德学堂任教,谭延闿遂与黄兴相识,初见黄兴"魁梧奇伟,沉着厚重,两目奕奕有神,认为是一个有作为的人,前途不可限量,内心钦敬。"10月,黄兴准备起义消息外泄,湖南巡抚陆元鼎密令军警逮捕黄兴,谭延闿助其脱逃。

光绪三十一年(1905) 2月,女谭祥生于长沙。4月,谭钟麟病逝长沙,享年84岁,谥文勤。谭延闿撰《文勤公行状》。

光绪三十二年(1906) 任长沙中路学堂监督。

光绪三十三年(1907) 湘抚岑春煊以"湖南教育不可一日无谭延闿主持"奏请清廷,准其在籍办学。清廷"旋以办学劳绩,免考散馆,以编修留馆,仍办湘学。"谭延闿遂积极投身新式教育建设。12月,与杨度等在长沙发起成立湖南宪政公会,以响应清朝"预备立宪",并与杨度、刘人熙、龙璋等三十多人在长沙联名递呈《湖南全体人民民选议院请愿书》,恳请清廷速开民选议院,召开国会。

光绪三十四年(1908) 积极投身于湖南的争保路权运动,8月,被湖南各界推举为代表,前往北京与张之洞会商湘省筑路的事情。

宣统元年(1909) 任湖南谘议局议长,继续开展保路运动,并以议会为工具,弹劾贪赃枉法的地方官吏,争取划分中央与地方税收的权限,争取地方财政的决策权和监督权,不断将立宪运动推向高潮。

宣统二年(1910) 中秋日,次子谭季甫生于长沙。8月19日,其弟谭恩闿病死于长沙。谭延闿兄弟情深,悲痛至极,特为其作墓志铭,并帮其抚育遗孤。

宣统三年(1911) 10月10日,武昌起义爆发。10月22日,湖南首先响应起义,夺取湖南省政权,起义军推举革命党人焦达峰、陈作新为正、副都督,湖南各地相继宣布反正。10月31日,新军第五十标标统梅馨发动兵变,将焦、陈杀害,谭延闿被立宪派和新军将领拥立为湖南都督。为了稳定社会秩序,谭延闿一方面努力实现其"文明革命"的理想;另一方面继续坚持反清共和的政治路线,利用自己的政治影响,促使广西、福建等省都督宣布反清独立,并续派大军赴鄂支援黄兴等人领导的武昌革命党人的反清斗争。

民国元年(1912) 7月,被袁世凯政府任命为湖南都督。为巩固统治,减少因军队过于庞大而日益增加的财政开支,谭延闿大力推行裁军活动。9月,被推举为国民党湖南支部支部长。11月,黄兴在北京与袁世凯晤谈后回到长沙,谭延闿为其举行了盛大的欢迎仪式,并发布共同发起洞庭制革股份有限公司招股公告。

民国二年(1913) 1月,主持宋教仁回湖南参加竞选的盛大欢迎仪式,并陪同他到处演说。3月,宋教仁在上海火车站被刺,孙中山发动"二次革命",黄兴也分别致电广东、湖南两省征求胡汉民和谭延闿的意见,谭延闿以内部不稳为由,"主张法律解决"。7月12日,江西都督李烈钧首先在江西湖口宣布独立,二次革命的浪潮迅速高涨。湖南革命党人群情奋发,要求谭延闿宣布独立,派遣军队讨伐袁世凯,其他各省也纷纷致电湖南,要求谭延闿迅速响应"二次革命"。7月25日,谭延闿迫于各方压力只得宣布湖南独立,派遣军队进兵湖北、江西。但是,谭延闿并无坚决讨袁的决心,在讨袁各军相继败溃之后,他又于8月13日宣布取消独立。10月,被袁世凯免去湖南都督职务。

民国三年(1914) 4月,定居青岛,闭门读书,以诗文和书法自娱,排解政治上的失意心情。还与陆润庠、徐世昌、赵尔巽这些失意的社会名流时相往来,或同游青岛名胜古迹,发怀古幽思之情;或饮酒作诗,抒发心中感慨;或相互切磋学问,议论国内外大事,重温少年壮志,颇有交往之乐。8月,第一次世界大战爆发,日本借口向德国宣战,声言将攻青岛。为逃避战祸,谭延闿带领全家离开青岛,辗转潍县、济南、南京返回上海,住华德路65号,以临《麻姑仙坛记》等习字为日课主要内容。

民国四年(1915) 以临《麻姑仙坛记》等习字为日课主要内容。往游青岛、南京、杭州。10月，其母李太夫人六十寿辰，亲朋故旧从长沙赶来，为谭母祝寿，谭延闿大摆宴席，庆祝其母生日，并与长沙故旧共话家常。

民国五年（1916） 以临《麻姑仙坛记》等习字为日课主要内容。5月，与唐绍仪等22省旅沪士民发布反袁通电。6月6日，袁世凯死去，由黎元洪继任总统。7月底，湖南军政各界纷纷通电公推黄兴为湖南督军，但黄兴无意于此，乃推荐谭延闿。由于国务总理段祺瑞所中意的陈宧遭到湖南人民的坚决抵制，黎元洪趁此机会，于8月4日明令谭延闿为湖南省省长兼督军。8月20日，谭延闿回到长沙，开始了他的二次督湘。22日，谭延闿就到湘任事情形致电孙中山。9月，北京政府财政、农商两部以办实业为由，向日商兴亚公司借款500万元，并以中日合办安徽太平山、湖南水口山两矿为报酬。消息传出后，湘皖两省人民强烈反对。谭延闿致电熊希龄等人，坚决反对合办一事。同月，谭延闿整缩军队，全省计有陆军2个师和守备队35个营，总兵力2.1万人。

10月31日，黄兴在上海逝世，谭延闿为其作挽联曰："当世失斯人，几疑天欲亡中国；遗书犹在箧，此行吾愧负平生。"11月，蔡锷在日本病逝，谭延闿作挽联曰："天地一英雄，出生入死，提挈河山还故有；邦家两愁惨，眼枯泪尽，艰难身世复何言。"11月6日，谭母李太夫人在上海病逝，赴上海扶母亲灵梓归湘，撰《先母事略》。

民国六年（1917） 1月，迎葬其母李太夫人于长沙南门外雨花亭旧宁福寺附近。国务总理段祺瑞想借谭延闿"丁忧"的机会，免去其督军职务，改派自己的内弟吴光新为湖南督军，遭到湖南人民的抵制和黎元洪的反对，未能得逞。3月，北京政府拟任谭延闿为内务部长，谭延闿婉言拒绝。此时黎元洪与段祺瑞的"府院之争"白热化。5月，黎元洪下令免去段祺瑞国务总理之职。段祺瑞又指使自己的亲信，纷纷宣布独立。6月，谭延闿在长沙召集军界上校以上的官员开会，宣示湖南的宗旨以保境安民为主。7月，张勋复辟。7月4日，谭延闿通电反对张勋复辟，发出讨张布告，宣布全省戒严，接着派第二师北伐"讨贼"。8月6日,段祺瑞以谭延闿的"湘人治湘"还施于谭,免去谭延闿的督军之职,任命湖南干州厅人傅良佐为湖南督军,并且命令北军第二十师师长范国璋进驻岳州。谭延闿为免北军入湘,曾派人前往南京求见代总统冯国璋,请其出面解决北军入侵湘境的问题。在未有效果的情况下,他又请求西南军阀陆荣廷、唐继尧给予武力支持,请熊希龄在京劝说段祺瑞放弃湖南易督计划。在各方努力落空后,他只得采取以退为进的办法,以欢迎新督到湘就任为名,派与北方关系密切的零陵镇守使望云亭到北京欢迎傅良佐,任命自己的亲信刘建藩署理零陵镇守使,又调第一师第二旅林修梅部移驻衡阳。9月,他借口回籍扫墓,离开长沙,在茶陵向北京政府电辞省长,然后,微服潜往上海,等待时机。是月,零陵镇守使刘建藩、湘军第二旅旅长林修梅通电全国,宣布衡、永独立,主张恢复国会,赞同护法。电文发出后,刘、林立即宣布湘南24县为戒严区域,布告安民。孙中山闻讯后,于21日致电表示祝贺。10月,广州护法军政府命令粤湘桂联军总司令谭浩明率五万大军入湘,支援刘、林的湘南护法军。11月,王汝贤、范国璋通电停战求和,督军傅良佐、代省长周肇祥仓皇出逃,湘桂联军乘胜追击,于20日进占长沙。12月,北京政府任命在上海的谭延闿为湖南省省长兼督军,谭辞不就任。8日,谭延闿提出五项条件,其中包括北军全部撤出湘境等,因未获答应没就职。

民国七年(1918) 2月,孙中山写信给谭延闿,希望他利用自己在湖南的影响赞助护法事业。谭延闿此时也正在做着回湘的打算,暗中与陆荣廷、唐继尧等西南军阀接洽,他通过陆荣廷命令谭浩明不要就湖南督军职,又通过谭浩明转令程潜改称护法军湖南总司令,不允许他出任湖南省长,并要求他率部离开长沙,开往湘南前线。3月,谭延闿以"调人"身份四处活动,希望南北军阀放弃在湖南的争斗。他派岳森晋谒北洋政府总统冯国璋,请求他取消进攻岳州的命令,表示愿意回湖南进行"调停",让南北两军都不进入岳州。他还从上海到南京,与江苏督军李纯接洽,提出北军停止反攻,桂军也退出湖南,让湖南人实现"地方自治",但没有结果。4月,谭延闿从上海动身,经广州前往广西与陆荣廷会晤,商讨联合抵御北军大举南下的办法,取得了陆荣廷给予武力支持的保证,陆荣廷决定由谭延闿以湖南督军兼省长的名义进入湖南。6月,谭延闿在湘军将领赵恒惕等人的拥戴之下,从广西回到了湖南的永州。11月16日,徐世昌以大总统名义发布停战命令,23日,广州护法军政府也下令停战。谭延闿趁此机会与桂系军阀谭浩明、莫荣新,北军吴佩孚等人加紧联络,早日实现第三次督湘。从7月开始,常至校场骑马,练马术;12月19日开始,几乎每天打坐练功。

民国八年(1919) 谭延闿继续在零陵永州的军营之中,等待机会重主湘政。常至校场骑马,坚持每天打坐练功,时读英文。闲暇之余,时常登山探洞游览苏仙岭等处名胜古迹。6月,谭延闿利用湘籍政客陆鸿逵携带北京政府薛大可拉拢程潜的密函前往郴州的机会,派马济在中途将其杀死,将密信大肆渲染。于是,湘军将领都以"程潜通敌有据",通电与他脱离关系,程潜被迫出走。谭延闿成了湘军唯一的统帅,重新挂起了督军兼省长的招牌。12月,湖南爆发了规模巨大的"驱张"运动。驻军永州的谭延闿对湖南日益高涨的"驱张"运动表现出了支持和默许的态度,他热情地接见了到衡阳请求支持"驱张"的代表,并与陆荣廷、谭浩明等人反复协商,促使桂系更公开地支持湖南人民的"驱张"运动。

民国九年(1920) 坚持每天打坐练功。1月,发布反对张敬尧在湘暴政通电。3月,吴佩孚同谭延闿达成协议,吴佩孚从湖南撤兵。5月,湘军总司令谭延闿在湘南与滇军朱培德、鲁子才,赣军李明扬会商,决定趁吴佩孚撤防的机会,合力驱逐张敬尧。27日,吴佩孚从衡阳乘船沿湘江北上,湘军随吴佩孚撤防的大军之后,进展迅速,张敬尧的部队闻风而逃。谭部湘军攻克宝庆,逼近湘潭、长沙。6月11日,湘军向湘潭、宁乡进攻。张敬尧自知末日已到,于当晚在长沙焚烧督署镇湘楼和军火库,然后乘船逃往岳州。14日,赵恒惕进驻长沙,各团体热烈欢迎,赵以督军谭延闿的名义出示安民。17日,谭延闿以湘军总司令兼湖南督军身份到长沙。当天,湖南各界在又一村讲武堂的广场举行"欢迎驱张将士大会"。7月,驻扎常德的冯玉祥将军队撤往鄂西,自此,湖南全为湘军占领。8月16日,谭延闿发表通电,宣布废除北洋军阀政府所加于湖南的督军制,实行地方自治和民选省长。湖南人民由于长期深受北洋军阀之苦,加上当时谭延闿打着反对北洋军阀的旗号,作出一些开明的姿态,以及毛泽东等人此前对湖南自治的广泛宣传,许多人对谭延闿的自治寄予很大的希望。各种社团和知识界人士纷纷发表主张,提倡"民治主义"、"湖南自治"。谭延闿宣布湖南自治,有意把"湘人治湘"和"湘人自治"相混淆,实质是想借湖南人的家乡观念,为他们这批本省籍的政客包办湖南政治开路。毛泽东则在湖南《大公报》上发表了十多篇有关自治方面的文章,提出湖南人民要求的,不是"湘人治湘",而是"湘人自治"。9月,谭延闿担心呼声日高的自治运动发展下去后会控制不住局势,决定召集官绅会议,来主导湖南的自治运动。13日,谭延闿邀集在省官绅召开自治会议,决定由省政府10人和原省议会11人共同起草《湖南自治法》。这一通过官绅包办湖南自治的做法,引起了湖南广大群众的不满。10月10日,长沙万余市民举行国庆纪念,并冒雨游行示威,到达督军府门前时,彭璜等代表向谭延闿递交了由毛泽东起草的请愿书,要求谭延闿迅速召开湖南人民宪法会议,反对省议会和少数人包办制宪。12日,谭延闿召集长沙各学校校长,教育、农、工、商各会会长,各报馆经理及请愿代表等六十多人,在省务厅召开联席会议,讨论湖南自治问题。10月19日,在总司令部召开欢迎大会并邀请章太炎演讲,约二百余人出席。

10下旬,孙中山回到广州后,组织广州军政府,准备继续分道北伐。11月,孙中山派黄一欧进入湖南,协助周震鳞等人争取湖南参加北伐工作。在此之前,孙中山已先期派周震鳞进入湖南,并两次从上海写信给谭延闿,嘱咐他出兵广西,帮助平定桂系军阀,以解除两广的祸患。但谭延闿意存观望,反桂的决心不坚定。周震鳞到湖南后,多次催促谭延闿发兵助粤,但谭延闿总以湘省自治为借口,拒绝接受孙中山的北伐主张。孙中山对谭延闿大失所望,决定让黄一欧前往湖南,要他与先期进入湖南做谭延闿工作的国民党人策动湘军将领联合倒谭。周震鳞等革命党人决定先行策动与他们交谊极密的程潜一派军队掀起倒谭运动。11月13日,程派第六区守备司令李仲麟等人在平江策动兵变,军官于应祥以兵士闹饷为名,枪杀谭派第十二区司令萧昌炽,实行倒谭。谭延闿调兵平乱,但一般将领都按兵不动。李仲麟则联合于应祥和鲁涤平部团长郭步高、张振武等人发出"清君侧"的联合通电,向长沙逼近。身为第一师师长的赵恒惕因不满谭延闿独揽大权,对湘军各部的行动不作任何表示,采取坐山观虎斗的方法。11月18日,谭延闿知大势已去,在督署召开军事会议,将总司令职务让与赵恒惕,自己专任省长,同时委廖家栋为长沙临时戒严司令。22日,李仲麟、于应祥等通电催促谭延闿去职。23日,谭延闿在湘军总司令部召开军政各界和各团体代表联席会议,表示同意去职,推举林支宇为临时省长,赵恒惕为湘军总司令。27日,谭延闿离开长沙,乘轮船前往上海,第三次督湘至此结束。

民国十年(1921) 坚持每天打坐练功。闲居上海,饮陶乐春,游新世界,看共舞台。5月5日,孙中山在广州正式就任中华民国非常大总统,并决计北伐,统一全国。10月,孙中山同廖仲恺等人出巡广西,积极准备出师北伐。为了争取湖南加入北伐阵营,孙中山采纳了周震鳞的建议,派大本营军事参议张国元携亲笔信,前往上海,嘱咐谭延闿在上海筹划湖南方面的军事。从此,谭延闿得有机会与孙中山进行不断的书信往来,讨论国家大事。在上海,通过与杨庶堪等国民党人的广泛接触,他对孙中山有了初步的认识;通过与孙中山的书信往来,他更看到了孙中山人格的伟大。

民国十一年(1922) 坚持每天打坐练功。5月,直奉战争爆发,直系获胜,重拥黎元洪出任总统,颜惠庆为内阁总理,特任命谭延闿为颜内阁的内务总长,派代表携黎元洪的亲笔信和旅费到上海,催促谭延闿北上就职,但遭到谭延闿的拒绝。6月,陈炯明发动叛变,炮击总统府。孙中山逃离总统府,避难于永丰舰。8月,孙中山离开广州,经香港,到达上海。8月14日,谭延闿前往孙中山家中与孙中山晤谈,两人相处"几无虚日",彼此了解加深,关系也更加密切。谭延闿常对人说:革命领袖非孙公莫属。又说:"近日与总理常相处,得一教训,即天下事无所谓成败之说也。事前种种着急,皆属多事,与吾平日信天之说合成一片。"他还把这些话语写在致部属的书信中,以表明自己跟随孙中山救国的志向。为了在行动上表明这种志向,谭延闿还把1921年所分得的家产田地变卖,得钱5万元,全部捐献给孙中山作为军饷之用。

民国十二年(1923) 坚持每天打坐练功。1月,许崇智、刘震寰、杨希闵等各路讨贼军,打败了盘踞广州的陈炯明叛军。2月15日,孙中山派张廪丞邀请谭延闿前往广东。这一天,正是农历大年三十,谭延闿正与家人欢宴庆贺新年,但是,他接到孙中山的邀约之后,来不及吃完年夜饭,就匆匆忙忙地乘坐军舰南下广东。21日,与孙中山到达广州。3月1日,孙中山建立了海陆军大元帅大本营,任命谭延闿为内政部长。16日,谭延闿正式就任大本营内政部长职,着手内政部的组建工作。5月,孙中山改任谭延闿为大本营建设部长。7月,孙中山任命谭延闿为湖南省省长兼北伐讨贼军总司令,回湘讨伐赵恒惕,还命令大本营会计司发给谭延闿回湘经费10万元。谭延闿随带朱培德两营滇军由广东进入湖南,到达衡阳,随即发出讨赵通电,直斥赵恒惕为窃湘大盗,宣布放弃自己昔日所谓"联省自治"的主张,服膺孙中山的三民主义,以救国救湘为己任。8月,林支宇、鲁涤平、刘铏等人为调停赵恒惕、谭延闿之间的冲突,召开湘乡会议,但双方互不相让。23日,赵恒惕组织"护宪军",发表通电与谭延闿相对抗。25日,赵恒惕下总攻击令,谭、赵两军在衡山开始交战,赵恒惕倾巢出动,进展顺利,30日,"护宪军"叶开鑫所部蒋锄欧、刘重威两团进占衡阳。谭延闿退往耒阳。9月1日,叶开鑫部朱耀华团和贺耀祖部罗寿颐营经方鼎英、张辉瓒策动,在开赴衡山的路上反戈倒赵,从易家湾回师攻入长沙,赵恒惕措手不及,仓皇逃往醴陵。方鼎英、张辉瓒等进驻长沙,布告安民。5日,谭延闿发布安民告示,希望民众各安生业,不得自相惊扰。7日,谭军占领衡阳。蔡钜猷部进入桃源,唐生智由常德后退,同日孙中山电慰北伐讨贼军总司令谭延闿。9月中旬,赵恒惕集结力量,决定夺取长沙。他一面派人向吴佩孚求援,一面调集兵力向长沙推进。17日,谭、赵两军在湘潭易家湾激战,赵军获胜。9月27日,谭、赵双方代表在湘潭姜畲举行和平会议,鲁涤平为主席。但双方意见未能达成一致,会议没有结果。10月,赵恒惕邀请北军进入长沙,调长沙驻军赴前线作战,以对抗谭延闿的北伐军,谭部在赵军救援长沙时所收复的失地,又相继被赵军夺取,形势急转直下,讨贼军兵力单薄,赵军一路直下,逼近衡阳。

11月,陈炯明叛军和附吴派邓本殷部赣军从广东东江和南路分途进犯广州;方本仁、邓如琢部又由大庾南下侵占广东北部的南雄、始兴,广韶震动,形势异常危急。孙中山急电在湘的谭延闿,令其星夜兼程,火速回师救援广州。13日,谭延闿率部向广东进发。17日,谭延闿率湘军2万多人抵达韶关,第二天,即火速乘车到达广州,晋谒孙中山,听取他的指示。孙中山看到谭延闿的湘军到来十分高兴,称赞谭延闿"调兵迅速"。同日,陈炯明倾其全力向广州进攻。19日,湘军谭延闿部从北江直插新丰,威胁敌军侧背。敌军全线溃退,广州转危为安。30日,孙中山对湘军慰劳有加,并任命谭延闿为湘军总司令兼大本营秘书长,所部湘军编为五个军,由宋鹤庚、鲁涤平、谢国光、吴剑学、陈嘉佑分任第一、第二、第三、第四、第五军军长,自此,谭部湘军就跟随孙中山致力于广东的国民革命。

民国十三年(1924) 坚持每天打坐练功。1月,在国民党"一大"上被选为国民党中央执行委员会委员。2月23日,陪同孙中山到广东北郊江村检阅湘军,孙中山发给湘军军饷10万元,在大本营对湘军演讲三民主义。7月,孙中山改组军事委员会,谭延闿任军事委员会委员。9月,孙中山决定组建建国军出师北伐,并任命谭延闿为建国军总司令。10月,谭延闿赴韶关,督师北伐。11月,北伐军占领赣南,方本仁通电讨伐江西督军蔡成勋,分兵北进。18日,由于方本仁想独霸江西,出尔反尔,拒绝北伐军继续向北进军。于是,谭延闿分兵三路,继续北伐,迅速占领了吉安,分路向南昌推进,方本仁急向赵恒惕、陈炯明求援。北伐军腹背受敌,受到重创。

民国十四年（1925） 1月上旬,所率北伐军由于缺乏后援,腹背受敌,只得从赣州、南康一带向南溃退,北伐军事暂告结束。1月中旬,在韶关成立湘军整理处,自任总监,汰除老弱,精简机构,军、师、旅长一并裁去,将所部编为六团,直隶于总司令部。部队经过整训后,战斗力大增,参加广州近郊、小北江及广东南路诸战役,都颇着战绩,为巩固和统一广东根据地贡献了力量。

3月12日,孙中山在北京逝世。14日,广东革命政府组织孙中山哀典筹备委员会,谭延闿等11人任筹备委员会委员。17日,广州军政府举行追悼孙中山大会,谭延闿率湘军全体将士在孙中山遗像前,宣读了由他撰写的祭文,称颂孙中山生"为东方民族而生",死"为东方民族而死",表示"湘军将士谨遵遗训从事努力奋斗,誓必扫除一切国际帝国主义、一切国内军阀及剿灭叛逆之陈炯明,以慰在天之灵而后已"。追悼大会会厅悬挂着谭延闿自撰自书的一副挽联:"旭日丽中天,数千古英雄,孰堪匹敌;大星沉朔野,率三湘子弟,共哭元戎。"21日,与胡汉民、杨希闵、许崇智、刘震寰等人联合发出通电:谨承总理遗志,继续努力革命。声明在国民会议未实现、中华民国合法政府未成立以前,所有一切制度设施"仍敬谨赓续孙大元帅成规,勠力同心,并期有以发扬光大,以完成国民革命工作"。

5月,会同许崇智、程潜等高级将领联名通电讨伐唐继尧。6月,力主讨伐杨、刘叛乱。率领湘军由韶关沿广韶路南下,从侧后进击杨、刘叛军。7月1日,中华民国国民政府在广州正式成立,汪精卫为国民政府主席,谭延闿为国民政府委员和常务委员。3日,国民政府军事委员会成立,谭延闿为军事委员会委员。8月4日,谭延闿、许崇智、朱培德、程潜等联衔通电宣布:"实行中国国民党之议决案及训令,即日各解除所有总司令职务。自此以后,一切军事设施,悉受成于军事委……完成国民革命之业。"20日,廖仲恺在中央党部门前被刺,谭延闿非常悲愤,特作《廖仲恺墓下作》一诗以作纪念。26日,国民政府军事委员会为统一军政,将建国军全部改编为国民革命军。建国湘军改为第二军,谭延闿任军长。9月20日,国民政府任命谭延闿兼任国民革命军的军政部长。10月,陪同汪精卫前往广西梧州与李宗仁、黄绍竑协商两广统一问题,在其提出的弹性方案之下,李宗仁、黄绍竑同意与广东实现统一,归附广东国民政府。

11月27日,与汪精卫、瞿秋白、张国焘等国民党中央执委、候补执委联名通电反对西山会议派,指出西山会议于党于法皆不合,于国尤不利。

民国十五年(1926) 在1月1日至19日召开的国民党第二次全国代表大会上,与汪精卫、胡汉民等36人被选为中央执行委员。22日,当选为常务委员。2月19日,国民政府召开统一两广特别委员会会议,讨论两广军政、民政、财政统一事宜,并核定桂省军队改编训练方案。特别委员会由汪精卫、谭延闿等6人组成。

3月19日,负责制订提出的《两广统一案》正式由国民党中央政治委员会通过。方案决定:(一)广西省政府接受国民政府命令,处理省政;(二)广西军队全部改编为国民革命军;(三)两广财政受国民政府指挥监督。并依照决议案令黄韶竑为广西省政府主席,李宗仁为第七军军长。

3月20日,蒋介石制造"中山舰事件"。谭延闿在这一事件中,先是准备联合第三、第四各军武力反蒋,继之在方鼎英的劝说下,与朱培德一起在汪、蒋之间调停。后来由于中共领导人和苏联顾问采取退让政策,谭延闿在得到蒋的一定政治许诺后,也就顺水推舟,迁就于蒋。3月24日,与林祖涵、何香凝等人在国民政府设宴欢送苏联顾问季山嘉、伊万诺夫斯基等,十余人于当天乘"列宁号"离粤回国。在宴会上致辞称赞苏联顾问为中国革命作出了可贵的贡献,并在会后所撰诗文中对苏联顾问表示依恋之情:"别时常比会时多,异地相逢一瞬过。唯有当头南海月,送君直到木(莫)斯科。"

4月16日,在国民党中央、国民政府举行的联席会议上,被推选为政治委员会主席。

5月15日,在国民党第二届中央执行委员会第二次全体会议上,与蒋介石、孙科等9人联名提出《整理党务案》。

6月,在广州接见了冯玉祥派来与国民政府协商共同反对直奉军阀的谈判代表刘骥、李鸣钟,并与他们达成了两项协议:(一)冯玉祥的国民军接受三民主义和联俄、联共、扶助农工三大政策,从北方协助国民革命军北伐;(二)国民政府对于国民军按照国民革命军的标准,一律待遇。

7月4日,受国民党第二届中央执行委员会临时全体会议委托,起草《为国民革命军出师宣言》和《关于革命军出师对于各级党部及全体党员训令》。9日,在北伐军誓师大会上,代表国民政府为国民革命军总司令蒋介石授印。

10月14日至28日,在国民党中央执监委员及各省市党部代表联席会议上,报告筹备经过,通过议事细则,并与张静江、徐谦、宋庆龄、吴玉章一起被选为主席团成员。

10月21日,致电蒋介石,商讨迁都武汉的事情。12月11日,率领国民党中央党部及国民政府北迁第二批人员,离开广州经韶关北上。张静江因病暂时留粤。革命中心开始转向武汉。

民国十六年(1927) 1月,谭延闿等第二批路经南昌的党政要员在蒋介石的要求下,滞留南昌。2月,在武汉国民政府先后派谢晋、陈铭枢前往南昌劝说下,表示要利用自己的影响,说服其他的中委前往武汉。8日,主持召开南昌国民党中央执行委员会全体会议,决定中央党部及国民政府迁至武汉。3月7日,到达武汉,参加了在汉口召开的国民党第二届中央执行委员会第三次全体会议预备会。报告了南昌方面的基本情况,表示支持武汉国民政府所提议案,对提高党的威权尤无异议。3月10日,在国民党二届三中全会上,被推选为大会执行主席,并致开幕词。自13日到17日,主持审议通过了《统一革命势力案》、《对农民宣言》、《统一党的领导机关决议案》等,实际上取消了蒋介石国民党中央常务委员会主席、军事委员会主席及军人部部长等职务,蒋仅被选为军事委员会主席团成员,个人权力受到极大的限制。

4月27日至5月9日,作为国民党代表出席中共五大。

5月,面对国民革命军独立第十四师师长夏斗寅公开发动叛乱,主张调停,反对派军队镇压。21日,面对许克祥在湖南发动"马日事变",和汪精卫一起不准革命军队进兵长沙,极力主张用和平的方式解决。还一个劲儿地叫"湖南葬送了革命","湖南农民处于农会的控制之下,现在农会对农民的压迫甚至比军阀要厉害得多"。6月,与汪精卫、唐生智、邓演达等人在郑州陇海花园与冯玉祥等人举行联席会议。在会上恭维冯玉祥"劳苦功高",希望冯玉祥能继续担负北伐任务。7月15日,与汪精卫主持召开中央常务委员会扩大会议,正式宣布"分共"。8月3日,谭延闿与汪精卫等联名致电冯玉祥表白彻底反共。

8月,武汉国民政府和南京国民政府为争国民党的正统地位,互不相让。谭延闿主张折中调和,实现宁汉合作。13日,蒋介石宣布辞去总司令职务。李宗仁、白崇禧自宁联名通电汪精卫、谭延闿、唐生智等人创议宁汉联合。15日,谭延闿、汪精卫迭接南京要求合作电报,复电李宗仁等赴九江协议。19日,武汉政府依据国民党中央执委会扩大会议决议,通电宣布迁都南京。20日,谭延闿与汪精卫、孙科等乘轮船东下,到达九江,抵庐山举行军事会议,与前方军事负责人程潜等会商军事及政府迁宁等问题。22日,与汪精卫等在庐山会谈宁汉合作,会议决定由谭延闿、孙科同李宗仁到南京详细商谈一切。9月16日,在国民党中央特别委员会成立大会上,被推举为国民政府主席。17日,通过了政治委员会组成名单,与汪精卫、胡汉民、蔡元培、李烈钧一起选为常委;成立了由67人组成的军事委员会,谭延闿等14人为主席团成员。

10月,唐生智驱兵南下,桂系李宗仁、白崇禧在谭延闿等人的支持下,决定武力讨伐唐生智。

11月7日,坚持国民党二届四中全会在南京召开。10日,与孙科等又电汪等称,"特委会乃根据沪议成立,同人等数人固不能宣布取消,即停止其职权亦觉非同人等权力所及",此问题宜待中央全体会议解决;先开预备会一节,亦极赞成,地点在上海较为适中。11月24日,与蒋介石、汪精卫、李济深联名在上海召集国民党第四次中央执行委员会全体会议谈话会。

12月3日,与蒋介石、汪精卫等29名国民党中执监委在上海召开二届四中全会第一次预备会议。

民国十七年(1928) 1月1日,在南京参加国民政府举行的民国开国第十七周年庆祝大会,这是自民国元年元旦孙中山在南京就任临时大总统举行开国庆典以来,国民政府首次在南京举行开国纪念大会。4日,同蒋介石、杨树庄、陈立夫等人乘火车由上海到达南京。1月7日,主持召开国民党中央执行委员会常务委员会临时会议,蒋介石出席,到会委员13人。会议决定通电各省党部,报告中央特别委员会业于去年12月28日结束,中央执行委员会常务委员会本日在南京开会,中央党部即日开始办公,并电请各监委来京参与第四次全体会议。1月11日,主持召开国民党中央执行委员会政治会议第124次会议,蒋介石等15名在京委员出席,议决政治会议业经开始办公,一切提案均查照向例办理,至各地政治分会应否恢复,留待第四次全会讨论。1月13日,主持召开国民党第二届中央执行委员会第四次全体会议第一次谈话会,讨论四次会议筹备的具体工作。同日,主持国民政府第32次会议,议决嘉勉蒋介石复职,奖励北伐军指挥作战有功人员。

2月2日至7日,主持召开国民党二届四中全会。大会通过了开除隶属共产党之中央执行委员、候补中央执行委员和中央监察委员的决议,修正通过《中华民国国民政府组织法》、《整理各地党务决议案》、《整饬党纪之方法案》等。会上,被选为中央执行委员会常务委员、国民政府常务委员、国民政府主席、军事委员会常务委员。

3月12日,主持召开南京国民党党政军各界十多万人纪念总理逝世三周年大会。

5月10日,以国民政府主席名义致电国际联盟秘书长德鲁蒙爵士,要求召开理事会议公断济南惨案。12日,又以国民政府主席名义致电美国总统柯立芝,陈述日军在山东之暴行,请其对日本出兵演成之严重局势表示态度。27日,抵达徐州与蒋介石商讨复日觉书。

8月8日至15日，在南京主持召开国民党二届五中全会，并致闭幕词。会议通过了《政治案》《统一革命理论案》《民众运动案》及整理军事案等。会上，被选为中央政治会议委员。

8月20日，在全国禁烟委员会成立大会上，代表中央党部、国民政府致训词。

10月8日，在国民党中常会第173次会议上，与蒋介石、胡汉民、蔡元培、张学良等16人被选为国民政府委员，蒋介石为国民政府主席，谭延闿改任行政院长。10日，在南京国民党中央党部大礼堂宣誓就职。

10月11日，被国民党中常会第174次会议推举，与胡汉民、李石曾、王宠惠审查修正《中央政治会议暂行条例》及《立法程序法》，通过中央政治会议委员额数及人选标准。

10月25日，在国民政府大礼堂举行行政院长及各部部长就职典礼。10月30日，主持行政院第一次会议，通过了军政部各署厅司长及农矿、外交、交通、卫生等部次长任命案。

民国十八年（1929） 2月14日，全国电报局职工代表团第四次赴行政院请愿，提出无线电讯归交通部办理，要求面见行政院长谭延闿，适谭在中央党部开会，用电话答复，允三日内定期约见，并表示完全接受各代表请愿，所有两次呈文及全国各电局来电当一并提交审查会讨论。18日，接见请愿代表并听取意见，允即日召集行政院会议讨论此案。

3月15日至28日，出席国民党第三次全国代表大会，当选为主席团主席，并被选为中央执行委员及常务委员，在会上致闭幕词。

4月，因为生病由南京赴上海休养，住进上海宏恩疗养院。在住院期间，他一边治病，一边临摹《麻姑仙坛记》计203通，书法达到了炉火纯青的境地。

5月21日，与胡汉民、王宠惠、戴季陶、陈果夫等国民政府五院院长联合发出对时局的通电，表示誓当随蒋介石之后"削除党国之奸顽，力振纪纲，义无反顾"。27日，与胡汉民、王宠惠、戴季陶、陈果夫等通电冯玉祥部各将领，略谓:"冯玉祥背叛党国,中央已严重处置",并谓中央处分此事,只及冯氏一人,"凡有效顺自拔,解除私人之系属而表服从中央之诚者,中央必保障其地位"。

6月,孙中山的灵柩自北平香山碧云寺奉移南下,安葬于紫金山的南面。谭延闿虽因生病未能亲自参加孙中山的葬礼,但在病中仍悉心撰写碑文,书写《建国大纲》全文于陵寝四壁,并撰写祭文由他人代读,数陈孙中山一生丰功伟绩。

9月,病愈,由上海返回南京,移居于成贤街。

11月8日,在南京主持召开全国民食问题会议,决定组织粮食研究委员会,以五院院长及农矿、交通、铁道、财政、内政、工商各部长为当然委员,另聘专家为委员,讨论具体方案,呈请政府办理。

12月,唐生智、宋哲元、徐源泉等75人联名通电反蒋。3日,与胡汉民、孙科等20余人讨论唐生智、石友三部反蒋事,一致主张要争取阎锡山、张学良,讨伐"叛逆"。

民国十九年(1930) 2月15日,与胡汉民、王宠惠等人致电阎锡山,指责他不顾党国纲纪,谓:"国有纲维,党有纪律,个人进退,决无自由。"18日,又会同胡汉民、王宠惠等人复阎锡山16日、17日的来电,谓"在野与负责二事势不能两可,既未忘情镇乱,自应巩固中央",劝阎"高拱中枢,弼成训政"。24日,与胡汉民、王宠惠等复电驳阎锡山19日提出的各集团军总司令全部放弃军权,入元老院或机枢院,维护党国,以及各地停战,党事由全体党员投票表决以息党争的两点建议。

3月5日,与胡汉民、王宠惠复阎锡山2月28日表示引退电,称"为政不在多言,止谤莫如自修",望以事实证明服从中央。

5月,中原大战爆发,为蒋介石坐镇后方,利用自己的政治影响和人缘关系,积极帮助蒋介石争取各方支持。

6月6日,复电张学良,谓经第十七次临时政治会议议决,中苏会议除讨论解决中东铁路问题外,其他关于复交、通商问题,亦可以次讨论;另由外交部训令莫德惠为代表,必候中东铁路问题解决之后再商其他问题。

9月22日,在南京突患脑溢血逝世,终年52岁。国民政府召开临时紧急会议,决议:(一)举行国葬;(二)推胡汉民代理国民政府主席;(三)命宋子文代理行政院院长,并令财政部拨发治丧费一万元,派宋子文等六人前往治丧。谭延闿遗体24日入殓。

1931年9月4日,国民政府为其举行了盛大的国丧奠礼,南京政府各院部要人,各省各地军政要人及外国驻中国使馆代表纷纷撰文或作演讲,颇多溢美之词。蒋介石自汉口赶回,亲往执绋,送葬于南京中山陵侧之灵谷寺,坟墓之宏伟仅次于中山陵。

后　　记

经过近二十年的累积,我同我的学生们自然形成了一个关于谭延闿研究的团队,本书就是团队的研究成果。它们是对谭延闿的较为全方位的研究:一是谭延闿与重要历史人物,诸如孙中山、毛泽东、蒋介石、汪精卫等人的关系及其对历史发展的影响;二是谭延闿与一些重大历史事件,诸如辛亥革命、"二次革命"、第一次国共合作、"中山舰事件"的关系;三是谭延闿在一些重要历史阶段中,诸如广州国民政府、武汉国民政府、南京国民政府中的作用。研究过程中,除了充分使用原有的历史资料外,更多的是基于陈履安先生提供的《谭延闿日记》。把这些文章汇编成册,不仅仅是一种学术的总结,更主要的是可以全面了解谭延闿其人其事、为政处世,他对湖南近代实业与教育的贡献,对孙中山的支持帮助,在国共合作中起的作用及其从左向右转变的历史轨迹与原因。2019年,我曾应商务印书馆之邀为《谭延闿家书》作整理点校,读到谭延闿1924年11月2日给长女谭淑的信,就感觉到这样一位国民党要人在教育子女时所持的价值观、世界观,而且不着一点装腔作势,殊为难得。

是信云:

> 西洋学说偏重物质,固以个人幸福为前提。中国学说偏重精神,故以守节死义为宗尚。即以我论,高房大厦,饱食暖衣,何所不足。而必赔钱怄气,吃苦著[着]急,以求不可得之国利民福。即便得志,国果利否? 民

果福否？亦不可知，而眼前自苦，苦人已不少，亦何苦来？而我自信以为必如此，遂亦为之，不顾好友之叹息，怨家之诋毁，将来之祸福，现在之苦恼，何者？我之精神在是也。若大生言之，则必以父亲安居康健，姊弟绕膝前，乃为至乐。亦思父亲志事，不以为乐耶？即如彼，立德求学，不欲即归，使他人论之，亦谓不如当少爷吃闲饭之乐。彼之爱汝诚是，而所以爱则非，此正西洋实利主义不如中国处。彼归，须更读中国书，乃知此理。汝能如汝所写而身体力行之，受用自不尽。大生知我心，固不如汝，盖彼尚谓父如续娶云云，不知父亲乃一顶天立地男儿，不在世人吃喝玩睡之列。我居韶关二十余日，日食恶劣之食具如珍羞，同行者皆不能下箸，谁知我为最讲究饮食之人乎？我尝言："能手挥万金，始能言廉；能唾弃万乘，始能言高。"若不能身经甘苦而大言欺人，无取也。人生世上不过数十年，夫妻情爱，为日更短，争区区目前之欢乐，而忘终身之荣誉，岂有志节者所为？大生殊不解，此所见不如汝也。吾最恶今人动谓某人为旧为腐，而不知一国有一国礼俗之不同。沪上禽交兽合之辈属耳皆是，彼无不自谓美满婚姻者，岂亦足欢耶？汝但坚定守平昔之志，安心待时运之来，即可以慰亲心，无待求谅于人人。我平生最不生气，说我是者，敬受之；说我非者，细思之；造我谣者，笑置之，汝当切记也。

当然，因为上述历史事件、历史人物互为关系，各文章又独立成篇，因此，在全书看来不少内容会显得重复，却又不能删去。比如：谭延闿对孙中山认识的变化及其追随孙中山的过程，在《谭延闿与孙中山》、《谭延闿与鲍罗廷》、《谭延闿与汪精卫》等文章中都有叙述；谭延闿对"中山舰事件"的态度及国民政府迁都武汉的问题在《谭延闿与蒋介石》、《谭延闿与鲍罗廷》、《谭延闿与汪精卫》、《谭延闿与第一次国共合作》等文章中都有详细论述；谭延闿裁军在《谭延闿与湖南早期现代化》、《谭延闿与熊希龄》等文章中都有涉及；关于谭延闿在宁汉合流中所起的作用，在《谭延闿与宁汉合流》、《谭延闿与蒋介石》、《谭延闿与汪精卫》中都有不同角度的论述。有关这方面的情况，还有一些，

后　记

不一而足。

　　谭延闿孙女谭怡令女士、外孙陈履安先生对书稿进行了审阅。特别是84岁高龄的陈老先生还应请为本书作序,殊为难得。

　　谭延闿作为一重大民国人物,本书的出版要特别感谢湖南师范大学教授、湖南省文史馆馆员周秋光先生,我的老同学、浙江社会科学院研究员张学继先生的鼎力推荐和人民出版社马长虹先生的指鉴支持!

刘建强

2025年3月

责任编辑：马长虹
封面设计：汪　莹

图书在版编目（CIP）数据

我所知道的谭延闿 / 刘建强著. -- 北京 ：东方出版社，2025.4. -- ISBN 978-7-5207-4472-0

Ⅰ．K827=6

中国国家版本馆 CIP 数据核字第 2025SR2262 号

我所知道的谭延闿
WO SUO ZHIDAO DE TAN YANKAI

刘建强　著

东方出版社 出版发行
（100706　北京市东城区隆福寺街99号）

北京建宏印刷有限公司印刷　新华书店经销
2025年4月第1版　2025年4月北京第1次印刷
开本：710毫米×1000毫米 1/16　印张：23.75
字数：350千字
ISBN 978-7-5207-4472-0　定价：68.00 元
邮购地址 100706　北京市东城区隆福寺街99号
人民东方图书销售中心　电话（010）65250042　65289539

版权所有·侵权必究
凡购买本社图书，如有印制质量问题，我社负责调换。
服务电话：(010)65250042